Big Data

Análisis de grandes volúmenes de datos en organizaciones

Luis Joyanes Aguilar

Big Data

Análisis de grandes volúmenes de datos en organizaciones

Luis Joyanes Aguilar

Alfaomega

marcombo
ediciones técnicas

Big Data. Análisis de grandes volúmenes de datos en organizaciones

Luis Joyanes Aguilar

Primera edición: Alfaomega Grupo Editor, México, julio 2013

Primera edición: MARCOMBO, S.A. 2014

Diseño de cubierta: Iris Biaggini

ISBN: 978-84-267-2081-8

D.L.: B-20395-2013
Impreso en Service Point S.A.
Printed in Spain

A Inés y Olivia, que ya viven en la era de la nube y de Big Data disfrutando de sus enormes beneficios y como muestra del inmenso cariño que os tengo.

Luis Joyanes Aguilar

Mensaje del editor

Los conocimientos son esenciales en el desempeño profesional, sin ellos es imposible lograr las habilidades para competir laboralmente. La universidad o las instituciones de formación para el trabajo ofrecen la oportunidad de adquirir conocimientos que serán aprovechados más adelante en beneficio propio y de la sociedad; el avance de la ciencia y de la técnica hace necesario actualizar continuamente esos conocimientos. Cuando se toma la decisión de embarcarse en una vida profesional, se adquiere un compromiso de por vida: mantenerse al día en los conocimientos del área u oficio que se ha decidido desempeñar.

Alfaomega tiene por misión ofrecerles a estudiantes y profesionales conocimientos actualizados dentro de lineamientos pedagógicos que faciliten su utilización y permitan desarrollar las competencias requeridas por una profesión determinada. Alfaomega espera ser su compañera profesional en este viaje de por vida por el mundo del conocimiento.

Alfaomega hace uso de los medios impresos tradicionales en combinación con las tecnologías de la información y las comunicaciones (IT) para facilitar el aprendizaje.

Libros como éste tienen su complemento en una página Web, en donde el alumno y su profesor encontrarán materiales adicionales.

Esta obra contiene numerosos gráficos, cuadros y otros recursos para despertar el interés del estudiante, y facilitarle la comprensión y apropiación del conocimiento. Cada capítulo se desarrolla con argumentos presentados en forma sencilla y estructurada claramente hacia los objetivos y metas propuestas.

Los libros de Alfaomega están diseñados para ser utilizados dentro de los procesos de enseñanza-aprendizaje, y pueden ser usados como textos para diversos cursos o como apoyo para reforzar el desarrollo profesional.

Alfaomega espera contribuir así a la formación y el desarrollo de profesionales exitosos para beneficio de la sociedad.

Acerca del autor

Luis Joyanes Aguilar

Doctor Ingeniero en Informática y Doctor en Sociología, Catedrático de Lenguajes y Sistemas Informáticos de la Universidad Pontificia de Salamanca en el campus de Madrid y profesor invitado en diferentes universidades del mundo. Conferenciante habitual en congresos, seminarios, jornadas y talleres a nivel mundial. Ha escrito numerosos libros y artículos relativos a Tecnologías de la Información.

Patrono de la Fundación de I+D Software Libre de Granada, miembro del Instituto Universitario "Agustín Millares" de la Universidad Carlos III de Madrid y presidente de SISOFT.

Contenido

Parte I. La era de Big Data

CAPÍTULO 1
¿QUÉ ES BIG DATA? 1
Definición de Big Data 2
Tipos de datos 3
Datos estructurados 4
Datos semiestructurados 4
Datos no estructurados 5
Integración de los datos: oportunidades de negocio de los Big Data 5
Características de Big Data 7
Volumen 7
Velocidad 8
Variedad 8
Veracidad 10
Valor 10
El tamaño de los Big Data 10
¿Cómo se ha llegado a la explosión de Big Data? 11
El Big Data eclosiona en España (IDC) ... 12
Cómo crear ventajas competitivas a partir de la información: IDC Big Data 2012 13
Retos empresariales de Big Data 14
El gran negocio de Big Data 14
Big Data: *the next thing*(la siguiente gran tendencia) 15
La empresa inteligente 15
Casos de estudio 16
Una breve reseña histórica de Big Data 18
El origen moderno de Big Data 18
Resumen 20
Notas 21

CAPÍTULO 2
FUENTES DE GRANDES VOLÚMENES DE DATOS 23
Origen de las fuentes de datos 24
Tipos de fuentes de Big Data 25
Los datos de la Web 27
El peso de los datos de la Web 29
Los datos de texto 30
Aplicaciones del análisis de texto 31
Otras aplicaciones del análisis de texto 32
Datos de sensores 33
Datos de posición y tiempo: geolocalización 34
Datos de RFID y NFC 36
Datos de redes sociales 37
Análisis de redes sociales 38
Datos de las operadoras de telecomunicaciones 40
El valor del tráfico de datos 41
Datos de las redes inteligentes de energía (*smart grids*) 41
El contador inteligente (*smart meter*) .. 42
Otros datos de las redes inteligentes.... 42
Resumen 43
Notas 44

CAPÍTULO 3
EL UNIVERSO DIGITAL DE DATOS. EL ALMACÉN DE BIG DATA 45
"La era del petabyte" (*Wired*, 2008) 46

El universo digital de EMC/IDC (2007-2010) 47
Datos en todas partes (*The Economist*, 2010) 50
El universo digital de datos: "Extrayendo valor del caos" (2011) 52
La sobrecarga de información cobra forma física 55
El almacenamiento también supera las expectativas 55
La revolución de los datos está cambiando el paisaje de los negocios (*The Economist*, 2011) 56
La era del exabyte (Cisco, 2012). Hacia la era del zettabyte 57
El universo digital de datos IDC/EMC (diciembre, 2012). El camino a la era del zettabyte 60
Resumen 61
Notas 62

CAPÍTULO 4
SECTORES ESTRATÉGICOS DE BIG DATA Y OPEN DATA 63
Dominios estratégicos de Big Data 64
Informe McKinsey Global Institute 64
¿Por qué se ha llegado a la explosión de los Big Data? 66
Sectores dominantes en Big Data 67
Sector de la salud 68
El informe "Big Data Healthcare Hype and Hope" 71
Conclusiones del *Digital Health Summit*, Las Vegas (Enero 2013) 72
Otras consideraciones prácticas 72
Un anticipo a Hadoop 74
Open Data. El movimiento de los datos abiertos 74
Iniciativas Open Data 76
La información pública al servicio del ciudadano 79
La iniciativa de la Unión Europea (enero 2013) 80
Open Data Alliance 81
Open Data Institute (ODI) 81
Resumen 82
Recursos 83
Notas 84

CAPÍTULO 5
BIG DATA EN LA EMPRESA. LA REVOLUCIÓN DE LA GESTIÓN, LA ANALÍTICA Y LOS CIENTÍFICOS DE DATOS 85
Integración de Big Data en la empresa 86
Presencia del modelo 3 V de Big Data en las empresas 87
Big Data: la revolución de la gestión 89
¿Qué es lo nuevo ahora? 89
Los cinco retos de la gestión 90
Profesionales de análisis de datos: analistas y científicos de datos 92
Ciencia de los datos 94
El científico de datos 96
¿Qué habilidades necesita un científico de datos? 96
Casos de estudio: el ITAM de México DF 99
¿Cómo encontrar los científicos de datos que se necesitan? 99
La inteligencia de negocios en Big Data 100
OLAP 102
Minería de datos 102
Sistemas de apoyo a la decisión (DSS) 103
Herramientas de informes y de visualización 103
Tecnologías de visualización de datos 104
Analítica de Big Data: una necesidad 105
Seguridad y privacidad en Big Data 107
La iniciativa de Cloud Security Alliance (CSA) 108
Privacidad 109
Foursquare. Un caso de estudio en privacidad 109
La seguridad en la Unión Europea 110
Resumen 110
Recursos 111
Notas 112

Parte II. Infraestructura de los Big Data

CAPÍTULO 6
CLOUD COMPUTING, INTERNET DE LAS COSAS Y SOLOMO 113

Origen y evolución de *cloud computing* 114
Definición de la nube 115
Características de *cloud computing* 117
Modelos de la nube (*cloud*) 120
  Modelos de servicio 121
  Modelos de despliegue de la nube 123
¿Cómo adaptar la nube en organizaciones y empresas? 124
  Consideraciones económicas 124
  Características organizacionales 125
  Acuerdos de nivel de servicio (SLA, Service Level Agreement) 125
  Seguridad 126
Los centros de datos como soporte de *cloud computing* 126
  Internet y los centros de datos: una industria pesada 127
Internet de las cosas 128
  IPv4: El cuello de botella. IPv6: el desarrollo de la Internet de las cosas 132
  Sensores 133
  Bluetooth 3.0/4.0 134
  RFID 135
  NFC 136
  SIM integrada 137
  Códigos QR y BIDI 138
  Ciudades inteligentes (*smart cities*) 139
¿Qué son los medios sociales (*social media*)? 139
  El panorama de los medios sociales 141
Geolocalización 142
Movilidad 144
  Plataformas móviles 145
  Plataformas móviles de código abierto. 147
Resumen 149
Recursos 150
Notas 152

CAPÍTULO 7
ARQUITECTURA Y GOBIERNO DE BIG DATA 153
La arquitectura de Big Data 154
Fuentes de Big Data 155
Almacenes de datos (Data Warehouse y Data Marts) 156
Bases de datos 157
Hadoop 158
Plataformas de Hadoop 158
Integración de Big Data 158
Analítica de Big Data 159
  Reporting, query y visualización 159
  Analítica predictiva 160
  Analítica Web 160
  Analítica social y *listening social* 160
  Analítica M2M 161
  Plataformas de analítica de Big Data 162
  Cloud computing 162
Gobierno de los Big Data 163
  Gobierno de TI 163
  El gobierno de la información 165
  Gobierno de Big Data 165
Calidad de los Big Data 166
Administración de datos maestros 167
El ciclo de vida de los Big Data 168
Seguridad y privacidad de Big Data 168
Metadatos de Big Data 169
Arquitectura de Big Data de Oracle 169
  Capacidades de la arquitectura de Big Data 169
  Arquitectura de información de Big Data de Oracle 170
  Plataforma de Big Data de Oracle: productos y soluciones 171
Arquitectura de Big Data de IBM 173
Resumen 174
Notas 175

CAPÍTULO 8
BASES DE DATOS ANALÍTICAS: NOSQL Y "EN MEMORIA" 177
Tipos de base de datos actuales 178
  Bases de datos relacionales 178
  Bases de datos heredadas (*legacy*) 179
  Bases de datos NoSQL 180
  Bases de datos "en memoria" 180
Sistemas de base de datos MPP 181
¿Qué es NoSQL? 182
Bases de datos NoSQL 183
  Diferencias esenciales entre NoSQL y SQL 185
Tipos de base de datos NoSQL 185
  Bases de datos clave- valor 186
  Bases de datos orientadas a grafos 188
  Bases de datos orientadas a BigTable (tabulares/columnares) 189

Bases de datos orientadas a documentos 191
Bases de datos "en memoria" caché..... 193
Las bases de datos NoSQL en la empresa 193
Breve historia de NoSQL 194
Tendencias para 2013 en bases de datos NoSQL 195
Computación "en memoria" 196
Tecnología "en memoria" 196
Tipos de tecnologías "en memoria" 197
Proveedores de tecnología "en memoria" 198
Analítica "en memoria" 198
Proveedores de computación y bases de datos "en memoria" 199
Bases de datos "en memoria" 200
Uso de la memoria central como almacén de datos 200
Almacenamiento por columnas 202
Paralelismo en sistemas multinúcleo 203
SAP HANA 203
SAP HANA cloud 204
SAP HANA para análisis de sentimientos 205
Oracle 205
Microsoft 206
Resumen 206
Recursos 207
Notas 209

CAPÍTULO 9
EL ECOSISTEMA HADOOP 211
El origen de Hadoop 212
The Google File System 212
MapReduce 213
BigTable 213
¿Qué es Hadoop? 213
Historia de Hadoop 216
El ecosistema Hadoop 218
Componentes de Hadoop 218
MapReduce 220
El enfoque de gestión de MapReduce... 221
Hadoop Common Components 222
Desarrollo de aplicaciones en Hadoop 222
Hadoop Distributed File Systems (HDFS) 223
Consideraciones teórico-prácticas 224
Mejoras en la programación de Hadoop 225
Pig 225
Hive 226
Jaql 227
Zookeper 227
HBase 228
Lucene 228
Oozie 228
Avro 228
Cassandra 229
Chukwa 229
Flume 229
Plataformas de Hadoop 229
Resumen 231
Recursos 232
Notas 234

Parte III. Analítica de Big Data

CAPÍTULO 10
ANALÍTICA DE DATOS (*BIG DATA ANALYTICS*) 237
Una visión global de la analítica de Big Data 238
¿Qué es analítica de datos? 240
Tipos de datos de Big Data 241
Datos estructurados 242
Datos semiestructurados 242
Datos no estructurados 242
Datos en tiempo real 242
Analítica de Big Data 243
Tecnologías, herramientas y tendencias en analítica de Big Data 244
Proveedores de analítica de Big Data (distribuciones comerciales) 245
Tecnologías de código abierto de Big Data.. 251
Casos de estudio 254
Características de una plataforma de integración de analítica de Big Data 255
Resumen 256
Notas 257

CAPÍTULO 11
ANALÍTICA WEB 259
Analítica Web 2.0 260
Breve historia de la analítica Web 261
Enfoques de analítica Web 262
Métricas 262

Visitas ... 263
Visitante ... 263
Visitante único ... 264
Tiempo en la página y en el sitio ... 265
Tasa de rebote ... 265
Tasa de salida ... 265
Tasa de conversión ... 266
Compromiso ... 266
Otras métricas ... 267
Indicadores clave de rendimiento (KPI) ... 268
Casos prácticos ... 269
Informes (Google Analytics) ... 270
Informes estándar ... 270
Informes personalizados ... 271
Informes sociales ... 271
Segmentación ... 271
Herramientas de analítica Web ... 272
Analítica Web móvil (Mobile analytics) ... 274
Información de las herramientas de analítica móvil ... 275
Herramientas de analítica móvil ... 275
Caso de estudio: Google Analytics ... 276
Resumen ... 277
Recursos ... 278
Notas ... 279

CAPÍTULO 12
ANALÍTICA SOCIAL ... 281
El exceso de información: un problema global ... 282
La proliferación de datos sociales ... 283
¿Qué es analítica social? ... 284
Métricas sociales ... 285
Métricas de sitios Web ... 286
Métricas de *social media* ... 286
Indicadores clave de rendimiento (KPI) ... 288
Diferencias entre métricas y KPI ... 289
Ejemplo práctico simple de métrica versus KPI ... 289
Herramientas de analítica social ... 290
Estadística social ... 291
Herramientas de investigación. Monitorización ... 292
Herramientas globales muy reconocidas ... 293
Herramientas de analítica Web social ... 294
Herramientas de reputación e influencia social ... 295
Herramientas de medida de influencia. ... 295
Herramientas de reputación corporativa ... 296
Herramientas de análisis de actividad en redes ... 297
Facebook ... 297
Twitter ... 298
Herramientas de gestión de multiplataforma y multiperfiles ... 299
Análisis de sentimientos ... 300
Herramientas de análisis de sentimientos ... 301
Casos de estudio de analítica social ... 303
BBVA ... 303
Universidad de Alicante ... 303
Social Relationship Management de Oracle ... 303
Otras herramientas ... 304
Resumen ... 304
Notas ... 305

Parte IV. El futuro de la era Big Data

CAPÍTULO 13
LAS NUEVAS TENDENCIAS TECNOLÓGICAS Y SOCIALES QUE TRAEN LA NUBE Y LOS BIG DATA ... 307
El nexo de la fuerza ... 308
BYOD ... 309
¿Qué es el movimiento BYOD? ... 310
¿Cómo puede el departamento informático gestionar y proteger los dispositivos móviles de los empleados? ... 310
Ventajas y riesgos ... 311
Los hábitos del trabajo ... 311
El impulso debe venir de las compañías 312
Consumerización de TI ... 313
El meteórico ascenso de los dispositivos móviles personales ... 315
¿Cómo puede beneficiarse su empresa de la *consumerización*? ... 315
El informe de ENISA sobre la *consumerización* en las empresas ... 316
Crowdsourcing ... *317*
Casos de estudio ... 318
Crowdfunding ... 319
Características del *crowdfunding* ... 320
Casos de estudio de *crowdfunding* ... 320

Reseña histórica del *crowdfunding* 322
Gamificación /Ludificación 322
¿Dónde utilizar la ludificación? 323
Ventajas de la *gamificación* 323
Resumen 324
Recursos... 324
Notas... 325

CAPÍTULO 14
BIG DATA EN 2020 327
Los retos del futuro 328
Los dominios de Big Data sin explorar... 328
Necesidad incumplida de proteger los datos 329
El protagonismo de los países emergentes 329
La tercera plataforma.................................. 330
Analítica M2M: ¿El próximo reto para el Big Data?.. 331
M2M: Oportunidad de Big Data para operadores móviles 332
Internet de las cosas (*the Internet of the things*) 333
Analítica predictiva 333
Análisis de sentimientos 333
¿Cómo va a cambiar la vida por Big Data en el año 2013? 334
¿Cómo Big Data y *cloud computing* van a cambiar el entretenimiento en el año 2013?............ 335
¿Cómo va a cambiar la salud por Big Data? . 336
¿Cómo pueden afectar los Big Data a la actividad física y al deporte? 336
La cara humana de Big Data........................ 337
Big Data y las tendencias tecnológicas en 2013 (Gartner) 340
El mercado futuro de Big Data 341
Las cinco grandes predicciones "muy profesionales" de Big Data para 2013.......... 341
Emergencia de una arquitectura de Big Data.. 342
Hadoop no será la única oferta profesional 342
Plataformas de Big Data "llave en mano" 342
El centro de atención será el gobierno de datos 342
Emergencia de soluciones de analítica "extremo a extremo" (*end-to-end*)....... 343
El futuro seguirá sin ser lo que era 343
Notas 344

APÉNDICE A
EL PANORAMA DE BIG DATA *(THE BIG DATA LANDSCAPE)* 347

APÉNDICE B
PLATAFORMAS DE BIG DATA (DOUG HENSCHEN) 351

APÉNDICE C
PLATAFORMAS DE HADOOP (DOUG HENSCHEN) 361

APÉNDICE D
GLOSARIO 373

APÉNDICE E
BIBLIOGRAFÍA Y RECURSOS WEB ...393

Prólogo

Big Data (*grandes datos* o ***macrodatos*** según la Fundación Fundéu BBVA) supone la confluencia de una multitud de tendencias tecnológicas que venían madurando desde la primera década del siglo XXI y se han consolidado durante los años 2011 y 2012 cuando han explosionado e irrumpido con gran fuerza en organizaciones y empresas, en particular, y en la sociedad, en general: movilidad, redes sociales, aumento de la banda ancha y reducción de su coste de conexión a Internet, medios sociales –en particular, las redes sociales–, Internet de las cosas, geolocalización y, de modo muy significativo, la computación en la nube (*cloud computing*).

Los *grandes volúmenes de datos* han ido creciendo de modo espectacular. Durante 2012, se crearon 2,8 zettabytes (ZB) de datos (1 ZB = 1 billón de gigabytes) según datos de la consultora IDC en el estudio "El Universo Digital de Datos 2012" publicado en diciembre de 2012 y esta cifra se dobla cada dos años. Un dato significativo, Walmart, la gran cadena de almacenes de Estados Unidos, posee bases de datos con una capacidad de 2,5 petabytes y procesa más de un millón de transacciones cada hora. Los *Big Data* están brotando por todas partes y utilizándolos adecuadamente proporcionarán una gran ventaja competitiva a las organizaciones y empresas. La ignorancia de los *Big Data* producirá grandes riesgos en las organizaciones y no las hará competitivas. Para ser competitivas en el siglo actual, como señala Franks (2012)[1], "es imperativo que las organizaciones persigan agresivamente la captura y análisis de estas nuevas fuentes de datos para alcanzar los conocimientos y oportunidades que ellas ofrecen".

Big Data ya es una realidad consolidada. La consultora Gartner ha cuantificado el gasto en *Big Data* en 2012 en 28.000 millones de dólares y prevé para el año 2013, la cantidad de 34.000 millones de dólares. A su vez, la auditora Deloitte estima que a finales de 2012 más del 90% de las empresas del índice *Fortune 500* podrían poner en marcha iniciativas de *Big Data*. Por estas razones, los profesionales de *Big Data*, los *analistas de datos* y *científicos de datos*, tienen mucho trabajo por delante y será una de las profesiones más demandadas en 2013 y años sucesivos.

En el libro, además de introducir al lector en los fundamentos de los volúmenes masivos de datos, las tecnologías y herramientas de *Big Data*, se estudiarán las diferentes formas en las que una organización puede hacer uso de esos grandes datos para sacar mayor rendimiento en su toma de decisiones y trataremos de las oportunidades que traerán consigo su adopción y los riesgos de su no adopción, dado el gran cambio social que se prevé producirá el enorme volumen de datos que se irán creando y difundiendo.

El diluvio de datos

La avalancha o aluvión de datos que cada día genera, captura, almacena y analiza las organizaciones y empresas y, por ende, los particulares, ha dado lugar a la nueva tendencia *Big Data*. Situémonos en un día cualquiera del año; imaginemos los millones de usuarios que visitan Facebook, los millones de *tuits* (*tweets*) que se publican a diario, los millones de mensajes y conversaciones que se realizan a través de WhatsApp, Joyn o Line, los millones de correos electrónicos que envían y reciben millones de personas de todo el mundo, los miles de llamadas telefónicas y videoconferencias a través de Skype. Sumemos a toda ese ingente volumen de información, las páginas que visitan dichos usuarios, las noticias que leen, las ofertas de anuncios, ventas, alquileres, etcétera; las visitas a sitios de turismo, de ocio, de cultura... Multiplique esa información personal de más de 2.800 millones de internautas en el mundo. En esencia, hablamos de datos de la Web y de los medios sociales (Social Media).

Por si ese volumen de información no fuera significativo, añadamos ahora los datos que se transfieren entre sí los miles de millones de objetos o cosas, que se comunican entre sí, a través de sensores, chips NFC chips/etiquetas de RFID, etcétera, es decir, la interconexión de datos entre máquinas (M2M) origen del conocido Internet de las cosas o también de los objetos.

Sigamos sumando, datos médicos de los millones de hospitales, hoy prácticamente digitalizados en su gran mayoría; datos de las administraciones públicas, prácticamente todos en línea –al menos en la mayoría de los países del mundo–; datos de posición y geolocalización, sistemas de información geográfica (SIG/GIS) a través de sistemas GPS y teléfonos inteligentes (*smartphones*), además de miles de satélites de comunicaciones, etcétera.

En resumen, la explosión de los grandes volúmenes de datos (*Big Data*) no para de crecer y parece que de modo exponencial. Eric Schmidt, el presidente ejecutivo de Google, ya advertía hace unos años que: "entre el origen de la Tierra y el año 2003 se crearon 5 exabytes de información. Hoy día creamos la misma cantidad cada dos días". El estudio citado de IDC/ EMC ya confirmaba también que las cifras del Presidente de Google: alrededor de 2,5 exabytes de datos se creaban cada día en el año 2012 y –es más– el número se doblaba cada 40 meses aproximadamente. El estudio de IDC pronostica que el año 2020 se alcanzará en la Tierra, los 40 zettabytes (40 ZB), se han creado 2,8 ZB de datos durante el año 2012, lo que significa que se generarán 5,247 gigabytes (GB) por cada persona existente en el mundo en ese año. Pero lo sorprendente no sólo es este inmenso caudal de datos, sino que en la presentación del informe se revela que menos del

1% de los datos del mundo se analizan para aprovecharse de esa gran ventaja y valor añadido que suponen los *Big Data* y también que menos del 20% de los datos no están protegidos. El informe advierte de las grandes oportunidades que se ofrecen a las empresas para la protección y extracción del valor que suponen este inmenso volumen de datos.

La revolución de la gestión

Andrew McAfee[2] y Erik Brynjolfsson[3] profesores del MIT publicaron un artículo significativo, en el número de octubre de 2012 de la prestigiosa revista *Harvard Business Review*, "Big Data: The Management Revolution"[4], Las conclusiones fundamentales de su estudio son claras: "La explotación de los nuevos y espectaculares flujos de información pueden mejorar radicalmente el desempeño (rendimiento) de su empresa, Sin embargo, será necesario cambiar su cultura de toma de decisiones". La propuesta final de su artículo es concluyente: "La evidencia es clara: las decisiones controladas por los datos tienden a ser mejores decisiones: los líderes empresariales o bien adoptan esta situación o serán remplazados por otros que lo hagan".

Es decir, las organizaciones se debaten entre adoptar o no *Big Data*, al igual que estos primeros años de la actual década, el debate empresarial era la adopción o no de la computación en la nube[5] con las consiguientes conclusiones para su adopción y migración a la misma de modo radical o gradual, dependiendo de las estrategias de cada organización. La adopción de *Big Data* parece que es un hecho que tarde o temprano deben realizar las organizaciones; los retos y oportunidades que ofrecen compensarán los gastos económicos y de talento que se requerirán y serán compensados con la ventaja competitiva que supondrá dicha adopción y el análisis de esos grandes volúmenes de datos implicarán una gran mejora en la toma de decisiones.

La investigación realizada por los profesores McAfee y Brynjolfsson, no deja lugar a dudas, "las empresas que inyectan *Big Data* y analítica de *Big Data* en sus operaciones muestran tasas de productividad y rentabilidad que son del orden del 5 al 6% más altas que aquellas de la competencia o compañías homólogas"[6].

El científico de datos (*data* scientist): la nueva profesión sexy del siglo XXI

Así titulan su artículo en el citado número de HBR, los prestigiosos analistas Thomas Davenport[7] y D. J. Patil[8]. Evidentemente, los *Big Data*, como ya sucedió con la Web 2.0 y el advenimiento de los medios sociales (*social media*), ha traído nuevos roles el mundo del trabajo así como nuevas profesiones.

La Web 2.0 y los medios sociales han traído: Analista Web, especialista SEO y SEM, Community Manager (Gestor de comunidades), Social Media Manager (Director de medios sociales), analistas sociales... Estas nuevas profesiones están dando paso a los analistas de *Big Data* y, de modo muy especial, al científico de datos (*data scientist*) que convive con el analista de datos y el analista de negocios tradicionales.

Las profesiones de la Web y Social Media ya han llegado a las organizaciones y empresas y su formación académica ya ha entrado en la Universidad, en las Escuelas de Negocios y en los departamentos de formación de las grandes empresas así como en las universidades corporativas. Ahora comienzan a llegar los analistas de *Big Data* y de manera muy significativa, por ser el más demandado y más escaso, el **científico de datos**.

¿Qué es un científico de datos?

Aunque el término, como casi siempre sucede con las ideas de impacto, no está totalmente definido, en cuanto a las personas, sí parece claro que nación en las grandes compañías clásicas de Internet controladas por datos, desde el punto de vista de uso en las empresas y en la industria, tales como Google, Amazon, Facebook, Twitter o LinkedIn, y algunas otras también del mundo de negocios de Internet como eBay, PayPal o de gran éxito en *retailing* o en ventas al por menor (grandes almacenes) como es el caso de Walmart.

Sin embargo, hay cierta unanimidad en fijar a D. J. Partil y Jeft Hammerbadier entonces líderes respectivos de análisis de datos en LinkedIn y Facebook, en el año 2008, como acuñadores del término[9], aunque en 2009, Troy Sadkovsky creó un grupo de investigación en LinkedIn y usó el término para definir una nueva profesión (la suya, por otra parte).

Entonces, ¿qué es un científico de datos? Precisamente, Davenport y Partil, centran todo su artículo de HBR para tratar de definir el nuevo rol del científico de datos ¿Qué tipo de persona debe ser? ¿Qué formación académica le debe respaldar? ¿Qué capacidades y competencia ha de poseer? En el citado artículo, se decanta por un híbrido de hacker, analista, comunicador de datos y asesor de confianza. La combinación es extremadamente potente y rara, confiesan los autores.

Las grandes empresas informática y de Internet parece se decantan por definiciones y roles diversos:

1. "Un buen *data scientist* ha de tener diferentes capacidades: saber matemáticas, tener capacidad analítica y formación en estadística, pero ha de saber contar una historia y tener curiosidad porque se trata de crear significado y valor sobre los datos" (Sonderegger, director senior de *Analytics* en Oracle).
2. "Evolución del analista de datos o de negocios en el contexto de *Big Data*: se considera mitad analista, mitad artista" (Gonzalo Smith, responsables de "*smart analytics*" de IBM GBS España).
3. El científico de datos será aquel que tenga el trabajo más sexy del siglo XXI (Davenport y Partil).
4. Es una persona con habilidades serias en diversas disciplinas técnicas, como ciencias de la computación (informática), analítica, matemáticas, generación de modelos y estadística. Además, debe ser un buen comunicador que sea capaz de entender un problema de negocios, transformar ese problema en un plano analítico, ejecutar el plan y luego dar [10]una solución d negocios (Ani Kaul, CEO de AbsoluData, empresa de analítica e investigación de Alameda, California):

En síntesis, el científico de datos es una profesión emergente. Existen muchos científicos de datos en Google, Amazon, Facebook, LinkedIn, Twitter, y... Todavía existen pocas ofertas de formación en el mundo académico, no sólo iberoamericanas sino de Europa y de Estados Unidos, pero, sin lugar a dudas, estas ofertas irán creciendo poco a poco. En el capítulo 5, se analiza el rol del científico de datos; se citan algunas iniciativas importantes como el caso del prestigioso ITAM de México DF que puso en marcha en 2012, una maestría en Ciencia de Datos.

El análisis de los grandes volúmenes de datos

El análisis de datos y de negocios, son disciplinas antiguas que han experimentado notable crecimiento en todos los campos del saber y, en particular, en organizaciones y empresas, por la necesidad de disponer de herramientas que analicen datos y que éstos sirvan para toma de decisiones eficaces y eficientes.

El análisis de datos ha ido evolucionando a medida que los grandes volúmenes de datos crecían. Las herramientas de inteligencia de negocios han ido recogiendo las tecnologías de OLAP (procesamiento analítico en línea), de informes y consultas (*reporting and query*), de visualización y, especialmente de minería de datos con sus ya asentadas categorías de minería Web y minería de texto, y las innovadoras minería social en el análisis de datos en medios sociales, que se ha apoyado en técnicas de análisis de sentimiento y de opinión, o minería de opinión y minería de sentimiento como también se la conoce.

La analítica de *Big Data* está emergiendo a la vez que la avalancha de los grandes volúmenes de datos sigue creciendo. "La era de los grandes datos (Big Data) está evolucionando rápidamente y toda nuestra experiencia sugiere que la mayoría de las compañías deben actuar ahora [...]. A medida que las compañías aprendan las destrezas fundamentales (*core skills*) para utilizar los *Big Data*, la construcción de capacidades superiores se pueden convertir pronto en un activo competitivo decisivo" (Barton, Court 2012)[11].

En el libro, trataremos las categorías de Analítica de Datos que consideramos fundamentales para el estudio de *Big Data*: analítica Web, analítica Social, analítica de sentimientos, analítica M2M y, en general, analítica de *Big Data*.

Arquitectura de Big Data

Una arquitectura de Big Data debe considerar la integración de las nuevas tecnologías y herramientas de los grandes volúmenes de datos y su integración con los datos tradicionales (bases de datos relacionales y heredadas "*legacy*") así como la integración con la infraestructura existente de las organizaciones y empresas.

Así pues, en el libro, se ha tratado de considerar los conceptos y componentes básicos que las compañías deberán considerar en la gestión y explotación de sus *Big Data* y que enumeramos a continuación:

- *Fuentes de Big Data*. Los datos proceden de la Web, de los Social Media, de interconexión de objetos M2M mediante sensores conocida como "Internet de las cosas", de la movilidad, biometría, datos procedentes de las propias personas, etcétera.
- Los *tipos de datos* se clasifican en tres grandes categorías: estructurados (datos transaccionales de las bases de datos relacionales), no estructurados (audio, vídeo, fotografía, textos...) y semiestructurados (procedentes, fundamentalmente de archivos HTML, XML).
- Almacenes de datos empresariales (**EDW**, *Enterprise data warehouse*).
- Bases de datos no relacionales (**NoSQL**) que no siguen, normalmente el estándar SQL.
- Bases de datos analíticas "**en memoria**" y **MPP** (procesamiento masivo paralelo).

- Hadoop: el marco de trabajo por excelencia (*framework)* para procesar y analizar los grandes volúmenes de datos, especialmente los datos no estructurados y semiestructurados.
- Analítica de Big Data. Herramientas de analítica, de informes (*reporting*), de consultas (*query*) y de visualización (*dashboard*) así como los cuadros de mando integral (*balanced scorecard*) que conducirán a analítica de datos, en su sentido general, y analítica Web, analítica social, analítica de sentimientos, analítica M2M, etcétera.

En la actualidad, las tecnologías y herramientas de *Big Data* se deben centrar en la integración de datos estructurados y datos no estructurados o semiestructurados, así como la integración de los datos tradicionales en las bases de datos relacionales con los datos no estructurados en las bases de datos analíticas y NoSQL. Otro aspecto fundamental que se considerará en esta obra será el tema de la seguridad y la privacidad de los grandes volúmenes de datos.

Toda esta arquitectura de *Big Data* requerirá de plataformas que gestionen estos grandes datos para que las organizaciones y empresas puedan obtener el máximo rendimiento. Para ello, se requieren de proveedores de soluciones que hoy día son muy numerosos y que pueden ser agrupados en proveedores de código propietario o de código abierto (*open source*). Entre los cuales podemos destacar: *Soluciones de Big Data propietarias* (SAP, Oracle, IBM, EMC, HP, SAS...), *Bases de datos NoSQL* (Cassandra, MongoDB, CouchDB...), *bases de datos "en memoria"* donde sobresalen SAP HANA, aunque Oracle, IBM, Teradata, EMC ofrecen soluciones similares, integración de todas estas herramientas en el *marco de trabajo Hadoop* con plataformas eficientes e innovadoras como Cloudera, Hortonworks o MapR entre otras.

Innovaciones tecnológicas que han acelerado los Big Data

Las innovaciones que han acelerado la explosión y avalancha de los grandes volúmenes de datos son muchas, pero cuatro son los grandes pilares sobre los que se sustentan las tecnologías de *Big Data*: Los medios sociales ***"Social media"***, la ***Movilidad*** (teléfonos inteligentes, tabletas... y aplicaciones (*apps*), ***Cloud Computing*** (Computación en la Nube) e ***Internet de las cosas*** (**M2M**, sensores de todo tipo, chips **NFC, RFID**...).

Sin embargo, las tendencias se segmentan y las tecnologías, dispositivos y aplicaciones Web más innovadoras crecen casi exponencialmente y son fuentes y origen de datos de todo tipo. Así se pueden considerar las tendencias tecnológicas que vendrán controladas por las multitudes inteligentes (*crowds*) y que influirán en la explosión de los grandes volúmenes de datos: *crowdsourcing, crodwfunding,*

BYOD (*Bring Your Own Device*), *consumerización* y *gamificación*, fundamentalmente. El gran volumen de datos que se irán generando se verán notablemente influenciadas por las tecnologías anteriores y las tendencias que se presuponen tendrán gran impacto en organizaciones y empresas.

Organización del libro

El libro se ha estructurado en cuatro partes que pretenden abarcar las partes fundamentales de las tecnologías y las estrategias de *Big Data*, así como la arquitectura nuclear de los *Big Data*, unidas a la verdadera razón de ser de los *Big Data*, la teoría y herramienta de análisis de los grandes volúmenes de datos con el objetivo esencial de ayudar en la toma de decisiones de organizaciones y empresas. El libro se complementa con varios anexos prácticos donde se describen las plataformas, proveedores y soluciones comerciales más implantadas en la actualidad a nivel mundial, precedidas de un informe sobre el panorama o paisaje actual de las *Big Data* donde se mostrarán de un modo integrado las diferentes plataformas, proveedores y herramientas que componen la oferta comercial a disposición de organizaciones y empresas. Asimismo, se incluye un glosario de términos de *Big Data* que faciliten la comprensión por parte del lector de los numerosos y variados conceptos relacionados con estas tecnologías y tendencias.

PARTE I. LA ERA DE LOS BIG DATA

Capítulo 1. ¿Qué es Big Data?

Capítulo 2. Fuentes de grandes volúmenes de datos

Capítulo 3. El Universo Digital de Datos: El almacén de Big Data

Capítulo 4. Sectores estratégicos de Big Data y Open Data

Capítulo 5. Big Data en la empresa: La revolución de la gestión, la analítica y los científicos de datos

PARTE II. INFRAESTRUCTURA DE LOS BIG DATA

Capítulo 6. Cloud Computing, Internet de las cosas y SoLoMo

Capítulo 7. Arquitectura y gobierno de Big Data

Capítulo 8. Bases de datos analíticas: NoSQL y “en memoria (*in-memory*)”

Capítulo 9. El ecosistema Hadoop

PARTE III. ANALÍTICA DE BIG DATA

Capítulo 10. Analítica de datos

Capítulo 11. Analítica Web

Capítulo 12. Analítica social

Parte IV. EL FUTURO DE BIG DATA

Capítulo 13. Las nuevas tendencias tecnológicas y sociales que traen la Nube y los Big Data

Capítulo 14. Big Data en el horizonte 2020

APÉNDICES

A. El panorama de Big Data
B. Plataformas de Big Data
C. Plataformas de Hadoop
D. Glosario
E. Bibliografía y Recursos

Agradecimientos

En primer lugar, deseo expresar mi agradecimiento a mis alumnos de Ingeniería Informática e Ingeniería de Organización Industrial de la Universidad Pontificia de Salamanca en las asignaturas de Sistemas Informáticos, Sistemas de Información, Gestión del Conocimiento e Inteligencia de Negocios, que me han permitido experimentar las tecnologías, herramientas y aplicaciones de *Big Data* tanto en las clases teóricas como en los numerosos talleres y trabajos que ellos han realizado como actividades académicas. A mis alumnos de máster y doctorado de la Universidad Pontificia de Salamanca (campus Salamanca), Universidad Carlos III de Madrid (Documentación) y Universidad Nebrija de Madrid (Empresa) donde he podido implantar todos los conocimientos que he ido adquiriendo en la ciencia y arte de los grandes volúmenes de datos. También quiero agradecer a mis estudiantes de doctorado de la Pontificia de Salamanca del campus de Madrid que investigan conmigo en *cloud computing*, *Big Data*, movilidad y *social media* así como en áreas aplicadas como negocios digitales, educación, gestión del conocimiento, inteligencia de negocios y sistemas de información geográfica, entre otras, a los que ya han leído su tesis doctoral y a los que espero que lean muy pronto.

Asimismo, deseo agradecer a los alumnos y profesores de las universidades latinoamericanas donde he impartido conferencias, cursos y talleres en los últimos dos años y donde he tratado los temas de **Cloud Computing** y *Big Data*: **México** (TEC de Monterrey, campus Cuernavaca, Universidad del Valle, Instituto Politécnico de México, Instituto Tecnológico de Tijuana, Instituto Tecnológico Superior de Coatzacoalcos (ITESCO), Universidad Autónoma de Baja California –sedes de Tijuana y de Ensenada), **Perú** (Universidad San Martín de Porres, Universidad Tecnológica de Perú y Universidad Garcilaso de la Vega), **Panamá** (Universidad Tecnológica de Panamá), **República Dominicana** (ITLA "Instituto Tecnológico de las Américas", Universidad Unibe, Universidad APEC y la Fundación Funglode).

Por último, quiero agradecer al director editorial Alberto Umaña y al gerente editorial Marcelo Grillo por su apoyo a la colección de libros **NTiCS** que tengo el honor de dirigir y que espero que continúen bien pronto con los siguientes números y en esta ocasión particular a mi editor y, no obstante, amigo, Damián Fernández que desde Buenos Aires me ha acompañado día a día en esta ardua tarea que ha sido la producción de esta obra de *Big Data* y que ha colaborado estrechamente conmigo no sólo como editor sino como un gran amigo que me ha ayudado cuando ha sido menester en esta larga y prolífica tarea de lanzar esta obra sobre un tema tan innovador y de futuro como es *Big Data*. Gracias al equipo editorial.

En **Carchelejo (Sierra Mágina)**, Andalucía (España) y en **México DF** (México), a diecisiete de Mayo de 2013, ***Día Mundial de Internet.***

Luis Joyanes Aguilar

Catedrático de Lenguajes y Sistemas Informáticos de la Universidad Pontificia de Salamanca

NOTAS

---

1 Bill Franks (2011). *Taming the Big Data Tidal Wave*, NewJersey: Wiley, p.3.

2 Investigador del MIT´s Center for Digital Business y autor de Enterprise 2.0 (Harvard Business School Press, 2009).

3 Director del Center for Digital Business, del MIT´s Solan School of Management. Con Andrew McAfee, son autores de Race Against the Machime Digital Frontier, 2012.

4 Andrew McAfee4 y Erik Brynjolfsson, "Big Data: The Management Resolutor", Harvard Business Review, 2012.

5 Luis Joyanes. *Computación en la nube. Estrategias de cloud computing en las empresas*. México: Alfaomega, 2012.

6 Op. cit.p. 78.

7 Profesor visitante de Harvard Business School y autor de varios libros de Gestión del Conocimiento y de Analítica. El autor de esta obra leyó varias de sus obras mientras se formaba en el área de Gestión del Conocimiento.

8 Científico de datos y antiguo director de productos de datos de la red social LinkedIn.

9 Desde el punto de vista científico, el origen se remonta a los años sesenta donde comenzó a utilizarse en artículos científicos.

10 Entrevista realizada en la revista Information Week, edición de México, publicada el 22 de noviembre de 2012, en su edición digital: www.informationweek,com.mx.

11 Dominic Barton y David Court. Making Advanced Analytics Work For You. HBR, Octubre 2012, p. 88.

CAPÍTULO 1
¿QUÉ ES BIG DATA?

Big Data (grandes datos, grandes volúmenes de datos o *macrodatos* como recomienda utilizar la Fundación Fundéu BBVA "Fundación del español urgente") supone la confluencia de una multitud de tendencias tecnológicas que venían madurando desde la primera década del siglo XXI, y que se han consolidado durante los años 2011 a 2013, cuando han explosionado e irrumpido con gran fuerza en organizaciones y empresas, en particular, y en la sociedad, en general: movilidad, redes sociales, aumento de la banda ancha y reducción de su coste de conexión a Internet, medios sociales (en particular las redes sociales), Internet de las cosas, geolocalización, y de modo muy significativo la computación en la nube (*cloud computing*).

Los grandes datos o grandes volúmenes de datos han ido creciendo de modo espectacular. Durante 2011, se crearon 1,8 zettabytes de datos (1 billón de gigabytes) según la consultora IDC, y esta cifra se dobla cada dos años. Un dato significativo, Walmart, la gran cadena de almacenes de los Estados Unidos, posee bases de datos con una capacidad de 2,5 petabytes, y procesa más de un millón de transacciones cada hora. Los Big Data están brotando por todas partes y utilizándolos adecuadamente proporcionarán una gran ventaja competitiva a las organizaciones y empresas. En cambio, su ignorancia producirá grandes riesgos en las organizaciones y no las hará competitivas. Para ser competitivas en el siglo actual, como señala Franks (2012): "Es imperativo que las organizaciones persigan agresivamente la captura y análisis de estas nuevas fuentes de datos para alcanzar los conocimientos y oportunidades que ellas ofrecen".

Los profesionales del análisis de datos, los analistas de datos y científicos de datos, tienen mucho trabajo por delante y serán una de las profesiones más demandadas en el 2013 y años sucesivos.

En este capítulo, introduciremos al lector en el concepto de Big Data, y en las diferentes formas en que una organización puede hacer uso de ellos para sacar mayor rendimiento en su toma de decisiones. No solo en su concepto con las definiciones más aceptadas, sino que estudiaremos las oportunidades que traerá consigo su adopción, y los riesgos de su no adopción, dado el gran cambio social que se prevé producirá el enorme volumen de datos que se irán creando y difundiendo.

DEFINICIÓN DE BIG DATA

No existe unanimidad en la definición de Big Data, aunque sí un cierto consenso en la fuerza disruptiva que suponen los grandes volúmenes de datos y la necesidad de su captura, almacenamiento y análisis. Han sido numerosos los artículos (*white papers*), informes y estudios relativos al tema aparecidos en los últimos dos años, y serán también numerosos los que aparecerán en los siguientes meses y años; por esta razón, hemos seleccionado aquellas definiciones realizadas por instituciones relevantes y con mayor impacto mediático y profesional. En general, existen diferentes aspectos donde casi todas las definiciones están de acuerdo y con conceptos consistentes para capturar la esencia de Big Data: crecimiento exponencial de la creación de grandes volúmenes de datos, origen o fuentes de datos y la necesidad de su captura, almacenamiento y análisis para conseguir el mayor beneficio para organizaciones y empresas junto con las oportunidades que ofrecen y los riesgos de su no adopción.

La primera definición que daremos es la de Adrian Merv, vicepresidente de la consultora Gartner, que en la revista *Teradata Magazine*, del primer trimestre de 2011, define este término como: "Big Data excede el alcance de los entornos de *hardware* de uso común y herramientas de *software* para capturar, gestionar y procesar los datos dentro de un tiempo transcurrido tolerable para su población de usuarios"[1].

Otra definición muy significativa es del McKinsey Global Institute[2], que en un informe muy reconocido y referenciado, de mayo de 2011, define el término del siguiente modo: "Big Data se refiere a los conjuntos de datos cuyo tamaño está más allá de las capacidades de las herramientas típicas de software de bases de datos para capturar, almacenar, gestionar y analizar". Esta definición es, según McKinsey, intencionadamente subjetiva e incorpora una definición cambiante, "en movimiento" de cómo "de grande" necesita ser un conjunto de datos para ser considerado Big Data: es decir, no se lo define en términos de ser mayor que un número dado de terabytes (en cualquier forma, es frecuente asociar el término Big Data a terabytes y petabytes). Suponemos, dice McKinsey, que a medida que la tecnología avanza en el tiempo, el tamaño de los conjuntos de datos que se definen con esta expresión también crecerá. De igual modo, McKinsey destaca que la definición puede variar para cada sector, dependiendo de cuáles sean los tipos de herramientas de software normalmente disponibles; y cuáles, los tamaños típicos de los conjuntos de datos en ese sector o industria. Teniendo presente estas consideraciones, como ya hemos comentado, los Big Data en muchos sectores hoy día, variarán desde decenas de terabytes a petabytes y ya casi exabytes.

Otra fuente de referencia es la consultora tecnológica IDC[3], que apoyándose en estudios suyos propios, considera que: "Big Data es una nueva generación de tecnologías, arquitecturas y estrategias diseñadas para capturar y analizar grandes volúmenes de datos provenientes de múltiples fuentes heterogéneas a una alta velocidad con el objeto de extraer valor económico de ellos".

La empresa multinacional de auditoría Deloitte lo define como: "El término que se aplica a conjuntos de datos cuyo volumen supera la capacidad de las herramientas informáticas (computación) de uso común, para capturar, gestionar y procesar datos en un lapso de tiempo razonable. Los volúmenes de Big Data varían constantemente, y actualmente oscilan entre algunas decenas de terabytes hasta muchos petabytes para un conjunto de datos individual"[4].

Otra definición muy acreditada por venir de la mano de la consultora Gartner es: "Big Data son los grandes conjuntos de datos que tiene tres características principales: volumen (cantidad), velocidad (velocidad de creación y utilización) y variedad (tipos de fuentes de datos no estructurados, tales como la interacción social, video, audio, cualquier cosa que se pueda clasificar en una base de datos)"[5]. Estos factores, naturalmente, conducen a una complejidad extra de los Big Data; en síntesis "'Big Data' es un conjunto de datos tan grandes como diversos que rompen las infraestructuras de TI tradicionales"[6].

Gartner considera que la esencia importante de Big Data no es tanto el tema numérico, sino todo lo que se puede hacer si se aprovecha el potencial y se descubren nuevas oportunidades de los grandes volúmenes de datos.

En suma, la definición de Big Data puede variar según las características de las empresas. Para unas empresas prima el *volumen*; para otras, la *velocidad*; para otras, la *variabilidad* de las fuentes. Las empresas con mucho volumen o *volumetría* van a estar interesadas en capturar la información, guardarla, actualizarla e incorporarla en sus procesos de negocio; pero hay empresas que, aunque tengan mucho volumen, no necesitan almacenar, sino trabajar en tiempo real y a gran velocidad. Otras, por el contrario, pueden estar interesadas en gestionar diferentes tipos de datos.

Un ejemplo clásico son los sistemas de recomendación: sistemas que en tiempo real capturan información de lo que está haciendo el usuario en la Web, lo combina con la información histórica de ventas, lanzando en tiempo real las recomendaciones. Otras empresas tienen otro tipo de retos como fuentes heterogéneas, y lo que necesitan es combinarlas. La captura es más compleja, ya que hay que combinar en un mismo sitio y analizarla.

TIPOS DE DATOS

Los Big Data son diferentes de las fuentes de datos tradicionales que almacenan datos estructurados en las bases de datos relacionales. Es frecuente dividir las categorías de datos en dos grandes tipos: *estructurados* (datos tradicionales) y *no estructurados* (datos Big Data). Sin embargo, las nuevas herramientas de manipulación de Big Data han originado unas nuevas categorías dentro de los tipos de datos no estructurados: *datos semiestructurados* y *datos no estructurados* propiamente dichos.

DATOS ESTRUCTURADOS

La mayoría de las fuentes de datos tradicionales son datos estructurados, datos con formato o esquema fijo que poseen campos fijos. En estas fuentes, los datos vienen en un formato bien definido que se especifica en detalle, y que conforma las bases de datos relacionales. Son los datos de las bases de datos relacionales, las hojas de cálculo y los archivos, fundamentalmente. Los datos estructurados se componen de piezas de información que se conocen de antemano, vienen en un formato especificado, y se producen en un orden especificado. Estos formatos facilitan el trabajo con dichos datos. Formatos típicos son: fecha de nacimiento (DD, MM, AA); documento nacional de identidad o pasaporte (por ejemplo, 8 dígitos y una letra); número de la cuenta corriente en un banco (20 dígitos), etcétera.

> Datos con formato o esquema fijo que poseen campos fijos. Son los datos de las bases de datos relacionales, las hojas de cálculo y los archivos, fundamentalmente.

DATOS SEMIESTRUCTURADOS

Los datos semiestructurados tienen un flujo lógico y un formato que puede ser definido, pero no es fácil su comprensión por el usuario. Datos que no tienen formatos fijos, pero contienen etiquetas y otros marcadores que permiten separar los elementos dato. La lectura de datos semiestructurados requiere el uso de reglas complejas que determinan cómo proceder después de la lectura de cada pieza de información. Un ejemplo típico de datos semiestructurados son los registros *Web logs* de las conexiones a Internet. Un *Web log* se compone de diferentes piezas de información, cada una de las cuales sirve para un propósito específico. Ejemplos típicos son el texto de etiquetas de lenguajes XML y HTML.

> Datos que no tienen formatos fijos, pero contienen etiquetas y otros marcadores que permiten separar los elementos dato. Ejemplos típicos son el texto de etiquetas de XML y HTML.

DATOS NO ESTRUCTURADOS

Los datos no estructurados son datos sin tipos predefinidos. Se almacenan como "documentos" u "objetos" sin estructura uniforme, y se tiene poco o ningún control sobre ellos. Datos de texto, video, audio, fotografía son datos no estructurados. Por ejemplo, las imágenes se clasifican por su resolución en píxeles. Datos que no tienen campos fijos; ejemplos típicos son: audio, video, fotografías, documentos impresos, cartas, hojas electrónicas, imágenes digitales, formularios especiales, mensajes de correo electrónico y de texto, formatos de texto libre como correos electrónicos, mensajes instantáneos SMS, artículos, libros, mensajes de mensajería instantánea tipo WhatsApp, Line, Joyn, Viber, Line, WeChat, Spotbros. Al menos, el 80% de la información de las organizaciones no reside en las bases de datos relacionales o archivos de datos, sino que se encuentran esparcidos a lo largo y ancho de la organización; todos estos datos se conocen como datos no estructurados.

Sin duda, los datos más difíciles de dominar por los analistas son los datos no estructurados, pero su continuo crecimiento ha provocado el nacimiento de herramientas para su manipulación como es el caso de MapReduce, Hadoop o bases de datos NoSQL (capítulos 8 y 9).

Ejemplos típicos de datos que no tienen campos fijos: audio, video, fotografías, o formatos de texto libre como correos electrónicos, mensajes instantáneos SMS, artículos, libros, mensajes de mensajería instantánea tipo WhatsApp, Viber, etcétera.

INTEGRACIÓN DE LOS DATOS: OPORTUNIDADES DE NEGOCIO DE LOS BIG DATA

¿Qué puede hacer una organización con Big Data? ¿Cómo puede tomar ventaja de sus grandes oportunidades? ¿Cómo puede evitar sus riesgos? Un número creciente de organizaciones les hacen frente desplegando herramientas especializadas como bases de datos de procesamiento masivamente paralelo (MPP, *Massively Parallel Processing*), sistemas de archivos distribuidos Hadoop, algoritmos MapReduce, computación en la nube. La pieza clave es la integración de datos. Es crucial para las organizaciones facilitar que los negocios accedan a todos los datos de modo que se pueden aplicar sobre ellos infraestructuras de Big Data.

La integración de datos facilita a su organización la combinación de los Big Data con los datos transaccionales tradicionales para generar valor y conseguir la mayor eficacia posible. Por esta razón uno de los aspectos más interesantes no es tanto lo que harán ellos mismos por el negocio, sino lo que se podrá conseguir para el negocio cuando se combinan con otros datos de la organización. Un buen ejemplo puede ser enriquecedor: utilizar las preferencias y rechazos de los perfiles de los clientes en los medios sociales con el objetivo de mejorar la comercialización de destino.

El mayor valor de los Big Data puede producirse cuando se los combinan con otros datos corporativos. Colocándolos en un contexto más grande se puede conseguir que la calidad del conocimiento del negocio se incremente exponencialmente. Incluso la estrategia de Big Data dentro de la estrategia global de la compañía es mucho más rentable que tener una estrategia independiente.

Frank (2012: 22) considera que es muy importante que la organización no desarrolle una estrategia de Big Data distinta de su estrategia tradicional de datos, ya que en ese caso fallará toda la estrategia del negocio. Big Data y datos tradicionales son ambas partes de la estrategia global. Para que las organizaciones tengan éxito se necesita desarrollar una estrategia cohesiva donde los Big Data no sean un concepto distinto y autónomo. Frank (2012: 22) insiste en: "La necesidad desde el comienzo de pensar en un plan que no solo capture y analice los grandes datos por sí mismo, sino que también considera como utilizarlos en combinación con otros datos corporativos y como un componente de un enfoque holístico a los datos corporativos".

Es importante insistir en la importancia para las organizaciones de desarrollar una estrategia de Big Data que no sea distinta de su estrategia de datos tradicionales y conseguir una idónea integración de datos. Esta circunstancia es vital ya que ambos forman parte de una estrategia global, aunque los Big Data irán creciendo de modo exponencial deberán coexistir de modo híbrido con los datos tradicionales durante muchos años. Dicen las grandes consultoras de datos que los Big Data deben ser otra faceta de una buena estrategia de datos de la empresa.

Son numerosos los ejemplos que se pueden dar sobre la integración de datos de todo tipo en estrategias corporativas.

En el caso de la industria eléctrica, los datos de las redes inteligentes (*smart grids*) son una herramienta muy poderosa para compañías eléctricas, que conociendo los patrones históricos de facturación de los clientes, sus tipos de vivienda y otros indicadores, unidos con los datos proporcionados por los medidores inteligentes (*smart meters*) instalados en las viviendas pueden conseguir ahorros de coste considerables para la compañía proveedora del servicio eléctrico, y grandes reducciones del consumo eléctrico de los clientes.

Otro caso típico se da en el caso del comercio electrónico donde el análisis de los textos de los correos electrónicos, mensajes de texto SMS o de aplicaciones como WhatsApp, *chat,* se integran junto con el conocimiento de las especificaciones detalladas del producto que se está examinando; los datos de ventas relativas a esos productos, y una información histórica del producto proporcionan un gran poder al contenido de los textos citados cuando se ponen en un contexto global.

La integración de datos, mezcla de Big Data y datos tradicionales, supone una gran oportunidad de negocio para organizaciones y empresas.

CARACTERÍSTICAS DE BIG DATA

Cada día creamos 2,5 *quintillones* de bytes de datos, de forma que el 90% de los datos del mundo actual se han creado en los últimos dos años[7]. Estos datos proceden de todos los sitios: sensores utilizados para recoger información del clima, entradas (*posts*) en sitios de medios sociales, imágenes digitales, fotografías y videos, registros de transacciones comerciales y señales GPS de teléfonos celulares, por citar unas pocas referencias. Estos datos, son, según IBM, Big Data.

Big Data al igual que la nube (*cloud)* abarca diversas tecnologías. Los datos de entrada a los sistemas de Big Data pueden proceder de redes sociales, *logs*, registros de servidores Web, sensores de flujos de tráfico, imágenes de satélites, flujos de audio y de radio, transacciones bancarias, MP3 de música, contenido de páginas Web, escaneado de documentos de la administración, caminos o rutas GPS, telemetría de automóviles, datos de mercados financieros. ¿Todos estos datos son realmente los mismos?

IBM plantea como también hizo Gartner que Big Data abarca tres grandes dimensiones, conocidas como el "Modelo de las tres V" (3 V o V^3): *volumen*, *velocidad* y *variedad* (*variety*). Existe un gran número de puntos de vista para visualizar y comprender la naturaleza de los datos y las plataformas de software disponibles para su explotación; la mayoría incluirá una de estas tres propiedades V en mayor o menor grado. Sin embargo, algunas fuentes contrastadas, como es el caso de IBM, cuando tratan las características de los Big Data también consideran una cuarta característica que es la *veracidad*, y que analizaremos también para dar un enfoque más global a la definición y características de los Big Data. Otras fuentes notables añaden una quinta característica, *valor*.

VOLUMEN

Las empresas amasan grandes volúmenes de datos, desde terabytes hasta petabytes. Como se verá más adelante (capítulo 3), las cantidades que hoy nos parecen enormes, en pocos años serán normales. Estamos pasando de la era del petabyte a la era del exabyte, y para 2015 a 2020, se espera entremos en la era del zettabyte. IBM da el dato de 12 terabytes para referirse a lo que crea Twitter cada día solo en el análisis de productos para conseguir mejoras en la eficacia.

En el año 2000, se almacenaron en el mundo 800.000 petabytes. Se espera que en el año 2020 se alcancen los 35 zettabytes (ZB). Solo Twitter genera más de 9 terabytes (TB) de datos cada día. Facebook, 10 TB; y algunas empresas generan terabytes de datos cada hora de cada día del año. Las organizaciones se enfrentan a volúmenes masivos de datos. Las organizaciones que no conocen cómo gestionar estos datos están abrumadas por ello. Sin embargo, la tecnología existe, con la plataforma tecnológica adecuada para analizar casi todos los datos (o al menos la mayoría de ellos, mediante la identificación idónea) con el objetivo de conseguir una mejor comprensión de sus negocios, sus clientes y el *marketplace*. IBM plantea que el volumen de datos disponible en las organizaciones hoy día está en ascenso mientras que el porcentaje de datos que se analiza está en disminución.

VELOCIDAD

La importancia de la velocidad de los datos o el aumento creciente de los flujos de datos en las organizaciones junto con la frecuencia de las actualizaciones de las grandes bases de datos son características importantes a tener en cuenta. Esto requiere que su procesamiento y posterior análisis, normalmente, ha de hacerse en tiempo real para mejorar la toma de decisiones sobre la base de la información generada. A veces, cinco minutos es demasiado tarde en la toma de decisiones; los procesos sensibles al tiempo como pueden ser los casos de fraude obligan a actuar rápidamente. Imaginemos los millones de escrutinios de los datos de un banco con el objetivo de detectar un fraude potencial o el análisis de millones de llamadas telefónicas para tratar de predecir el comportamiento de los clientes y evitar que se cambien de compañía.

La importancia de la velocidad de los datos se une a las características de volumen y variedad, de modo que la idea de velocidad no se asocia a la tarea de crecimiento de los depósitos o almacenes de datos, sino que se aplica la definición al concepto de los datos en movimiento, es decir, la velocidad a la cual fluyen los datos. Dado que las empresas están tratando cada día con mayor intensidad, petabytes de datos en lugar de terabytes, y el incremento en fuentes de todo tipo como sensores, chips RFID, chips NFC, datos de geolocalización y otros flujos de información que conducen a flujos continuos de datos, imposibles de manipular por sistemas tradicionales.

VARIEDAD

Las fuentes de datos son de cualquier tipo. Los datos pueden ser estructurados y no estructurados (texto, datos de sensores, audio, video, flujos de clics, archivos *logs*), y cuando se analizan juntos se requieren nuevas técnicas. Imaginemos el registro en vivo de imágenes de las cámaras de video de un estadio de fútbol o de vigilancia de calles y edificios.

En los sistemas de Big Data las fuentes de datos son diversas y no suelen ser estructuras relacionales típicas. Los datos de redes sociales, de imágenes pueden venir de una fuente de sensores y no suelen estar preparados para su integración en una aplicación.

En el caso de la Web, la realidad de los datos es confusa. Diferentes navegadores envían datos diferentes; los usuarios pueden ocultar información, pueden utilizar diferentes versiones de software, bien para comunicarse entre ellos, o para realizar compras, o leer un periódico digital. Sin embargo, los riesgos por la no adopción de las tendencias de Big Data son grandes, ya que:

- La voluminosa cantidad de información puede llevar a una confusión que impida ver las oportunidades y amenazas dentro de nuestro negocio y fuera de él, y perder así competitividad.
- La velocidad y flujo constante de datos en tiempo real puede afectar a las ventas y a la atención al cliente.

- La variedad y complejidad de datos y fuentes puede llevar a la vulneración de determinadas normativas de seguridad y privacidad de datos.

El volumen asociado con los Big Data conduce a nuevos retos para los centros de datos que intentan tratar con su variedad. Con la explosión de sensores y dispositivos inteligentes así como las tecnologías de colaboración sociales, los datos en la empresa se han convertido en muy complejos, ya que no solo incluyen los datos relacionales tradicionales, sino también priman en bruto, datos semiestructurados y no estructurados procedentes de páginas Web, archivos de registros Web (*Web log*), incluyendo datos de los flujos de clics, índices de búsqueda, foros de medios sociales, correo electrónico, documentos, datos de sensores de sistemas activos y pasivos, entre otros.

Bastante simple, *variedad* representa todos los tipos de datos, y supone un desplazamiento fundamental en el análisis de requisitos desde los datos estructurados tradicionales hasta la inclusión de los datos en bruto, semiestructurados y no estructurados como parte del proceso fundamental de la toma de decisiones. Las plataformas de analítica tradicionales no pueden manejar la variedad. Sin embargo, el éxito de una organización dependerá de su capacidad para resaltar el conocimiento de los diferentes tipos de datos disponibles en ella, que incluirá tanto los datos tradicionales como los no tradicionales[8]. Por citar un ejemplo, el video y las imágenes no se almacenan fácil ni eficazmente en una base de datos relacional, mucha información de sucesos de la vida diaria como el caso de los datos climáticos cambian dinámicamente. Por todas estas razones, las empresas deben capitalizar las oportunidades de los grandes datos, y deben ser capaces de analizar todos los tipos de datos, tanto relacionales como no relacionales: texto, datos de sensores, audio, video, transaccionales.

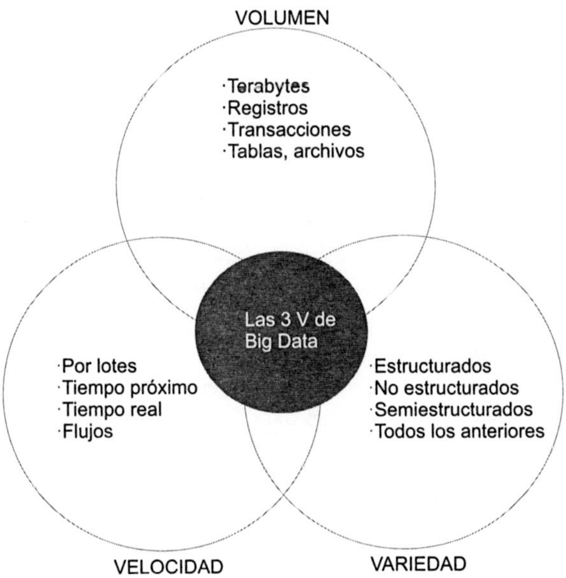

Figura 1.1. Las 3 V de Big Data. Fuente: Philip Russom: "Big Data Analytics", en *Teradata*, Fourth Quarter 2011. Disponible en: <http://tdwi.org/blogs/philip-russom>.

VERACIDAD

Según IBM, en su definición de Big Data, al comentar la característica de veracidad proporciona un dato estremecedor: "Uno de cada tres líderes de negocio (directivos) no se fía de las informaciones que utilizan para tomar decisiones". ¿Cómo puede, entonces, actuar con esta información si no se fía de ella? El establecimiento de la veracidad o fiabilidad (*truth*) de Big Data supone un gran reto a medida que la variedad y las fuentes de datos crecen.

VALOR

Además de las 3 V clásicas con las que todas las fuentes coinciden, y la cuarta que suele señalar IBM, existe una quinta característica que también se suele considerar: el valor. Las organizaciones estudian obtener información de los grandes datos de una manera rentable y eficiente. Aquí es donde las tecnologías de código abierto tales como Apache Hadoop se han vuelto muy populares. Hadoop, que se estudiará más adelante en el libro, es un software que procesa grandes volúmenes de datos a través de un *cluster* de centenares, o incluso millares de computadores de un modo muy económico.

EL TAMAÑO DE LOS BIG DATA

La megatendencia de los Big Data como ya hemos considerado anteriormente, no está directamente relacionada con la cantidad específica de datos. Recordemos que hace una década los almacenes de datos (*data warehouse*) de las grandes empresas cuando tenían de 1 a 10 terabytes se consideraban enormes. Hoy se puede comprar en cualquier gran almacén, unidades de disco de 1 a 5 terabytes por precios inferiores a 100 euros (Soares, 2012), y muchos almacenes de datos de empresas han roto la barrera del petabyte.

Entonces, es lógica la pregunta ¿cuál es la parte más importante de Big Data, la parte *big* o la parte *data*? Se puede ampliar la pregunta: ¿ambas partes? o ¿ninguna? Para muchos expertos, el tema de debate es cuánto supone *big* (grandes volúmenes) dado que el tema *data* es el soporte fundamental de la tendencia.

Recordemos que según IDC, el universo digital de datos se dobla cada dos años, y que más del 70% de los datos creados se generarán por los consumidores; y por encima del 20% por las empresas. IDC[9] predice que el universo digital se multiplicará por un factor de 44 para llegar a 35 zettabytes en 2020.

Un informe más reciente al citado de IDC, realizado por los científicos de computación de la Universidad de California en San Diego[10], y publicado en abril de 2011, aumentaba las cifras del Universo Digital, y consideraba que los servidores de las empresas del mundo procesaban 9,57 ZB de datos en 2008 (no se contaban los 3,6 ZB que calculaba el estudio generaban los hogares de América).

Aunque el estudio de la UCSD daba cifras 10 veces superiores al estudio de IDC, en ninguno de los casos se ponía límites inferiores. Tal vez una respuesta más ajustada a la situación actual es que ni la parte *big* ni la parte *data* son la parte más importante de Big Data. Como señala Frank (2012: 6): "Ni por asomo es más importante una parte que otra. Lo importante es lo que hacen las organizaciones con los grandes datos; es lo más importante. El análisis de los grandes datos que realice su organización combinado con las acciones que se tomen para mejorar su negocio es lo realmente importante".

En resumen, el valor de Big Data es tanto *big* como *data*, y su indicador final dependerá del análisis de los datos, cómo se realizará y cómo mejorará el negocio.

¿CÓMO SE HA LLEGADO A LA EXPLOSIÓN DE BIG DATA?

Big Data supone la confluencia de tendencias que venían madurando desde la última década: redes sociales, movilidad, aplicaciones, caída del coste de la banda ancha, interconexión de objetos a través de Internet (M2M, *machine to machine*, o Internet de las cosas) y *cloud computing*. Todas estas tendencias tienen una cosa en común: producen una ingente cantidad de datos que necesitan ser captados, almacenados, procesados y analizados.

Empresas, organizaciones y gobiernos trabajan con miles de sensores digitales que arrojan información de todo tipo a la Red. En equipos industriales, automóviles, aviones, trenes, barcos, electrodomésticos, en las calles, estos sensores pueden medir y comunicar la posición o localización, el movimiento, la vibración, la temperatura, la humedad y hasta cambios químicos en el aire, emisión de CO_2. Estas situaciones han existido siempre y eso ha ayudado en la toma de decisiones para prevenir desastres naturales, detectar movimientos sísmicos, ¿dónde está la diferencia actual? Pues que antes los entornos o ambientes estaban controlados por datos estructurados, y ahora los datos provienen de todos lados y son datos no estructurados.

Hoy día en Madrid, México DC, Bogotá, Buenos Aires o Santiago de Chile, por citar algún ejemplo, cualquier usuario puede entrar en Google Maps, introducir una dirección, elegir la visión del satélite y ver en tiempo real la congestión del tráfico de la zona que desea visitar con información que los usuarios envían en tiempo real con sus teléfonos Android.

El gran volumen de datos procede de correos electrónicos, videos, documentos, mensajes de texto SMS, etiquetas RFID, fotografías, imágenes digitales, redes de sensores y dispositivos, índices de búsqueda, condiciones ambientales, redes sociales, exploraciones médicas, información gubernamental, historial de pulsaciones (clics), archivos de música, textos, transacciones en línea (*online*), incidencias telefónicas, junto a todo aquello que se pueda digitalizar y transformar en datos.

Algunas cifras relevantes

Un zettabyte corresponde a 75.000 millones de tabletas iPad de 16 gigabytes o a mil millones de discos duros (rígidos) de una típica computadora de escritorio.

En un minuto en Internet se generan 98.000 tuits se bajan 23.148 aplicaciones, se juegan 208.333 minutos de Angry Birds, 27.000 personas se conectan *(logean)* a Facebook y se ven 1,3 millones de videos en Youtube.

Muchos de estos datos se necesitan analizar en tiempo real, otros estarán almacenados durante años y solo para consultas puntuales. Esta memoria gigante no para de crecer y será necesario dotarla de inteligencia.

La Red va coleccionando datos de nuestro perfil (sexo, edad, gustos, hábitos, preferencias, aficiones, profesión); estos datos sirven para proporcionar mejores resultados en las búsquedas y pueden servir para tomar decisiones o generar políticas públicas que impacten de manera positiva en la sociedad. Los Big Data permiten responder a preguntas tales como: ¿cómo sabe Facebook qué personas me gustaría conocer? ¿Cómo sabe la Web que páginas me interesa visitar?

EL BIG DATA ECLOSIONA EN ESPAÑA (IDC)

Según un estudio de IDC España, patrocinado por EMC, JasperSoft, Microsoft y Sybase, el mercado de Big Data está en auge en el país. Los datos recabados a partir de 502 entrevistas a expertos españoles confirman que un 4,8% de las empresas ya han incorporado estos procesos a su negocio, y las previsiones indican que en 2014 la adopción será del 19,4%, lo que supone un incremento del 304% con respecto a 2012. El Big Data se empieza a mostrar como un factor imprescindible en las empresas españolas. Los beneficios en el 2010 que generaba esta tecnología eran en torno a los 3.200 millones de dólares en todo el mundo. Según las estimaciones de IDC, esta cifra podría llegar a alcanzar los 16.900 millones de euros en 2015.

Las cifras demuestran, según IDC España, que a pesar de la crisis, las empresas están interesadas por tecnologías que generan una mayor eficiencia organizacional y que proporcionan nuevas oportunidades de negocio. El Big Data tiene sentido cuando hablamos de empresas con un alto volumen de información, generada muy rápidamente, procedente de diversas fuentes, con distintos formatos y con datos de calidad. El volumen de información aparece como la principal razón para la explosión del Big Data. IDC preveía que la información digital ascendería a los 2,7 zettabytes durante 2012. Los procesos de Big Data son, por tanto, una tecnología que pronto será indispensable para todas las empresas. Otras razones extraídas del informe son el ahorro de costes y la mejora de la toma de decisiones

Barreras de entrada

Según el informe, cuatro son los principales obstáculos a la hora de la adopción de esta tecnología: la ausencia de expertos, la falta de presupuesto, la dificultad de la integración con los procesos de negocio y la calidad de los datos.

La escasez de profesionales especializados se debe a que se trata de un sector demasiado joven para las empresas españolas y que aún debe volcarse en la formación de talentos que abarquen esta área. El profesional *científico de datos* será esencial para poder realizar la organización de información de una empresa. En cuanto a la falta de presupuestos, existe la posibilidad de recurrir al *software* distribuido y desarrollado libremente, *open source*, ya que "permite reducir costes a la hora de atender a las nuevas tecnologías". La integración de los procesos en el negocio tampoco está exenta de dificultades. Para incluir Big Data en la estructura organizativa de una empresa es preciso que ésta atienda al menos a las cuatro dimensiones: volumen, variedad, velocidad y valor (IDC se apunta al modelo de 4 V). IDC considera que es preciso determinar cómo recoger los datos generados, clasificarlos, almacenarlos, construir arquitecturas con escalabilidades muy altas y crear nuevos modelos de bases de datos que pongan énfasis en el tratamiento de la información *in-memory* (que se analizará más adelante). Por último, el estudio establece que la velocidad de adopción entre unas empresas y otras varía en función de sus características, influyendo sobre todo el tamaño y el campo de actividad en el que operen. El sector financiero, el dedicado a infraestructuras, el público, y el sanitario son los que, según el informe, más recurren a Big Data para gestionar la información. En cuanto a tamaño, las compañías de más de 500 empleados son las más adelantadas en conocimientos, aunque son las empresas de 100 a 500 trabajadores las que dominan la implantación del modelo.

CÓMO CREAR VENTAJAS COMPETITIVAS A PARTIR DE LA INFORMACIÓN: IDC BIG DATA 2012

En septiembre de 2012, IDC hizo público un informe sobre la situación actual y perspectivas de futuro del Big Data en España y a nivel mundial, informe que fue un adelanto de su prestigioso estudio "*The Digital Universe*", publicado en diciembre del mismo año. Según IDC, el volumen de los contenidos digitales crecerá hasta 2.7 ZB en 2012, situándose en 8 ZB en 2015. Este crecimiento se verá impulsado por la exponencial proliferación de usuarios de Internet, redes de sensores y objetos interconectados, dispositivos inteligentes que permiten nuevas formas de trabajo y de comunicación así como las redes sociales que redefinen los modelos de negocio y la forma de interaccionar con los consumidores. Más de un 90% de los datos digitales estarán desestructurados, encapsulando una gran cantidad de información de valor, pero difícil de analizar y comprender. Ante el rápido desarrollo del universo digital, las empresas no pueden seguir confiando en los sistemas tradicionales para la toma de decisiones, que ya no son capaces de ofrecer respuestas ágiles y precisas. Cada vez más, las empresas buscan el valor que proporciona el acceso unificado a la información, y el análisis como soporte para la toma de decisiones de usuarios, grupos y sistemas.

> Aquellas empresas que desplieguen iniciativas de Big Data, recomienda IDC, no solo conseguirán ser capaces de analizar grandes volúmenes de datos, sino que también aumentarán su capacidad para rediseñar los procesos de negocio, e incluso crear nuevos servicios basados en la información. El Big Data es una aproximación crítica para generar ventajas competitivas basadas en la información (IDC, 2012).

RETOS EMPRESARIALES DE BIG DATA

La adopción de la filosofía de Big Data en organizaciones y empresas implica mucho más que la instalación y puesta en marcha del *software* adecuado. Es necesario un cambio organizacional en la empresa y en su personal. Los datos corporativos ya no son responsabilidad exclusiva de un departamento, dado que la asimilación de Big Data implica que todos los grupos de trabajo y departamentos se verán afectados. Por todo ello es imprescindible una formación especializada al personal en la utilización de las herramientas de Big Data con el objetivo principal de capturar, almacenar y manipular los grandes volúmenes de datos en beneficio de la productividad de la empresa.

Así como 2012 fue el año del asentamiento de las tecnologías de *cloud computing*, y una mayoría de organizaciones y empresas además de administraciones utilizan la nube, el año 2013 será el año del lanzamiento de Big Data, ya que se están convirtiendo sus técnicas y tecnologías en viables desde enfoques muy eficaces en coste y calidad que van a permitir controlar y dominar el volumen, la velocidad y variabilidad de los grandes volúmenes de datos.

Hasta ahora las grandes corporaciones como Walmart y Google han tenido a su alcance los grandes datos, pero a un coste elevadísimo. Hoy el *hardware*, las arquitecturas *cloud* y el *software* de fuente abierta están llevando al procesamiento de los grandes volúmenes de datos al alcance de aquellas corporaciones con menos recursos. El procesamiento de los Big Data es factible para incluso pequeñas empresas *startups* que pueden alquilar tiempo de servidores en la nube.

La emergencia de los grandes datos en la empresa trae consigo una contrapartida: la agilidad. Explotar con éxito el valor de los grandes volúmenes de datos requiere de altas dosis de experimentación y exploración.

EL GRAN NEGOCIO DE BIG DATA

La consultora Deloitte prevé que en 2012 el negocio del Big Data acelerará su crecimiento y aumentará su penetración en el mercado (Deloitte, 2012):

> Big Data representa una oportunidad y un reto. Oportunidad para que las organizaciones sean más eficientes y competitivas aportando servicios de valor añadido a sus clientes, y por otro

lado, les plantea el reto de tener que gestionar grandes volúmenes de datos de muy diversos formatos y fuentes, que crecen año tras año; En este escenario, la tecnología es la clave.

BIG DATA, *THE NEXT THINK* (LA SIGUIENTE GRAN TENDENCIA)

Las empresas pueden sacar gran beneficio en el uso de los grandes volúmenes de datos. El gran caudal de información de las organizaciones y empresas permitirá deducir las necesidades de sus potenciales consumidores.

El volumen de datos por gestionar por las empresas va en aumento cada día merced a la infinidad de datos procedentes de los medios sociales (redes sociales, blogs, *wikis*, dispositivos móviles, objetos del Internet de las cosas, datos de geolocalización). Esta inmensidad de datos no solo será una gran oportunidad, sino también un riesgo al que han de enfrentarse las organizaciones y empresas para intentar no ser sepultados por esa inmensa avalancha de datos.

Las tecnologías y técnicas de Big Data no se deben plantear como un problema, sino como una oportunidad cargada de retos. Aquellas organizaciones que consigan analizar de una forma más inteligente y eficaz la información conseguirán controlar el sector o destacarse en sus mercados, anticipándose con sus decisiones y adquiriendo gran ventaja competitiva.

LA EMPRESA INTELIGENTE

En el año 2006, Andrew McAfee, profesor de la Universidad de Harvard, publicó el artículo "Enterprise 2.0" en el que planteaba una nueva visión de empresa apoyada en la naciente Web 2.0. Esta nueva empresa se apoyaba, esencialmente, en las tecnologías de medios sociales (espina dorsal de la Web 2.0): blogs, *wikis*, RSS, redes sociales. Pasados seis años, la empresa 2.0, cuyo concepto sigue teniendo fuerza, está evolucionando a una nueva empresa social que es cada día más inteligente y que constituye un nuevo concepto de empresa donde el acceso a los recursos está garantizado desde cualquier lugar, con cualquier dispositivo y en cualquier momento, y donde el análisis de la información procedente de los medios sociales se pone al servicio del negocio.

La nueva empresa que se comienza a denominar *empresa inteligente* se sustenta en la interacción entre la nube (*cloud computing*), la movilidad, los negocios sociales (*social business*) y los Big Data. Estas cuatro tendencias unidas al análisis de datos (*analytics*) se están transformando en grandes cambios disruptivos de los negocios, las organizaciones, las empresas, y, en un sentido amplio, la sociedad.

Las tecnologías actuales sustentadas en *cloud computing* y Big Data se han convertido en transversales y esta característica actúa como aglutinador de los departamentos de ventas, de marketing, de recursos humanos, y naturalmente, del propio departamento de tecnologías de la información (TI).

Miguez[11] considera que las organizaciones se enfrentan a un nuevo ecosistema y e reinventarse y adaptarse al cambio de una forma proactiva para optimizar las nuevas oportunidades de negocio; Miguez plantea que: "Estamos en un momento de inflexión tecnológica en el que toda información obtenida con el *social business* debe ser explotada con soluciones de Big Data para reinterpretar los procesos y, a partir de ahí, reinventar la organización y la cultura corporativa".

En este panorama, es preciso tener conciencia de que estas tecnologías disruptivas aparecen en la lista de requisitos de los clientes de las grandes empresas tecnológicas, como señala Enrique Bertrand[12], director de Tecnología de Software AG de España, y se les ha obligado a tener que certificar todos los productos en plataformas *cloud* de múltiples fabricantes, porque ya es una experiencia del usuario. Otra característica importante a tener presente, como también señala Bertrand[13], es la necesidad de estándares en estas tecnologías que se irán consolidando, al existir ya una masa crítica que facilita el desarrollo de estos estándares, ya que hay en la industria un entorno más colaborativo además de organismos dedicados a esta tarea.

En el Foro Económico Mundial, celebrado en junio en Suiza, el concepto de Big Data fue protagonista destacado. El informe desarrollado durante el encuentro declara a Big Data, los grandes volúmenes de datos, como un nuevo activo económico al nivel del oro, del dinero, o del petróleo.

CASOS DE ESTUDIO

ROLLS ROYCE

La compañía británica ha comenzado a incluir sensores en sus motores, que proporcionan información en tiempo real sobre las piezas. Esta acción ha supuesto un cambio esencial, ya que ha pasado de vender un producto a vender, además, un servicio. Es decir, ha obtenido una ventaja competitiva a través de los datos.

GOOGLE

Google ha desarrollado la aplicación Flu Trends[14] que permite descubrir cómo ciertos términos de búsqueda sirven como buenos indicadores de la actividad de la gripe. Cualquier usuario puede entrar y ver la evolución de la gripe a través de datos globales de las búsquedas de los internautas en Google. Con estos datos se pueden hacer cálculos aproximados de la actividad de la enfermedad de la gripe en determinadas regiones, lo que es de gran utilidad en acciones preventivas para evitar la propagación.

La aplicación de evolución de la gripe en Google utiliza los datos globales de las búsquedas de Google para realizar, casi en tiempo real, cálculos aproximados de la actividad actual de la gripe en todo el mundo. Al ejecutar la aplicación se pueden ver estimaciones históricas de los países donde está implantado (Estados Unidos, Alemania, Francia y España entre otros países).

SMART METERS

IBM lanzó en marzo de 2011 la estrategia *smart meters* dentro de su entidad global para realizar mediciones del consumo energético en los hogares, organizaciones y empresas.

Se trata de analizar el consumo de electricidad de un barrio o en cualquier zona urbana a través de sensores que envían datos de consumo. Sobre la base de esa información, la compañía fue capaz de determinar los hábitos de los vecinos en cada momento del día, ver cómo variaba la demanda y hasta cambiar algunos de esos hábitos con estrategias de premios y bonificaciones a sus clientes.

Estas iniciativas de IBM y de numerosos operadores de electricidad forman parte del despliegue de las redes inteligentes (*smart grid*). La estructura *smart grid* exige la lectura de datos en tiempo real para aspectos a nivel del sistema como la gestión de recursos y su supervisión, además de aspectos a nivel de usuario como la facturación automática o el control del consumo energético, que son, entre otros, algunos de los nuevos servicios y aplicaciones que requiere la generación distribuida y el consumo sostenible.

Esta forma de lectura de datos con los nuevos equipos *smart meter* se basan en la capacidad de gestionar tanto los contadores como los grandes volúmenes de datos medidos mediante lo que se denomina *smart metering*[15].

OPEN DATA

Una variante muy importante de Big Data es la estrategia *Open Data* (datos abiertos) o apertura de datos. La estrategia *Open Data*, que históricamente nació en 2009 en Washington (ciudad pionera en este movimiento data.gov), se refiere a la posibilidad de que el ciudadano acceda a los datos del gobierno que antes solo eran analizados en el interior de las administraciones públicas.

Aunque la iniciativa de *Open Data* nació en los Estados Unidos, hoy día forma parte de la Agenda Digital Europea, donde numerosos países (entre ellos, España) han promovido iniciativas de datos abiertos, así como en América Latina, donde países como la Argentina, Colombia y Perú están promoviendo también iniciativas nacionales. Más adelante (capítulo 4) se analizará en profundidad cómo uno de los sectores estratégicos como Big Data puede proporcionar una gran ventaja competitiva a las empresas y grandes beneficios a los usuarios y ciudadanos en general.

..\ BREVE RESEÑA HISTÓRICA DE BIG DATA

La historia del término Big Data se puede dividir en dos etapas. Primero, con el nacimiento y expansión del concepto en el campo científico y de negocios restringido su uso a su conceptualización como tal en la jerga técnica y académica; este período se puede datar entre 1984 y 2007. Segundo, con la difusión del término ya con criterio tecnológico y económico, que produce beneficios a las organizaciones y empresas, que comienzan a estudiar la tecnología, a desarrollar herramientas para el análisis de los grandes volúmenes de datos o aquellas otras que comienzan a utilizar estas herramientas para sacarles un rendimiento en las empresas y negocios; este período se puede considerar que se inicia en el año 2008.

El profesor Francis X. Diebold[16], en un trabajo de investigación que está realizando sobre el origen e implantación del término Big Data, y que está publicando con diferentes borradores (el más reciente de noviembre de 2012), hasta conseguir cerrar su investigación, analiza el término desde su aparición en escritos académicos y de negocios, y desde su perspectiva de economista/estadístico. Según Diebold, el uso académico del término Big Data se remonta a Tilly, en 1984, y en el lado no académico cita una primera reseña, publicada en 1987, relativa a una técnica de programación denominada *small code, big data*. En 1989, y por último en 1993, se habla de *Big Data applications*.

Por último Diebold menciona un trabajo de Laney (2001)[17] que se titula *Three V´s of Big Data (Volume, Variety and Velocity)*, donde se conceptualiza el significado del término y el fenómeno de Big Data. Las conclusiones de la investigación de Diebold (él también interviene como uno de los primeros científicos, en este caso en el área de la estadística y la econometría, que utiliza el término en el año 2000) es que el término comienza a ser utilizado en dos grandes disciplinas: Ciencias de la Computación (Informática) y Estadística/Econometría, y que nació a mitad de los años noventa, en Silicon Graphics Inc (SGI), en la persona de John Mashey; y posteriormente en 1998, Weiss y Indurkbya, en computación; y Diebold (2000), en estadística/econometía, y Douglas Laney (META Group, hoy Gartner). En resumen, concluye Diebold que el término se puede atribuir razonablemente a Marsey, Weiss e Indurkhya, Diebold y Laney.

EL ORIGEN MODERNO DE BIG DATA

En 2008, Steve Lohr[18], del *The New York Times*, publicó que, de acuerdo con diferentes científicos de computación y directivos de la industria, el término Big Data fue calando en ambientes tecnológicos y comenzó a generar ingresos económicos. Estamos totalmente de acuerdo con Lohr, ya que también de modo ininterrumpido he seguido los avatares de Big Data.

Pero, sin duda, es el artículo que *Wired* [19]publicó en junio del mismo año, el detonante de la explosión de los Big Data; así también lo considera Lohr.

Wired publica un artículo en el que se presentaban las oportunidades e implicaciones del diluvio de datos moderno; declaraba en aquel entonces que vivíamos en la era del petabyte; sin embargo, el petabyte era una unidad de medida de datos almacenados en soportes digitales, pero ya era necesario pensar en términos de exabytes, zettabytes y yottabytes. El estudio de investigación de *Wired*, que así recogía el artículo, tenía una introducción en la que planteaba los siguientes argumentos:

> Existen sensores en todas partes, almacenamiento infinito, nubes de procesadores. Nuestra capacidad para capturar, almacenar (*Ware house*) y comprender las cantidades masivas de datos está cambiando la ciencia, la medicina, los negocios y la tecnología. A medida que crece nuestra colección de hechos y figuras, se tendrá la oportunidad de encontrar respuestas a preguntas fundamentales, debido a que la era de los *big data* no es solo más: más es diferente (Because in the era of big data, more isn't just more, more is different").

En ese mismo número, Chris Anderson[20], su director editor, publicaba otro artículo en el que cuestionaba el hecho de que el diluvio de datos podía dejar obsoleto el método científico. En el artículo plantea que hacía diez años, los *crawlers* de los motores de búsqueda hacían una única base de datos. Ahora Google y compañías similares están tratando el *corpus* masivo de datos como un laboratorio de la condición humana. Ellos son los hijos de la era del petabyte. La era del petabyte es diferente porque más es diferente. Los kilobytes se almacenaban en discos flexibles; los megabytes se almacenaban en discos duros. Los terabytes se almacenaron en *arrays* de discos. Los petabytes se almacenan en la nube. A medida que nos movemos en paralelo a la progresión anterior, nos desplazamos de la analogía de las carpetas (*folders*) a la analogía de los gabinetes de archivos, y de ahí a la analogía de la biblioteca (*library),* y en la era de los petabytes a la analogía de las organizaciones en la nube.

Lohr (2012), en el artículo antes citado, considera que a finales de 2008 se produjo el espaldarazo del mundo científico, ya que los Big Data fueron adoptados por un grupo de investigadores muy reconocidos del mundo de la computación y agrupados en torno a la prestigiosa Computing Community Consortium, un grupo que colabora con el National Science Foundation (NSF) de los Estados Unidos, y la Computing Research Association, también de los Estados Unidos, que a su vez representa a investigadores académicos y corporativos. Este consorcio publicó un influyente artículo (*white paper*) "Big-Data Computing: Creating Revolutionary Breakthroughs in Commerce, Science and Society"[21].

Otra noticia destacada que comenta Lohr es el hecho de que IBM en 2008 adoptó también Big Data en su marketing, especialmente, después de que el término comenzara a tener gran resonancia entre sus clientes. Posteriormente en 2011, IBM introdujo en Twitter, #IBMbigdata, y en enero de 2012, publicó su primer libro electrónico sobre tecnologías de Big Data (*Understanding Big Data*) del que hablaremos con bastante profusión a lo largo del libro.

Desde un punto de vista popular que demuestra la penetración del término, ya no solo en los negocios, en el campo académico y en la investigación, sino en la sociedad en general y en la vida diaria, es que la tira cómica del genial Dilbert de Scott Adams recogía en sus viñetas de julio de 2012, la incorporación del Big Data. En una viñeta, Dilbert comenta: *It comes from everywhere it know all* (proviene de todas partes, lo sabe todo), para concluir: *according to the book of Wikipedia, its name is Big Data* (según el libro de Wikipedia, su nombre es 'Big Data').

Big data es el corazón de la ciencia y de los negocios modernos. Los primeros grupos de científicos centrados en sus evidencias, han publicado en agosto de 2012, un dosier especial "Big Data Special Issue", en la revista *Significance,* publicación conjunta de la American Statistical Association y la Royal Statistical Society[22].

RESUMEN

Big Data, grandes datos, grandes volúmenes de datos o macrodatos, están constituidos por la avalancha de datos procedentes de las fuentes más diversas: movilidad, medios sociales, Internet de las cosas, M2M, sensores, computación en la nube.

- La cantidad de datos crece de manera espectacular. En 2011, fueron 1,8 zettabytes; en 2012 fueron 2,8 zettabytes; y para 2020, se prevén 40 zettabytes (Informe Digital Universe de IDC/EMC 2012).
- Big Data no solo se considera en términos de *grande* (*volumen*), sino en términos de variedad y velocidad (modelo de las 3 V). Este modelo se ha extendido para incluir las características de veracidad y valor (modelo de las 5 V).
- Los tipos de datos se clasifican en tres grandes grupos: estructurados (bases de datos tradicionales o relacionales), semiestructurados y no estructurados.
- Uno de los grandes riesgos que entrañan los Big Data son las implicaciones de privacidad que acompañan a muchas de las fuentes de datos, origen de los grandes datos.
- La integración de los datos tradicionales con los Big Data supone una gran oportunidad de negocio para organizaciones y empresas
- La explosión de los Big Data se ha producido en los últimos años por las innumerables fuentes de datos que han ido proliferando desde los datos de texto y no textuales, de contenidos de audio, fotografía y video, datos de teléfonos inteligentes y tabletas, de los *social media*, sensores...
- Los Big Data no constituyen una amenaza como tal, sino más bien un reto y una oportunidad para organizaciones y empresas.
- La historia del término Big Data desde el punto de vista académico se remonta a 1984, y desde el punto de vista comercial o empresarial a 1987. En 2001, Laney publica un artículo profesional que titula "Three V´s of Big Data (Volume, Variety and Velocity)" donde conceptualiza el significado del término y el fenómeno. Estas características han sido aceptadas como las fundamentales en la definición. 2008, con la publicación del artículo de la "Era del exabyte", en *Wired*; y 2010, con la publicación de artículos e informes en diversos medios de comunicación como *The Economist* y *Forbes*, se consideran las fechas de partida de Big Data como fenómeno social, tecnológico, económico y empresarial.

NOTAS

[1] Adrian Merv: "Big Data", en *Teradata Magazine*, 2011 Q1. Disponible en: <http://ww.nxtbook.com/nxtbooks/mspcomm/teradata_2011q1/index.php?startid=8#/40>.

[2] La consultora McKinsey a través de McKinsey Global Institute publicó el informe que se ha convertido en un clásico, consultado y referenciado por numerosas organizaciones y empresas así como profesionales. *Big data: The next frontier for innovation, competition, and productivity*, mayo 2011. Disponible en: <http://www.mckinsey.com/insights/mgi/research/technology_and_innovation/big_data_the_next_frontier_for_innovation>.

[3] Consultora IDC. Disponible en: <http://mx.idclatin.com/releases/news.aspx?id=1433>.

[4] Predicciones de Deloitte para el sector de tecnología, medios de comunicación y telecomunicaciones 2012. Disponible en: <http://www.deloitte.com/assets/Dcom-Mexico/Local%20Assets/Documents/mx%28es-mx%29TMT2012_Esp.pdf>.

[5] CEO Advisory: "Big Data", en *Equals Big Opportunity*, 31 marzo, 2011.

[6] Howard Elias: "El desafío de Big Data: Cómo desarrollar una estrategia ganadora", en *CIO*, julio 2012. Disponible en: <http://cidperu.pe/articulo/10442/el-desafio-de-big-data-como-desarrollar-una-estrategia-ganadora>.

[7] Sitio de IBM de big data: "Bringing big data to the enterprise". Disponible: <http://www_01.ibm.com/software/data/bigdata>.

[8] Ibid, p. 8.
[9] IDC: "The Digital Universe Decade. Are You Ready?". Patrocinado por EMC, mayo 2011.

[10] Universidad de California: *How much Information? 2010 Report on Enterprise Server Information*, abril 2011.

[11] Ricardo Miguez (Solutions Manager de IBM España): "Hacia la empresa inteligente", en *Computerworld*, n. 1288, julio 2012, p.6.

[12] Ibid, p. 6.

[13] Ibid, p. 7.

[14] <http://www.google.org/flutrends/es/#ES/about/how.html>.

[15] En el caso de Europa, la aplicación de equipos de medida electrónicos actuales viene impulsado por la directiva 2006/32 CE del Parlamento Europeo.

[16] Francis X. Diebold: "A Personal Perspective on the Origin(s) and Development of "Big Data": The Phenomenon, the Term, and the Discipline", University of Pennsylvania, *First Draft*, August 2012. Este *draft*: 26 de noviembre de 2012. Disponible en: <http://www.ssc.upenn.edu/~fdiebold/papers/paper112/Diebold_Big_Data.pdf>.

---

[17] El artículo lo publica en 2001 como una nota de investigación del META Group, en la actualidad forma parte de Gartner. Tal vez aquí resida el hecho de que, en sus publicaciones, Gartner definía las características de los Big Data con las 3 V, y a Laney como el padre del modelo de las 3 V. Disponible en: < http://goo.gl/Bo3GS>.

[18] Steve Lohr: "How Big Data Became So Big", en *The New York Times*. Disponible en: <http://www.nytimes.com/2012/08/12/business/how-big-data-became-so-big-unboxed.html?_r=0>. Publicado en la edición impresa del 12 de agosto de 2012.

[19] "The Petabyte Age: Because More Isn't Just More. More Is Different", en *Wired*. Disponible en: <http:www.wired.com/science/discoveries/magazine/16-07/pb_intro>.

[20] Chris Anderson: "Will the Data Deluge Makes the Scientific Method Obsolete?" [Consulta: 6.30.08].

[21] Sus autores han sido tres prominentes científicos de Ciencias de la Computación: Randal E. Bryant (Carnegie Mellon University), Randy H. Katz (Universidad de California, Berkeley),y Edward D. Lazowska (Universidad de Washington). Disponible en: <http://www.cra.org/ccc/docs/init/Big_Data.pdf>.

[22] <http://www.significancemagazine.org/view/0/index.html>.

CAPÍTULO 2
FUENTES DE GRANDES VOLÚMENES DE DATOS

Hoy día los datos proceden de numerosas fuentes, desde datos que proceden de videojuegos hasta las innumerables cantidades de datos de operaciones en los grandes almacenes, en los bancos, la administración pública, los sensores, los teléfonos inteligentes, etcétera. Todos estos datos procedentes de fuentes tradicionales han ido constituyendo los grandes volúmenes de datos, y crecen de modo exponencial; las bases de datos de organizaciones y empresas han ido creciendo y pasando de volúmenes de datos de terabytes a petabytes.

Sin embargo, son los *datos de la Web* los que hoy día configuran el trozo más grande del "pastel" que es Big Data, ya que, probablemente, es la fuente de datos más ampliamente utilizada y reconocida en la actualidad, y aún lo seguirá siendo en las próximas décadas. Pero, hay muchas otras fuentes que añaden ingentes cantidades de datos, y aumentan las grandes cantidades de volúmenes de datos, algunos de los orígenes más usuales son:

- Datos de la Web.
- Datos de los medios sociales (redes sociales, blogs, wikis).
- Datos de Internet de las cosas.
- Datos de interconexión entre máquinas, M2M (Internet de las cosas).
- Datos industriales de organizaciones y empresas, y particularizando, los datos procederán de múltiples sectores.
- Datos de la industria del automóvil.
- Datos de redes de telecomunicaciones.
- Datos de medios de comunicación (prensa, radio, televisión, cine...).

- Datos procedentes de sensores en los más diferentes campos de la industria y la agricultura.
- Datos de videojuegos en locales recreativos, casinos, lugares de ocio...
- Datos procedentes de posiciones geográficas y de telemetría: geolocalización.
- Datos procedentes de chips NFC, RFID, códigos QR Bidi, en aplicaciones de comercio electrónico.
- Datos procedentes de servicios de telefonía móvil (celular) inteligente: texto, datos, audio, video, fotografía.
- Datos procedentes de redes inteligentes *smart grids*.
- Datos personales, datos de texto....
- Otros.

Una tendencia clara que se observa a diario es que las tecnologías fundamentales, que contienen y transportan datos, conducen a múltiples fuentes de grandes datos en las industrias más diferentes. A la inversa, diferentes industrias pueden aprovecharse de numerosas fuentes de datos.

ORIGEN DE LAS FUENTES DE DATOS

El gran volumen de datos procede de numerosas fuentes, especialmente de las nuevas fuentes como medios sociales (*social media*) y los sensores de máquinas (máquina a máquina, M2M, e Internet de las cosas). La oportunidad de expandir el conocimiento incrustado en ellos, por combinación de esa inmensidad de datos con los datos tradicionales existentes en las organizaciones está acelerando su potencialidad; además gracias a la nube (*cloud*), a esa enorme cantidad de información se puede acceder de modo *ubicuo*, en cualquier lugar, en cualquier momento, y, ya, prácticamente desde cualquier dispositivo inteligente.

Los directivos y ejecutivos de las compañías se pueden volver más creativos a medida que extraen mayor rendimiento de las nuevas fuentes de datos externas y las integran con los datos internos procedentes de las bases de datos relacionales y heredadas (*legacy*) de las propias compañías. Los medios sociales están generando terabytes de información de datos no estructurados como conversaciones, fotos, video, documentos de texto de todo tipo. Añadir a eso, los flujos de datos que fluyen de sensores, de la monitorización de procesos, fuentes externas de todo tipo, desde datos demográficos hasta catastrales, historial y predicciones de datos del tiempo climático, entre otros.

Las fuentes de datos que alimentan los Big Data no paran de crecer (como veremos en los siguientes apartados); pero, como reconoce el estudio de McKinsey (2011: 19)[1], citando fuentes oficiales de estadística de los Estados Unidos, numerosas empresas de todos los sectores tenían almacenadas, ya en el año 2009, al menos 100 terabytes, y muchas podían llegar a tener más de 1 petabyte. Algunos datos ilustrativos por sectores eran: fabricación discreta, 966 petabytes; banca, 619 petabytes; gobierno, 858 petabytes; comunicación y medios, 715 petabytes. Es decir, además de las nuevas fuentes datos que comentaremos en el capítulo, numerosas empresas de todo tipo tienen almacenados petabytes de datos, que se convierten en fuentes de datos tradicionales que son responsables, a su vez, de los grandes volúmenes de datos actuales.

El origen de los datos que alimentan los Big Data procederán de numerosas fuentes tanto tradicionales como nuevas, que iremos desglosando a continuación, y aunque los datos no estructurados constituirán los porcentajes más elevados que deberán gestionar las organizaciones, al menos del 80% al 90%, según los estudios que consultemos, no podemos dejar a un lado la inmensidad de datos estructurados presentes en organizaciones y empresas, y que en numerosísimas ocasiones están aflorando datos que permanecían ocultos, y esta creciente avalancha de datos de innumerables fuentes está comenzando a tener gran fuerza y potencialidad a la hora de la toma de decisiones

TIPOS DE FUENTES DE BIG DATA

Las fuentes de datos origen de los Big Data pueden ser clasificadas en diferentes categorías, cada una de las cuales contiene a su vez un buen número de fuentes diversas que recolectan, almacenan, procesan y analizan. Recurriremos a una clasificación muy referenciada en la documentación (Soares, 2012), y recogida en la figura 2.1.

Tipos de Big Data

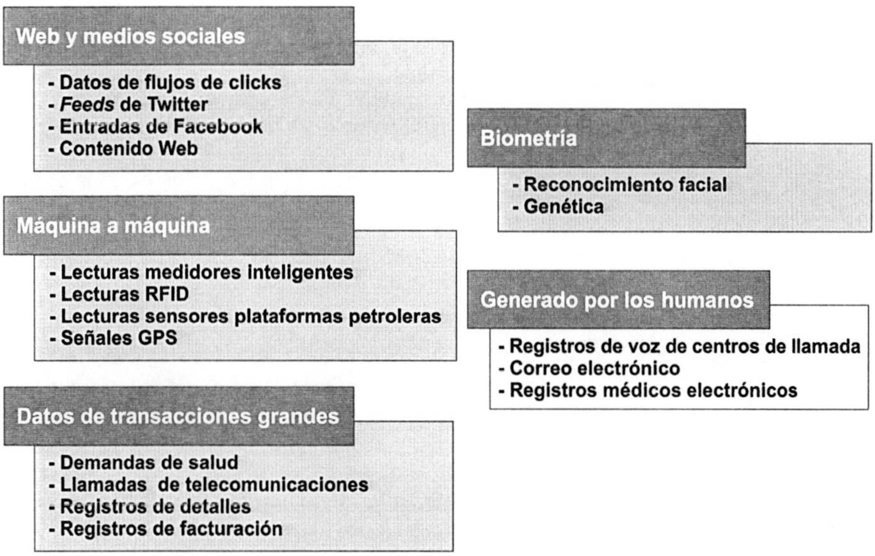

Figura 2.1. Fuentes de datos de Big Data. Fuente: Soares (2012)[2] (adaptada).

Web y social media

Incluye contenido Web e información que es obtenida de las medios sociales como Facebook, Twitter, Linkedln, Foursquare, Tuenti; blogs como Technorati, de periódicos y televisiones; *wikis* como MediaWiki, Wikipedia; marcadores sociales como Del.icio.us, Stumbleupon; agregadores de contenidos como Digg, Meneame. En esta categoría los datos se capturan, almacenan o distribuyen teniendo presente las características siguientes: los datos incluyen datos procedentes de los flujos de clics, *tuits*, *retuits* o entradas en general (*feeds*) de Twitter, Tumblr, entradas (*posting*) de Facebook y sistemas de gestión de contenidos Web diversos tales como YouTube, Flickr, Picasa; o sitios de almacenamiento de información como Dropbox, Box.com. SugarSync, Skydrive.

Los datos de la Web y de los medios sociales se analizan con herramientas de analítica Web y analítica social mediante el uso de métricas y de indicadores KPI.

Máquina-a-Máquina (M2M)/ Internet de las cosas

M2M se refiere a las tecnologías que permiten conectarse a otros diferentes dispositivos entre sí. M2M utiliza dispositivos como sensores o medidores que capturan algún evento en particular (humedad, velocidad, temperatura, presión, variables meteorológicas, variables químicas como la salinidad), los cuales transmiten a través de redes cableadas, inalámbricas y móviles a otras aplicaciones, que traducen estos eventos en información significativa. Entre los dispositivos que se emplean para capturar datos de esta categoría podemos considerar chips o etiquetas RFID, chips NFC, medidores inteligentes (de temperaturas, de electricidad, presión), sensores, dispositivos GPS que ocasionan la generación de datos mediante la lectura de los medidores, lecturas de los chips RFID y NFC, lectura de los sensores, señales GPS, señales de GIS, etcétera.

La comunicación M2M ha originado el conocido *Internet de las cosas o de los objetos*, que representa a los miles de millones de objetos que se comunican entre sí y que pueden acceder si es necesario a Internet.

Transacciones de grandes datos

Son los grandes datos transaccionales procedentes de operaciones normales de transacciones de todo tipo. Incluye registros de facturación, en telecomunicaciones y registros detallados de las llamadas (CDR), entre otros. Estos datos transaccionales están disponibles en formatos tanto semiestructurados como no estructurados. Los datos generados procederán de registros de llamada de centros de llamada, departamentos de facturación, reclamaciones de las personas, presentación de documentos, etcétera.

Biometría

La biometría o reconocimiento biométrico[3] se refiere a la identificación automática de una persona basada en sus características anatómicas o trazos personales. Los datos anatómicos se crean a partir del aspecto físico de una persona, incluyendo huellas digitales, iris, escaneo de la retina, reconocimiento facial, genética, ADN, reconocimiento de voz, incluso olor corporal. Los datos de comportamiento incluyen análisis de pulsaciones y escritura a mano. Los avances tecnológicos han incrementado considerablemente los datos biométricos disponibles. En el área de seguridad e inteligencia, los datos biométricos han sido información importante para las agencias de investigación. En el área de negocios y de comercio electrónico, los datos biométricos se pueden combinar con datos procedentes de medios sociales lo que hace aumentar el volumen de datos contenidos en los datos biométricos. Los datos generados por la biometría se pueden agrupar en dos grandes categorías: genética y reconocimiento facial.

Datos generados por las personas

Las personas generan enormes y diversas cantidades de datos como la información que guarda un centro de llamadas telefónicas (*call center*) al establecer una llamada telefónica, notas de voz, correos electrónicos, documentos electrónicos, estudios y registros médicos electrónicos, recetas médicas, documentos papel, faxes. El problema que acompaña a los documentos generados por las personas es que pueden contener información sensible que necesita, normalmente, quedar oculta, enmascarada o cifrada de alguna forma para conservar la privacidad. Por eso, estos datos necesitan ser protegidos por las leyes nacionales o supranacionales (como es el caso de la Unión Europea o el Mercosur) relativas a protección de datos y privacidad.

Los datos contenidos en la clasificación anterior los explicaremos ahora con más detenimiento, pero agrupados ya en categorías más próximas a la actividad diaria o de la Web.

LOS DATOS DE LA WEB

Posiblemente, no existe en la actualidad ninguna fuente de Big Data, tan ampliamente utilizada como la Web. Imaginemos que además de almacenar los contenidos de cientos de miles de sitios Web se capturaran las transacciones generadas en cada visita a un sitio Web. Por suerte, mucha de esa información transitoria y temporal se termina perdiendo; si no fuera así, sería casi imposible controlar y almacenar todo aquello que transita por la vida.

Por otra parte, las posibilidades existentes en la actualidad para procesar, almacenar y analizar información son tan impresionantes que la lista de posibilidades de captura y almacenado de dicha información, además de su transformación para hacerla disponible a las herramientas de análisis es excitante. Consideremos algunos casos de la industria o de los negocios.

Imaginemos conocer todas las actitudes, comportamientos, acciones de los clientes en un proceso de negocios de su empresa; es decir, conocer, no solo aquello que han comprado en una operación, sino lo que pretenden comprar a continuación, aquello que están pensando adquirir en el futuro así como los criterios clave de su decisión. Tal conocimiento facilitaría un nuevo nivel de comprensión sobre los clientes de una empresa y un nuevo nivel de interacción con ellos. Permitiría adaptarse con más facilidades a sus necesidades, y más rápidamente, a la vez que se consigue tenerlo satisfecho en todas sus operaciones.

Los casos de estudio son infinitos:

- *Una operadora de telecomunicaciones*. A empresas de este sector les es de un enorme interés ser capaces de identificar, para cada cliente potencial, cada modelo de teléfono, plan de datos, plan de voz, gasto medio mensual previsto, accesorios deseados. Imagine también que todos estos propósitos del cliente se pudieran decidir cuando en el sitio Web de la operadora selecciona opciones tales como: "nuevo cliente", "renovar contrato", o "cancelar". El sistema analizaría sus datos históricos, sus objetivos actuales y proporcionaría una solución ideal a cada cliente para que quedara satisfecho y pudiera realizar la operación con éxito.
- *Una línea aérea*. A estas compañías les sería de un enorme interés conocer los criterios de elección del cliente: itinerario, horas de salida y de llegada, disponibilidad de tarjeta de millas (de fidelidad o puntos) de su compañía y de otras de su misma alianza, promedio de vuelos y millas realizadas en un año y en los diez anteriores, problemas presentados en sus vuelos, gastos realizados, modos de pago o compañía en la que trabaja, etcétera. Todos estos datos ayudan a las herramientas de análisis en la toma de decisiones, pero también su almacenamiento incrementa sobremanera los espacios físicos de las compañías.

Disponer de estas informaciones y de las infinitas listas con interacciones realizadas en la Web es vital. Por eso, se deben hacer disponibles para las herramientas de analítica de las compañías. En la realidad, y no en la imaginación, la mayoría de estas acciones son realizadas actualmente.

El comportamiento de los clientes en la Web es un conocimiento imprescindible en la toma de decisiones. Los grandes volúmenes de datos de la Web no son una extensión de las fuentes de datos existentes, pero sí es necesario que estén integrados con los datos procedentes de otras fuentes tradicionales de la compañía.

Uno de los aspectos más impactantes de los datos de la Web es que proporcionara información objetiva (*factual*) de preferencias de los clientes, intenciones de futuro, motivaciones de compra, comparativa con otras operaciones, algo que es muy difícil, sino imposible de obtener por otras fuentes, excepto que haya un informe personal o una conversación directa. Por ejemplo, un caso de estudio creado por Amazon, el gigante del comercio electrónico (la librería virtual más grande del planeta), fue el sistema de recomendación y de ofertas personalizadas para un cliente que ya ha realizado compras anteriores o simplemente visitado el sitio, siempre que exista un perfil de comportamiento. Por el simple conocimiento de la dirección IP de su computadora personal desde donde realiza la compra o asociando las compras a los diferentes dispositivos (PC de su hogar, tableta, teléfono inteligente, o incluso el PC de escritorio de su oficina), puede realizar ofertas personalizadas para un libro o presentar las mejores ofertas de libros recientes de su autor o tema preferido, incluso ofreciendo descuentos especiales si el cliente tiene ya acreditado un perfil.

El perfil de comportamiento de un cliente de comercio electrónico o visitante de un sitio Web determinado se consigue mediante la creación de la historia detallada de sus visitas a los sitios Web, periódicos digitales, aplicaciones móviles, medios sociales (blogs, *wikis*, RSS, redes sociales...).

¿Cómo se consigue construir el perfil de comportamiento del cliente? Toda acción que éste realiza mientras interactúa con el sitio Web es capturada, siempre que sea posible. Así es posible capturar una amplia gama de eventos; algunos casos significativos:

- Compras.
- Vistas de productos.
- Visualización de un video.
- Reproducción de audio.
- Descargas de programas o aplicaciones.
- Lectura de un informe.
- Escritura de un comentario en un blog.
- Ejecución de una búsqueda.
- Registro en un evento.
- Entrada (*post*) a un enlace de su blog.
- Lectura de un artículo de un periódico.
- Visionado de fotografías.
- Llamada telefónicas vía VozIP.

EL PESO DE LOS DATOS DE LA WEB

Los datos recogidos del sitio Web son vitales para la empresa. La analítica Web ha alcanzado tanta importancia debido a que estudia el tráfico en el sitio Web y proporciona métricas e indicadores clave de rendimiento o desempeño (KPI) que son de un valor añadido muy notable en el proceso de toma de decisiones.

Existen un gran número de áreas específicas donde los datos pueden ayudar, en los tiempos actuales, a las organizaciones y empresas a entender mejor a sus clientes, aspecto que es muy difícil, sino imposible, sin datos de la Web. Para que esta tendencia se pueda producir es necesario conocer y analizar los grandes volúmenes de datos. Algunas de las áreas donde se puede ganar valor añadido y competitividad con el buen análisis de Big Data son:

- **Compras en comercios electrónicos**: el análisis de los datos de la Web facilita la comprensión del comportamiento de los clientes mediante la identificación de las razones por las cuales visitan un sitio Web para comprar (*shopping*).
- **Preguntas de interés libre al inicio de la navegación son**: ¿Qué buscador utilizan? ¿Qué términos de búsquedas se introducen? ¿Qué etiquetas? ¿Vienen de enlaces recomendados gratuitos o de publicidad (SEM)? Una vez que el cliente está en la tienda (en el sitio Web), se estudian todos los productos que examina, la página de aterrizaje y de salida del sitio Web, tiempo de rebote (salida sin visitas ni compras), duración de la visita, etcétera.
- **Caminos y preferencias de compras.** Los datos de la Web permiten identificar los diferentes caminos por los cuales llegan los clientes al sitio Web; ¿cómo navegan por el sitio y por sus páginas? También, nos ayudan a averiguar sus preferencias (categorías de artículos, categorías en pasajes de avión, ciudades donde realiza la compra).
- **Estructura del sitio Web.** El conocimiento de cómo utilizan los clientes el contenido de un sitio Web y sus diferentes páginas permitirá deducir cómo interactúa cada usuario, así como diferentes aspectos del sitio y si sus contenidos añaden valor o no.

LOS DATOS DE TEXTO

El texto es una de las fuentes de datos más comunes y más grandes de los Big Data. Los datos de texto están en correos electrónicos, mensajes de texto, *tuits*, entradas en medios sociales tales como blogs, wikis (*posting*), mensajes instantáneos (SMS, WhatsApp, GroupMe, Joyn, Viber, Line), *chat* en tiempo real (Gmail, WhatsApp, Facebook Messenger, Live Messenger), conversión a texto de mensajes de voz, audios, (*podcast*) faxes y burofaxes, y naturalmente, el resto de fuentes de datos como libros, informes, estudios, artículos de prensa, contenidos de sitios Web. Las fuentes de datos de texto, en general, se pueden considerar como grandes fuentes de datos estructurados, ya que durante años y siglos, se han utilizado herramientas que han permitido su análisis y sus resultados se han utilizado para realizar mejores tomas de decisiones.

La analítica de textos o análisis de textos se enmarca dentro de disciplinas ya muy acreditadas durante años tales como el procesamiento del lenguaje natural, y la numeración de textos dentro de otras disciplinas como inteligencia artificial y lingüística computacional.

El análisis de texto comienza con su análisis sintáctico (*parsing*), y la asignación de significados a las diferentes palabras, frases y demás componentes que integran un texto. Existen varios métodos y herramientas para realizarlo, aunque las más acreditadas y populares son los métodos y herramientas de minería de texto.

La minería de textos (también llamada minería de datos de texto) desde un punto de vista práctico es el proceso de deducir información de alta calidad a partir de un texto determinado. Las herramientas de minería de texto son, hoy día, muy populares, y se pueden encontrar integradas como parte de las *suites* (paquetes de software integrado) de herramientas de analítica más completas o bien pueden ser herramientas autónomas e independientes, exclusivamente construidas para el análisis de texto.

El análisis de textos que conforma las características de arte y ciencia contiene siempre un nivel de incertidumbre (Franks, 2012), ya que cuando se lo pone en práctica siempre existen los riesgos de malas clasificaciones y ambigüedad en los textos. En cualquier forma, el análisis de texto trata de encontrar patrones dentro de un conjunto de textos que facilite una mejor toma de decisiones. Como señala Franks (2012), su objetivo es la mejoría de la toma de decisiones, pero no conseguir la perfección.

APLICACIONES DEL ANÁLISIS DE TEXTO

El uso creciente de las redes sociales, el correo electrónico, los mensajes instantáneos de texto, los *chats* en tiempo real, los *tuits*, han traído el nacimiento de una disciplina muy nueva dentro del análisis de textos: el análisis de sentimientos o sentimental (*sentiment analysis*), también conocido como análisis de opinión. Por ejemplo, una vez que se identifica el sentimiento (los deseos) de un correo electrónico de un cliente o se tratan de identificar los comportamientos de texto en espacios interactivos como foros o Twitter, se puede generar una variable que etiquete el sentimiento del cliente como positivo o negativo. Esa etiqueta es entonces una pieza de dato estructurado que se puede utilizar en un proceso de analítica. La creación de datos estructurados a partir de texto no estructurado se suele denominar *extracción de información*, y forma parte de la *gestión documental*.

El análisis de textos pretende capturar datos no estructurados, procesados y crear a partir de ellos datos estructurados que puedan ser utilizados en los procesos de análisis (*analytical*) y de creación de informes (*reporting*). En el caso de los Big Data, donde referencias muy seguras consideran que más del 80% de los datos son no estructurados, se pretende su integración de modo que puedan ser útiles en el proceso de obtención de valor de los grandes volúmenes de datos.

El *análisis de sentimiento* o *minería de opinión* como lo define Wikipedia, se refiere a la aplicación del procesamiento de lenguaje natural, lingüística computacional y analítica de texto para identificar y extraer información subjetiva de fuentes materiales.

El análisis de sentimientos clásico ha sufrido un cambio espectacular desde la implantación de los Web 2.0 y el creciente uso de blogs y redes sociales. Una aplicación Web que mide el análisis de sentimientos es Twitter Sentiment (www.sentiment140.com); por ejemplo, si en la pestaña de entrada de sentimientos de la herramientas introducimos el término *Cristiano Ronaldo*[4], aparecen en pantalla “Sentiment analysis for Cristiano Ronaldo”, y a continuación, se muestra un análisis estadístico de: *positive* (69%), *negative* (31%), y un listado de *tuits* acerca de Cristiano Ronaldo que muestran los sentimientos personales de los seguidores del futbolista.

El análisis de sentimientos es en la actualidad un uso popular del análisis de textos, examina y obtiene la dirección general de la opinión a través de un número grande de personas que proporciona información sobre lo que el mercado está diciendo, pensando y sintiendo acerca de una organización o persona. El análisis de sentimiento utiliza los datos de los sitios de *social media.* Ejemplos de uso de sentimientos son:

- ¿Cuál es la palabra clave (*buzz*) que más representa a una empresa o a un producto?
- ¿Qué están pensando y calculando las personas sobre un producto, un artista de cine o un político?
- ¿Están hablando bien o mal de una empresa, los clientes, los socios, los accionistas...?

Evidentemente, en el análisis de texto se tiene presente que las palabras pueden ser buenas o malas según el contexto; de igual forma se debe tener en cuenta el enfoque de los sentimientos para que los resultados obtenidos sean los más clave posibles. Las lecturas de las tendencias de lo que las personas están diciendo en medios sociales o las interacciones que realizan los usuarios pueden ser muy valiosas para planificar acciones de marketing y ventas por las empresas.

Si una empresa captura información de los sentimientos de los clientes, su análisis puede proporcionar una visión de las actitudes y opiniones que tienen sobre la empresa. De igual forma, es posible conocer el sentimiento general de un cliente relativo a un producto así como si su visión es positiva o negativa. Evidentemente, estos sentimientos respecto a una empresa o un determinado producto pueden proporcionar una información muy valiosa tanto si ha comprado el producto o no, cuáles serían las acciones idóneas a emprender en lo relativo al sitio Web para intentar conseguir que el cliente sí compre el producto.

El análisis de sentimientos proporciona información para facilitar la compra del producto por parte de un cliente que visita el sitio Web.

OTRAS APLICACIONES DEL ANÁLISIS DE DATOS DE TEXTO

Las aplicaciones del análisis de datos mediante la minería de texto son numerosas y de gran impacto para las estrategias de organizaciones y empresas.

- *Reconocimiento de patrones.*
- El reconocimiento de patrones es otra de las aplicaciones importantes de los datos de texto. La captura y ordenación de las quejas, de las reclamaciones, sugerencias, y comentarios realizados por los clientes de una empresa puede servir para identificar y

fijar problemas de un modo más rápido y flexible que permita a las empresas anticiparse a los problemas y tomar decisiones acertadas.

- *Acciones legales*
- El comportamiento legal de las empresas, los clientes, y los socios está muy influenciado por el análisis de datos de texto. La información contenida en los correos electrónicos, mensajes de texto, informes, estudios, puede permitir obtener información legal relativa a los clientes. La información contenida en los datos de texto puede proporcionar información potencial sobre temas legales, posibles faltas, amenazas, etcétera.

La detección de fraudes es también una aplicación importante de los datos de texto que puede deducirse de interacciones. Patrones de comportamiento pueden aplicarse para asociar frases, términos, palabras, y tratar de deducir patrones de riesgos y posibles fraudes.

Los datos de texto tienen un gran potencial de impacto en casi todas las organizaciones y empresas así como en la industria. El aprendizaje de métodos que permiten capturas, análisis gramaticales (*parsing*), y el análisis de texto final es crítico para las organizaciones.

DATOS DE SENSORES

Un sensor es un dispositivo capaz de detectar magnitudes físicas o químicas, llamadas variables de instrumentación, y transformarlas en variables eléctricas[5]. Existen numerosos tipos de sensores debido a la enormidad de máquinas y motores complejos existentes en el mundo: aviones, trenes, barcos, vehículos militares y civiles, edificios, carreteras, fábricas, etcétera. Algunos sensores muy populares son: de temperatura de fuerza, caudal, táctiles, presión, inductivos, magnéticos, de presencia, de proximidad, etcétera.

Los sensores son una pieza clave en Internet de las cosas o de los objetos. El avance continuo en la microelectrónica de bajo consumo, la miniaturización, nanotecnología, comunicaciones inalámbricas y los teléfonos móviles están impulsando el desarrollo de grandes redes inalámbricas de sensores que son capaces de monitorizar el entorno de forma autónoma y ubicua, creando los denominados *entornos o ambientes inteligentes*. Las *redes de sensores* constan de múltiples sensores inalámbricos distribuidos en un espacio geográfico como una ciudad, un edificio, un parque natural, un bosque, maquinaria industrial, o incluso diferentes objetos, maquinarias e incluso personas.

En los últimos años los sensores se han embebido o incrustado en dispositivos, máquinas, sistemas y se han comenzado a utilizar en todo tipo de motores de avión, de barcos, de trenes, de automóviles y pueden ser monitorizados, segundo a segundo, o incluso milisegundos, pudiendo comprobar el estado del equipo, en tiempo real.

Consideremos, por ejemplo, el caso de un automóvil (fábricas como BMW o Mercedes ya comienzan a incorporarlos en los motores de sus vehículos). Un sensor puede capturar la temperatura externa e interna del motor, las revoluciones por minuto, la presión del aceite, la cantidad de combustible en el depósito, número de kilómetros recorridos, todo ellos unido a la disponibilidad de los datos originales del automóvil, datos de revisión e inspecciones técnicas. Todos los datos pueden ser capturados con la frecuencia que se desee, se obtienen de modo masivo y con la frecuencia de lecturas programadas.

Las redes de sensores funcionan de modo inteligente y capturan datos que se pueden enviar a otros dispositivos, centros de datos, computadoras o redes de computadoras. Los datos manipulados por las redes de sensores pueden alcanzar magnitudes de terabytes, incluso petabytes.

Los procesos de los sensores embebidos en maquinarias, ciudades, y las redes de sensores establecidos a los largo del ancho mundo, generan grandes volúmenes de datos. En estos casos, el análisis de estos Big Data es complejo y difícil. La manipulación de los sensores de datos ofrece un reto difícil, retardos de tiempo y factores externos pueden producir dificultades en la captura de datos y aumentar la complejidad del proceso de datos.

Los datos procedentes de sensores, normalmente, son estructurados, pero, pese a eso, el análisis de los grandes volúmenes de datos resulta muy difícil, aunque si las herramientas que se utilizan son eficaces, los resultados serían de gran valor para las organizaciones y empresas. Otro problema que las herramientas y análisis de datos han de resolver es el aumento del uso de datos no estructurados (audio, imágenes, video) que comienza a ser cada día más utilizado en las redes de sensores, y en consecuencia, nos encontramos con un crecimiento exponencial y masivo de los datos procedentes de estas redes.

DATOS DE POSICIÓN Y TIEMPO: GEOLOCALIZACIÓN

La información de localización (posición geográfica) y de tiempo (hora actual o futura) debido a los teléfonos celulares inteligentes, los sistemas de posicionamiento global y dispositivos personales GPS se ha convertido en una fuente creciente de datos.

Los servicios de geolocalización y una amplia variedad de aplicaciones y servicios se centran en el registro de la localización (posicionamiento) de un usuario de un teléfono inteligente con la hora en que se realiza la localización. Aplicaciones populares tales como Foursquare, Google Places, Facebook Places, la antigua Gowalla (comprada a finales de 2011 por Facebook), registran la posición geográfica en la que se encuentra un usuario en un momento dado.

Existen también aplicaciones que pueden registrar la posición de un usuario y sus movimientos; por ejemplo, la aplicación Glympse para iPhone permite compartir la posición del usuario con la velocidad a la que se está movimiento, lo que posibilita el envío de mensajes con indicación del tiempo estimado en que se pueda llegar a una evento. Otras aplicaciones permiten seguir la pista o el itinerario de un viaje mientras se está realizando. En esencia, es posible con un teléfono inteligente asociar la posición del usuario con otro tipo de información, como el tiempo (hora), datos personales, datos profesionales, etcétera.

El binomio tiempo y posición se puede aplicar en un sinnúmero de aplicaciones; por ejemplo, una empresa de transportes puede conocer dónde se encuentra cada uno de los camiones en cada momento; un restaurante de comida rápida puede saber la posición de cada repartidor que lleva un encargo al hogar de una familia.

En ese sentido, estos datos son tan voluminosos que los Big Data crecen de un modo muy rápido, ya que es posible contar con información actualizada con gran frecuencia. Por ejemplo, en el caso de la empresa de logística citada anteriormente, se puede conocer la posición geográfica de cada camión y en cada momento del viaje, en movimiento o en descanso.

Otra de las aplicaciones de los datos tiempo-posición de gran impacto, se da en el análisis de redes sociales; alguna de las aplicaciones más populares, son las citadas, Google Places, Facebook Places, Foursquare. En el campo de las operadoras de telefonía móvil o celular, es posible identificar relaciones basadas en interacciones de voz y de texto, con datos de posición, lo que permite identificar dónde se encuentran las personas en cada momento, o bien detectar a las personas que se encuentran en un mismo lugar y a una misma hora.

Un caso de estudio interesante es la aplicación "Dónde están"[6] para teléfonos iPhone y Android. Es una aplicación de seguimiento y rastreo que no necesita registrarse, solo introducir el número de teléfono, y a continuación, se pueden enviar coordenadas geográficas. Se puede monitorizar y conocer una posición y la de sus contactos si han autorizado previamente publicar su posición geográfica. Las coordenadas se envían a un servidor externo que almacena sus datos y pueden ser visualizados por los contactos autorizados. Así, por ejemplo, con esta aplicación es posible, entre otras, algunas de estas funcionalidades:

- Ver la localización actual de sus contactos.
- Ver la ruta monitorizada de sus contactos hoy, ayer y antes de ayer (y poco a poco datos históricos más antiguos).
- Ver la ruta monitorizada del usuario en tiempo real.
- Enviar mensajes a sus contactos.
- Recibir notificaciones de contactos cercanos.
- Otros.

Las aplicaciones de geolocalización son innumerables; sin embargo, es preciso considerar que los datos tiempo-localización son una de las fuentes de Big Data más sensibles a la privacidad de los usuarios; por ello, aunque tienen una enorme aplicación práctica, además de la oportunidad del uso de grandes volúmenes de datos, también traen consigo enormes riesgos de privacidad de los usuarios, clientes o proveedores.

La explosión de los datos de tiempo-localización representa una gran oportunidad para el momento actual y los años futuros si se puede afrontar con éxito los riesgos y peligros que trae consigo.

DATOS DE RFID Y NFC

Las tecnologías de identificación por radiofrecuencia son medios de comunicación entre miles de objetos. Las tecnologías más sobresalientes son RFID y NFC y se estudiarán con más detalle en el capítulo 6.

Una *etiqueta RFID (tag)* es una pequeña etiqueta situada en objetos, tales como: alimentos, ropa, medicamentos paquetes de productos (cartas, libros, artículos). Cuando un lector RFID envía una señal, la etiqueta RFID responde retornando información; es posible tener muchas etiquetas que responden a una consulta siempre que estén en el rango del lector.

Las aplicaciones de RFID son cada día más numerosas:

- Etiquetado de productos y mercancías.
- Control de calidad.
- Logística, control de stocks.
- Localización y seguimiento de objetos.
- Seguridad, identificación y control de accesos.
- Pagos.
- Detección de falsificaciones.
- Identificación de animales, materiales...
- Seguimiento de paquetes en servicios de mensajería (*courier*).
- Etiquetado y seguimiento de artículos en hospitales.
- Automatización de los procesos de fabricación.
- Inventario automático.
- Control de robos.

El uso de los datos de identificación por radiofrecuencia crece de modo exponencial y sus numerosas aplicaciones pueden mejorar los negocios de hoy día. A medida que RFID se combina con otras fuentes de datos, la potencia aumenta de modo considerable.

De igual forma que sucede con los datos procedentes de geolocalización, sensores, teléfonos inteligentes, el aumento que suponen los grandes volúmenes de datos procedentes de los chips RFID, al igual que el caso de los sensores, entrañan grandes beneficios y también grandes riesgos, sobre todo en el caso de la privacidad.

Otra de las tecnologías de identificación por radiofrecuencia es NFC caracterizada por la comunicación entre objetos (campos) cercanos. La tecnología NFC no está pensada para ser utilizada en una transmisión masiva de datos como es el caso de las tecnologías Wi-Fi o Bluetooth, sino para el intercambio rápido de poca información con la identificación y/o validación del usuario, aunque cada día las aplicaciones de NFC aumentan e incorporan más cantidad de información. A medida que las tecnologías NFC se agregan a los teléfonos inteligentes, el sistema de compras por teléfono aumentará, y serán cientos de millones de dispositivos, lo que aumentarán los datos que se transmitirán a través de ellos.

Algunas de las aplicaciones actuales de las tecnologías NFC que también aumentarán el tráfico de datos son:

- Transferencia de datos entre dispositivos NFC tales como teléfonos o accesorios diversos; por ejemplo: envío de tarjetas personales, sincronización de aplicaciones, el compartición de fotos, videos, archivos o libros.
- Sistemas de pago por móviles (celulares), emulando a tarjetas de crédito.
- Pagos entre personas.
- Control de accesos.
- Intercambio de información personal y contextual dentro de medios sociales (blogs, *wikis*, redes sociales).
- Otros.

Las transacciones con chips NFC generarán una voluminosa cantidad de información y contribuirá notablemente a los Big Data. A medida que los chips NFC se vayan incorporando a los teléfonos inteligentes y se conviertan en medio de pago pueden sustituir parcialmente a las tarjetas de crédito, en todo tipo de operaciones de comercio, donde la distancia entre emisor y receptor sea pequeña (de 10 a 20 cm). Paradójicamente el único o casi único de los teléfonos inteligentes que el día de la presentación (5 de septiembre de 2012) del iPhone 5, no incorporaba tecnología NFC, era precisamente el iPhone 5. Sus competidores Samsung, HTC, Nokia, Blackberry, tienen uno o más modelos que integran NFC en sus dispositivos.

Justo es señalar que Apple no ha incluido NFC en el iPhone 5, pero ha incluido una aplicación llamada Passbook que gestiona códigos de barra o bidimensionales, y que parece ser la apuesta de Apple para el pago por móvil, aunque el propio Apple ha señalado que no descarta que una futura versión de iPhone incorpore chips NFC.

DATOS DE LAS REDES SOCIALES

Los datos de las redes sociales se califican como fuente de Big Data, y el análisis de dichos datos está configurando una nueva rama de la analítica de datos denominada *analítica social*.

En la actualidad, el acceso a redes sociales se realiza por numerosos dispositivos (PC de escritorio, portátiles (*laptops*), *ultrabooks*, *netbooks*, híbridos (mitad tabletas mitad *laptops*), teléfonos inteligentes, tabletas, televisores con tecnología *SmartTV*, videoconsolas) y las estadísticas más fiables hablan del incremento continuo del acceso a redes sociales a través de dispositivos móviles. Esta peculiaridad añade a las características fundamentales de una red social, las características propias de las redes de datos telefónicas.

Cuando se analizan los datos que produce o almacena un miembro de una red social, se debe pensar en la identificación de las muchas conexiones que puede tener dicho miembro de la red, el número de mensajes (*post*) que realiza o emita, visitas al sitio, tiempo de permanencia en el sitio y otras métricas. Sin embargo, conocer la amplitud de la red social, cuántos amigos, amigos de amigos, y amigos de amigos de amigos, requiere una gran capacidad de proceso. Pueden ser millones de conexiones directas entre los usuarios de una red social, y si se tienen en cuenta "amigos de amigos" se pueden considerar cientos de miles de contactos. En resumen, el análisis de redes sociales es un problema de Big Data. El análisis de tales conexiones tiene a su vez innumerables aplicaciones de todo tipo.

El volumen de datos generados en las redes sociales no parece tener un final, o dicho de otra manera, tener un techo definido. Cada día se publican millones de actualizaciones de los cientos de millones de los miembros de las redes sociales más populares (Facebook, Twitter, Google+, Tuenti, Pinterest, Foursquare), además se proporcionan toda clase de detalles, desde el sexo, estado civil, empresa en que se trabaja, hasta aficiones o gustos gastronómicos. En realidad, las redes sociales son *minas de datos* de las que deben extraerse los más importantes y valiosos, y si se disponen de herramientas de monitorización, los beneficios obtenidos por la búsqueda de información útil en esas minas, son enormes en cantidad y calidad.

La abundancia de datos no para de crecer con las mil y una herramientas que ofrecen los propios sitios Web, las tiendas de aplicaciones, de los fabricantes de teléfonos inteligentes, de las operadoras de telefonía, empresas diversas. Sin embargo, no todos los datos tienen igual valor, es necesario que la relación señal-ruido sea óptima con el objetivo de separar los datos significativos y relevantes de la "información basura". Por ejemplo, Facebook Insights nos ofrece 92 métricas distintas de datos de la página. ¿Son necesarias todas ellas para una labor de marketing directo, por ejemplo? Evidentemente, la respuesta es no. Será preciso realizar una correcta selección de las métricas idóneas. Si además recurrimos a otras herramientas de analítica de Flickr, Slideshare, Google Analytics, Yahoo! Analytics, YouTube Analytics, está claro que la toma de decisiones se vuelve difícil.

Crucemos todos los datos anteriores con los datos que las empresas tienen de sus clientes, proveedores, social, consumidores, potenciales consumidores, en sus operaciones diarias, tales como: facturas, llamadas de teléfonos, pedidos, rutas de los pedidos, servicios de atención al cliente, agendas telefónicas, de correos electrónicos o de mensajes. La integración de todos estos datos sumado a un análisis adecuado y eficaz, conduce a un nivel de conocimiento estratégico y directo de la empresa, que permitirá optimizarlos en la resolución de problemas mediante la correcta toma de decisiones.

ANÁLISIS DE LAS REDES SOCIALES

La utilización del análisis de redes sociales facilita comprender el valor total que la influencia de un cliente de una red social puede tener, además de los posibles ingresos que genere directamente. Uno de los beneficios importantes que los datos de redes sociales aportan a una organización es la capacidad para identificar los ingresos totales que pueden suponer la influencia del cliente, en lugar de los ingresos directos que dicho cliente puede generar. Este conocimiento puede ayudar en la toma de decisiones de inversión en ese cliente. La rentabilidad de la influencia colectiva que un cliente puede aportar puede ser mayor que su rentabilidad individual.

La identificación de clientes muy conectados al sitio Web de una empresa puede también ayudar a determinar con precisión dónde centrar los esfuerzos que influyan en la imagen de la marca (*branding*). Los clientes conectados y comprometidos con la marca pueden proporcionar comentarios y opiniones, así como reenvíos de información y enlaces, que pueden ser muy rentables. Algunas organizaciones utilizan y reclutan clientes influyentes a cambio de un tratamiento personalizado y más directo; análisis de redes sociales tales como las citadas Facebook, LinkedIn, Google+, Twitter, Tuenti o Pinterest puede ayudar considerablemente a encontrar ideas para mejorar la publicidad o las acciones de marketing (*mercadotecnia*) a realizar. De igual forma, el importante conocimiento que se puede tener de su red de amigos o colegas profesionales que podrá devenir en un interés hacia nuestra empresa.

Otro tema muy importante a tener en cuenta, en el análisis de redes sociales, es el estudio del modo en que están conectadas la organizaciones, que debe establecer el análisis de los medios de comunicación: correo electrónico, llamadas telefónicas, mensajes de texto SMS, mensajería instantánea tipo WhatsApp o Facebook Messenger, telefonía VozIP -tal como Skype o Viber- para llamadas telefónicas o videoconferencias, videoconferencias tipo Webex de Cisco, etcétera. Una vez realizado este estudio, se debe analizar el comportamiento de los departamentos y de sus empleados: ¿responden a los objetivos señalados cuando se relacionan los diferentes medios de comunicación? Para tener una respuesta adecuada puede ser necesaria seleccionar aquellas personas de la organización que tengan influencias en el resto de empleados y que ayuden a la organización en la mejora de sus comunicaciones internas.

Hoy día, está creciendo la tendencia **BYOD** (*bring your own device*) que está extendiendo el uso de los dispositivos personales de acceso a Internet (especialmente teléfonos inteligentes y tabletas, junto con aplicaciones asociadas) en el trabajo cotidiano en los edificios de la empresa o en instalaciones externas donde desarrollen sus actividades temporales. Esta costumbre será imparable, y los directivos y estrategas de la empresa deben considerarla para aprovechar los grandes beneficios y oportunidades, pero también deberán analizar los grandes riesgos para la seguridad que puede ofrecer este nuevo método de acceso a las redes corporativas y a los datos que contienen.

El análisis de los datos de las redes sociales seguirá creciendo, y será necesario considerar los grandes volúmenes de datos que irán produciendo, además de evaluar que la influencia y el valor de un cliente en particular puede cambiar totalmente la visión que de él se tenía previamente; y en el caso de los empleados, será necesario estudiar el modo de utilización de los diferentes medios de comunicación corporativos para rentabilizar las enormes cantidades de datos que se generan, capturan, almacenan, así como será imperativo establecer estrategias de distribución del conocimiento embebidas en los datos, entre los restantes empleados de la empresa, y en su caso, clientes, proveedores o accionistas.

DATOS DE LAS OPERADORAS DE TELECOMUNICACIONES

La explosión de los datos móviles procedentes de la telefonía móvil, tanto voz como datos, a través de los diferentes dispositivos, hace que las operadoras (*carriers*) necesiten de herramientas más económicas y prácticas para manejar los grandes volúmenes de tráfico de datos, a la vez que mantienen una alta calidad con la experiencia del usuario.

Las operadoras de telefonía se enfrentan al crecimiento de la voz y los datos a través de sus redes telefónicas fijas, pero sobre todo móviles (celulares) tradicionales de 3G, y la naciente tecnología 4G (LTE), unido al auge creciente de redes inalámbricas, Wi-Fi, fundamentalmente, y WiMax. Pero como conoce el lector, el crecimiento de Big Data se está produciendo en el área de datos o en el conocido Internet móvil.

El valor de las llamadas de voz y mensajes de texto, el conjunto completo de llamadas de teléfonos celulares (móviles) o registros de mensajes de texto capturados por una operadora celular se pueden considerar en sí mismos Big Data. Tales datos se utilizan por las operadoras para una gran variedad de fines, desde las puramente comerciales hasta las sociales y de comportamiento de sus clientes. Pero, al día de hoy, a una compañía de teléfonos no le es suficiente con el examen de las llamadas y su análisis individual, sino que requiere además un análisis social de las llamadas. Hace falta conocer la persona que llamó, la persona llamada, a quiénes llaman, países de procedencia o destino de las llamadas, operadoras utilizadas en itinerancia (*roaming*), etcétera. En esencia, estos estudios suponen análisis de redes sociales. Una visión completa del análisis social de las redes supone la navegación por diferentes capas de clientes, y eso implica que el volumen de datos se multiplica, y naturalmente aumenta la dificultad de análisis, sobre todo cuando los datos proceden de herramientas tradicionales.

Por citar un caso práctico cuyo uso está creciendo: la traducción de los mensajes de voz y su conversión a texto para su envío como mensajes de texto. Un caso de estudio de gran interés puede ser AT&T[7]. Esta operadora estadounidense está probando una tecnología que permite a los clientes enviar y recibir mensajes de texto que se traducen automáticamente de inglés al español y viceversa. El usuario solo tiene que asociar el idioma de preferencia a su número de teléfono. Los mensajes enviados a un número en un idioma diferente son traducidos automáticamente antes de ser transmitidos al teléfono de la persona. En septiembre de 2012, la versión actual de la tecnología solo hacía traducciones entre inglés y español, pero AT&T tiene en desarrollo soluciones para seis idiomas más. Existen servicios en línea de traducción de texto y la detección automática y traducción de idiomas como es el caso de Google. La ventaja de AT&T es que pretende traducción automática de mensajes de texto directos, sin necesidad de instalación de software adicional.

El valor de las llamadas de voz y, sobre todo, su análisis social permitirá a las compañías de teléfono realizar sus nuevas campañas de mercadotecnia, establecer estrategia comerciales, prever pérdidas de clientes (insatisfechos o cualquier otro motivo), lanzar ofertas comerciales nuevas[8].

EL VALOR DEL TRÁFICO DE DATOS

Un estudio elaborado por la empresa de electrónica y telecomunicaciones Cisco Mobile[9], "*Global Mobile Data Traffic Forecast for 2011-2016*", publicado en febrero de 2012, calculaba que en 2012, habría más teléfonos celulares que humanos en la tierra, pero sobre todo predice que en 2016 ya habrá 10.000 millones de teléfonos celulares en el mundo. Para ese año, las redes transportarán 130 exabytes de datos cada año (equivalente a 33.000 millones de DVD). En cuanto a datos, el informe destaca que el teléfono celular inteligente utiliza una media de 150 megabytes de datos al mes, y se espera que esta cifra se incremente hasta los 2,5 gigabytes en 2016. Al menos 3.000 millones de personas generaran más de un gigabyte en tráfico de datos desde el teléfono celular al mes.

Las razones de este inmenso consumo de datos, lo achaca Cisco, a varios factores: 1. El uso de tabletas se disparó en 2011 y seguirá creciendo; las tabletas requieren más datos que los celulares inteligentes y generan tres veces más tráfico de datos que dichos celulares inteligentes. 2. La rapidez de las redes. El sistema 4G (LTE) solo dispone en un 0,2% de las conexiones de celular, pero ya supone el 6% de tráfico de datos; a medida que el despliegue 4G aumente (en Europa se prevé un despliegue comercial fuerte a lo largo del 2013), el tráfico de datos se disparará en las cifras citadas.

DATOS DE LAS REDES INTELIGENTES DE ENERGÍA (*SMART GRIDS*)

Las redes inteligentes (*smart grids*) son la siguiente generación de infraestructuras energéticas (eléctricas, renovables, solares). Una red inteligente es un sistema de gestión, información y comunicaciones aplicadas a la red eléctrica (en su sentido más general), cuyo objetivo es aumentar la conectividad, automatización y coordinación entre productoras, proveedores y consumidores en la red de distribución. Una red inteligente es mucho más avanzada y robusta que las líneas de transmisión tradicionales existentes en la actualidad, y tiene sistemas de monitorización, comunicación y generación más sofisticadas que facilitan servicios más consistentes, y mejores métodos de recuperación de cortes de energía y otros problemas clásicos (Franks, 2012: 68-69). De acuerdo con Garnado[10], las tecnologías de las redes inteligentes más importantes son:

- PM4 (SCADA).
- Contadores de energía.
- Automóviles eléctricos (coches/carros).
- Comunicaciones.

El suministro eléctrico seguro, económico y sostenible requerirá entre otras funcionalidades mejoras tecnológicas en almacenamiento.

EL CONTADOR INTELIGENTE (*SMART METER*)

Desde nuestro enfoque de análisis de datos, un aspecto muy importante de las redes inteligentes son los medidores o contadores inteligentes (*smart meter*). Un contador inteligente es un medidor eléctrico que reemplaza a los medidores tradicionales y es mucho más funcional. Un medidor inteligente elimina la necesidad del revisor o lector humano que lee manualmente el contador y recoge los datos por períodos regulares (quincena, mes, dos meses); por el contrario, un medidor inteligente captura (lee) datos de modo automático y periódico, normalmente cada quince minutos, media hora o una hora.

La estructura general de un contador inteligente mantiene los tres elementos principales: sistema de medida, la memoria y el dispositivo de comunicaciones, que es el dispositivo de información principal.

OTROS DATOS DE LAS REDES INTELIGENTES

Aunque los medidores inteligentes son uno de los elementos clave en el análisis de los datos, existen otros dispositivos en las redes eléctricas tales como sensores que capturan y transmiten datos en las redes inteligentes, y se despliegan físicamente a lo largo de numerosos lugares de la región geográfica donde se instala la red inteligente. Los sensores capturan un gran rango de datos a través de las líneas eléctricas y los numerosos dispositivos y equipos desplegados en el terreno.

Los datos generados en los medidores inteligentes y en los sensores generarán grandes volúmenes de datos. A medida que se desplieguen redes inteligentes (ya existentes en Europa y en América), la cantidad de datos producidos puede llegar a ser un fuerte competidor de las propias redes sociales. Toda esta explosión de datos requiere nuevas herramientas de analítica, y traerá grandes beneficios a la empresa y especialmente, a los consumidores, ya que se pueden diseñar planes personalizados a medida, obteniendo patrones de comportamiento individual que permitirán medir el consumo energético del consumidor y adaptarlo a sus necesidades reales, lo que entrañará ahorros de costes considerables.

Los programas de utilidad de las operadoras de energía y el buen uso de herramientas de análisis permitirán gestionar los Big Data que originan estas redes inteligentes, ya que la medición en tiempo real del consumo eléctrico y, en consecuencia, la demanda energética en detalle, permitirá deducir cuáles son los tipos de clientes que demandan más energía y durante qué períodos de tiempo, y así personalizar los gastos de los clientes tanto sean individuales (hogares) como de organizaciones y empresas.

El análisis de los grandes volúmenes de datos en las redes inteligentes puede transformar la industria energética, y los Big Data bien utilizados supondrán un gran reto y oportunidad para esta industria. Las lecturas periódicas tradicionales (mensual, bimensual, anual) darán paso a lecturas automáticas de los contadores inteligentes, medidas en intervalos pequeños, minutos o incluso segundos, junto con la buena gestión de los datos capturados y transmitidos por los miles de millones de sensores desplegados en tierra; y todo ello, unido a las utilidades de *hardware* y *software* de las operadoras eléctricas o energéticas y el uso de buenas herramientas de análisis de datos permitirá ahorros de costes tanto para las empresas distribuidoras como para los clientes, lo que se traducirá en grandes beneficios para ambos actores de la industria energética de un país.

RESUMEN

Los grandes volúmenes de datos existentes en la actualidad y utilizados por organizaciones, empresas y particulares, proceden de numerosas fuentes que capturan y generan datos estructurados, no estructurados y semiestructurados, tales como sensores, medios sociales, dispositivos móviles (teléfonos, tabletas, videoconsolas...), dispositivos de detección y localización de posición geográfica de objetos y personas, datos climatológicos.

Una taxonomía global de las fuentes de datos que alimentan a los Big Data y que se ha considerado en el capítulo (Soares, 2012) es:

- Web y Social Media (medios sociales: redes sociales, blogs, *wikis*, gestión de contenidos audio, vídeo, fotografías, libros...).
- Máquina a Máquina (M2M, Internet de las cosas), sensores, chips NFC y RFID...
- Transacciones de todo tipo: banca, comercio, seguros...
- Biometría: datos biométricos de las personas e incluso animales.
- Las propias personas generan gran cantidad de datos: documentos, correos electrónicos, faxes, mensajes instantáneos, facturas, recetas médicas...

Desde un enfoque más granular y considerando ya sectores de actividad diaria, las fuentes de datos que estudiaremos en más detalle son:

- Datos de la Web.
- Datos de los medios sociales (redes sociales, blogs, wikis, nubes de etiquetas...).
- Datos de texto y un enfoque especial del análisis de sentimientos, que conllevan sitios como microblogs (Twitter, Tumblr...), redes sociales (Facebook, Tuenti, Foursquare...), mensajería instantánea y chat (WhatsApp, Line, Joyn, WeChat, Spotbros...), videollamadas y llamadas telefónicas (Skype, Viber, Cisco...).
- Datos de sensores.
- Datos de posición geográfica y tiempo (geolocalización).
- Redes sociales.
- Operadoras de telecomunicaciones.
- Redes y medidores inteligentes de energía.
- Ciudades inteligentes (*smart cities*).
- Otros.

NOTAS

[1] *Op. cit. Big data: The next frontier for innovation, competition, and productivity,* cuadro 7, p. 19.

[2] Sunil Soares (2003). Big Data Governance. An Emerging Imperative. Boise. MC Press Online. El autor de este libro mantiene un blog excelente sobre Big Data y Gobierno de Big Data.

[3] "An Overview of Biometric Recognition", disponible en: <http://biometrics.cse.nsu.edu/info.html>.

[4] El nombre del futbolista del Real Madrid, considerado uno de los más grandes jugadores de futbol en la actualidad. [Consulta: 24 septiembre de 2012].

[5] http://es.wikipedia.org/wiki/Sensor.

[6] Aplicación de ABSER TECHNOLOGIES S.L.

[7] Tom Simarite, 27 de septiembre de 2012. Disponible en: <www.technologyreview.es/read_article_aspx?id=41351>.

[8] El caso de Telefónica de España que a primeros de octubre de 2012 ha lanzado la oferta "Fusión" en la cual ofrece por una tarifa plana reducida (40€ o 60€ más IVA) cuatro servicios que antes eran independientes (voz, datos, ADSL o fibra óptica y acceso a servicios de televisión).

[9] Global Mobile Data Traffic Forecast for 2011 - 2016.

[10] <http://www.cne.es/cne/descarga/smartgrids2012/CNE4_TecnologiasSmartGrids.pdf>.

CAPÍTULO 3
EL UNIVERSO DIGITAL DE DATOS. EL ALMACÉN DE BIG DATA

En los últimos años se han creado, almacenado y gestionado una enorme cantidad de datos que ha desbordado la capacidad de los sistemas de computación. A esta inmensa cantidad de datos se los ha llamado Big Data, y han sido asociados de manera inequívoca con *cloud computing*. Pero la situación es que los usuarios domésticos, las organizaciones y empresas crean, leen, almacenan, filtran, comprimen, optimizan, gestionan, y naturalmente, analizan estas inmensas cantidades de datos que ya en 2009, la consultora IDC, en un informe que realiza por encargo de la empresa de almacenamiento EMC, cifraba en 0,8 zetabytes (1 zetabyte es igual a 1 billón de gigabytes), y pronosticaba que para el año 2020 esta cifra subiría a 35 zetabytes (35 billones de gigabytes) o lo que es lo mismo, esta cantidad se multiplicaría por 44 en una década. El informe adelantaba que la mitad de esos datos residirán en los servidores remotos alojados en la nube. Al final del capítulo, se describirá el último informe de IDC/EMC, presentado en diciembre de 2012, donde ya *se prevé para 2020 un aumento de los datos generados que llegará a 40 zettabytes*.

El informe daba el nombre de *universo digital de datos* a la enorme cantidad (gran volumen) de información digital almacenada en la Tierra, y reiteraba el nombre de Big Data para referirse a ellos. Pero si grave era y es el problema de manejar ese inmenso volumen de datos, más lo es aún si hacemos caso del informe que considera que el porcentaje más alto de los datos que se acumulan en los nuevos sistemas de almacenamiento son datos no estructurados (las cifras que prevé el informe son de un 90% de datos no estructurados), que son: correos electrónicos, faxes, mensajes de texto, búsquedas en Internet, comunicaciones en las redes sociales, blogs, contenidos generados por los usuarios, las organizaciones y las empresas, y cada día más, a medida que avanza Internet de las cosas, los datos procederán de sensores de tráfico, sensores climatológicos, imágenes de cámaras de seguridad, historiales médicos, historiales académicos, etcétera. Estos datos requieren un tratamiento muy distinto de las bases de datos tradicionales que, normalmente, manejan datos estructurados (datos comerciales de clientes, alumnos), y es preciso recurrir a técnicas de *datawarehousing, datamining, webmining* –últimamente *social mining*– dentro del área de inteligencia de negocios.

El auge de los medios sociales, especialmente redes sociales, microblogs, *wikis*, unido a prensa digital, fotografías, audio, video, ha llevado a los líderes de *cloud computing* y de los medios sociales a crear o alquilar espacios de almacenamiento propios. Este es el caso de Facebook, Google, Amazon que no paran de crear centros de datos o externalizar a otros proveedores de la nube cantidades enormes de almacenamiento que requieren para atender a los más de 850 millones de usuarios de Facebook, 1000 millones de visitantes únicos, o por citar una red social reciente e innovadora como es la de Google[1], que en pocas semanas consiguió 25 millones de usuarios, cosa que no consiguieron en tan poco espacio de tiempo ni Facebook ni Twitter[2], por citar dos casos muy significativos.

"LA ERA DEL PETABYTE" (*WIRED*, 2008)

"La era del Petabyte"[3] fue el título del artículo publicado en la prestigiosa revista *Wired* en 2008, y firmado por Chris Anderson, su editor. Este artículo publica un estudio sobre la cantidad de información digital almacenada en el mundo en esas fechas.

Se destaca en el estudio, la proliferación de sensores por todas partes, el almacenamiento infinito, nubes de procesadores, y se comenta nuestra capacidad para capturar, almacenar y comprender las cantidades masivas de datos (Big Data) que están cambiando la ciencia, la medición, los negocios y la tecnología. El artículo considera que a medida que nuestras colecciones de hechos y figuras crece, también crecerá la oportunidad de encontrar respuestas a preguntas fundamentales y que: "En la era de los grandes datos, más no es solo más, sino que es diferente".

El estudio presenta unas cifras y unos datos, ya en aquel entonces sorprendentes, en la fecha de la publicación:

- 1 terabyte (TB) era el espacio equivalente a 250.000 canciones almacenadas en medios digitales.
- 20 terabytes, todo el espacio ocupado por las fotos subidas (*uploaded*) a Facebook cada mes.
- 120 terabytes, todos los datos e imágenes recogidas por el telescopio espacial Hubble.
- 460 terabytes, todos los datos climáticos de los Estados Unidos recopilados en el National Climatic Data Center.
- 530 terabytes, todos los videos de YouTube.

- 600 terabytes, el espacio ocupado por la base de datos genealógica de los Estados Unidos, que incluía los censos de población desde 1790 hasta el 2000.
- 1 petabyte (PB), los datos procesados por los servidores de Google cada 75 minutos.

Los datos significativos del estudio concluían con un dato que daba pie al estudio: "1 petabyte era el equivalente a los datos procesados por los servidores del buscador Google cada setenta y cinco minutos". Esta era la razón fundamental que llevaría a Chris Anderson a escribir su artículo con el sorprendente título de "La era del petabyte", y en donde vaticinaba que estábamos pasando de medidas de almacenamiento digital en terabytes a una nueva era en que la unidad de medida de los datos digitales sería el petabyte (la unidad de medida 1024 veces mayor). El artículo comentaba también que la era del petabyte es diferente. Los discos flexibles o disquetes almacenaban kilobytes; los discos duros almacenaban megabytes; los *arrays* (arreglos) de disco almacenaban terabytes[4]; *los petabytes se almacenarán en la nube*. Anderson, en junio de 2008, y desde la revista *Wired* daba el pistoletazo de salida para anunciar no solo la nueva era del petabyte, sino también de la adopción creciente del modelo de la computación en nube.

EL UNIVERSO DIGITAL DE EMC/IDC (2007-2010)

La consultora tecnológica IDC Corporation (www.idc.com) publicó su primer informe de la información digital almacenada en el mundo en el año 2007[5], y sus predicciones de crecimiento para el año 2010. Este informe fue patrocinado por la compañía EMC, líder mundial en fabricación de sistemas de almacenamiento. Los siguientes informes han seguido realizándose, patrocinados por la misma compañía EMC, bajo la dirección técnica de la consultora IDC.

Algunos de los datos significativos del resumen ejecutivo del primer informe de 2007 eran los siguientes:

En 2006, la cantidad de información digital creada, capturada y guardada (*replicated*) era de 161 exabytes (una información 3 millones de veces la información contenida en todos los libros escritos hasta esa fecha). Entre 2006 y 2010, la información que se añadirá anualmente al universo digital se incrementaría desde 161 exabytes a 988 exabytes.

IDC predecía que, en 2010, casi el 70% del universo digital sería creado por los individuos y que la seguridad de la información y la protección de la privacidad serían uno de los temas más preocupantes.

A título anecdótico se puede comentar que en el primer informe, la tabla de unidades de medida de información digital comenzaba en el bit, byte y kilobyte para terminar en el zettabyte (ZB), equivalente a 1000 exabytes; un exabyte equivale a 1000 petabytes, 1 petabyte equivalente a 1000 terabytes, y 1 terabyte equivalente a 1000 gigabytes.

IDC volvió a publicar su informe en 2008, pero ahora denominado "*The Digital Universe*"[6] ("El universo digital") y ya en esa ocasión, las cifras dadas eran: 281 exabytes en 2007; y se preveía para 2011, la cantidad de 1800 exabytes (1,8 ZB), o sea 10 veces la información producida en 2006. Una de las razones fundamentales para el crecimiento se achacaba al creciente número de cámaras fotográficas, y sobre todo el aumento de la revolución de las cámaras independientes y de las cámaras incorporadas a los teléfonos celulares, que consideraban cifras medias de 5 megapixeles. El informe preveía un inimaginable valor de 25 zettabytes para el 2020.

Estos números comenzaban a ser astronómicos y difíciles de imaginar por una mente humana; pero si sorprendentes son los datos, mucho más lo era el hecho que destacaba el informe de que la cantidad de datos se duplicará aproximadamente cada cinco años. En el 2007, incluso crecía más rápido la cantidad de datos almacenada, del orden del 60%.

En 2009, y por tercer año consecutivo, IDC volvió a publicar el informe "El universo digital". En esta edición, la cifra almacenada en el año 2008 llegó a los 487 de exabytes, y daba como dato anecdótico que esta cantidad era el equivalente a 30.000 millones de iPod Touch o 10.000 millones de discos BluRay totalmente cargados, o 162 billones de fotos digitales. Ya en este informe comenzaban a darse datos del impacto de Twitter y otras redes sociales.

En 2010, y coincidiendo con el inicio de la década, el informe pasó a denominarse "*The Digital Universe Decade*", y se publicó en mayo; en él se pronostica que en 2020 el universo digital crecería en cantidades inimaginables, y que el crecimiento del año 2009 fue del 63%, y que en 2020 sería 50 veces mayor.

En este informe se dedica especial atención a la nube, y se proporciona información relevante al modelo *cloud computing*. Se prevé que en el año 2020 una parte muy importante del universo digital estará hospedada, gestionada o almacenada en depósitos (*repositorios*) públicos o privados que se denominan "servicios de la nube"; incluso se vaticinaba que si un byte del universo digital no vive en la nube de modo permanente, a lo largo de su vida de una u otra forma pasará por la nube.

Los datos más sobresalientes del universo digital de la década en mayo 2010 eran:

- El año 2009, pese a los datos de recesión global, creció en un 62%, casi 800.000 petabytes. Un dibujo de una fila de discos DVD iría de la Tierra a la Luna y regresaría.
- El crecimiento previsible para el año 2010 alcanzaría la cifra de 1,2 millones de petabytes, o sea 1,2 zettabytes (una unidad de medida hasta ese momento nunca utilizada).
- Este crecimiento explosivo significaba que en 2020 sería 44 veces más grande que en 2009 (la fila de DVD, ahora podría llegar a la mitad del camino a Marte).

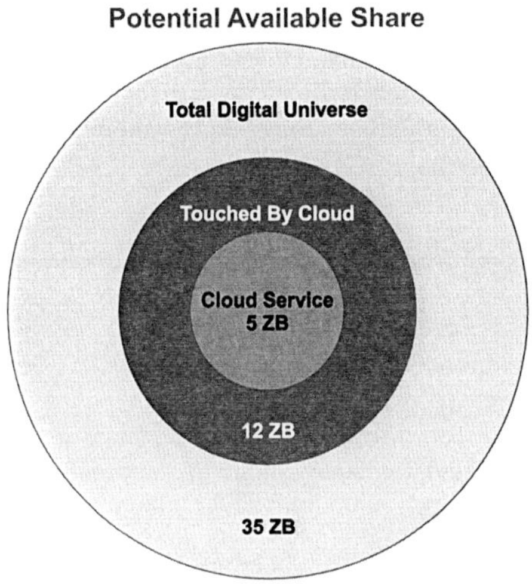

Figura 3.1. "El universo digital 2009-2020". Fuente: "IDC Digital Universe Study", patrocinado por EMC, mayo 2010.

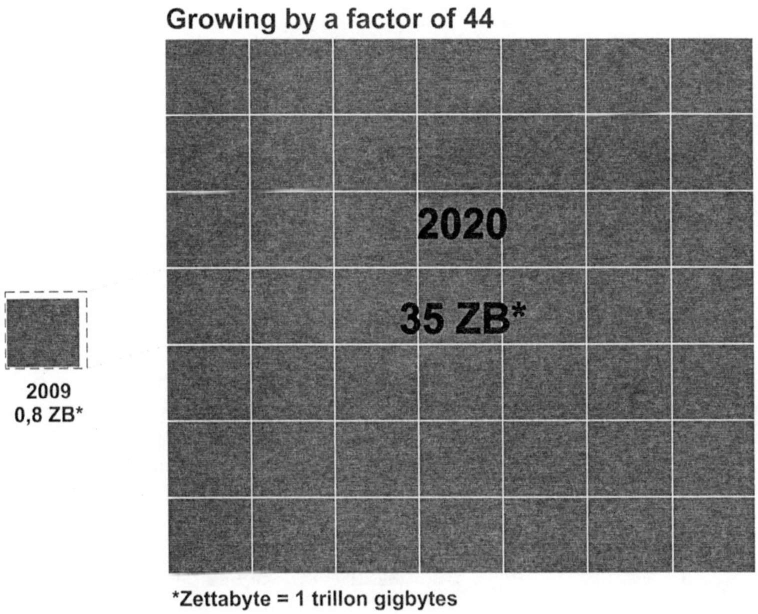

Figura 3.2. El universo digital en la nube en 2020. Fuente: "IDC Digital Universe Study" de EMC, mayo 2010.

Sin embargo, en esta ocasión, y como ya se comentó, una parte muy significativa del universo digital está residiendo en la nube. La figura 3.2 muestra que su total sería de 35 ZB, de los cuales 5 ZB serán servicios residentes en la nube (14%), y 12 ZB (el 34%) pasarán por la nube; y comparaba la cantidad almacenada en 2009 y la previsible para el año 2020.

DATOS EN TODAS PARTES (*THE ECONOMIST*, 2010)

La prestigiosa revista económica *The Economist* dedicó en 2010 un suplemento especial al mundo de los Datos[7], y en su portada destacaba: "Datos en todas partes", y cómo la información ha evolucionado desde la escasez a la superabundancia, lo que conduce a nuevos grandes beneficios, pero también a grandes preocupaciones o dolores de cabeza, según señala en su primer artículo Kenneth Cukier. Algunos datos con los que se inicia el informe mencionan algunas cifras astronómicas de información que se podían encontrar en la Tierra en las fechas de publicación. Walmart, el gigante de los grandes almacenes de los Estados Unidos, manipula más de 2,5 petabytes, el equivalente de 167 veces los libros de la Biblioteca del Congreso de América (America's Library Congress); la red social Facebook aloja 40.000 millones de fotografías; y la decodificación del genoma humano implicaba el análisis de 3.000 millones de pares básicos, que tardaban 10 años en recolectarse, cuando se hizo por primera vez en 2003, y que hoy se pueden conseguir en una semana.

The Economist citando fuentes del CERN (el laboratorio de física nuclear de Ginebra que genera 40 terabytes cada segundo) de IDC (el informe ya estudiado del universo digital), de la Universidad de California en San Diego (UCSD), y otros, publicó la tabla 3.1 donde se señaló la inflación de datos que existía a principios del año 2010 y que seguiría creciendo.

TABLA 3.1. INFLACIÓN DE DATOS

Unidad	Tamaño	Qué significa
Bit (b)	1 o 0	Diminutivo de 'dígito binario' (*binary digit*) por el código binario (1 o 0) que los ordenadores utilizan para almacenar y procesar datos.
Byte (B)	8 bits	Información suficiente como para crear un carácter. Es la unidad básica de la informática.
Kilobyte (KB)	1000 o 2^{10} bytes	Kilo en griego significa 1000. Una página de texto son 2 KB.
Megabyte (MB)	1000KB; 2^{20} bytes	Mega en griego significa grande. Las obras completas de Shakespeare son 5 MB. Una canción suele tener alrededor de 4 MB.
Gigabyte (GB)	1000MB; 2^{30} bytes	Giga en griego significa gigante. Una película de dos horas puede comprimirse en entre 1 y 2 GB.
Terabyte (TB)	1000GB; 2^{40} bytes	Tera en griego significa monstruo. Todos los libros de la Biblioteca del Congreso de los Estados Unidos suman un total 15 TB.

Petabyte (PB)	1000TB; 2^{50} bytes	Todas las cartas entregadas por el servicio postal estadounidense sumarán alrededor de 5 PB. Google procesa aproximadamente 1 PB cada hora.
Exabyte (EB)	1000PB; 2^{60} bytes	El equivalente a 10.000 millones de copias de *The Economist.*
Zettabyte (ZB)	1000EB; 2^{70} bytes	Se calcula que al final del año habrá un total de 1,2 ZB de información en total.
Yottabyte (YB)	1000ZB; 2^{80} bytes	Aún es imposible imaginarlo.

Fuente: *The Economist*, 27 de febrero de 2010 (www.Economist.com/specialreports).
Los prefijos están definidos por la Oficina Internacional de Pesas y Medidas. Yotta y zetta fueron añadidos en 1991; los términos para medidas mayores están por establecer.

En la tabla 3.1, se ratificaban los datos señalados con anterioridad en *Wired*, en el año 2008, respecto de la cantidad de datos procesados por los servidores de Google donde aumentaba (o se reducía, según se mire) la velocidad de proceso y daba la cifra de 1 petabyte para cada hora de proceso. Otras cifras notables se referían a un petabyte como la información digital equivalente a 10.000 millones de copias de *The Economist*. Y consideraba también la cifra de 1,2 zettabytes, ya prevista por los informes de "El universo digital" de EMC. Por primera vez en tablas estadísticas comienza a hablarse de la nueva unidad de medida, el *yottabyte (YB)*, equivalente a 1000 *ZB* (280 bytes) cifra que el propio *The Economist* reconoce "demasiado grande para imaginar" (¡En ese momento!).

En el informe que estamos comentando, la revista va analizando los grandes impactos que se irán produciendo en la administración o gestión de la información. Así, en el artículo *"A different Game"* examinan la forma en que la información está transformando los negocios tradicionales. Y la necesidad ineludible de utilizar tecnologías de inteligencia de negocios para obtener información fehaciente para la toma de decisiones empleando herramientas de minería de datos que obtendrán datos eficientes de los grandes almacenes (*data warehouse*), donde las grandes compañías, ministerios, universidades, alojarán sus inmensas fuentes de datos.

Otro artículo interesante incluido en el informe, *"Clicking for gold"*, analiza la forma en que las empresas de Internet rentabilizan los datos de la Web. En primer lugar, señala el caso de Amazon, la librería virtual más grande del planeta, creadora y distribuidora del lector de libros electrónicos, Kindle, y uno de los proveedores más respetados de infraestructuras como servicio, IaaS, en la nube. Otras empresas que analiza son Facebook, la red social con más 650 millones de usuarios[8]; eBay, el portal por excelencia de comercio electrónico (especialmente subastas); Google, el motor de búsquedas número uno a nivel mundial. Las compañías de Internet, en general, recopilan masas de datos de las personas, sus actividades, sus gustos, sus animadversiones, e incluso sus relaciones con muchas otras personas. De igual forma, los negocios tradicionales también coleccionan información acerca de los clientes de sus compras, de sus encuestas, de sus informes, en general, las empresas de Internet pueden reunir datos de todo lo que sucede en sus sitios Web.

The Economist señala, por ejemplo, los casos de Amazon y Netflix (un sitio Web que ofrece películas en alquiler, y el número uno en los Estados Unidos) que usan una técnica estadística llamada filtrado colaborativo para hacer recomendaciones a los usuarios basada en las preferencias de otros usuarios[9].

EL UNIVERSO DIGITAL DE DATOS: "EXTRAYENDO VALOR DEL CAOS" (2011)

IDC y EMC continúan con sus estudios sobre almacenamiento digital y el último informe, "El universo digital", de 2011, se presentó el 28 de junio con un nuevo título: "2011 Digital Universe Study: Extracting Value from Chaos"[10]. Las conclusiones más sobresalientes se refieren al hecho de que el volumen de información continúa creciendo a una velocidad espectacular, y este crecimiento y los Big Data están transformando todos los aspectos de los negocios y de la sociedad, y controlando los cambios económicos que se están produciendo. Otros aspectos importantes se refieren a que la información del mundo se duplica cada dos años; y que en 2011, se crearían 1.8 zettabytes, creciendo de un modo más rápido que la conocida ley de Moore. Las empresas manejarán 50 veces más datos, y la cantidad de archivos será 75 veces mayor en la próxima década. Estos datos impulsan oportunidades para los Big Data y nuevas funciones de TI. El universo digital de datos y los Big Data están impulsando grandes transformaciones y cambios en los ámbitos social, tecnológico, científico y económico.

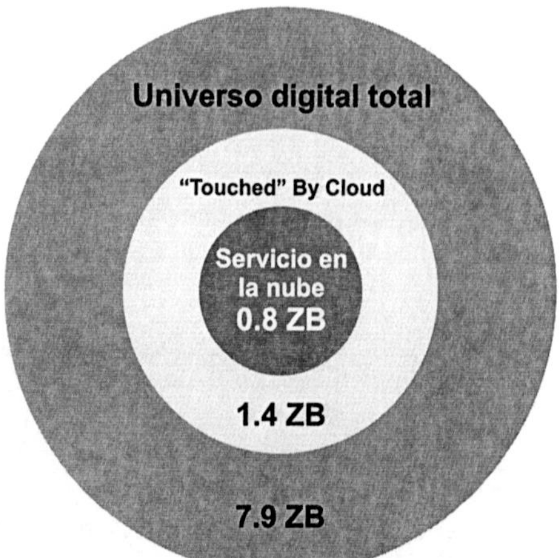

Figura 3.3. Datos almacenados en el universo digital de datos para 2015. Fuente: "Digital Universe Study", de IDC, patrocinado por EMC, junio 2011.

La investigación de IDC muestra que el universo digital, es decir, la información que se crea, captura o replica de manera digital, llegaba en 2007 a 281 exabytes; y en 2011, el volumen de información digital que se produciría durante el año debiera ser prácticamente de 1800 exabytes (1,8 zetabytes), es decir, 10 veces lo que se produjo en 2006, que se calculó en 180 exabytes.

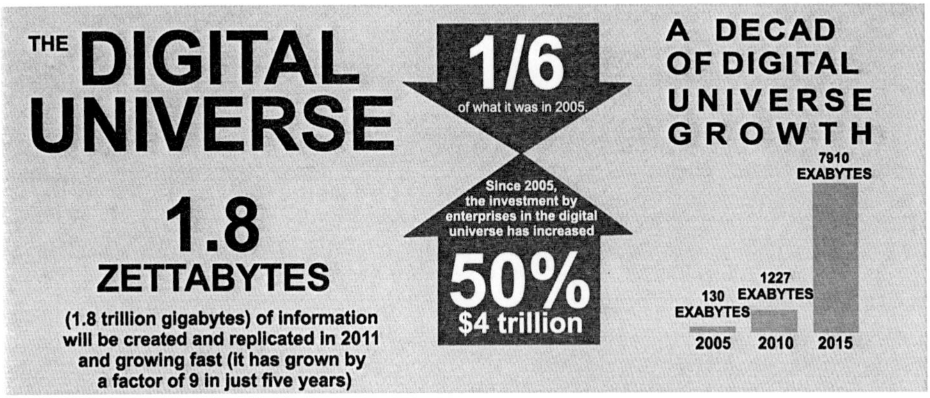

Figura 3.4. Universo digital de datos en 2011, de IDC/EMC. Fuente: IDC y EMC.

El informe explica la equivalencia del volumen total de 1.8 zettabytes de datos y lo muestra con ejemplos prácticos. Así 1,8 ZB equivalen a:

- Cada persona del mundo de más de 215 millones de resonancias magnéticas de alta resolución por día.
- Más de 200.000 millones de películas en HD (cada una de dos horas de duración): visualizar esta cantidad de películas le llevaría a una persona dedicada 24 x 7, es decir, 47 millones de años.
- La cantidad de información necesaria para llenar 57.500 millones de iPads de Apple de 32 GB. Con todos esos iPads podríamos:
- Crear un muro de iPads con una longitud y una altura aproximadas de 6.445,4 km y 18,5 m (respectivamente), desde Anchorage (Alaska) hasta Miami (Florida).
- Construir la Gran Muralla China de iPads, con el doble de la altura promedio de la muralla original.
- Construir una pared de 6 metros de alto alrededor de toda Sudamérica. Cubrir el 86% de la Ciudad de México.
- Construir una montaña 25 veces más alta que el monte Fuji.

El informe destaca que la importancia de este inmenso caudal de datos es la creación de las nuevas tecnologías de "dominio de la información" que están generando una reducción en los costos de creación, captura, administración y almacenamiento de la información a una sexta parte de lo registrado en 2005. Además, desde ese mismo año las inversiones empresariales anuales en el universo digital, la nube, infraestructuras de hardware, software, servicios y personal para crear, administrar, almacenar y generar ingresos a partir de la información, aumentaron un 50% y alcanzaron la suma de 4 trillones de dólares estadounidenses.

Las nuevas herramientas de captura, búsqueda, detección y análisis pueden ayudar a las organizaciones a obtener conocimientos de sus datos no estructurados, lo que representa más del 90% del universo digital. Estas herramientas pueden crear automáticamente datos acerca de datos, una tecnología muy similar a los procesos de reconocimiento facial que ayudan a etiquetar fotografías en Facebook. Los datos acerca de datos o los metadatos crecen el doble de rápido que el universo digital en general.

Las herramientas de inteligencia de negocios manejan cada vez más datos en tiempo real, ya sea que se trate de calcular primas de seguro basadas en dónde se conducen los vehículos, distribuir energía en redes eléctricas inteligentes o cambiar mensajes de marketing al instante según las respuestas en las redes sociales.

Nuevas herramientas de administración del almacenamiento están disponibles para reducir costos de la parte del universo digital que almacenamos, como la de duplicación, la organización automática en niveles, y la virtualización, para ayudarnos a decidir exactamente qué almacenar, como las soluciones de administración de contenidos.

Las nuevas herramientas y prácticas de seguridad pueden ayudar a las empresas a identificar la información que necesita protección y con qué nivel de seguridad; y, luego, pueden ayudar a hacerlo mediante dispositivos y software específicos de protección contra amenazas, e incluso, mediante sistemas de administración de fraude y servicios de protección de reputación.

Las soluciones de cómputo en la nube, tanto pública como privada, y una combinación de ambas, conocida como "híbrida", proporcionan a las empresas nuevos niveles de economías de escala, agilidad y flexibilidad en comparación con los ambientes de TI tradicionales. A largo plazo, ésta será una herramienta clave para abordar la complejidad del universo digital.

El cómputo en la nube posibilita el consumo de *IT-as-a-Service*. En combinación con el fenómeno de Big Data, las organizaciones estarán cada vez más motivadas para consumir TI como un servicio externo, en lugar de realizar inversiones en infraestructura interna.

El crecimiento del universo digital continúa superando la capacidad de almacenamiento. Sin embargo, hay que tener en cuenta que un gigabyte de contenido almacenado puede generar un petabyte de datos transitorios, o más, que generalmente no almacenamos (por ejemplo, señales de TV digital que miramos, pero que no grabamos; llamadas de voz que se digitalizan en el componente principal de la red durante la duración de la llamada).

Menos de un tercio de la información del universo digital puede considerarse que cuenta con un mínimo de seguridad o protección; apenas aproximadamente la mitad de la información que debería estar protegida lo está.

LA SOBRECARGA DE INFORMACIÓN COBRA FORMA FÍSICA

El estudio de 2011[11] refleja que mientras los dispositivos y las aplicaciones que crean o capturan información digital crecen rápidamente, también lo hacen los dispositivos que almacenan información. El estudio constata el hecho de que "los medios de almacenamiento son cada vez más económicos: permiten tomar fotografías de alta resolución con los teléfonos celulares, que a su vez generan una demanda de más medios de almacenamiento, y las unidades de mayor capacidad permiten replicar información, lo que a su vez facilita e impulsa el crecimiento de contenidos".

Según los cálculos de IDC en 2007, todo el espacio vacío o utilizable en los discos duros, cintas, CD, DVD y memoria (volátil y no volátil) del mercado alcanzaba la cifra de 264 exabytes, muy cercana al volumen total de información creada. A partir de ese punto, las dos cifras se separan. La situación es que desde 2007 se han ido separando la cantidad de información creada y la almacenada. Dicho de otra manera: "[...] nos encontramos en una situación en la que no podemos almacenar toda la información que se crea. Esta brecha entre creación y almacenamiento, sumada a las exigencias normativas cada vez mayores en cuanto a retención de la información, presionará cada vez más a los responsables de desarrollar estrategias de almacenamiento, retención y eliminación de información".

EL ALMACENAMIENTO TAMBIÉN SUPERA LAS EXPECTATIVAS

Las expectativas de almacenamiento también han sido superadas y las estimaciones de 2010 han sido rebajadas en un 10%. Las razones han sido, según el estudio, básicamente tres:

1. **Protección de la información personal.** La producción mundial de dispositivos de almacenamiento personal, discos duros externos e internos (discos, memorias USB, memorias SSD, discos de estado sólido, etcétera) consumirán más terabytes en unidades de discos duros que todos los demás segmentos. Eso hace que el consumidor sea consciente del valor de su información, y por ende de la necesidad de preservarla en dispositivos más sofisticados. El estudio no lo detalla expresamente, pero consideramos que en la nube, los sitios de *cloud* tales como Dropbox, SkyDrive, Wuala, Terabox, o los más complejos como S3 de Amazon, irán almacenando cada vez en mayor grado el almacenamiento personal en detrimento de las unidades de almacenamiento personales.

2. **Movilidad.** Cada vez es más usual llevar nuestros medios de almacenamiento con nosotros mismos: computadoras portátiles, tabletas, teléfonos inteligentes, asistentes personales (PDA), sistemas de posicionamiento global (GPS), videojuegos, memorias *flash*; por estas razones, la capacidad total de almacenamiento necesaria irá creciendo también espectacularmente.

3. **Efectos secundarios del almacenamiento móvil.** Los teléfonos inteligentes, tabletas, PDA, GPS y demás dispositivos que cuentan con almacenamiento local, requieren acceso a medios de almacenamiento en red para integrar un mundo cada vez más

o; y en particular, la nube. Estas razones llevan a las empresas a enfrentarse mento anual de un 50% en sus necesidades de almacenamiento, según ha o el estudio.

LA REVOLUCIÓN DE LOS DATOS ESTÁ CAMBIANDO EL PAISAJE DE LOS NEGOCIOS (*THE ECONOMIST*, 2011)

The Economist publicó el 26 de mayo de 2011[12], y en su reputada sección "Schumpeter", un excelente artículo sobre Big Data en donde se resalta que la revolución de los datos estaba cambiando el paisaje de los negocios. El último año (2010), señala *The Economist*, las personas habían almacenado datos suficientes para rellenar 60.000 Bibliotecas del Congreso de los Estados Unidos. Los 4 mil millones de usuarios de teléfonos celulares (12% de los cuales poseían teléfonos inteligentes) se habían convertido por sí solos en flujos de datos. YouTube, por ejemplo, recibía 24 horas de video cada minuto. Los fabricantes habían embebido 30 millones de sensores en sus productos y sus zonas de metal se habían convertido en nodos de Internet de las cosas. *The Economist* destaca que el número de teléfonos inteligentes está aumentando en un porcentaje del 20% y el número de sensores desplegados en el mundo aumentaría 30%.

El prestigioso McKinsey Global Institute (MGI) destaca que los Big Data son la siguiente frontera de la innovación, la competitividad y la productividad. MGI señala que los datos se están convirtiendo en un factor de producción al igual que el capital físico o el humano. Las empresas que pueden aprovechar los grandes datos se volverán más competitivas, y la equidad y posesión de ellos se volverá tan importante como el valor de la marca. MGI insiste en que los negocios del futuro tendrán ya que adaptarse a la era de los grandes datos.

Las compañías están acumulando los perfiles de datos de sus clientes para toma de decisiones. Así por ejemplo, Tesco, un empresa de ventas al por menor reúne 1500 millones de paquetes de datos de clientes cada mes, y los utiliza para ajustar precios y promociones. William-Sonoma, un gran almacén estadounidense, usa el conocimiento de sus 60 millones de clientes (que incluye detalles tales como sus ingresos y el valor de sus casas) para producir las actualizaciones de su catálogo. Amazon ha manifestado que el 30% de sus ventas se generan por su motor de recomendación.

La revolución de los móviles con la geolocalización y la realidad aumentada está generando nuevas líneas de negocios a comercios como Starbucks, que ofrece descuentos a los clientes que se encuentran cerca de sus sucursales.

La revolución de los datos está impactando en los modelos de negocios y en las industrias establecidas de modo muy importante. Empresas del sector de las ciencias de la salud utilizan programas como *Google Health* y *Microsoft Health Value* para permitir a los consumidores seguir el estado de su salud y registrar su tratamiento. Los fabricantes están sufriendo una gran transformación y en algunos casos se están convirtiendo en compañías de servicios ya que todos los numerosos sensores instalados permiten monitorizar sus productos y ver si ellos necesitan reparación antes de que se produzca una avería. Así, por ejemplo, la casa BMW utiliza los datos de los sensores para comunicar a sus clientes cuándo su coche necesita pasar una revisión. Las aseguradoras pueden ahora monitorizar los estilos de vida de sus clientes y ofrecer sus tarifas en función de sus competencias o forma de vida, en lugar de hacerlo por su edad y sexo.

Esta revolución también está cambiando a los gobiernos. Las autoridades de gestión de los impuestos pueden controlar mejor las situaciones de desempleo u ocupación en función de los perfiles de comportamiento de los ciudadanos. Los servicios de salud están minando los datos clínicos con el objeto de hacer un uso más eficiente de las medicinas. Así, por ejemplo, el Gobierno Federal de Alemania ha conseguido recortar sus gastos anuales en más de 10.000 millones de euros, en los tres últimos años, mediante una gestión eficiente del tiempo de ocupación de los empleados y también de los desempleados.

En síntesis, coincidimos con *The Economist*, la revolución de los datos está produciendo un gran cambio en el paisaje de los negocios; y por ende, producirá un gran cambio social que afectará positivamente a la vida diaria de las personas.

Desde el punto de vista tecnológico, y dado que toda esta inmensidad de datos residirá en centros, cada día más en la nube pública, privada o híbrida (o comunitaria, como también considera el NIST), se necesitarán herramientas que faciliten la toma de decisiones para manejar esta enorme cantidad de datos, casi el 90% no estructurado como EMC/IDC recoge en el estudio de "El universo digital", de 2011. Todas las grandes empresas constructoras de software de inteligencia de negocios, gestión empresarial y ofimática dedican gran parte de su esfuerzo en I+D+i precisamente al diseño y construcción de herramientas de este tipo.

Un caso práctico lo podemos ver en Oracle, que en su congreso de desarrolladores "Open World 2011", celebrado a principios de octubre de 2011, ha presentado programas para gestión eficiente de los Big Data, *Big Data Appliance*, un sistema de ingeniería nacido con el fin de ayudar a los clientes a maximizar el valor de los grandes volúmenes de datos corporativos. La razón que aduce Oracle ya la hemos comentado: los blogs, las redes sociales, los canales (*feeds*) de los social media, los medidores inteligentes, los sensores y otros dispositivos generan grandes volúmenes de datos (Big Data), que no son fácilmente accesibles en los centros de datos empresariales y las aplicaciones de inteligencia de negocio actuales. Por esta razón, Oracle ha lanzado *Oracle Big Data Appliance*, un sistema que ofrece a los clientes una solución completa de grandes datos, la cual junto con el nuevo programa de base de datos *Exadata* y el nuevo *Business Intelligence Machine*, lanzado también en el congreso, permite a los usuarios de estas tecnologías adquirir, organizar, analizar y maximizar el valor de grandes datos dentro de sus empresas. Vale la pena reseñar que Oracle Big Data Appliance se integra en su base de datos Oracle 11 g, seguramente la más utilizada en el mundo empresarial en esos momentos.

LA ERA DEL EXABYTE (CISCO, 2012). HACIA LA ERA DEL ZETTABYTE

Cisco, el primer proveedor mundial de infraestructuras de comunicaciones, publicó a finales de mayo de 2012, el estudio "*Cisco VNI. Global IO Traffic Forecast 2011-16*"[13] donde analiza el tráfico global en el mundo en el año 2011, y las previsiones para el año 2016. Las conclusiones más significativas son:

- El tráfico IP global se multiplicará por cuatro entre 2011 y 2016 hasta alcanzar 1,3 zettabytes, lo que supone una tasa de crecimiento interanual del 29 por ciento en este período (110 exabytes por mes). En España, el incremento es aún más acusado: el tráfico IP se multiplicará por 13 entre 2011 y 2016 hasta los 3,8 exabytes anuales o 320 petabytes mensuales (tasa de crecimiento interanual del 67 por ciento).
- En 2016, habrá casi 19.000 millones de dispositivos (conexiones) globales conectados (fijos y móviles); el equivalente a 2,5 conexiones por cada persona del planeta.
- En 2016, habrá cerca de 3.400 millones de usuarios de Internet que constituirá más del 45% de la población mundial prevista en el mundo.
- En 2016, casi la mitad del tráfico mundial de Internet procederá de conexiones Wi-Fi.
- *Mayor velocidad de la banda ancha*. Se prevé que la velocidad media de banda ancha fija se multiplique casi por cuatro, desde los 9 Mbps de 2011 hasta los 34 Mbps en 2016. En España, la velocidad media de banda ancha se multiplicará por cuatro entre 2011 y 2016, desde los 10,2 Mbps hasta los 40 Mbps. Entre 2010 y 2011, la velocidad media de banda ancha creció un 57%, desde los 6,5 Mbps hasta los 10,2 Mbps. En América Latina, el trafico IP crecerá a una tasa de crecimiento anual compuesta del 49%, llegando a ser siete veces más grande que hoy en día.
- *Más video*: Para el año 2016, 1,2 millones de minutos de video.

Evolución por regiones

- Para 2016, la región Asia-Pacífico generará la mayor parte del tráfico IP global (40,5 exabytes por mes), manteniendo el liderazgo frente a Norteamérica, que se sitúa a continuación, creando 27,5 exabytes mensuales.
- Las regiones en las que el tráfico IP crecerá más rápidamente durante el período analizado (2011-2016) son Oriente Medio y África (multiplicándose por diez con una tasa de crecimiento interanual del 58%), y *Latinoamérica* (cuyo tráfico se multiplicará por siete alcanzando una tasa de crecimiento interanual del 49%).
- India será el país donde el tráfico IP crezca más rápidamente, con una tasa de incremento interanual del 62% entre 2011 y 2016; Brasil y Sudáfrica le siguen de cerca, con un ratio de crecimiento interanual del 53% para ambos países.
- En 2016, los mayores generadores de tráfico IP serán los Estados Unidos (22 exabytes mensuales) y China (12 exabytes mensuales).

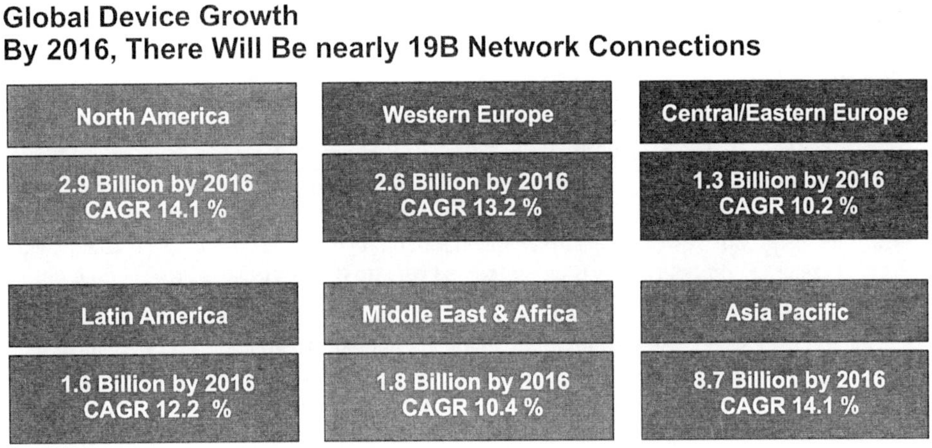

Figura 3.5. 19.000 millones de dispositivos conectados a la Red en 2016. Fuente: Cisco VNI.

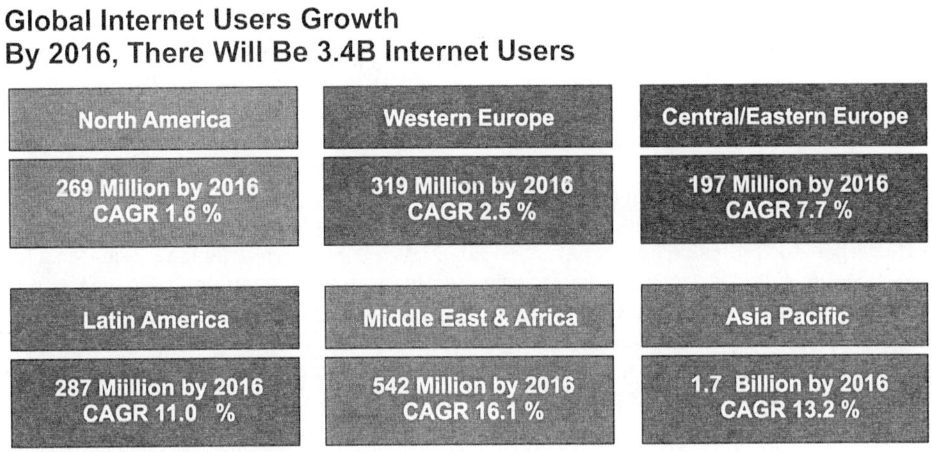

Figura 3.6. 3400 millones de internautas en 2016. Fuente: Cisco VNI.

EL UNIVERSO DIGITAL DE DATOS IDC/EMC (DICIEMBRE, 2012). EL CAMINO A LA ERA DEL ZETTABYTE

El último estudio de IDC, "Digital Universe 2012"[14] y ahora titulado, en clara referencia al movimiento de los grandes volúmenes de datos, "Big Data, Bigger Digital Shadows and Biggest Growth in the Far East" se centra, como en los anteriores, en tratar de averiguar y predecir la cantidad de información almacenado en el planeta Tierra. El estudio sigue patrocinado por la empresa de EMC (en este caso ya, uno de los grandes proveedores de Big Data).

La primera conclusión revelada en la presentación del estudio se centra en el potencial de Big Data, y revela que solo se está aprovechando una parte insignificante de dicho potencial. En concreto, se señala que solo el 5% de la información mundial está siendo analizada a pesar de la expansión experimentada por el universo digital. IDC estima que en 2012, el 23% (643 exabytes) del universo digital será aprovechable para Big Data si fuese clasificada y analizada. Otros datos ilustrativos y muy significativos son que IDC prevé que el universo digital alcance los 40 zettabytes en 2020, una cifra que supera todas las previsiones anteriores en 5 ZB que equivale a multiplicar por 50 la información existente a principios de 2010. Esta circunstancia se debe principalmente a la proliferación de dispositivos móviles (PC portátiles, *laptops, smartphones*, tabletas), el aumento de datos generados por máquinas (M2M, Internet de las cosas) que se comunican entre sí a través de redes de datos y el aumento de acceso a Internet en los mercados emergentes. En consecuencia, se prevé que para el año 2020 cada persona de la Tierra generará una información de 5.247 gigabytes (GB).

Otro dato significativo que muestra el estudio es que el volumen de información que requiere ser protegida crece mucho más rápido que el propio universo digital, evidenciando que los niveles de protección no están a la altura de las circunstancias. Otros indicadores, en este caso, predicciones de futuro, es que en 2020, los mercados emergentes sustituirán a los países del mundo desarrollado como principales productores de información mundial; y que la inversión en TIC (*hardware, software*, telecomunicaciones y personal) considerada la "infraestructura" del universo digital, crecerá un 40% entre 2012 y 2020. La inversión crecerá considerablemente mucho más rápida en determinadas áreas tales como gestión de almacenamiento, seguridad, Big Data y *cloud computing*.

El estudio también deduce un dato muy notable, que *cloud computing* (la computación en la nube) juega un rol cada vez más importante en la gestión de los Big Data, tanto que se prevé un incremento en el número de servidores que se multiplicará por 10. Asimismo, el volumen de información generada directamente por los centros de datos corporativos se multiplicará por 14. Respecto a la morfología de los datos se afirma que el tipo de datos almacenados en la nube experimentará una transformación radical durante los próximos años.

En 2020, IDC predice que el 46,7% de la información almacenada en la nube va a estar relacionada con el entretenimiento, es decir, no serán datos corporativos. A medida que la infraestructura del universo digital esté cada vez más interconectada, la información no residirá en la misma región donde va a ser consumida. También se estima que en 2020, cerca del 40% de los datos estarán tocados "por la nube"; es decir, que en algún momento entre su creación y su consumo, habrán sido procesados en la nube pública o privada.

RESUMEN

La rápida explosión de los datos no estructurados, catalizados por la ubicuidad de Internet, el masivo crecimiento de los dispositivos móviles inteligentes e Internet de las cosas (potenciado por el intercambio de datos entre máquinas, M2M) ha creado el nuevo ecosistema de Big Data integrado en el universo digital de datos.

- En menos de media década, se ha pasado del estudio de la revista *Wired*, en 2008, donde constataba, con datos rigurosos y fiables, que la Humanidad vivía ya en la era del petabyte, al año 2010, en que la prestigiosa revista *The Economist* aventuraba en un informe riguroso, como todos los suyos, que nos encaminábamos a la era del exabyte, datos que fueron contrastados en ese mismo año, por el estudio "El universo digital", de IDC/EMC. Por último, y ya en 2012, primero Cisco, en mayo, proporciona datos de las comunicaciones de datos en 2012 y las previsibles para los siguientes años, donde confirma la existencia de datos suficientes para afirmar que vivimos ya en la era del exabytes y que caminamos hacia la era del zettabyte. Por último, el estudio del "Universo digital de datos", publicado en diciembre de 2012, confirma que los datos almacenados en el año 2012 ya son del orden de los zettabytes, y que en 2020 existirá la "espectacular" cifra de 40 millones de zettabytes.
- Este aluvión de datos se ha bautizado y es conocido, como ya conoce el lector, por el término Big Data.
- La nube (*cloud)* tendrá una importancia cada vez mayor en el universo digital, debido principalmente a las ingentes cantidades de datos que se almacenarán y gestionarán en ella.
- Las aplicaciones de *software* como servicio, infraestructuras de sistemas y plataformas de desarrollo se gestionarán, almacenarán, mantendrán y se distribuirán en la nube.
- El estudio 2012 de IDC/EMC "El universo digital" prevé que en 2020 cerca del 40% de los datos generados en la Tierra estarán "tocados" por la nube. En algún momento entre su creación y su consumo habrán sido publicados en la nube pública o privada.
- Los grandes volúmenes de datos traerán grandes oportunidades para empresas y negocios que sean capaces de gestionar adecuadamente esta inmensidad de datos. Se requerirá su eficaz gestión así como el uso de herramientas de software especiales, dado que casi todos ellos serán no estructurados, y las herramientas tradicionales no podrán administrar bien esta inmensidad de datos.

NOTAS

---

[1] En febrero de 2012, Google ha alcanzado la cifra de los 100 millones de usuarios.

[2] Twitter ha alcanzado, a finales de febrero de 2012, 500 millones de usuarios según la empresa analista de Twitter, Twopcharts.com.

[3] Chris Anderson: "The Petabyte Age: Because More Isn't Just More_More is Different", en *Wired*, junio 2008. Disponible en: <http://www.wired.com/science/discoveries/magazine/16-07/pb-intro>.

[4] 1 gigabyte = 1000 megabytes; 1 terabyte = 1000 gigabytes; 1 petabyte = 1000 terabytes; 1 hexabyte = 1000 petabytes. En realidad, como conoce el lector, la cifra 1.000 son 1.024 (2^{10}), pero la fuerza de la costumbre ha hecho que trabajemos con la unidad millar mejor que con 1024.

[5] El primer informe publicado por la consultora IDC y patrocinado por EMC fue un *white paper* de 24 páginas, publicado en marzo de 2007, y su título fue: "A Forecast of Worldwide Information Growth Through 2010".

[6] "The Diverse and Exploding Digital Universe" y las previsiones de tiempo lo llevarán hasta 2011, y también fue publicado por IDC y EMC.

[7] "Data, data everywhere", en *The Economist*, 27 de febrero de 2011. El informe especial era relativo a la administración de la información, y en general de los sistemas de información. Tenía 14 páginas y recogía artículos y estudios sobre el estado actual del mundo de los datos en organizaciones y empresas.

[8] En aquel momento. En julio de 2011, contabilizan 750 millones de usuarios; en septiembre de 2011, según los propios datos de Facebook, 800 millones de usuarios.

[9] Netfilx, después de su éxito en los Estados Unidos y otros países americanos, dio el salto a Europa a principios del año 2012.

[10] Disponible en:
<http://spain.emc.com/collateral/analyst-reports/idc-extracting-value-from-chaos-ar.pdf>.

[11] *El universo digital, diverso y en expansión acelerada*. Libro Blanco de IDC, patrocinado por EMC, pp. 5-6.

[12] *The Economist*: "Building with big data. The data revolution is changing the landscape of business", sección "Schumpeter". Disponible en:
<http://www.economist.com/node/18741392 y en Economist.com/blogs/schumpeter>.

[13] <http://www.cisco.com/en/US/netsol/ns827/networking_solutions_sub_solution.html>.

[14] Publicado el 11 de diciembre de 2012. Disponible en:
<http://www.emc.com/leadership/digital-universe/iview/index.htm>. Curiosamente los cinco estudios anteriores se solían publicar en los meses de mayo y junio, y aunque, no podemos conocer las causas de ese desfase, sí es claro que los datos ofrecidos son muy relevantes, ya que no solo confirman los resultados de estudios anteriores, sino que amplían las expectativas de generación de datos para el año 2012, y los previstos para 2020.

CAPÍTULO 4
SECTORES ESTRATÉGICOS DE BIG DATA Y OPEN DATA

Aunque los Big Data están teniendo impacto en prácticamente casi todos los sectores industriales, empresariales, negocios, investigación, salud, etcétera, las tecnologías fundamentales de impacto y que generan grandes volúmenes de datos pueden proceder de diferentes fuentes de datos y de diferentes tipos de organizaciones y empresas. De igual modo las diferentes industrias pueden también aprovecharse de los datos que generan las mismas fuentes de datos.

En este capítulo, trataremos en primer lugar de explorar cómo los Big Data pueden crear valor y el tamaño de este potencial; para ello hemos seleccionado los cinco dominios estratégicos considerados en el informe del Mckinsey Global Institute, sobre la base de la popularidad del estudio en sectores estratégicos y con una visión global –aunque los adaptaremos a los mercados iberoamericanos: sector de la salud en los Estados Unidos; sector de la administración pública en la Unión Europea; el sector de ventas al por menor (*retail)* en los Estados Unidos; fabricación a nivel mundial, y datos de posición personales a nivel mundial. Dedicaremos especial atención al *sector de la salud* por la importancia económica y social que supone, además claro está de su enorme potencial, la salud.

A la vez que se ha producido el auge de los *Big Data*, ha nacido otra corriente denominada *Open Data* (datos abiertos), en estos tres últimos años, y que es una iniciativa liderada por la actual administración del gobierno de los Estados Unidos, y en paralelo por la Unión Europea, a la que poco a poco se van a ir uniendo cada día más países de todas las zonas geográficas del mundo. El movimiento de datos abiertos busca identificar, gestionar y rentabilizar la inmensa cantidad de datos públicos que almacenan y manejan las administraciones públicas de los estados, regiones, departamentos para ponerlos a disposición de los ciudadanos, organizaciones y empresas con el objetivo de sacarles rendimiento en cualquiera de los campos de interés, económico, académico, científico, etcétera.

Big Data y Open Data son dos grandes corrientes tecnológicas, y también de pensamiento que están llegando a todo el mundo, y que se integran dentro del movimiento de *cloud computing*. En el capítulo, analizaremos ambos conceptos, y describiremos iniciativas nacionales de gran número de países o de organizaciones y empresas que cada día se están introduciendo en los grandes modelos de los grandes datos y los datos abiertos, y las estrategias a seguir para la entrada en estos modelos, por otra parte, al igual que la nube, inaplazables. Analizamos también, la evolución del universo digital de datos almacenados en el mundo desde los enfoques de *Big Data* y *Open Data*.

DOMINIOS ESTRATÉGICOS DE BIG DATA

Los Big Data, realmente, tienen impacto en casi todos los sectores de la sociedad: empresa, negocios, organizaciones, administración, salud, defensa, policía, ingeniería, investigación, justicia, política... Las razones son evidentes; prácticamente todos los sectores sociales manejan hoy día, y manejarán todavía más en el futuro, grandes volúmenes de datos. Sin embargo, en algunos sectores el impacto es mucho más acusado. Por ello vamos analizar los dominios estratégicos donde la captura, almacenamiento y análisis de los grandes datos tienen mayor potencial y donde alcanzarán mayor valor en los próximos años.

Para estudiar y seleccionar estos dominios estratégicos hemos elegido una fuente documental que ha tenido gran impacto mediático y a nivel mundial: primero, el estudio McKinsey Global Institute, de la consultora McKinsey; uno de los mayores fabricantes de unidades de almacenamiento de datos; segundo, los estudios de EMC; tercero, la revista *Wired*, estandarte mundial de la innovación en tecnologías. Estas tres fuentes han publicado informes en el año 2011 y 2012 de gran resonancia mundial, y por consiguiente referencias de impacto y fiables.

INFORME MCKINSEY GLOBAL INSTITUTE

En junio de 2011, el McKinsey Global Institute, el área de investigación en economía y negocios de la empresa consultora McKinsey[1] & Co., publicó un amplio y documentado informe con gran resonancia mundial: *Big Data: The Next Frontier for Innovation, Competition and Productivity*, que repasa algunas de las técnicas utilizadas en el uso intensivo de datos, así como otros métodos analíticos, y explora sus aplicaciones en áreas como gobierno y administración, atención sanitaria, comercio y fabricación de productos.

En el informe, se seleccionan cinco dominios de los Estados Unidos, Europa y otros países donde los Big Data impactarán de modo sustancial en su productividad (figura 4.1), y generarán un valor financiero importante. El estudio se realiza en profundidad en los siguientes dominios:

- Sector de la salud de los Estados Unidos.
- Administración del sector público en la Unión Europea.
- Comercio minorista *(retail)* a nivel mundial.
- Fabricación (*manufacturing*) a nivel mundial.
- Datos de posiciones de personas (geolocalización) a nivel mundial.

Los cinco sectores representaban cerca del 40% del PIB (GDP) global en 2010. El estudio incluyó entrevistas con expertos de la industria, y revisión de la literatura existente. Por cada dominio, se identificaron las palancas específicas a través de las cuales los Big Data crean valor, se cuantificó el potencial de valor adicional, y se catalogaron los facilitadores necesarios de las compañías, organizaciones, gobiernos y particulares para capturar ese valor. Los cinco dominios seleccionados variaban en su sofisticación y madurez en el uso de Big Data; y por consiguiente, ofrecían lecciones de negocios diferentes. El informe incluye una discusión sobre los beneficios estimados de este nuevo enfoque así como algunas consideraciones de índole política.

La atención sanitaria (*Health Care*) es un segmento grande e importante de la economía de los Estados Unidos que se enfrenta a enormes desafíos de productividad. Cuenta con múltiples y variados actores, incluyendo las industrias de productos farmacéuticos y médicos, proveedores, pagadores y pacientes. Cada uno de estos sectores producen grupos (*pools*) de datos, pero tienen el problema de que muchas veces unos datos están desconectados de los otros. El informe demuestra que muchos datos clínicos no están digitalizados. McKinsey considera como una oportunidad sustancial de creación de valor si estos grupos de datos se pudieran digitalizar, combinar y usar eficientemente; sin embargo, destaca también el informe que los incentivos para potenciar los Big Data en este sector están, con frecuencia, desalineados de los objetivos del sector de la salud; y por consiguiente, pueden dificultar la captura de valor.

En términos de cifras, la consultora McKinsey estima que Big Data puede ahorrar más de 300 millones de dólares al año en salud, en los Estados Unidos. Esto supone alrededor del 8% de su gasto nacional en salud. Algunas áreas donde se aplica Big Data en el ámbito sanitario son:

- Investigación genómica.
- Operativa clínica.
- Autoayuda y colaboración ciudadana.
- Mejora en la atención al paciente.
- Autopsias virtuales.

El sector público es otra parte importante de la economía global que sufre enormes presiones para mejorar su productividad. Los gobiernos tienen acceso a grandes conjuntos de datos digitales, pero, en general, tienen dificultad para tomar ventajas del uso de esta información para mejorar su desempeño y transparencia. Por esta razón, se eligió estudiar los grandes volúmenes de datos en el dominio del sector público por las grandes ventajas que ofrecerá al sector público y a los ciudadanos en sentido global.

McKinsey justifica la elección del sector de *retail* en que es un sector en el que muchos actores han estado utilizando Big Data en la segmentación de clientes y las cadenas de gestión de suministros. Sin embargo, todavía existe un gran potencial de crecimiento en toda la industria por la posibilidad de ampliar y mejorar el uso de grandes volúmenes de datos, en particular, por la creciente facilidad con la que pueden recabar información sobre sus clientes, socios, empleados.

La fabricación ofrece una gran cantidad de datos disponibles por los numerosos puntos de información existentes en las cadenas de valor, y en la investigación y desarrollo utilizadas como pilares de las industrias de fabricación y en el sector de servicios de ventas y postventas.

El quinto dominio elegido por McKinsey es, sin duda, uno de los grandes sectores de mayor crecimiento a nivel mundial. Los datos geográficos de posición tanto personales como de instituciones son un dominio ya implantado, y que captura datos de los más diversos sectores industriales, desde las telecomunicaciones a los medios sociales o al transporte. Los datos están creciendo rápidamente gracias a las numerosas aplicaciones en torno a la movilidad. La geolocalización, unida a la realidad aumentada, ha hecho crecer de modo considerable los datos de posición geográfica, lo que sumado a la cantidad de datos que lleva consigo la realidad aumentada, ha incrementado de modo exponencial los grandes volúmenes de datos en esta área.

¿POR QUÉ SE HA LLEGADO A LA EXPLOSIÓN DE LOS BIG DATA?

Son muchas las causas. Uno de los detonantes ha sido el abaratamiento de las tecnologías de Big Data que han venido asociadas a su rápido desarrollo, en general, podemos considerar que los aspectos más relevantes que han llevado a la explosión de los grandes volúmenes de datos son:

- El entorno competitivo y la situación económica actual han impulsado las tecnologías de los Big Data, y el desarrollo de herramientas para la toma de decisiones por parte de los directivos de las empresas de manera ágil y precisa.
- El abaratamiento de la memoria RAM de las computadoras, y su aumento de tamaño ha posibilitado la carga masiva de datos para su análisis, técnica que se denomina *in-memory analytics* (analítica o análisis en memoria).
- Han surgido nuevos entornos para el almacenamiento, trabajo y computación distribuidos. Sin duda, otro de los grandes avances. El sistema **Hadoop** es un sistema de archivos distribuidos que ha sido adoptado por grandes empresas en todo el mundo, entre ellas, la multinacional española Telefónica.

- Han surgido las *bases de datos por columnas* y **NoSQL**, lo que permite manipular la información de una manera ágil.
- El abaratamiento en general del *hardware*, *software* y arquitectura de los dispositivos.

Estas ventajas, y otras que iremos analizando, junto al convencimiento por parte de las empresas de que las tecnologías Big Data generan modelos de negocios con evidentes beneficios económicos, han convertido a los Big Data en una de las innovaciones de mayor impacto en organizaciones y empresas.

Una vez que la empresa ha tomado conciencia de la necesidad de invertir y tomar esta decisión, los directivos se plantean cómo rentabilizar esas inversiones, y algunas de las preguntas que surgen en el plan estratégico a los responsables del negocio son: ¿Qué negocios nuevos debemos emprender? ¿Cómo añadir valor a mis clientes para que ellos puedan ofrecer mejor calidad y experiencia, a su vez, a sus clientes? ¿Cómo puedo aprovechar, por otra parte, la experiencia de mis clientes y rentabilizarla?

SECTORES DOMINANTES EN BIG DATA

En el sector de las telecomunicaciones, destaca el análisis del comportamiento de los usuarios en Internet (portales Web, blogs, redes sociales) y en redes de comunicaciones en tiempo real.

El sector de la publicidad permite personalizar la experiencia del usuario en la navegación Web y mejorar la satisfacción del cliente. Otro aspecto importante es el análisis de las redes sociales, que permite identificar las opiniones de los clientes, los líderes de opinión, los comentarios de los clientes y quién los genera. Todos estos aspectos facilitan deducir cuáles son las áreas de influencia en las redes sociales.

Otros sectores que resultan muy beneficiados son las ventas al por menor o comercio minorista (*retail*), salud, financiero, administración pública, eléctrico.

Las tecnologías Big Data facilitan la toma de decisiones en tiempo real. El almacenamiento de grandes volúmenes de datos en tiempo real permite la comparación con datos históricos y posibilita la toma de decisiones para acciones de marketing, o para estudios comparativos de precios, o incluso en la segmentación de mercado.

En los sistemas de gestión de relaciones con clientes, los Big Data proporcionan excelentes herramientas para satisfacerlos y ofrecerles una atención personalizada basada en el conocimiento y el comportamiento del cliente. En síntesis, permite:

- **Tener un mayor conocimiento de los clientes.** A la empresa le interesa individualizar las respuestas a sus clientes, de modo que se pueda conseguir buenos seguidores o *fans* de la marca de la empresa.

- **Mayor personalización** y mejor experiencia del usuario que impacte en los retornos de inversión de la empresa.
- **Mejorar las medidas antifraude** en el comercio electrónico.
- **Evitar la portabilidad de clientes** hacia otras empresas de la competencia. Esta característica es de especial relevancia en numerosos sectores, en particular, el de comunicaciones móviles, donde la portabilidad del número telefónico a una compañía de la competencia, es uno de los grandes problemas de las empresas de telefonía móvil.
- **Modelado del cliente y negocio dinámico** para aumentar la rapidez en la toma de decisiones.

SECTOR DE LA SALUD

Por lo que se refiere al ámbito de la atención sanitaria, a diario se capturan petabytes de datos en los servicios asistenciales (un petabyte (PB) equivale a 10^{15} bytes = 1.000.000.000.000.000 de bytes). Sin embargo, como sostiene Leo Celi, en un artículo publicado en *El País*[2], la mayor parte de la información no se emplea para guiar la práctica clínica, generar pruebas o descubrir nuevos conocimientos. La práctica médica sigue siendo extremadamente personalizada, y necesariamente sujeta a la variabilidad clínica, determinada por la interpretación que los facultativos hacen de las pruebas diagnósticas y del tratamiento aplicado en un paciente determinado.

Con la posibilidad de registrar cada una de las interacciones con los pacientes, de modo que resulten fácilmente accesibles y disponibles en un formato electrónico cómodo desde un punto de vista informático, se pueden individualizar las recomendaciones para cada paciente. La incorporación de sistemas de aprendizaje alimentados por datos, que añadan, analicen la experiencia diaria, y la documenten mediante bases de datos clínicas permitirá extraer y difundir constantemente nuevos conocimientos en aras de mejorar la calidad. De esta manera, la creación de sistemas que permitan analizar cantidades ingentes de información será el punto de partida que reportará grandes beneficios en materia de eficiencia y salud humana.

En los próximos años, diversas aplicaciones y herramientas TIC permitirán una mayor disponibilidad y un manejo más adecuado, (fiable, seguro, ágil y efectivo) de estas enormes bases de datos en el ámbito sanitario, contribuyendo con ello a la mejora de la calidad de la atención.

Los Big Data suponen una oportunidad sustancial para crear valor en organizaciones sanitarias, unificando las bases de datos existentes de hospitales, clínicas, farmacias, con la digitalización, combinación y análisis de datos en tiempo real. Los mayores beneficiarios de la implantación del concepto de Big Data serían los hospitales y clínicas públicas y privadas prestadoras de servicios médicos, las empresas farmacéuticas y, naturalmente, los pacientes. Datos fiables de consultoras como Gartner y Forrester estiman que el ahorro en el entorno sanitario de los Estados Unidos por el uso de los Big Data puede ser del orden de

300.000 millones de dólares. Algunos de los beneficios más notables en el sector de ciencias de la salud, gestión hospitalaria e industria farmacéutica, serían:

Gestión hospitalaria

- La información detallada de tratamientos de los pacientes puede determinar qué tratamientos son más eficaces en pacientes individuales o grupos de pacientes.
- Las decisiones médicas, respaldadas por análisis de datos, facilitarán la detección de errores en tratamientos médicos.
- Conocer el grado de desempeño de los profesionales médicos, de los procesos óptimos y de las instituciones de mayor rendimiento.
- En función de los perfiles de los pacientes se pueden conseguir nuevas segmentaciones y modelos predictivos.
- En la administración financiera y contable se puede facilitar la automatización del sistema de pago así como el control del gasto de la institución sanitaria.

Industria farmacéutica

- Las técnicas de análisis de grandes datos podrían realizar mejores análisis pormenorizados de resultados de los ensayos clínicos.
- Desarrollo de modelos predictivos para nuevos medicamentos, análisis de eficacia, y ubicación idónea en el desarrollo de sus estudios de desarrollo farmacéutico.
- Mejora en la planificación, diseño de ensayos clínicos y selecciones de potenciales pacientes.
- Avances en el estudio de la medicina personalizada basada en el estudio del ADN de los pacientes potenciales.
- Análisis de patrones de enfermedades.

En resumen, el análisis de los Big Data en el sector de la salud mejoraría la calidad de las asistencias en general, y el incremento de la satisfacción del paciente, ya que se crearían nuevas formas de atención a pacientes en las clínicas, hospitales y consultorios, mejoras en la gestión del sistema sanitario y aumento de la eficacia de la industria farmacéutica.

Un dato estructurado es un dato que puede ser almacenado, consultado, analizado y manipulado por máquinas. Un dato desestructurado es todo lo contrario. Por ejemplo, datos no estructurados son las recetas de papel, los registros médicos, las notas manuscritas de médicos y enfermeras, las grabaciones de voz, las radiografías, resonancias magnéticas, TAC y otras imágenes. Los datos estructurados y semiestructurados incluyen archivos electrónicos de contabilidad, datos de actuario o datos clínicos.

Pero los avances tecnológicos están generando nuevas cascadas de datos (tanto estructurados como no estructurados), son los que provienen de dispositivos para *fitness* (sensores), de los medios sociales, de *apps* en teléfonos inteligentes o de la genética y genómica.

Investigación genómica[3]

Hace diez años, secuenciar el genoma humano costaba un billón de dólares, recientemente, la empresa Life Technologies presentó su herramienta Ion Proton, capaz de secuenciar el genoma humano completo, en un día, por 1.000 dólares. Los analistas estiman que los precios seguirán bajando, y en unos años se podrá obtener el perfil genético de una persona por unos cientos de dólares. Este drástico abaratamiento de costes va a suponer una gran revolución en el mundo de la medicina. No solo se trata de conocer nuestro ADN, sino el de cientos de millones de personas, y la posibilidad de cruzar todos esos datos. Un genoma personal tiene cerca de 100 gigabytes de datos, el equivalente a 102.400 fotografías. Un millón de genomas pueden ser cientos de petabytes de datos. A la vez, nuestro perfil genético puede ser combinado con los datos de nuestro día a día y el ambiente que nos rodea para dibujar, a la perfección, los riesgos de padecer cáncer, diabetes o enfermedades del corazón.

La inteligencia de toda esa información nos conducirá a un nuevo nivel en el mundo de la sanidad, a la llamada *medicina personalizada*, que consiste en saber el tratamiento correcto para un cierto paciente en el momento adecuado. El impacto en el tratamiento del cáncer puede ser espectacular. Pero no solo se trata de obtener un diagnóstico de precisión, ya que en el ámbito farmacéutico este inmenso caudal de información genómica va a permitir el descubrimiento de nuevos medicamentos. Igualmente permite abaratar costes y reducir los plazos de los ensayos clínicos, evitando los errores.

En abril de 2012 se lanzó el proyecto *1000 Genomes* (*Mil genomas*) con el objetivo de construir la mayor base de datos disponible sobre la variación genética humana. Los datos estarán disponibles, de forma gratuita, para toda la comunidad científica mundial. La base de datos es administrada por el Centro Nacional de Información Biotecnológica de los Estados Unidos (NCBI).

Datos, información y operativa clínica

El mundo de la salud genera una ingente cantidad y variedad de datos tanto estructurados como no estructurados (recetas e informes escritos a mano, grabaciones, imágenes). El procesamiento y análisis de todos estos datos puede generar nuevas formas de inteligencia y propiciar una operativa clínica más efectiva y eficaz. Por ejemplo, proporcionando información en tiempo real a los técnicos de emergencia, enfermeras y médicos, prevenir las infecciones, los reingresos, los errores de prescripción, de diagnóstico o de tratamiento. Una primera etapa sería la transformación de los datos no estructurados en estructurados de modo que puedan ser gestionados por máquinas; aquí entran en juego las tecnologías de análisis de texto y el procesamiento de lenguaje natural y de imágenes.

La gestión de los datos por máquina producirá una mejora en los análisis predictivos al identificar con un alto grado de precisión a los pacientes con riesgo de enfermedades intrahospitalarias, con riesgo de reingreso en el hospital, o predecir el comportamiento de un medicamento en un paciente determinado.

Otra práctica que aumenta el rendimiento de las consultas médicas es el intercambio instantáneo de historiales clínicos entre diferentes departamentos u hospitales distintos. Así los cirujanos pueden acceder a las referencias de las enfermedades y a los resultados.

Mejora en la atención al paciente

Una de las áreas más interesantes de aplicación de Big Data es, sin duda, la propia gestión de la atención sanitaria, bien desde el lado de las aseguradoras o desde las administraciones públicas. Las plataformas actuales permiten explorar y medir, en segundos, billones de datos clínicos, de gestión, financieros o de las redes sociales para ofrecer inteligencia de negocio. Los sistemas de salud pueden medir su rendimiento en tiempo real y generar nuevos modelos de pago. Pueden mejorar la atención y reducir costos en el cuidado de la salud.

EL INFORME "*BIG DATA HEALTHCARE HYPE AND HOPE*"

En octubre de 2012, la doctora y consultora Bonnie Feldman publicó un informe muy referenciado y denominado "Big Data Healthcare Hype and Hope"[4], donde explora con bastante precisión, cómo Big Data se está convirtiendo en una creciente fuerza de cambio en el panorama sanitario. Según Feldman: "el potencial de Big Data en medicina es poder combinar los datos tradicionales con otras nuevas formas de datos tanto a nivel individual como de poblaciones". En efecto, en el sector sanitario se genera una inmensa cantidad y variedad de datos tanto estructurados, semiestructurados como no estructurados.

En dicho informe, se analizan proyectos y herramientas ya en funcionamiento que utilizan los grandes volúmenes de datos para conseguir aumentar la eficacia en los tratamientos médicos, en operaciones y tratamientos postoperaciones. Algunos ejemplos que se citan en el informe son los proyectos: "Health Fidelity", "DNAnexus", y "Predixion Software", que utilizan unos pocos flujos de datos. Otros proyectos que utilizan diferentes flujos de datos: "NextBio", "Explorys", "OneHealth" y "Practice Fusion".

"The Future of Big Data in Healthcare"

En el informe se destaca el hecho de que encontraron ecosistemas emergentes de compañías que estaban interesadas en utilizar Big Data para mejorar el estado de salud en seis formas distintas:

1. Soporte de la investigación genómica y más allá.
2. Transformar datos en información.

3. Apoyo a los cuidados médicos.
4. Aumento del conocimiento y de la concienciación.
5. Agrupar (*pool*) datos para expandir al ecosistema.

CONCLUSIONES DEL *DIGITAL HEALTH SUMMIT*, LAS VEGAS (ENERO 2013)

Coincidiendo con la feria de Electrónica CES, la mayor feria mundial del año, que se celebra anualmente en Las Vegas (en 2013, entre el 8 y el 11 de enero), se celebró el Congreso *Digital Health Summit*. Además de las conferencias y comunicaciones, se presentaron novedades en aplicaciones para móviles relacionadas con la salud (en el año 2011, se descargaron 44 millones). En ellas se apreciaron la enorme cantidad de aplicaciones médicas, pero también otras relacionadas con la salud como con el *fitness* o la nutrición o las actividades deportivas profesionales o *amateurs*. Entre las novedades destaca una aplicación que permite hacer un electrocardiograma desde el teléfono inteligente.

El País, el periódico español de mayor tirada, entrevistó a Reed V. Tuckson[5], una de las grandes autoridades norteamericanas en salud pública. Las conclusiones de Tuckson son sobrecogedoras: "O se aprovechan las tecnologías ya existentes, desde las aplicaciones para móviles a los Big Data, o la sanidad pública quebrará en los países occidentales".

OTRAS CONSIDERACIONES PRÁCTICAS

A medida que cobra protagonismo el Big Data, se convierte en el foco de atención de directores de IT, directores de gestión de la información (IM), arquitectos empresariales, propietarios de líneas de negocio, y ejecutivos de negocio que reconocen el papel vital que desempeñan los datos en el rendimiento de sus organizaciones. Una encuesta realizada por la consultora Gartner en 2011, entre distintos CEO y otros cargos directivos, para tratar de conocer qué papel representaban los datos en su toma de decisiones, y en particular, los Big Data, concluía que: "La toma de decisiones basada en datos era la aportación tecnológica que ofrecía mayor valor estratégico a la empresa".

Aunque ya hemos tratado algunos de los sectores estratégicos con mayor presencia de los grandes volúmenes de datos, las tecnologías de Big Data se han hecho prácticamente indispensables en la mayoría de los sectores de la actividad diaria. Así consideremos algunos sectores relevantes, además de los ya abordados en el capítulo, o incluso reforzar los ya comentados desde un punto de vista de usuario

Industrias de consumo

Desde la distribución hasta los viajes y los alojamientos, las organizaciones pueden capturar mensajes de redes sociales como Facebook, Pinterest, Tuenti, Twitter o LinkedIn, videos de YouTube o Vimeo, comentarios de blogs u otros contenidos como fotografías, audio o libros, para mejorar tanto el conocimiento de los clientes como ventas y atención personalizada, gestionar la reputación e imagen de su marca y aprovechar la mercadotecnia boca a boca.

Servicios financieros

Las entidades bancarias, las aseguradoras, las corredurías y las empresas de servicios financieros diversificados pretenden analizar e integrar el Big Data con objeto de atraer y retener a los clientes con más efectividad, facilitar ofertas, reforzar la detección de fraudes, gestión de riesgos y cumplimiento de normativas, aplicando el análisis de grandes volúmenes de datos.

Sector público

En la administraciones públicas es donde más se puede apreciar una estrategia con respecto al Big Data que respalde campos tales como la educación, las ciencias, la medicina, el comercio, la seguridad interior y exterior, relaciones con el ciudadano; las instituciones locales, regionales y estatales se enfrentan a aumentos considerables de volúmenes de datos en áreas tan distintas como medioambiente, seguridad, justicia, política.

Fabricación y cadena de suministro

La gestión en tiempo real de grandes flujos de datos de identificación por radiofrecuencia (RFID) puede ayudar a las empresas a optimizar la logística, el inventario, la producción, e incluso localizar con rapidez los defectos de fabricación; los datos de mapas y GPS pueden agilizar la eficacia de la cadena de suministro. La gestión de la cadena de suministro (SCM) es afectada muy especialmente por la cantidad enorme de datos que se generan en ella, y por la captura, almacenamiento, tratamiento, mantenimiento y análisis de datos, con el objetivo fundamental de ayuda en la toma de decisiones.

Comercio electrónico

La integración de las grandes cantidades de textos, imágenes, historias de pulsaciones de clics (*clickstreams*) con los datos transaccionales (como los perfiles de los clientes), puede mejorar la eficacia y la precisión del comercio electrónico al tiempo que facilita al cliente una experiencia fluida en diferentes canales.

Atención sanitaria

Ya se ha comentado con gran profusión las ventajas que para la atención de la salud supone el uso de registros médicos digitales, uso compartido de informes, consultas, investigaciones médicas en los hospitales y su intercambio entre hospitales, centros de investigación. La generación de grandes volúmenes de datos está trayendo grandes beneficios a la atención sanitaria. Por otra parte, las empresas farmacéuticas y biotecnológicas se centran en el Big Data y en áreas tales como la investigación del genoma y el desarrollo de fármacos.

Telecomunicaciones

Los incesantes flujos de datos, mensajes de texto, *chat*, audio, video que produce el Internet móvil ponen en peligro la rentabilidad de las telecomunicaciones, pero al mismo tiempo, ofrecen la oportunidad de optimizar la red. Las empresas buscan en Big Data nuevas perspectivas para ajustar la entrega de productos y servicios a las exigencias de los clientes, que cambian sin cesar, mediante el análisis de redes sociales, el análisis de sentimientos, y en general, el análisis de grandes datos.

UN ANTICIPO A HADOOP

Desde el punto de vista de la infraestructura de los grandes volúmenes de datos, y en particular el marco de trabajo Hadoop para Big Data (capítulo 9) y sus diferentes distribuciones, es necesario que se implante con total confianza la plataforma Hadoop que facilitará el procesamiento de Big Data con una perfecta integración de datos de origen y de destino teniendo presente la taxonomía de los datos utilizados (estructurados, no estructurados, semiestructurados).

Las organizaciones deberán implantar con toda confianza la plataforma Hadoop y las bases de datos NoSQL para el procesamiento de los Big Data. Así mismo será preciso integrar las herramientas de análisis de Big Data con las herramientas empresariales tradicionales con el objetivo de mejorar sensiblemente los procesos de negocio y la toma de decisiones.

En ese sentido, las organizaciones y empresas deberán aprovechar la escalabilidad (capacidad de extensión y escalar dimensiones corporativas) de las herramientas de Big Data para conseguir el mayor rendimiento de los datos en las escalas de terabytes y de petabytes, teniendo presente su volumen, variedad, velocidad y valor, e integrando dichos datos en origen y destino así como con los datos estructurados existentes en las actuales herramientas de las compañías.

OPEN DATA. EL MOVIMIENTO DE LOS DATOS ABIERTOS

"Lo primero que tienen que hacer los gobiernos es hacer más datos abiertos",[6] afirmaba Jeff Jaffe, presidente ejecutivo del W3C, en la *Bilbao Web Summit 2011*; y Tim Berners-Lee, en su conferencia en el mismo congreso, manifestaba: "El futuro social de la educación está en los datos, en la calidad de los mismos, los datos abiertos (*open data*), la libertad de los datos, que éstos puedan fluir para el acceso de cualquier persona y que, a su vez, puedan ser aprovechados". Así se expresaban los dos principales directivos de W3C (Consorcio de la W3): Tim Berners-Lee, inventor de la Web, y actual director del W3C; y Jeff Jaffe, su presidente ejecutivo. Entonces cabe preguntarse qué es *Open Data* (datos abiertos), y cuáles son las iniciativas a nivel internacional que están difundiendo la iniciativa.

El W3C está impulsando en todo el mundo el movimiento a favor de la apertura de datos públicos. La enciclopedia Wikipedia define *Open Data* como: "Una filosofía y práctica que requiere que ciertos datos estén disponibles libremente para cualquier persona sin restricciones de *copyright*, patentes u otros mecanismos de control".

El movimiento de datos abiertos comenzó su explosión en el año 2010, y continúa creciendo a pasos agigantados, sobre todo por el apoyo ofrecido por el gobierno de los Estados Unidos (http://www.data.gov); en Europa, el gobierno de Gran Bretaña (http://www.data.gov.gb); en la Unión Europea (http://www.ec.europa.eu); y en España, con numerosos gobiernos autonómicos (regionales), Euskadi, Asturias, Cataluña, Navarra, entre otros, y ciudades como la milenaria Córdoba. En América Latina, aunque de un modo más lento, también se están poniendo en marcha iniciativas de *Open Data* (Colombia, Perú, Chile Uruguay, entre otras naciones).

En la práctica Open Data[7][8] es la puesta a disposición de la sociedad de gran cantidad de datos procedentes de diferentes organizaciones, fundamentalmente del ámbito de la administración pública o de aquellos proyectos que han sido financiados con dinero público, de manera libre. En general, los datos proporcionados se refieren a diferentes temáticas (médicos, geográficos, meteorológicos, biodiversidad, servicios públicos, etcétera). Cuando hablamos de *Open Data* nos referimos a información general que puede ser utilizada libremente, reutilizada y redistribuida por cualquier persona, y que puede incluir datos geográficos, estadísticos, meteorológicos así como datos de proyectos de investigación financiados con fondos públicos o libros digitalizados de las bibliotecas.

El objetivo fundamental de abrir los datos a la sociedad es que ésta pueda sacar provecho de ellos; es decir, se trata de que cualquier persona, organización o empresa pueda sacarles utilidad bien como simple conocimiento o bien con iniciativas altruistas o empresariales que le saquen el mayor rendimiento posible.

En la práctica, las administraciones gestionan bases de datos, listados, estudios, información general; es decir, materia prima con gran potencial, y que al haber nacido del dinero público, y al ponerse al servicio de la ciudadanía, puede ofrecer oportunidades de negocios a emprendedores tanto en el aspecto personal como en el de la empresa.

"Las administraciones generan multitud de información en forma de datos propios que son de difícil acceso para la mayoría de los ciudadanos; datos de diversa índole que van desde tablas estadísticas, oportunidades laborales, recursos turísticos o incidencias de tráfico y que normalmente se encuentran perdidos en las páginas Web de los organismos" (Ruiz-Tapiador, 2010)[9] Los datos abiertos son muy aprovechables y generan valor añadido a las empresas. En el sector público, tener acceso a los datos de la administración garantiza la transparencia, la eficiencia y la igualdad de oportunidades, a la vez que se crea valor (Generalitat de Cataluña, Gobierno de la Comunidad Autónoma Cataluña en España)[10]. La *transparencia*, porque se puede consultar y tratar datos que vienen directamente de las fuentes oficiales; la *eficiencia*, porque ciudadanos y organizaciones puedan crear servicios en forma más ajustada en colaboración con la administración; y la *igualdad de oportunidades*, porque el acceso es el mismo para todo el mundo.

En cuanto a las licencias y términos de uso de los datos abiertos, éstos deben estar sometidos a las leyes de reutilización de la información del sector público del país donde se está poniendo en marcha la iniciativa de Open Data. En algunos casos, pueden tener derecho de propiedad intelectual, pero siempre se tratará de dejarlas abiertas con los términos de uno y licencias legales.

INICIATIVAS OPEN DATA

Las iniciativas de Open Data en el mundo son numerosas, como se comentó anteriormente. Los proyectos más innovadores han nacido en los Estados Unidos con la primera administración del presidente Obama y en Gran Bretaña; en España a nivel regional o autonómico y local, aunque también existen iniciativas nacionales como es el *Proyecto Aporta* dentro del *Plan Avanza*, que desde 2007 viene planteando que todas las administraciones locales, autonómicas y centrales están llamadas a hacer pública la información que generan.

Estados Unidos (Data.gov)

Sin lugar a dudas el portal Data.gov es referencia obligada en el estudio de Open Data; incluye páginas relativas a Data y Apps, Communities, Open Government, Learn, Semantic Web y Developers Corner.

Figura 4.1. Pantalla inicial de <www.data.gov>.

En la última visita realizada, el 9 de mayo de 2013, a la opción (pestaña) *Open Data Sites* (sitios de datos abiertos) aparecen 39 estados, 35 ciudades y 41 países internacionales y

183 iniciativas regionales de Open Data. En Europa, son numerosos los países con iniciativas nacionales de Open Data (Gran Bretaña, Francia, Italia, Rusia, España...); en América del Norte, los Estados Unidos y Canadá; en América Latina y el Caribe, Argentina, Brasil, Chile, México, Perú y Uruguay figuran en el portal oficial de data.govcon una iniciativa en marcha de todos los países de la zona. En Asia y África, hay algunos países con iniciativas de datos abiertos.

Figura 4.2. International Open Data Sites (países con iniciativas de *Open Data*, enero 2013). Fuente: <www.data.gov>.

Figuran también en la página Web "*Open Data Sites*" cuatro organizaciones internacionales con iniciativas de Open Data: Unión Europea, OECD, Naciones Unidas y el Banco Mundial (World Bank).

Reino Unido (data.gov.uk)

El portal oficial *Opening Up Government*, del Reino Unido, es también otro modelo para el estudio de *Open Data*. Igual que sucede con el portal del gobierno de los Estados Unidos, ofrece una amplia oferta de opciones: Datos, Apps, Foros, Wiki, Blogs, Recursos (con una excelente fuente de datos sobre la Web Semántica), *Linked Data*, *Tag* (etiquetas) y una pestaña muy interesante sobre Ideas.

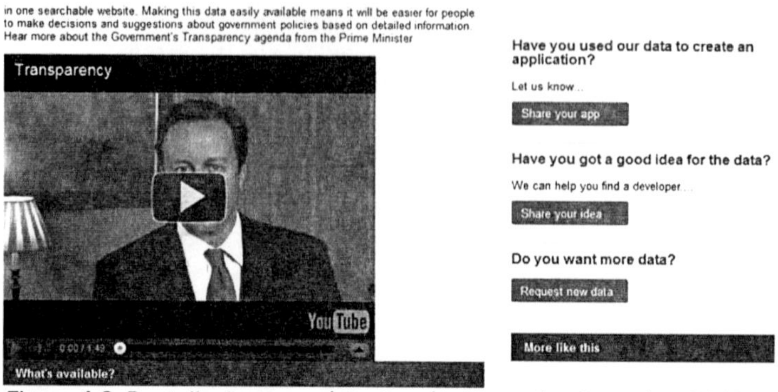

Figura 4.3. Pantalla de <www.data.gov.uk> [Consulta: 8 octubre 2012].

España

Las iniciativas en España van aumentando día a día tanto en la administración autonómica como en la local así como a nivel nacional, ya que aunque no existe una iniciativa central como en el caso de los Estados Unidos y Gran Bretaña, sí existe el (ya citado) Proyecto Aporta, que impulsado por el Ministerio de Industria, fomenta el uso de Open Data.

Las iniciativas pioneras comenzaron en los gobiernos autonómicos: el Principado de Asturias y el País Vasco. Se han ido sumando la Generalitat de Cataluña y el Gobierno de Navarra, y no paran de nacer iniciativas locales como los ayuntamientos de Córdoba y Zaragoza; aunque es de esperar que a lo largo de 2013 se sumen muchos otros gobiernos autonómicos y locales.

A continuación, vamos a recoger algunas iniciativas empresariales que hacían uso de datos abiertos, ya en el año 2010 (Ruiz-Tapiador, 2010):

- **Rodalia.info** es una aplicación que utiliza las redes y los datos aportados por Renfe (el operador español de transportes ferroviarios) para informar en tiempo real del estado de la circulación y los itinerarios de trenes más asequibles dentro del servicio ferroviario del sistema de trenes de cercanías de la región de Cataluña.
- **Legalsolo** es una empresa PYME que ofrece información de carácter legal seleccionada y contratada por la Unión Europea. Ha desarrollado un software propio e integra datos oficiales y comentarios extraídos de redes sociales. Esta PYME ofrece de manera gratuita información de carácter legal, seleccionada y comentada por expertos, a partir de fuentes públicas como el Boletín Oficial del Estado.
- **Informa** es una empresa española que ofrece acceso a informes nacionales e internacionales, y que les aporta datos a sus clientes mediante métodos tecnológicos avanzados. Las empresas Cesce y OR Telematique crearon, hace 20 años, Informa, que trata de obtener toda la información existente en el mercado sobre las empresas españolas. Se nutre de boletines de las comunidades autonómicas, Boletín Oficial de Registro Mercantil, etcétera.

- **Goolzoom.com** es un servicio que integra la información geográfica y espacial, disponible en la herramienta Google Maps, con la información registrada en la Dirección General del Catastro y el Sistema de Identificación de Parcelas Agrícolas (SigPac), del Ministerio de Medio Ambiente, y otras fuentes cartográficas de carácter público. La aplicación verifica y simplifica el acceso a la información territorial y ofrece diversas prestaciones al sector inmobiliario como información específica de viviendas (libre de cargas, si tienen una hipoteca pendiente, etcétera).
- **Euroalert.net** es una joven empresa vallisoletana que incorpora información pública relativa a la Unión Europea, y que ofrece oportunidades de negocio a empresas de dichos países. Utilizando la liberación de datos públicos, comenzó a ofrecer los contenidos más destacados relacionados con las oportunidades comerciales para empresas, la actividad de las instituciones comunitarias, sus políticas, los desarrollos legislativos así como cualquier otro tipo de información legal de la Unión Europea.

América Latina y el Caribe

Según el portal (data.gov)del gobierno federal de los Estados Unidos, a finales de octubre de 2011, en América Latina y el Caribe, solo existía un país con iniciativa de Open Data. Este país era Perú con el proyecto *Open Data Perú* (a finales de febrero de 2012, se había incorporado Uruguay), en mayo de 2013 se incluían ya Argentina, Brasil, Chile, México, Perú y Uruguay.

Figura 4.4. Portal de datos abiertos de Perú <www.datosperu.org>.

LA INFORMACIÓN PÚBLICA AL SERVICIO DEL CIUDADANO

De acuerdo con Ruiz-Tapiador: "Las administraciones públicas (de cualquier organismo nacional e internacional) generan gran cantidad de información en formatos propios de difícil acceso para la mayoría de los ciudadanos". Bases de datos, listas, estudios, informes, estadísticas son datos abiertos, y generan datos normalmente en formatos propios que son de difícil acceso para la mayoría de los ciudadanos. Entre otros datos se encuentran oportunidades laborales, recursos, trípticos, incidencias de tráfico, horarios de oficinas, centros de salud, que son fácilmente aprovechables, y generan valor añadido a profesionales y empresas, siempre que les proporcionen un formato adecuado y visibilidad.

Evidentemente, estos datos se almacenan por lo general en centros de datos propios de las administraciones, que a su vez cada día se almacenan y gestionan en nubes públicas o privadas. ¿Qué necesitan los profesionales o las empresas para sacar rentabilidad a los datos públicos? Sin duda, la colaboración de las entidades públicas para liberar cada día más información y crear más oportunidades de negocio. La nueva administración de los Estados Unidos, inició en 2009, la iniciativa de *Open Data*, y en paralelo, la Unión Europea ha ido adoptando también dicha iniciativa. El objetivo de ambos gobiernos ha sido generar riqueza y otorgar transparencia y seguridad jurídica al ciudadano.

La iniciativa pionera del Gobierno Vasco en España se plasmó en la puesta en funcionamiento de Open Data Euskadi que pretende crear un sitio Web donde la información reutilizable (contenidos abiertos) está al alcance de cualquiera.

Un estudio de la Unión Europea citado por Ruiz-Tapiador estimaba que el mercado de la información pública en la UE podría generar riqueza por valor de 27.000 millones de euros. En España, desde el año 2007, todas las administraciones locales, autonómicas y centrales estás convocadas a hacer pública la información que generan; en particular, el Ministerio de Industria ha impulsado el Proyecto Aporta con este objetivo. En la actualidad, en España, el portal datos.gob.es tiene carácter nacional y organiza y gestiona el catálogo de Información Pública de la Administración General del Estado.

LA INICIATIVA DE LA UNIÓN EUROPEA (ENERO 2013)

La Unión Europea lanzó a finales de diciembre de 2012 (el día de Nochebuena) la versión beta pública de su esperado portal Open Data, cuyo lanzamiento definitivo está previsto a lo largo del mes de enero de 2013.

Figura 4.5. Portal Open Data de la Unión Europea <http://open-data.europa.eu/open-data/es/>.

La Unión Europea anuncia en la página de su portal de datos abiertos sus objetivos:

> Este portal trata de transparencia, gobierno abierto e innovación. El Portal de datos de la Comisión Europea proporciona acceso a datos públicos abiertos de esta institución. Pero además, permite que otras instituciones, organismos, oficinas y departamentos de la Unión accedan a los datos previa solicitud. Cualquier persona interesada puede descargar los datos publicados para reutilizarlos, vincularlos y crear servicios innovadores. Asimismo, este Portal de datos divulga y facilita el conocimiento sobre los datos de Europa. Los organismos editores, desarrolladores de aplicaciones y el público en general pueden aprovechar la tecnología semántica del Portal, que pone a su disposición esta nueva funcionalidad.

La mayoría de los datos del portal, en una primera instancia, proceden de Eurostat, la oficina de estadística de la UE:

OPEN DATA ALLIANCE

La asociación internacional Open Data Alliance (http://www.opendatacenteralliance.org) es una organización sin ánimo de lucro, constituida en 2010, como un único consorcio de organizaciones líderes en IT, que ha nacido para trabajar en la configuración futura de *cloud computing* y Big Data, un futuro basado en estándares abiertos e interoperables, según la alianza. La importancia y fortaleza de la asociación es que incluye a más de 300 compañías de ámbito mundial, y de las más variadas industrias. Su actual Consejo de Dirección está constituido por ejecutivos senior IT de las empresas BMW, China Unicom, Deutsche Bank, JPMorgan Chase, Lockheed Martin, Marriott International Inc., National Australia Bank, Terremark, Disney Technology Solutions and Services, y UBS. El consejero (*advisor*) técnico es Intel.

La misión de la asociación es aumentar la velocidad de migración a *cloud computing*, facilitando el ecosistema de soluciones y servicios para dirigir los requerimientos de IT con el más alto nivel de interoperabilidad y estándares. Pretenden tener una voz unificada para buscar los requerimientos de *cloud computing* y los emergentes centros de datos. Una de las muchas virtudes que tiene esta organización son sus publicaciones de carácter libre, todavía escasas, pero excelentes. Una que está directamente relacionada con los grandes volúmenes de datos es la *Big Data Consumer Guide*[11].

OPEN DATA INSTITUTE (ODI)

Esta organización ha sido creada por Sir Tim Berners-Lee, creador de la Web, y el catedrático (*Professor*) Nigel Shadbolt. La ODI es una organización independiente sin ánimo de lucro. La ODI (Open Data Institute, http://www.theodi.org) tiene asegurada su existencia en los próximos cinco años por el apoyo económico de 10 millones de libras del Gobierno de Gran Bretaña (vía la agencia de innovación Technology Strategy Board), y de 750.000 dólares de la organización Omidyar Network. Tiene su sede en Londres, y está dirigida a toda la comunidad de personas interesadas en desarrollar Open Data a las que invitan a ponerse en contacto, desde su página Web inicial.

El Open Data Institute pretende canalizar la evolución de una cultura de Open Data para crear valor económico, ambiental y social. Trata de desbloquear las fuentes, generar demanda, y crear y diseminar el conocimiento, centrándose en temas locales y globales.

Entre sus objetivos fundacionales pretenden convocar a expertos de nivel mundial para colaborar, incubar, nutrir y actuar de mentores de nuevas ideas así como promover la innovación. Buscan que cualquier persona pueda aprender a relacionarse con los datos abiertos, y la autonomía de los equipos para ayudar a los demás a través del *coaching* profesional y la tutoría.

El ODI define los *datos abiertos*[12] como "Información que está disponible para cualquier persona que los utiliza, para cualquier propósito y sin ningún coste". Los datos abiertos tienen una licencia que deben aclarar qué son datos abiertos. Sin una licencia, los datos no pueden ser reutilizados. La licencia también puede decir que:

- Las personas que utilizan los datos deben acreditar quién los está publicando. Esta característica se llama *atribución*.
- Las personas que mezclan los datos con otros datos tienen también que liberar los resultados. Esta característica se llama *compartir por igual*.

La ODI recomienda, en su definición, la palabra "abierta", dada por la organización Open Definition (http://www.opendefinition.org) para los términos: *Open Data*, *Open Content* y *Open Services*.

RESUMEN

- Los Big Data tienen impacto, prácticamente, en todos los sectores de la sociedad.
- Existen dominios estratégicos donde el impacto será mayor. Se han analizado los cinco sectores estratégicos, declarados por el McKinsey Institute, perteneciente a la consultora McKinsey, en su conocido informe sobre Big Data de junio de 2011.
- Los dominios estratégicos seleccionados son:
  - Sector de la salud (Estados Unidos).
  - Administración del sector público (Unión Europea).
  - Comercio minorista, *retail* (nivel mundial).
  - Fabricación (nivel mundial).
  - Datos de posición geográfica de las personas y geolocalización (a nivel mundial).

- Los datos abiertos (*Open Data*) se refieren a los datos públicos y privados que deberían estar a disposición de los ciudadanos y empresas para un uso eficaz y rentable. Naturalmente, los datos abiertos deberán respetar siempre la privacidad, y la información que deba estar protegida, como datos de salud, personales, pero se requiere que los datos se abran y que sean interoperables por las distintas plataformas utilizadas por los desarrolladores, y deben ser también legibles y entendibles por los ciudadanos
- Los Estados Unidos, Canadá y Europa son pioneros en este movimiento mundial por la apertura de los datos, a los que poco a poco se van sumando otros países de los diferentes continentes. En el caso de América Latina, Perú y Uruguay han sido los primeros países oficialmente reconocidos por el portal Open Data (data.gov) del gobierno federal de los Estados Unidos.
- En Europa, diferentes países, y en España, diferentes comunidades autónomas, han puesto en marcha iniciativas de Open Data.

RECURSOS

- Informe de McKinsey Global Institute, junio 2011: *Big Data: The Next frontier for innovation, competition and productivity*. Disponible en:

  <http://www.mckinsey.com/insights/mgi/research/technology_and_innovation/big_data_the_next_frontier_for_innovation>.
- Bonnie Feldman, Ellen M. Martin y Tobi Skotnes: "Big Data Healthcare Hype and Hope". Disponible en: <http://www.west-info.eu/files/big-data-in-healthcare.pdf>. [Consulta: octubre 2012].
- Open Data Alliance:

  <http://www.opendatacenteralliance.org/docs/Big_Data_Consumer_Guide_Rev1.0.pdf>.
- Open Data Institute (Tim O'Reilly): <http://.www.theodi.org/guide/what-open-data>.
- Blog de Soraya Paniagua: <http://www.sorayapaniagua.com/2012/11/12/big-data-en-sanidad-para-predecir-prevenir-y-personalizar/>.
- Jacqueline Vanacek: "Cloud and Big Data are Impacting the Human Genome. Touching 7 Billion Lives", en *Forbes*. Disponible en: <http://www.forbes.com/sites/sap/2012/04/16/how-cloud-and-big-data-are-impacting-the-human-genome-touching-7-billion-lives/>.
- Informe de eHealth: <http://es.scribd.com/doc/107279699/Big-Data-in-Healthcare-Hype-and-Hope>.

NOTAS

[1] Informe de McKinsey Global Institute, junio 2011: "Big Data: The Next frontier for innovation, competition and productivity".

[2] Leo Celi: "Big data, una nueva era en la medicina", en *El País*, 30 agosto, 2012.

[3] La revista *Forbes* publicó un artículo en junio de 2012 sobre el impacto de Big Data en las ciencias de la salud, de donde hemos extraído todos los datos de genómica que vienen a continuación. Jacqueline Vanacek: "How Cloud and Big Data are impacting the Human Genome. Touching 7 Billion Lives", en *Forbes*. Disponible en: <httptp://www.forbes.com/sites/sap/2012/04/16/how-cloud-and-big-data-are-impacting-the-human-genome-touching-7-billion-lives/print/>.

[4] Bonnie Feldman, Ellen M. Martin y Tobi Skotnes: "Big Data Healthcare Hype and Hop". Disponible en: <http://www.west-info.eu/files/big-data-in-healthcare.pdf>. [Consulta: octubre 2012].

[5] Javier Martin: "Robots y aplicaciones móviles para salvar a la sanidad pública", en *El País*, 11 de enero de 2013, p. 56.

[6] Entrevista en *El Mundo* a Jeff Jaffe, Madrid, 21 de mayo de 2011.

[7] "Comienza el movimiento Open Data", en *Computer World*, [Consulta: 21 de mayo de 2011].

[8] Definiciones académicas de Open Data se pueden ver en la organización Open Definition (http://www.opendefinition.org), y en el Open Data Institute (http://www.theodi.org). Ambas instituciones se describirán más adelante.

[9] Teresa Ruiz-Tapiador: "Suplemento PYMES RI+D+I", *en Cinco Días*, Madrid, 20 septiembre 2010, pp. 2-3. Analiza el fenómeno de Open Data (datos abiertos) desde una perspectiva de negocio y empresa.

[10] El portal de la Generalitat de Cataluña (http://www.dadesobertes.gencal.cat) ofrece una buena documentación de Open Data.

[11] <http://www.opendatacenteralliance.org/docs/Big_Data_Consumer_Guide_Rev1.0.pdf>.

[12] <http://www.theodi.org/guide/what-open-data>.

CAPÍTULO 5
BIG DATA EN LA EMPRESA. LA REVOLUCIÓN DE LA GESTIÓN, LA ANALÍTICA Y LOS CIENTÍFICOS DE DATOS

La prestigiosa revista del mundo de la empresa *Harvard Business Review*, de octubre de 2012, dedica su portada y tres artículos brillantes al mundo de los Big Data Sus autores son prestigios profesores, consultores y analistas. "Obtener el control de los Big Data"[1] es el tema central de la portada, y "Cómo los enormes flujos de información están cambiando el arte de la gestión" el subtítulo "How vast new streams of information the art of management". Sin lugar a dudas consideramos que es el punto de partida para que empresas y organizaciones que no hayan asumido todavía una estrategia de Big Data piensen seriamente en cómo ponerla en marcha. De hecho, su director *(editor in chief*), AdiIgnatius, titula su columna de entrada: "Big Data for skeptics", y todas sus reflexiones son este nuevo mundo que se abre para la gestión. Sus investigaciones le condujeron a comprobar el enorme interés existente en los Big Data:

> [...] Se trata de analizar cuál es la diferencia entre big data y los simples datos y cómo las organizaciones se suponen han de utilizarlos en su beneficio. También me enteré de que muchos escépticos se preguntan si algunas de las empresas que venden grandes datos "soluciones" están simplemente aprovechando la publicidad emergente. [...] Las empresas que hacen un análisis sofisticado de los enormes flujos de datos pueden plantearse las estrategias de futuro sin necesidad de tener que hacer nuevas e importantes inversiones en tecnología.

Las necesidades de Big Data van a crear nuevas expectativas en las empresas, generar nuevas responsabilidades y la necesidad de afrontar los retos y oportunidades que ofrecerán los grandes volúmenes de datos así como la necesidad de pensar y contratar en su caso, los nuevos roles y perfiles de trabajo, entre ellos, y especialmente el científico de datos (*data scientist*). Naturalmente se requerirá de nuevas arquitecturas de empresa que se podrán integrar dentro de la infraestructura de tecnología existente en la compañía, precisamente debido a la gran flexibilidad que las nuevas herramientas y soluciones de Big Data están ofreciendo al mercado. Su revolución y su gestión, como analizan McAfee y Brynjolfsson, en su artículo, cambiará la vida de las pequeñas y grandes empresas así como de los consumidores. La disponibilidad cada vez más emergente de datos, instrumentos de gestión y de analítica permitirán el acceso a herramientas potenciadas por datos y de analítica de sistemas eficientes y de bajo coste.

INTEGRACIÓN DE BIG DATA EN LA EMPRESA

Hoy en día el término Big Data llama mucho la atención en organizaciones y empresas, y cada vez, también más en usuarios particulares, sobre todo, a medida que el término *cloud computing* (computación en la nube) se ha popularizado en numerosos sectores de negocios, administración, industria, educación, y sociedad en general. Sin embargo, detrás de la publicidad y la presencia en los medios de comunicación y en los medios sociales, existe una realidad y una historia sencilla de describir. Durante décadas las empresas han estado tomando decisiones basadas en los datos transaccionales almacenados en las bases de datos relacionales.

El sistema tradicional consistía en el procesamiento analítico en línea, *OLAP*, la utilización de herramientas de informes (*reporting*), consultas (*queryng*) y visualización, fundamentalmente, como herramientas de choque, y en una segunda etapa se recurría a las tradicionales herramientas de minería de datos y las más modernas de *minería Web*, *minería de textos*, y recientemente, *minería social, minería de opiniones o de sentimientos*. Con estas herramientas se trataba de minar datos en las bases de datos tradicionales, en documentos de texto y en la Web, se capturaban, se analizaban y se trataba de tomar decisiones lo más eficientes posibles. Todo ello integrado en las disciplinas conocidas como inteligencia de negocios y analítica de negocios.

Las reducciones de costes en almacenamiento de datos y potencia de procesamiento o cómputo han facilitado la recolección de datos, su proceso y su análisis por parte de todo tipo de compañías. Cada vez más las compañías buscan *integrar* sus datos tradicionales (estructurados) con datos no tradicionales (no estructurados y semiestructurados) procedentes de medios sociales, sistemas de compartición de contenidos (fotografías, video, audio, libros), y analizar ese conjunto de datos con herramientas de analítica (*analytics*) o análisis de datos.

Para obtener valor real del negocio de los Big Data se necesita utilizar las herramientas adecuadas para capturar y organizar una amplia variedad de tipos de datos y ser capaces de analizar con facilidad dentro del contexto de todos los datos de la empresa (tanto internos como externos así como estructurados y no estructurados que constituyen los Big Data de las empresas).

Se trata de que las empresas tengan a su disposición un amplio porfolio de productos que les ayuden a adquirir y organizar una amplia variedad de tipos de datos, en grandes volúmenes, que se generan a gran velocidad y procedentes de múltiples y diferentes fuentes (capítulo 2), y de que sean capaces de analizarlos con facilitad dentro del contexto de todos los datos de la organización.

Empresas como IBM, SAP, Oracle, EMC, Hewlett-Packard... ofrecen amplias carteras de productos y soluciones que pueden integrarse con el objetivo final de ayudar a la adquisición, organización y análisis de los diferentes tipos de datos existentes para que las empresas puedan encontrar nuevas ideas y amplíen su conocimientos del negocio, capitalicen relaciones visibles y ocultas que les permitan la mejor toma de decisiones.

PRESENCIA DEL MODELO 3 V DE BIG DATA EN LAS EMPRESAS

Recordemos que los Big Data, normalmente, se refieren a los siguientes tipos de datos en una clasificación global amplia:

- **Datos de empresa tradicionales (transaccionales).** Incluyen información de clientes de aplicaciones CRM, de aplicaciones de planificación de recursos empresariales ERP, de gestión de la cadena de suministro en logística SCM, transacciones de datos de la Web, etcétera.
- **Datos generados por máquinas/sensores de datos**. Incluyen medidores inteligentes, sensores de fabricación, etiquetas RFID, señales de chips, móviles para pago sin contacto (NFC, QR), etcétera.
- **Datos sociales**. Incluyen sitios de redes sociales como Facebook, LinkedIn, Pinterest; microblogs como Twitter, Tumblr; sitios Web de *streaming* de video, fotografías, audio, libros como Youtube, Instagram, Flickr, Spotify, 24Symbols.
- **Datos generados por movilidad.** Datos procedentes de teléfonos inteligentes, tabletas y videoconsolas. Datos procedentes de geolocalización y realidad aumentada a través de dichos dispositivos móviles. Datos procedentes de mensajería instantánea como WhatsApp o Line. Datos procedentes de telefonía móvil IP a través de aplicaciones como Skype, Viber, etcétera.

El volumen de datos sigue creciendo (capítulo 3) como lo demuestran los estudios de "El universo digital de datos", de IDC/EMC, del estudio del McKinsey Global Institute o el de la empresa líder mundial en comunicaciones, Cisco. Como también conoce el lector, las características definitorias del modelo Big Data (el de las 3 V, las 4 V o las 5 V) (capítulo 1), no solo consideran la propiedad del volumen como relevante, sino que presentan otras importantes que es preciso considerar para interpretar adecuadamente el rol de Big Data en las organizaciones y empresas. Revisemos las propiedades fundamentales desde una perspectiva complementaria a la estudiada en el capítulo 1.

Volumen

Los datos generados por las máquinas se producen en cantidad mucho mayores que los datos tradicionales. Por ejemplo, un vuelo de un avión Airbus A380 entre Nueva York y Londres genera más de 640 terabytes. Si consideramos una cifra de 30.000 vuelos diarios (o más) en el mundo, solo la fuente "aviación comercial" puede generar volúmenes de grandes datos del orden de petabytes (aproximadamente de 10 a 30 petabytes). Si a estos datos les añadimos los que se generan en sensores, medidores inteligentes, en otros medios de transporte (autos, camiones, trenes, barcos), centrales eléctricas, centrales solares, centrales nucleares, el volumen de datos crece en magnitudes similares llegando sin ningún problema a exabytes, y acumulando grandes volúmenes de datos que será preciso optimizar y extraer provecho de ellos en lugar de que supongan problemas su captura, almacenamiento y gestión.

Velocidad

Los flujos de datos de los medios sociales, considerando YouTube, Facebook, LinkedIn, o los buscadores generalistas Google, Yahoo, Bing, o las fotografías de Instagram, Flickr, Pinteres o Picasa, y a la velocidad de descargas continuas en *streaming* generan cantidades también de tamaño considerables. Consideremos el caso de Twitter que en diciembre de 2012 anunciaron que había llegado a alcanzar los 500 millones de mensajes de tuits enviados por día, que a razón de 140 caracteres (bytes), estaríamos hablando del orden de 8 terabytes de generación de datos al día.

Variedad

Se refiere al considerable número de formatos de datos tradicionales y no tradicionales que se generan en las innumerables fuentes de datos.

Valor

El valor económico de los datos diferentes varía de modo significativo. Se trata de identificar cuál es la información valiosa y, a continuación, formar y extraer esos datos para el análisis.

En síntesis, para obtener el mayor rendimiento de los grandes volúmenes de datos y restantes características notables, las empresas deben actualizar y evolucionar en sus infraestructuras de tecnologías de la información para así manejar adecuadamente la rápida generación, almacenamiento y entrega de dichos volúmenes de datos, que deberán ser integrados con aquellos restantes de la empresa para realizar un análisis global y fiable.

BIG DATA: LA REVOLUCIÓN DE LA GESTIÓN

McAfee y Brynjolfsson comienzan su artículo en *Harvard Business Review* citando la frase: "No se puede gestionar lo que no se puede medir"[2], atribuida a los grandes del mundo de la gestión, Peter Drucker, por un lado y Edwards Deming, por otro. Consideran que la frase explica por sí misma por qué la reciente explosión o diluvio de datos digitales es tan importante. Simplemente, consideran los autores, es debido a que los Big Data se pueden medir, y por consiguiente, permiten conocer radicalmente más acerca del negocio, y traducir directamente ese conocimiento en una toma de decisiones y de desempeño mejoradas.

¿QUÉ ES LO NUEVO AHORA?

Los autores citados se preguntan: "¿No es Big Data otra forma de decir analítica? El movimiento de los Big Data, efectivamente, analizan los autores, es muy similar a lo que la analítica ha representado antes, buscan inteligencia a partir de datos y traducirlo en ventaja para los negocios. Sin embargo, hay tres diferencias clave: *volumen*, *velocidad* y *variedad*. Es decir, el modelo de las 3 V (analizado ampliamente en el capítulo 1, y que no volveremos a comentar).

¿Existen evidencias de que el uso inteligente de los Big Data mejorará el desempeño o rendimiento de los negocios? Otro nuevo interrogante que los autores resuelven con la presentación de los resultados de una investigación realizada en el MIT Center for Digital Business, y dirigida por ellos mismos, en la que entrevistaron a directivos de 330 empresas de Norteamérica acerca de sus prácticas organizacionales y de gestión, analizando sus informes anuales y fuentes independientes. Sus conclusiones más sobresalientes fueron que las compañías destacadas en su industria, en el uso de toma de decisiones controladas por datos, como media eran un 5% más productivas y un 6% más rentables que sus competidoras. Citan en el artículo dos casos de estudio de compañías innovadoras, pero reputadas en sus líneas de negocio, dedicada a análisis de Big Data en sistemas aéreos de transporte comercial, y Sears Holdings del mundo de los grandes almacenes. Con ellos llegan a la conclusión de que los retos técnicos de usar Big Data son muy reales, pero sin lugar a duda, los retos de gestión son incluso mayores comenzando por el rol del equipo de directivos *senior*. Estos análisis les llevan a los autores a la conclusión de la necesidad de una nueva cultura en la toma de decisiones.

Las decisiones controladas por los datos son mejores decisiones, tan simple como eso, concluyen Davenport y Brynjolfsson. La utilización de los Big Data facilita a los gerentes decidir sobre la base de la evidencia en lugar de la intuición. Por estas razones, consideran que *el potencial de los grandes volúmenes de datos va a revolucionar la gestión*.

LOS CINCO RETOS DE LA GESTIÓN

Con el objetivo de obtener un rendimiento satisfactorio de su uso, los investigadores del MIT, McAfee y Brynjolfsson (2012: 63-68), consideran que las empresas para obtener un rendimiento satisfactorio del uso de Big Data deberán gestionar el cambio de manera efectiva en cinco aspectos críticos:

1. Liderazgo

> Las organizaciones que prosperen en la era Big Data, no lo harán simplemente porque tengan más o mejores datos, sino porque crearán equipos bien liderados que se harán las preguntas correctas, fijarán objetivos claros y definirán qué métricas son realmente valiosas para conocer mejor al cliente, progresar y mejorar los resultados de negocio. Big Data no eliminará de ninguna manera la necesidad de líderes con talento, creatividad y visión, que puedan detectar oportunidades excepcionales, comprender cómo evolucionan los mercados, proponer nuevas ofertas, convencer a la gente para adoptarlas y tratar efectivamente con clientes, empleados, accionistas y la sociedad en general. Las empresas que más éxito tengan en la próxima década, serán aquellas cuyos líderes sean capaces de acometer todo esto, al tiempo que cambian la manera en que sus empresas toman muchas de sus decisiones.

2. Gestión del talento

La era de Big Data trae consigo no solo nuevas herramientas de gestión y analítica de los datos, sino que está potenciando el nacimiento de nuevos roles y profesiones. Así a los ya implantados especialistas SEO, analistas Web, *community manager* y *social media manager*, están comenzando a emerger los nuevos *analistas de Big Data*, y sobre todo los *científicos de datos*. A medida que la información resulta más barata de obtener, aquellas personas que sean capaces de analizarla destacarán por el valor añadido que darán a las organizaciones. El informe de McKinsey alertaba de la escasez de estos profesionales y la necesidad creciente de su reclutamiento, así como la necesidad de una formación generalista y especializada a la vez que, por ahora, las universidades no ofrecen todavía (al menos en la medida requerida), y que las empresas proveedoras de productos y soluciones de Big Data están cubriendo, y con gran acierto, por cierto, como es el caso de Cloudera en formación en Hadoop.

Las técnicas estadísticas son imprescindibles, pero la mayoría de las técnicas empleadas con Big Data, requieren de más variados y extensos conocimientos (en la parte II, le dedicaremos gran atención a las tecnologías y técnicas necesarias). Tan importantes son los conocimientos estadísticos como la capacidad de cribar, organizar y visualizar la información, pues ésta raramente se obtiene en un formato estructurado, como ya venimos anunciando reiteradamente.

Pero si los roles profesionales emergentes y los ya implantados son vitales en la gestión de Big Data, es el científico de datos quien adquiere una relevancia mayor y que está ganando una notable prominencia en las organizaciones: "Científicos de datos son personas que entienden cómo obtener las respuestas a las preguntas más importantes del negocio a partir del *tsunami* actual de información no estructurada" (Davenport y Patil, 2012: 73).

Junto con los científicos de datos, una nueva generación de científicos de la computación está trabajando en el desarrollo de nuevas técnicas para manejar grandes conjuntos de datos, y en el diseño de experimentos para distinguir correlación de causalidad (McAfee y Brynjolfsson, 2012: 66).

3. Tecnología

Las herramientas disponibles para gestionar las características del modelo de las 3V (o sus extensiones 4V y 5V) de la información que generamos a diario han mejorado considerablemente los últimos años. En general, estas tecnologías no resultan excesivamente caras, y gran parte del software utilizado es de código abierto, basado especialmente en el marco de trabajo Hadoop, y también en bases de datos *NoSQL* e *in-memory,* donde también se pueden encontrar productos de código abierto (parte II). Los directores de marketing y de otras áreas funcionales donde Big Data tenga un gran impacto, tendrán que trabajar muy estrechamente con los directores de tecnologías de la información para establecer estrategias de Big Data.

Nuevas tecnologías basadas en la nube (*cloud computing*) ofrecerán maneras muy eficientes en coste de escalar (extender) la capacidad de almacenamiento y procesado demandado por Big Data. La parte más complicada para los departamentos de tecnología será la de integrar las fuentes de información relevantes internas con las externas, de manera que faciliten su estructuración y análisis. Cada día es mayor el número de proveedores de herramientas de Big Data y analítica que ofrecen soluciones en la nube. Esto facilita la gestión de los grandes volúmenes de datos así como una reducción considerable de costes.

4. Toma de decisiones

El primer paso para tomar una decisión acertada es definir adecuadamente el objetivo a alcanzar. El siguiente paso, es identificar y seleccionar las fuentes de información adecuadas entre todas las fuentes disponibles que puedan ayudar a alcanzar dicho objetivo. El mero volumen de información, particularmente de nuevas fuentes como los medios sociales, las conversaciones telefónicas, los sensores crecen exponencialmente, en una buena estructuración y análisis de los datos permitirá observar patrones que antes pasaban inadvertidos, y emplear este nuevo conocimiento para mejorar las operaciones, la experiencia de cliente, la estrategia. Para conseguir que la información cumpla su papel de facilitar la toma de decisiones, será necesario *construir modelos predictivos que optimicen los resultados de negocio.* Estos modelos deberán tender a la menor complejidad posible para que puedan ser entendidos y utilizados por los gestores, no solo por los científicos y analistas de datos.

5. Cultura corporativa

El uso de los Big Data en las organizaciones precisa de un nuevo cambio organizacional que requerirá, como comentan en su artículo, Barton y Court, de tres áreas de acción:

1. Desarrollar analíticas relevantes que muestren con sencillez la evolución del negocio.
2. Crear herramientas de analítica sencillas de utilizar por el personal de la empresa.
3. Desarrollar las capacidades necesarias para obtener el máximo rendimiento de Big Data.

Incluso con modelos sencillos, la mayoría de las empresas necesitan actualizar sus habilidades analíticas. Los gestores deben empezar a ver la analítica de grandes volúmenes de información de diversas fuentes y a gran velocidad (en muchas ocasiones en tiempo real) como el eje central para resolver problemas e identificar oportunidades; e integrarlas en el día a día de la empresa. La cultura corporativa deberá cambiar adecuadamente para conseguir la integración de las infraestructuras existentes con las nuevas infraestructuras a utilizar, tanto en herramientas hardware y software como en el uso del talento adecuado para la gestión de los grandes volúmenes de datos. En esencia, se requerirá una toma de decisiones por parte de la dirección de la empresa en el sentido de facilitar la incorporación de estas nuevas estrategias de Big Data a las líneas y procesos de negocio establecidos procurando que forme un todo homogéneo y eficiente.

PROFESIONALES DE ANÁLISIS DE DATOS: ANALISTAS Y CIENTÍFICOS DE DATOS

Existe una enorme escasez de especialistas en gestión y análisis de datos. IDC, Gartner, Forrester, McKinsey, las grandes consultoras tecnológicas reconocen en sus últimos estudios sobre Big Data, que las empresas y organizaciones no disponen de suficiente talento para afrontar los retos tecnológicos y organizativos. Solo en los Estados Unidos, estadísticas fiables confirman que se necesitarán entre 140.000 y 190.000 expertos en datos hasta 2018: estadísticos, matemáticos, analistas, directivos (*managers*) con una experiencia híbrida en negocios y proyectos cuantitativos, y expertos en software y en lenguajes de programación específicos de análisis de datos. Además el informe de McKinsey (2011), señala la necesidad de disponer de 1,5 millones de gerentes alfabetizados en análisis de datos.

Una de las profesiones del futuro será el *analista de datos*, que en su versión más avanzada, *científico de datos* (*data scientifics*), comienza a ser muy demandada. El perfil del analista y científico de datos reunirá el currículum de carreras actuales como físicos, matemáticos, ingenieros informáticos y de sistemas, ingenieros electrónicos y de telecomunicaciones, estadísticos, entre otras titulaciones. Pocos programas de universidad están ofreciendo esta formación, por la multidisciplinaridad que ella conlleva, aunque cada vez irán naciendo esas ofertas académicas, primero en el área profesional, y poco a poco en el área reglada de docencia y de investigación. Cada vez van apareciendo más iniciativas a nivel de Latinoamérica como el caso del ITAM de México, que más adelante comentamos.

Los analistas de datos se han enfrentado siempre al hecho de la aparición de nuevas fuentes de datos. En los últimos años, las compañías de telecomunicaciones, de electricidad, de transporte aéreo, marítimo o terrestre, de medios de comunicación, han ido viendo cómo los datos que debían procesar aumentaban exponencialmente. Por otra parte, la mayoría de las nuevas fuentes de datos, procedentes de los mil y un orígenes ya mencionados en el libro (sensores, datos M2M (máquina a máquina), datos de geolocalización) eran considerados grandes y difíciles de procesar cuando comenzaban a ser utilizados. El hecho de que los Big Data sean *big* (grandes) así como la escalabilidad creciente de esos volúmenes de datos no era nuevo. Los Big Data eran justamente la siguiente ola de unos nuevos datos más grandes que superaban cada día los límites previamente establecidos. Los analistas de datos fueron capaces de dominar las primeras evoluciones de los grandes datos no estructurados, y serán capaces de dominar la explosión de los grandes datos –no estructurados, fundamentalmente, y estructurados–, ya que siempre han estado al frente de la exploración de nuevas fuentes de datos. Y naturalmente, la carrera sigue. ¿Dónde está la diferencia en la era de los grandes volúmenes de datos?

Los grandes volúmenes de datos son, esencialmente, datos no estructurados que (como ya hemos visto con anterioridad) crecen de modo exponencial, y proceden de fuentes como la Web, audio, video o fotografías, y que, además al almacenarse en su mayoría en la nube, requieren de nuevas herramientas cuyo uso y explotación no están al alcance de cualquiera, sino que es necesario adquirir una formación especializada. Los Big Data cambiarán el uso y las tácticas de los profesionales de analítica: nuevas herramientas, métodos y tecnologías se añaden a las nuevas herramientas tradicionales de analítica para afrontar la inundación de los grandes volúmenes de datos. Los Big Data están generando nuevas técnicas y tecnologías innovadoras de análisis que ayudarán al manejo de la continua escalabilidad de los datos.

En la actualidad, al analista de datos tradicional se ha añadido una nueva profesión de *científico de datos*, que supone un grado superior al analista de datos, aunque hay escuelas que los engloban en una misma categoría, pero actualizado al tratamiento de grandes datos; y el científico de datos suma a las tareas típicas del analista de grades datos unas nuevas responsabilidades como el análisis algorítmico aplicado a técnicas estadísticas que aumenta la eficiencia en la toma de decisiones.

Los científicos de datos, tienden a utilizar diferentes conjuntos de herramientas, y lenguajes de programación que facilitan manejar herramientas como MapReduce y Hadoop. Normalmente, la diferencia más clara entre un analista de datos tradicional y un científico de datos es la formación y el estudio. Naturalmente, si categorizamos las dos profesiones, el analista de datos, tal vez, sea más profesional y el científico de datos se centrará más en la toma de decisiones con el uso de lenguajes de programación como R, CSQL, lenguajes algorítmicos y las nuevas tecnologías y herramientas centradas en los Big Data.

Algunas tareas típicas de un científico de datos son: encontrar fuentes de datos ricas, habilidad para trabajar con grandes volúmenes de datos sin importar el *hardware* o el ancho de banda; limpiar los datos para asegurarse consistencia; juntar múltiples conjuntos de datos; visualizar los datos desde múltiples perspectivas con el objetivo de encontrar nuevo valor y construir herramientas para automatizar todo este proceso. El científico de datos tiene como misión primaria no tanto encontrar datos, sino recolectarlos desde distintas fuentes, agregando algunas nuevas, y viendo qué hacer con los grandes datos. Los datos públicos, de gobiernos, de administraciones, de servicios de estadísticas, de marcas de productos, son tan enormes que fluyen de modo continuo y sin pausa, por ello el científico de datos ha de aportar ideas creativas para sacar provecho de esos grandes volúmenes de datos mediante su combinación, procesamiento y presentación.

CIENCIA DE LOS DATOS

Mike Loukides[3], autor de uno de los primeros artículos donde se define la ciencia de los datos y el rol de los científicos de datos, comienza simplemente comentando que utilizarlos no es realmente lo que se conoce por *Data Science*. Una aplicación que extraiga nuevo valor de los Big Data, que éstos sean su fuente y su principal motor es lo que realmente se llama *Data Science*. Comenta el caso de una aplicación de datos que adquiere su valor a partir de los propios datos y crea más datos como resultado, no es solo una aplicación con datos, sino que es un producto de datos. Después de citar esa analogía, termina definiendo "La ciencia de los datos como aquella que produce como resultado productos datos".

¿Cuáles son las empresas maestras en la creación de productos-dato? Google es la primera que conoce cómo utilizar datos. La ciencia de los datos busca convertir datos en productos. Un ejemplo de impacto fue el acierto de Google al darse cuenta de que la red de relaciones entre páginas que se genera al seguir los enlaces (*links*) era una información que se podía utilizar para mejorar las búsquedas. Google utilizó y utiliza datos que ya existen para generar nueva información, dándoles un valor agregado importante como es, en este caso, clasificar y ordenar (*rankear)* las páginas. Su intuición fue apreciar que los enlaces son datos que tienen mucha información, y de ellos se puede generar un nuevo producto o valor diferencial de Google con respecto a su competencia.

Otras compañías que generan productos-dato son Facebook o LinkedIn que utilizan patrones de relaciones de amistad para sugerir qué otras personas tal vez puedas conocer o deberías conocer, con alguna precisión espectacular la mayoría de las veces. Amazon guarda sus búsquedas, las correlaciona con las búsquedas de otros usuarios, y las emplea para crear recomendaciones sorprendentes. Estas recomendaciones son productos-dato que ayudan a conducir los negocios de comercio más tradicionales de Amazon. Estos productos-datos son los que hacen que Amazon entienda que un libro no es solo un libro, una cámara no es solo una cámara, y un cliente no es solo un cliente. Los clientes generan una estela de datos, un patrón de comportamiento que pueden ser minados y puestos para utilizar, y así una cámara es una nube de datos que se pueden correlacionar con el comportamiento del cliente y que están disponibles cada vez que el cliente visita el sitio.

La ciencia de los de los datos requiere de conocimientos y destrezas que van desde la ciencia de la computación tradicional (*Computer Science*) hasta los matemáticas y el arte. En Facebook, LinkedIn o Google, los grupos de ciencia de datos trabajan de modo colectivo y colaborativo con un enfoque de propiedad Web orientada al consumidor.

Una definición más práctica de ciencia de los datos, ya más relacionada con el proceso de los datos, podría ser ésta: "*data science* se refiere a las técnicas y teorías implicadas en el proceso de adquirir, limpiar, ordenar, procesar, mostrar, almacenar, los datos que nos pueden ayudar a detectar problemas en nuestro negocio o a optimizar y mejorar nuestros procesos".

¿Quiénes son las personas que utilizan la ciencia de los datos para crear productos-datos? Sin lugar a dudas, los científicos de datos (*data scientist*). ¿Dónde se encuentran estas personas? Loukides cita a DJ Patil, el científico jefe de LinkedIN (@dpatil) que considera que los mejores científicos de datos son los científicos duros (particularmente los físicos) en lugar de los ingenieros informáticos o graduados en ciencias de la computación. Los físicos tienen un *background* matemático, destrezas de computación y proceden de una disciplina en la que su supervivencia depende de obtener lo máximo de los datos. Más adelante volveremos sobre este tema, con LinkedIn y con Patil.

La ciencia de los datos es muy utilizada por grandes compañías de Internet para realizar actividades tales como:

- **Amazon**: recomendación de productos, experiencias de usuario.
- **Facebook**: uno de los ejemplos más famosos con su recomendación de personas que podrías conocer.
- **LinkedIn**: otro ejemplo de sistemas de recomendaciones y conocimientos personales.
- **Walmart**: análisis y mejora de sus procesos de distribución.
- **Netflix**: analizan el tipo de consumidor que actualmente es un usuario para convertirlo en un tipo distinto de consumidor a largo plazo o para mantenerlo como tal.
- **Zynga**: analiza cómo interactúan los usuarios con sus juegos. Con esta información los modifican para que el usuario esté el máximo tiempo jugando.

Otras empresas líderes del comercio electrónico como Paypal, Visa y American Express se apoyan en la ciencia de los datos para detectar fraudes analizando operaciones bancarias y de tarjetas, utilizando las siguientes pautas:

- Recoger todos los datos posibles.
- Detectar casos de fraude realizando un análisis forense de los datos. Una vez detectados los patrones, analizar los datos del momento.
- Utilizar herramientas rápidas y potentes para el análisis en línea y así detectar los casos en el momento en que se están realizando.
- Ingeniería de datos.

Facebook, LinkedIn, Amazon, son ejemplos de empresas que viven por y para los datos. En concreto, Amazon, una de las organizaciones más avanzada en inteligencia de negocios, con numerosas aplicaciones prácticas como los sistemas de recomendación, en donde los clientes opinan sobre un producto, y la compañía ofrece grandes soluciones de los datos de clientes con propuestas como éstas: "Personas que compraron este libro, también compraron este otro" o bien "Oferta de 2 x 1 o 3 x 1 sobre temas relacionados".

El origen del término se remonta a los años sesenta, cuando se usó por primera vez en una publicación el término *data science*, aunque no fue hasta hace poco cuando se convirtió en un término de uso corriente en la industria, tal y como recordaba recientemente en un artículo la revista *Forbes*. Troy Sadkovsky lo usó en 2009 para definir una nueva profesión (la suya, por otra parte) cuando creó un grupo en LinkedIn. El "científico del dato" acababa de nacer.

EL CIENTÍFICO DE DATOS

Un científico de datos es una mezcla de analista, científico (físico, matemático, estadístico, biólogo) e ingeniero de sistemas (informático), y tiene entre sus capacidades fundamentales, la inclinación a marcar o detectar tendencias, ya que debe sacar conclusiones a partir de grupos de datos no categorizados, recopilados por las empresas. Sus conclusiones generarán cambios positivos en las empresas, que a su vez generarán anticipación e innovación.

Una característica esencial en un científico de datos ha de ser la de comprender cómo optimizar la información. Los datos en muchas ocasiones deben usarse en tiempo real, ya que si no se utilizan en ese momento puede que no sirvan más tarde. Sin optimización de la información no se podrán interpretar sus datos a tiempo para el beneficio de la empresa.

Los científicos de datos tienen tareas tales como: encontrar fuentes de datos ricas, habilidades para trabajar con grandes volúmenes de datos sin importar el hardware o el ancho de banda; limpiar los datos para asegurarse consistencia; combinar múltiples conjuntos de datos; visualizar los datos desde múltiples perspectivas con el objetivo de encontrar nuevo valor, y construir herramientas para automatizar todo este proceso.

Las ciudades inteligentes, la proliferación de sensores, la multiplicación de información sobre las cosas y las personas; todos estos datos dieron nacimiento a una cantidad impredecible de datos, asumiendo tareas tales como la gestión, visualización y obtención del rendimiento.

Los artistas, los matemáticos y los diseñadores están ya trabajando con esta nueva área del conocimiento, aplicable a todos los campos de actividad, desde redes de distribución de energía inteligente hasta la educación o la evaluación continua del aprendizaje.

¿QUÉ HABILIDADES NECESITA UN CIENTÍFICO DE DATOS?

Michael Rappa, director del Institute for Advance Analitics, de la North Carolina State University, ha diseñado un programa de posgrado ("Master of Science in Analytics") para formar científicos de datos: "Los científicos de datos tienen que dibujar datos estructurados y no estructurados de diferentes fuentes, incluyendo comunicaciones en tiempo real, y deben tratar de entenderlos para agregarle valor al negocio. No es solo el volumen datos, sino su variedad y velocidad".

El científico de datos es un escalón que combina al estadístico con el científico de la computación. Herramientas interesantes, en su tarea diaria, son los algoritmos de aprendizaje automático, procesamiento del lenguaje natural y algoritmos inteligentes de búsqueda. No hay que confundir al científico de datos con el tradicional analista de datos o de negocio. De hecho, se podría decir que el primero es un rol resultante de la evolución del segundo. Obviamente la formación del científico de datos debe ser similar a la que tiene el analista de datos. Según Gartner, ambos deben tener fuertes conocimientos en informática y computación (sobre todo en herramientas y lenguajes como Hadoop, Pig, Python y Java), estadística, análisis y matemáticas.

La diferencia es que el científico de datos debe tener ciertas capacidades de las que el anterior perfil carecía: un sólido conocimiento del negocio y, sobre todo, la capacidad de comunicarse tanto con las áreas de tecnología como las de negocio, dentro de una organización. "Los buenos científicos de datos –afirma un estudio elaborado por IBM– no solo solucionan los problemas del negocio, sino que escogen aquellos que deben ser resueltos antes por brindar un mayor valor a la organización". No en vano, según la compañía, el rol de científico de los datos se describe en numerosas ocasiones como "en parte analista, en parte artista".

Davenport y Patil (2012: 70-76) en el número de *Harvard Businees Review*, citado ya en varias ocasiones, titulan su artículo: "El científico de datos: el trabajo más sexy del siglo XXI". Sin duda la publicación no solo le dedica especial atención a la tendencia tecnológica Big Data, sino que desea destacar expresamente la figura relevante y el rol de una nueva profesión que promete convertirse en la estrella de las nuevas profesiones, y en el buque insignia en la formación profesional de universidades, escuelas de negocio y universidades corporativas así como en los departamentos de formación de las grandes empresas de computación del mundo. Sin lugar a dudas, el buque insignia de Harvard, a nivel de gestión y liderazgo, señala la profesión del futuro que ya las empresas deben comenzar a buscar.

¿Y qué es exactamente un *data scientist*? Davenport y Patil inician su artículo con una anécdota profesional y un ejemplo claro de qué hace un científico del dato para entender qué son. Mencionan el caso del Dr. Jonathan Goldman (PhD en Física), que en el 2006, trabajaba en LinkedIn, la red social profesional, por excelencia; el ingeniero descubrió cómo aumentar las relaciones de amigos y el tráfico en LinkedIn con la ahora casi frase obvia: "Gente a la que podrías conocer". Goldman determinó, estudiando los datos, que es muy probable que si conoces a una persona y a otra es posible que conozcas a los contactos en común que tienen esas personas. O que lo hagas si compartes datos vitales con ellos como el lugar de estudios o el de trabajo. Evidentemente también se apoyó en la famosa teoría de los *seis grados* de separación, que es la base y fundamento de las actuales redes sociales.

Otra definición del científico de datos la brinda Paul Sonderegger, director *senior* de Analytics en Oracle: "Combina diferentes capacidades; Un buen *data scientist* tiene que saber matemáticas y tener capacidad analítica y formación en estadística, pero también debe saber contar una historia y tener curiosidad, porque el punto básico es crear significado y valor sobre los datos".

La nueva profesión de científico de datos representa una evolución del analista de datos o de negocios, en el contexto del Big Data. El caso de Goldman, citado en la *Harvard Business Review*, demostró cómo LinkedIn ha podido cambiar la hoja de ruta del negocio en las redes sociales y, por ende, en la gestión empresarial. A este profesional se le van a pedir las nuevas ideas, las líneas maestras. Son una figura clave para el negocio, porque no solo podrán analizar los problemas que ya tienen las compañías, sino que además podrán escoger entre todos ellos los que son de verdad importantes, y críticos para el funcionamiento del negocio. Han de tener una fuerte implicación con el negocio así como la habilidad para comunicar sus hallazgos tanto a los directores de negocio como a los de TI. Algunas consultoras consideran también que: "Ha de ser curioso y preguntarse el porqué de las cosas y plantear continuamente: '¿Qué pasaría si...?' sobre los procesos y las maneras de hacer las cosas que se dan por sentadas".

Davenport y Patil (2012: 70-76) citan a Hal Varian, economista jefe de Google, que en su día, pronunció la siguiente frase: "El trabajo sexy de los próximos diez años serán los estadísticos. La gente piensa que estoy bromeando, pero ¿quién hubiera imaginado que los ingenieros informáticos hubieran sido el trabajo sexy de la década de los noventa?" En su artículo, comentan que: "Si sexy significa raras cualidades, que están muy demandadas, los científicos de datos ya están allí. Son difíciles y caras de contratar, y dado el mercado muy competitivo para sus servicios, difíciles de retener. Tienen una combinación de científico, ingeniero computacional y destrezas de analítica".

Un perfil difícil de conseguir

El *científico de datos* es la evolución del tradicional analista de datos o analista de negocio. Obviamente la formación del científico de datos debe ser similar a la que tiene el *analista de datos*, complementada además con otras disciplinas. Según la consultora Gartner, ambas profesiones deben tener fuertes conocimientos de informática, computación, estadística, análisis y matemática (sobre todo en herramientas y lenguajes como Hadoop, Pig, Python y Java, aunque el uso de C++ en muchas bases de datos NoSQL también ha vuelto a potenciar este lenguaje, sobre todo para las API). La diferencia señala Gartner es que el científico de datos debe tener ciertas capacidades que no son necesarias por parte del analista: un sólido conocimiento del negocio, y sobre todo la capacidad de comunicarse tanto con las áreas de tecnología como con las áreas de negocio, dentro de su organización. "Los buenos científicos de datos, según un estudio elaborado por IBM, no solo solucionan los problemas del negocio, sino que escogen aquellos que deben ser resueltos antes para brindar un mayor valor a la organización". No en vano, incide IBM, el rol del científico de datos se describe en muchas ocasiones "en parte analista, en parte artista".

Algunas empresas especializadas en Big Data están también intentando formar a sus propios científicos de datos. Éste es el caso de EMC, que después de adquirir la firma Greenplum, especializada en Big Data, y dado que la búsqueda de científicos de datos se estaba haciendo muy compleja, decidió lanzar un programa de formación y certificación en ciencias de datos y en analítica de Big Data. EMC ha puesto el programa disponible tanto para empleados como para clientes, y ya muchos de sus graduados están trabajando en iniciativas internas de Big Data.

El científico de datos, como ya se ha comentado, es muy difícil de encontrar. No hay muchos y son muy demandados. Los cazatalentos comienzan a especializarse en la búsqueda y captura de estos profesionales. En los Estados Unidos ya existen algunas iniciativas para formación del científico de datos. Al mencionado Instituto de Carolina del Norte se puede sumar el Data Sciences Summer Institute, de la Universidad de Illinois; y el Informatics Institute, de la misma universidad. Un caso muy especial, en el ámbito iberoamericano, es el caso del prestigioso Instituto Tecnológico ITAM, de México DF, que oferta una "Maestría en Ciencias de Datos".

CASO DE ESTUDIO: EL ITAM DE MÉXICO DF

Poco a poco irán apareciendo universidades y centros de investigación que irán introduciendo en sus planes de estudio, cursos de posgrado, especialización, maestría, doctorados, la formación en Ciencias de los Datos. Ya hemos reseñado algunos casos de instituciones educativas estadounidenses, pero vamos a destacar una de las iniciativas más innovadoras en Latinoamérica. El prestigioso ITAM[4], en México DF, ha abierto una convocatoria para una "Maestría en Ciencias de Datos", con el objetivo de: "Satisfacer la creciente demanda nacional e internacional de profesionistas con conocimientos, sólidos en análisis de grandes volúmenes de datos. La necesidad de contar con recursos humanos apropiadamente calificados para realizar dicha tarea se presenta tanto en los sectores académicos como en los empresariales e industriales".

En su documentación de convocatoria, el ITAM denomina *Big Data Science* a la metodología necesaria para analizar grandes cantidades de datos, y convertirlas en conocimiento útil y práctico. La "Maestría de Ciencias de Datos" del ITAM se apoya, como no podía ser menos, en tres grandes áreas: matemáticas, estadística y ciencias de la computación.

¿CÓMO ENCONTRAR LOS CIENTÍFICOS DE DATOS QUE SE NECESITAN?

Como hemos comentado anteriormente, en primer lugar, deberemos buscar en aquellas universidades, centros de investigación y empresas de computación, que ofrecen ofertas de formación e investigación como las citadas anteriormente. Sin embargo, los autores citados anteriormente Davenport y Patil (2012: 74) nos dan un decálogo de recomendaciones para encontrar el científico que necesitamos, que por su interés y por la experiencia de los autores recogemos en el cuadro 5.1, y que aclaramos se refiere exclusivamente al ámbito de los Estados Unidos.

CUADRO 5.1.

1. El foco se debe centrar en las universidades de siempre (Stanford, MIT, Berkeley, Harvard, Carnegie Mellon), y también en otras con probadas fortalezas: North Carolina State, UC Santa Cruz, the University of Maryland, the University of Washington y UT Austin (todas en los Estados Unidos, claro).
2. Explorar las listas de grupos de usuarios dedicados a herramientas de ciencia de datos. El R User Groups y Python Interest Groups (forPIGgies) son buenos sitios para comenzar.
3. Buscar científicos de datos en LinkedIn (casi todos proceden de allí).
4. Juntarse con científicos de datos en congresos y conferencias como Strata, Structure Data, y Hadoop World.
5. Hacerse amigo de un capitalista de capital riesgo. Posiblemente apoyó iniciativas de Big Data.
6. Sea anfitrión de una competición en Kaggle o TopCoder, los sitios de codificación y analítica. Conviene seguir los trabajos más significativos.
7. No se moleste con ningún candidato que no pueda codificar. Las destrezas de codificación no tienen que ser de nivel de excelencia, pero deben ser bastante buenas.
8. Asegúrese de que los candidatos pueden encontrar una historia en un conjunto de datos, y que son capaces de hacer una historia narrativa y coherente sobre ideas o conocimiento de datos clave. Comprobar que pueden comunicarse con números, visual y verbalmente.
9. Tenga cuidado de quienes estén muy separados del mundo de los negocios.
10. Solicite a los candidatos sus pensamientos o ideas favoritas de análisis y cómo mantienen sus destrezas. ¿Han seguido cursos en Machine Learning: en línea, de Standford, contribuido en proyectos de código abierto o construido depósitos en línea para compartir (por ejemplo, GitHub)?

Fuente: Davenport y Patil. *Harvard Busines Review*, p. 70-76, octubre 2012.

LA INTELIGENCIA DE NEGOCIOS EN BIG DATA

Las organizaciones están sobrecargadas de datos y más en la era de los Big Data, como llevamos comentando a lo largo del libro, y simultáneamente tienen demasiados datos que dificultan su captura, procesado y mantenimiento. Los directivos pueden no tener los datos correctos, o pueden no tener medios de interpretación idónea para tal cantidad de datos, o también puede suceder que no sean capaces de capturar y compilar los datos necesarios para tener buenos informes y resultados. Para luchar contra estos problemas nació el concepto de inteligencia de negocios (*business intelligence*, BI) que ha ido evolucionando e integrando en su campo a numerosas tecnologías y herramientas diversas que ayudan los directivos en la toma de decisiones empresariales.

La inteligencia de negocios es una colección de tecnologías y sistemas de información que soportan la toma de decisiones empresariales o el control operacional, proporcionando información de operaciones internas y externas (Laudon, 2012: 325). Desde un punto de vista práctico, la inteligencia de negocios se compone de una serie de aplicaciones que consideran cómo analizar los datos del usuario, cómo se presentan los resultados de sus análisis y cómo los gerentes y ejecutivos implementan estos resultados.

Los datos se almacenan en bases de datos, *data warehouses* y *data marts*; la comunidad de usuarios analiza estos datos utilizando una variedad de aplicaciones de BI. Los resultados de estos análisis se pueden presentar a los usuarios vía otras aplicaciones de BI. Por último, los gerentes y ejecutivos disponen los resultados globales para hacer un buen uso de ellos. En síntesis, las etapas contemplan el almacenamiento de datos y su análisis, la presentación de resultados y la toma de decisiones.

Debido a la complejidad de las implementaciones de BI, la mayoría de los proveedores ofrecen colecciones integradas de aplicaciones, incluyendo conexiones con los programas clásicos de gestión de empresa, CRM, ERP y SCM, que a su vez corren en la Web.

Las plataformas de BI incorporan componentes de almacenamiento de datos (bases de datos y fundamentalmente *data warehouses* y *data marts*), procesamiento analítico en línea (también conocido como análisis de datos multidimensional, OLAP), minería de datos (con sus diversas categorías, minería de datos general, minería de textos, minería Web, y la reciente minería social), realización de informes (*reporting*), interfaces de usuario y herramientas de visualización (*dashboard, scorecards*).

Una buena estrategia es estudiar los modos en que las organizaciones utilizan las aplicaciones de inteligencia de negocios. Los datos se almacenan en un *data warehouse* o *data mart*, a continuación se analizan dichos datos, los resultados de los análisis se deben presentar; a continuación, se deben proporcionar herramientas para implementar los resultados. Los usuarios analizan los datos utilizando una variedad de aplicaciones de BI; los resultados de estos análisis se pueden presentar a los usuarios vía otras aplicaciones de BI y por último a los directivos y ejecutivos se les presentan los resultados con las herramientas adecuadas.

Para evitar confusiones conviene ver la diferencia general entre análisis y analítica. *Análisis* es el término general que se refiere a un proceso; en cambio, *analítica* (*analytics*) es un método que utiliza los datos para aprender algo. La analítica implica siempre datos históricos o actuales. Las aplicaciones de BI de análisis de datos suelen dividirse en tres grandes categorías: análisis multidimensional (OLAP), minería de datos y sistemas de apoyo a la decisión (DSS).

OLAP

El *procesamiento analítico en línea* (**OLAP**) o *análisis multidimensional* permite a los usuarios la visualización de los datos de diferentes formas utilizando dimensiones múltiples. El sistema OLAP se apoya en cubos multidimensionales o bases de datos multidimensionales, donde cada aspecto o campo de una información (producto, precio, periodo, región, coste) representa una dimensión. En la figura 5.1 se muestra un cubo de datos donde se aprecia una determinada vista que muestra productos vendidos en una determinada región. Si se gira el cubo 90 grados, la cara frontal presentará los productos vendidos reales y las previsiones. Si se gira de nuevo el cubo otros 90 grados, se verá la región contra las ventas previstas. Y así sucesivamente, se podrán observar varias vistas.

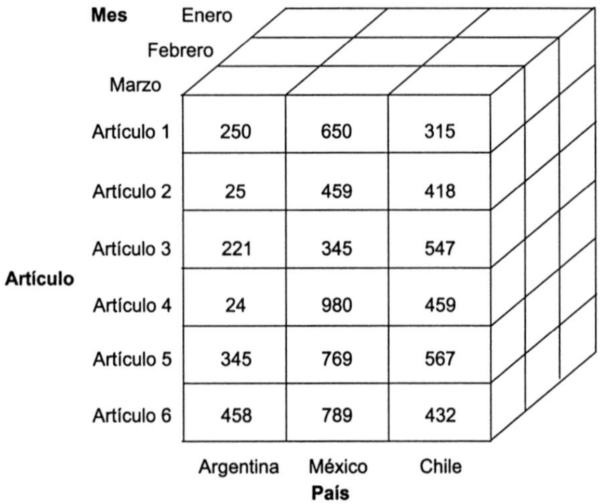

Figura 5.1. Cubo de datos OLAP.

MINERÍA DE DATOS

Se refiere al proceso de buscar información valiosa del negocio en una base de datos, *data warehouse* o *data mart*. La minería de datos puede realizar dos operaciones básicas:

- Predecir tendencias y comportamientos.
- Identificación de patrones desconocidos con anterioridad. Las aplicaciones normales de BI normalmente proporcionan a los usuarios una visión de lo que ha sucedido, la minería de datos ayuda a explicar qué está sucediendo y predice lo que sucederá en el futuro.

La *minería de datos* es un proceso que utiliza técnicas estadísticas, matemáticas, inteligencia artificial y de aprendizaje de máquinas para extraer e identificar información útil que convierte en conocimiento a partir de grandes bases de datos, *data warehouses* o *data mart.* Esta información incluye patrones normalmente extraídos de un conjunto grande de datos. Estos patrones pueden ser reglas, afinidades, correlaciones, tendencias o modelos de predicción. Dentro de las categorías de minería de datos, además de la generalista en redes propias de la organización, están: la *minería Web*, para la búsqueda y análisis de información en la Web; la *minería de textos*, que busca, mina y descubre texto en documentos de todo tipo. Por último, la *minería de sentimientos*, que se centra en el análisis de los sentimientos y opiniones presentes en mensajes de texto y otros formatos de medio, y permiten descubrir la opinión o el sentimiento incrustado, por ejemplo, en mensajes de texto, en *posts* de Twitter, etcétera.

SISTEMAS DE APOYO A LA DECISIÓN (DSS)

Combinan modelos y datos en un intento de analizar problemas semiestructurados y no estructurados, con una participación intensiva del usuario. Los modelos son representaciones simplificadas o abstracciones de la realidad. DSS facilita a los gerentes de negocios y analistas el acceso a datos interactivamente, su manipulación, y la realización de los análisis apropiados.

HERRAMIENTAS DE INFORMES Y VISUALIZACIÓN

Los sistemas de informes *(reporting)* proporcionan informes generales o personalizados que se pueden generar automáticamente y que se distribuyen periódicamente o sin periodicidad, cuando las circunstancias lo aconsejan, a suscriptores internos o externos, correos (*mailing*), o listas de distribución; por ejemplo, ventas semanales, diarias, por horas. Las herramientas de realización de informes (*reporting*) son una de las herramientas más extendidas en la inteligencia de negocios por su sencillez y rapidez de ejecución, aunque, según los casos, puede requerir de herramientas sofisticadas.

Las herramientas de visualización, cuyos representantes más genuinos son los *dashboard* (tableros o cuadros de control), y los *balanced scorecard* (cuadros de mando integral) que en realidad son interfaces interactivos de usuario con el complemento, en su caso, de herramientas de informes.

Los cuadros de mando o tableros de control (*dashboards*) son como los tableros o mandos de control de un automóvil y visualizan datos de un modo fácil de comprender. La información se presenta en gráficas, cartas y tablas que muestran el rendimiento real frente a métricas deseadas o informes de estado actual. Un cuadro de mando proporciona acceso fácil a información temporal (fecha y hora, *timely*) y acceso directo a la gestión de informes. Hoy día son muy populares. Algunas herramientas pueden ser: Microstrategy Dynamic Enterprise Dashboards (http://microstrategy.com/dashboards), Dashboard Bloomberg Terminal.

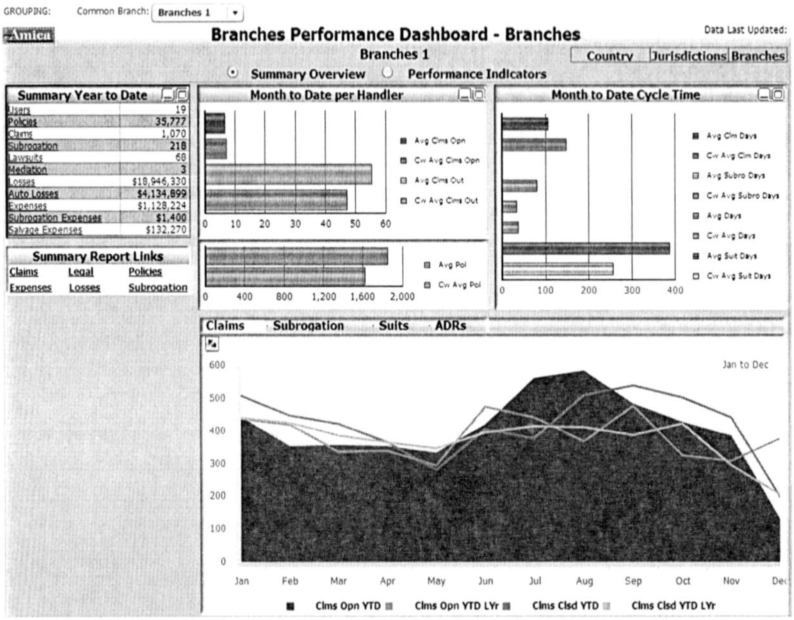

Figura 5.2. Dashboard. Fuente <http://microstrategy.com/dashboards>

Los *scorecard* se integran en la metodología Balanced Scorecard Metholodogy, conocidos como cuadros de mando integral; son marcos de trabajo para definir, implementar y gestionar las estrategias de negocio de las empresas enlanzando objetivos con medidas factuales. En otras palabras son herramientas que enlazan métricas de alto nivel con información importante para la compañía, como financiera, económica, con el rendimiento o desempeño real de la compañía.

TECNOLOGÍAS DE VISUALIZACIÓN DE DATOS

Después de que los datos han sido procesados, se los deben presentar a los usuarios en formatos visuales tales como texto, gráficos y tablas, en posiciones fijas, móviles, en dos dimensiones (2D), en 3 dimensiones (3D), etcétera. Este proceso se conoce como visualización de datos, y convierte a las aplicaciones de TI en más atractivas y comprensibles para los usuarios.

Las herramientas de visualización se han vuelto muy populares, y existe un gran número de proveedores de aplicaciones. Dos aplicaciones muy valiosas en la actualidad relacionadas con información geográfica y con los sistemas GPS son: los sistemas de información geográfica (*GIS*) y los sistemas de minería de realidad (*reality mining*). Un sistema de información geográfica (GIS) es un sistema de información para la captura, integración, manipulación y visualización de datos, utilizando mapas digitales.

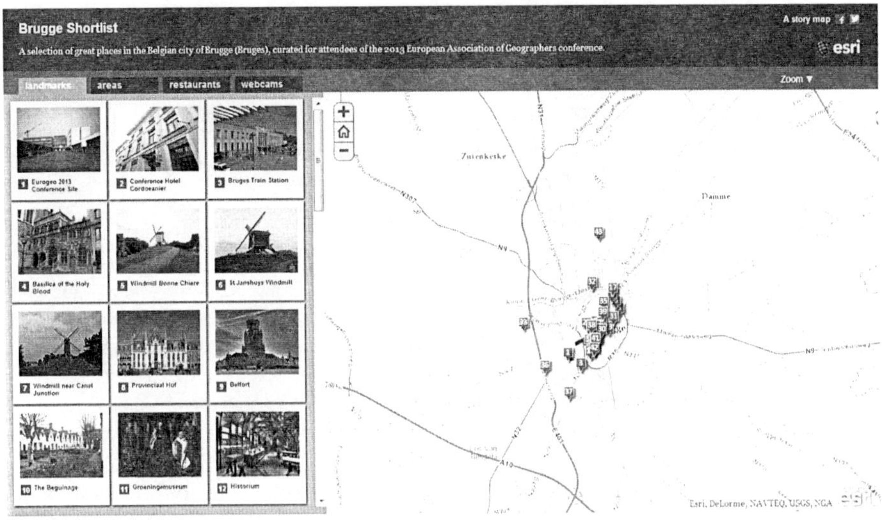

Figura 5.3. GIS de Esri Fuente: <http://www.esri.com>

La **minería de realidad** –definida por el profesor Sandy Pentlan del MIT–es una tendencia emergente que integra GIS y sistemas de posicionamiento global (*GPS*), y que permite extraer información de uso de teléfonos móviles y otros dispositivos inalámbricos como las tabletas. A estos sistemas se les está agregando también técnicas de realidad aumentada para incorporar información a imágenes, monumentos, mapas, etcétera.

El concepto de "*Reality Mining*" requiere, la recolección de información, en general, a través de sensores y dispositivos sensibles al "ambiente" así como el uso de tecnologías de geolocalización aplicadas en dispositivos móviles. En esencia, la minería de realidad propone analizar el comportamiento humano mediante los datos recogidos automáticamente a través de distintos dispositivos e incidirá considerablemente en los hábitos de vida. Según el CEDITEC de la Universidad Politécnica de Madrid (www.ceditec.etsit.upm.es): "*El objetivo final del "Reality Mining" es utilizar las denominadas "Honest Signals" -señales que reflejan comportamientos humanos inconscientes-, para obtener información significativa acerca de la actitud de las personas y de sus relaciones sociales. El análisis de la frecuencia de las llamadas telefónicas, de las interrupciones en las conversaciones, y de la posición o proximidad geográfica (a personas, lugares o cosas), pueden servir para determinar jerarquías sociales o laborales, relaciones interpersonales y conductas de privacidad; en suma, pueden servir para capturar información sociológica de manera no intrusiva·*".

ANALÍTICA DE BIG DATA: UNA NECESIDAD

Analítica de Big Data es la aplicación de técnicas de analítica avanzada para operar sobre grandes conjuntos de Big Data. En realidad, lo que se hace es unir dos áreas con entidad propia: Big Data como cantidades masivas de información detallada, y analítica avanzada que en realidad es una colección de diferentes tipos de herramientas, incluyendo aquellas que están basadas en analítica predictiva[5], minería de datos, estadística, inteligencia artificial, lenguajes de procesamiento natural, etcétera. Se unen los dos conceptos y se obtiene la analítica de Big Data (Russon, 2011).

Algunas organizaciones están ya comenzando a gestionar los Big Data en sus *data warehouses* empresariales, EDW (*Enterprise Data Warehouse*), aunque otras han diseñado sus propios *data warehouse* para las nuevas necesidades. Y algunas más recurren a enfoques híbridos.

La analítica (*analytics*) nos ayuda a descubrir lo que ha cambiado y cómo debemos reaccionar, y la analítica avanzada es el mejor medio para descubrir nuevos segmentos de clientes, identificar los mejores proveedores, asociar productos por afinidad, comprender la estacionalidad de las ventas, etcétera (TDWI, 2011). En esencia, la analítica avanzada son las implementaciones de formas específicas de analítica que constan de una colección de técnicas relacionadas y tipos de herramientas, normalmente incluyen analítica predictiva, minería de datos, análisis estadístico, y SQL complejo, aunque la lista cubre visualización de datos, inteligencia artificial, lenguajes de procesamiento natural, y capacidades de bases de datos analíticas tales como MapReduce, analítica *in-database*, bases de datos *in-memory*, almacenes de datos columnares (capítulo 8).

TDWI también utiliza otro término que comienza a emplearse en lugar de analítica avanzada, es el término *analítica de descubrimiento* que viene de lo que están intentando ejecutar los usuarios (conocido también como *analítica exploratoria*). En otras palabras, con la analítica de Big Data, el usuario normalmente es un analista de negocios que está intentando descubrir nuevos hechos de negocios que ninguna empresa conocía antes. Para conseguir esta tarea, el analista necesita grandes volúmenes de datos con gran detalle.

Recurriendo de nuevo a TDWI, esta organización define *analítica de Big Data* al conjunto de técnicas de analítica avanzada que operan sobre Big Data. La analítica avanzada tiene ya mucha presencia en las organizaciones, y la analítica de Big Data comienza a tener ya presencia significativa, como mostraba el estudio del último trimestre de 2011, de *Teradata*, que pronosticaba una presencia más grande desde el 2012 en adelante.

El número de octubre de 2012, de la revista *Harvard Business Review*, muy citada y referenciada en este capítulo, publicó un tercer artículo de Barton y Court (2012: 79-83), dedicado precisamente a la analítica avanzada, y con un subtítulo atrayente: *Una guía práctica para la capitalización de Big Data*, y que comienza con la frase: "*Big data* y *analítycs* se han disparado a la cima de la agenda corporativa". Los ejecutivos miran con admiración, dicen los autores, a empresas como Amazon, Google, y otras que han eclipsado a las competidoras con poderosos nuevos modelos de negocios, derivados de una gran capacidad para explotar los datos. La tendencia está generando mucho ruido, pero sí es cierto que los líderes *senior* están comenzando a prestar atención a estas nuevas estrategias del mercado.

Los autores del artículo, reconocidos analistas de la consultora McKinsey (líder en implantación de soluciones en Big Data), y con gran experiencia en asesoramiento a empresas, recomiendan que, ante la explosión de los grandes volúmenes de datos y de la analítica, las empresas y las industrias requieren tres capacidades que se soportan mutuamente:

> Primera, las empresas deben ser capaces de *identificar, combinar y gestionar múltiples fuentes de datos*. Segunda, ellas necesitan la capacidad para *construir modelos de analítica avanzada* para la predicción y optimización de resultados. Tercera, y más crítica, la gestión debe poner el músculo para *transformar la organización* de modo que los datos y los modelos produzcan realmente mejores decisiones.

Dos características importantes sustentan estas actividades: una clara estrategia de cómo utilizar los datos, la analítica para competir, el despliegue de las capacidades, y la arquitectura tecnológica adecuada.

La era de los Big Data está evolucionando rápidamente, y la experiencia de Barton y Court sugiere que las compañías deben actuar ya, y deben concentrar sus esfuerzos en las fuentes de datos, construcción de modelos y transformación de la cultura organizacional. Esta disposición corporativa es esencial, dado que la información, junto con la tecnología para su gestión y análisis, continuará creciendo y produciendo un flujo constante de oportunidades. La destreza en el buen uso de Big Data se convertirá pronto en un activo competitivo decisivo.

SEGURIDAD Y PRIVACIDAD EN BIG DATA

La avalancha de los grandes volúmenes de datos plantea dificultades para identificar y seleccionar adecuadamente la información relevante, y requiere nuevos sistemas de informes, consultas, visualización y análisis. De igual forma, ofrece enormes ventajas en los procesos de toma de decisiones, identificación de patrones y tendencias en el mercado, prevención de epidemias y catástrofes naturales, establecimiento de sistemas de alerta temprana, optimización de los procesos empresariales, etcétera. Sin embargo, las ventajas que ofrece la creciente capacidad de almacenamiento unidas a los sistemas existentes de biometría (técnicas de reconocimiento facial, de huellas digitales) como las posibilidades de navegación y de geolocalización de los usuarios, de realidad aumentada, intercambio de datos entre sensores, chips móviles, representan tanto retos y grandes oportunidades como riesgos evidentes.

El creciente desarrollo de las tecnologías de Big Data plantea multitud de interrogantes en cuestiones de seguridad, privacidad y temas relacionados, como los problemas de conservación de los datos, usos delictivos, propiedad intelectual, propiedades medioambientales producidos por los centros de datos, protección del anonimato, libertad de expresión, sumados a otros derechos de los usuarios de las redes como el ya muy popular derecho al olvido.

El fabricante de almacenamiento, EMC, uno de los líderes mundiales en este campo, y en el de analítica, está planteando un nuevo modelo de ciberseguridad (Joyanes, 2011) orientado a la inteligencia, y que requerirá un extenso conocimiento sobre riesgos, el uso de controles ágiles basados en el reconocimiento de patrones y análisis predictivo, y el uso de análisis de grandes datos que permitan canalizar los flujos enormes de datos provenientes de numerosas fuentes, con el objetivo de producir información oportuna, procesable y rentable. La adopción de un nuevo modelo de seguridad basado en inteligencia, que incluya la manipulación y análisis de grandes volúmenes de datos constituirá la clave para una verdadera defensa de la estrategia de seguridad.

Durante el año 2012, se ha visto un rápido aumento en las organizaciones que reconocen los retos y oportunidades que ofrecen los Big Data en todo tipo de industrias de entretenimiento, petróleo, gas, energía eléctrica y nuclear así como su expansión en industrias y negocios regulados como servicios financieros, sector de la salud y sector público. En 2013 y siguientes, continuará esta tendencia: la creación y consolidación de la gran cantidad de información no estructurada, su procesamiento, transformación y análisis permitirá obtener grandes beneficios económicos y aprovechar la ventaja competitiva de un uso flexible, ágil y eficaz de los grandes volúmenes de datos. Las organizaciones innovadoras están aprovechando las tecnologías de Big Data para crear una clase completamente nueva de aplicaciones basadas en datos en tiempo real. Pero como decíamos anteriormente, las empresas y organizaciones internacionales están preocupadas por los grandes riesgos que suponen, y que pueden contrapesar las grandes ventajas y oportunidades; es decir, cómo afrontar con garantía de éxito la seguridad y la privacidad de los datos.

Se están produciendo grandes problemas en seguridad y privacidad. Por esta razón, muchas organizaciones internacionales han comenzado a estudiar cómo ayudar a la expansión de la nube y de los Big Data, en paralelo con el desarrollo de soluciones a los posibles problemas de seguridad y privacidad que puedan surgir debido al uso masivo de los grandes volúmenes de datos y de los entornos de la nube. De todas estas organizaciones, hemos seleccionado una de las fuentes más fiables en seguridad en la nube y con excelente documentación publicada sobre el tema: la organización sin ánimo de lucro Cloud Security Alliance (CSA).

LA INICIATIVA DE CLOUD SECURITY ALLIANCE (CSA)[6]

En 2012, la CSA creó un grupo de trabajo denominado *Big Data Working Group* (BDWG), cuyo propósito es desarrollar soluciones a los posibles problemas de seguridad y privacidad que pueden surgir con el uso de los grandes volúmenes de datos o en entornos de la nube. El objetivo final es conseguir que los entornos con Big Data y la nube sean más seguros. El grupo de trabajo[7] será presidido y coordinado por las empresas Fujitsu, eBay y Verizon, y buscará soluciones que permitan mejorar la seguridad de los sistemas en la nube y que respondan a los retos del Big Data.

Los componentes de este grupo de análisis tienen el reto de “hacer frente a los problemas de seguridad y privacidad”. El Big Data ha provocado que variables como el *volumen*, la alta *velocidad* de creación de información y la *variedad* de datos (el modelo de las 3V) sean fundamentales para la seguridad. Entre los primeros objetivos del grupo promovido por la CSA está la creación de plataformas experimentales que puedan ser aplicadas a distintos grupos de datos, pensando en que su aplicación sea efectiva para industrias dispares como la del comercio electrónico o la de la sanidad.

En noviembre de 2012, el *Big Data Working Group* presentó su primer informe[8] donde identifica los diez nuevos y fundamentales problemas técnicos y organizacionales cuando se han de abordar los temas de seguridad y privacidad. Este informe es el primero de la industria que aporta una visión holística a la amplia variedad de retos a los que se enfrentan las empresas ante la creciente expansión de los Big Data.

PRIVACIDAD

Pero si la seguridad es uno de los grandes riesgos que afrontan las organizaciones y empresas debido a Big Data y *cloud computing*, la privacidad se ha convertido en el término estrella que está presente siempre que se tiene en cuenta la repercusión de los datos de las tendencias tecnológicas de impacto. En España, el ISMS Forum Spain es una organización a modo de red abierta de conocimiento que conecta empresas, organismos públicos y privados, investigadores y profesionales comprometidos con el desarrollo de la seguridad de la información en España. Dentro del ISMS Forum, se ha creado el Data Privacy Institute (DPI) cuyos objetivos se centran en la difusión y divulgación de los principios de privacidad y las políticas por las que se regula. En noviembre de 2012, impartió la primera edición del curso de "Especialización en protección de datos", preparatorio de la certificación *Certified Data Privacy Professional* (CDPP)[9]. La certificación CDPP es emitida por ISMS y se rige por la máxima: "La certificación es el documento en el que bajo la fe y la palabra de la persona que lo autoriza con su firma, se hace constar un hecho, cualidad o conocimiento".

El DPI ha elaborado el "Estudio de impacto y comparativa con normativa española de la propuesta de reglamento de protección de datos de la UE", con el objetivo de ofrecer un análisis de la nueva regulación, que previsiblemente entrará en vigor en 2014. El estudio incluye los detalles de los aspectos regulados en esta normativa comunitaria, el resultado de su comparación con la normativa española vigente, y el posible impacto sobre las entidades públicas o privadas españolas.

Debido al alcance de los cambios y lo vital que resulta para la mayoría de las empresas el cumplimento de la normativa de privacidad, el DPI recomienda a las empresas elaborar una evaluación de impacto y adelantarse a los cambios, fundamentalmente, mejorando su nivel de madurez frente a la normativa actual. Las empresas que no estén preparadas tendrán que realizar fuertes inversiones y enfrentarse a cambios profundos en su organización o posibles sanciones cuantiosas que podrían poner en peligro la propia supervivencia de la empresa.

FOURSQUARE. UN CASO DE ESTUDIO EN PRIVACIDAD

Foursquare, uno de los mejores servicios de geolocalización de la Web, anunció el último día del año 2012, un cambio en sus términos de servicio. La red social de geolocalización mostrará a partir del 28 de enero, fecha de entrada en vigor de la nueva privacidad, el nombre completo de sus usuarios. Hasta entonces, Fousquare solo exponía el nombre de sus usuarios acompañado por la inicial del primer apellido, excepto a la hora de buscar amigos, en cuyo caso sí aparecen todos los datos. Según la compañía, la razón del cambio es que el sistema utilizado hasta entonces daba lugar a confusión. Otro cambio que ha introducido en la privacidad es que permitirá a los creadores de un sitio Web, hacer un *check-in* más duradero (hasta ese momento permitía solo las últimas tres horas). La razón es que los establecimientos y negocios tengan más información sobre sus clientes con ocasión de campañas y promociones de marketing.

LA SEGURIDAD EN LA UNIÓN EUROPEA

La Comisión Europea[10] está inmersa en la reforma de la legislación de protección de datos que datan de 1995 para fortalecer los derechos de privacidad en línea e impulsar la economía digital de Europa. En 2012, la Comisión ha propuesto una reforma importante del marco legal de la UE en la protección de los datos personales. Las nuevas propuestas fortalecerán los derechos individuales y harán frente a los retos de la globalización y las nuevas tecnologías. Sus principios fundamentales son, en primer lugar, la protección de sus datos personales: un derecho fundamental. En segundo lugar, el flujo libre de datos personales: un bien común.

RESUMEN

- Una consideración muy importante cuando se toma la decisión de implantar las tecnologías de Big Data en la empresa debe pasar por el diseño de la correspondiente estrategia, y como objetivo fundamental, la integración de Big Data en la empresa.
- A continuación, se debe estudiar la presencia de los grandes datos en la empresa atendiendo a sus características fundamentales: volumen, velocidad, variedad u valor.
- El potencial de Big Data han traído una revolución en la gestión empresarial (McAfee y Brynjolsfsson). No se puede gestionar lo que no se puede medir y, sin duda, es una de las grandes dificultades encontrar métricas y la analítica adecuada para medir los grandes volúmenes de datos.
- Los cinco retos de la gestión que plantean los grandes volúmenes de datos son: liderazgo, gestión del talento, tecnologías, toma de decisiones y cultura corporativa.
- Los profesionales del análisis de datos jugarán un rol muy importante en el desarrollo de las estrategias de Big Data en las organizaciones. El analista de datos tradicional especializado en Big Data, y sobre todo el científico de datos (*data scientist*) serán profesiones muy demandas en la década actual.
- La Ciencia de los Datos centrada en el estudio de los datos como producto se irá desplegando, además de en universidades y centros de investigación, en organizaciones y empresas. Las universidades y las grandes empresas proveedoras de distribuciones de Big Data ofrecerán cada día con mayor frecuencia, cursos profesionales y de posgrado (maestrías y doctorados) en esta especialidad así como certificaciones profesionales.

- La inteligencia de negocios se deberá adaptar a los Big Data de modo que las herramientas de *reporting*, consultas, visualización, analítica de datos deberán permitir el tratamiento e integración de todo tipo de datos, estructurados y no estructurados.
- La seguridad y privacidad de los datos será una de las grandes preocupaciones de organizaciones y empresas. Será preciso estar atentos a la publicación de normativas, directivas, leyes de las agencias de seguridad y protección de datos y privacidad, de los Estados; y también, a las correspondientes normativas internacionales de la Unión Europea, ONU, Unesco y foros de reputación internacional.

RECURSOS

- *Harvard Business Review*. Dossier especial de octubre de 2012. www.hbr.org.
- eBook *"An Introduction to Data Science"*, de Jeffrey Stanton, Siracuse University en el programa Certificate of Data Science.

  1ª edición, v1, 2012: jseresearch.net/groups/techdatascience.

  2ª edición, v2, 2013: jseresearch.net/wiki/projectstechdatascience

  Ambas ediciones tienen licencia Creative Commons por lo que son descargables gratuitamente con las normas de edición anteriores.
- *Analytics: The real-world use of big data.* IBM Institute for Business Value y Said Business School, University of Oxford.
- eBook "*What-Is_DataScience*. Mike Loukides, 2012. O´Reilly Strata.
- Columbiadatascience.com. Portal de Data Science de Rachel Schut.
- IBM. What is data science?

  www-01.ibm.com/software/data/infosphere/data-scientist.
- Data Science London. Portal libre, abierto, definición de la carrera "Ciencia de datos", a. www.datasciencelondon.org; *b*. www.datasciencelondon.org/data-science-london. *c*. Twitter: @ds_in.
- Portal DataScientist.net
- Maestría en Ciencia de Datos del ITAM de México DF. 1. www.itam.mx; 2. www.mcienciasdatos.itam.mx.
- National Science Foundation. www.nsf.gov/news/news_summ.jsp?cntn_id=123607
- Cloud Security Alliance (www.cloudsecurityalliance). Tiene un capítulo español.
- Big Data en inteligencia de negocios. Big Data y herramientas de inteligencia de negocios. Conferencias de Big Data. www.slideshare.net/joyanes.
- Big Data Analytics, Teradata. www.teradata.com/business-needs/Big-Data-Analytics.

- Ciencia de datos en la nube. www.ibm.com/developernetworks/ssa/cloud/library/cl-datascienceincloud.
- Herramientas de inteligencia de negocios de SAP (Query, Reporting&Analysis, Dashboard&Visualization: SAP CRISTAL Reports 2011.

  www.sap.com/spain/solutions/sap-crystal-solutions/index.expx.
- EMC. Estudio de los científicos de datos.

  http://colombia.emc.com/microsites/bigdata/infographic.htm

NOTAS

---

1 "Getting control of Big Data" en *Harvard Business Review* (portada). Artículos: 1. Brynjolfsson y McAfee (MIT), "Big Data: The Management Revolution"; 2. Davenport (Harvard) y Potil (ex Linkedin), "Data Scientist: The Sexiest Job of the 21st Century"; 3. Barton y Court (McKinsey), "Making Advanced Analytics Work for You", October 2012.

2 "You can't manage what you don't measure", expresaron más o menos al mismo tiempo Peter Drucker, el fundador de la ciencia y el arte del *management*, y William Eduards Deming, el fundador de los sistemas modernos de gestión de la calidad. Citados por McAfee y Brynjolfsson en el artículo ya mencionado.

3 Mike Loukides: "What is data science? The future belongs to the companies and people that turn data into products". Disponible en: <http://radar.oreilly.com/2010/06/what-is-data-science.html>. Con el soporte del artículo, O'Reilly publicó un pequeño libro titulado igual que el artículo *What's data science?*. Publicado en 2011 y también descargable gratuitamente en: <http://oreilly.com/data/radarreports/what-is-data-science.csp>.

4 El Instituto Tecnológico ITAM es una de las universidades más prestigiosas de México tanto en el aspecto docente como investigador en Ingenierías y, en particular, en Ciencias de la Computación.

5 La analítica predictiva consiste en analizar los datos desde una perspectiva pensada para construir modelos y pronosticar resultados en un futuro lo cual aporta un claro valor añadido.

6 <https://cloudsecurityalliance.org/>.

7 La iniciativa del CSA va a estar presidida por Sreeranga Rajan, de los laboratorios de Fujitsu America; NeelSundaresan, de eBay, y Wilco Van Ginkel, de Verizon, serán copresidentes.

8 "Top 10 Big Data Security and Privacy Challenges". El informe se puede descargar libremente después de registrarse en: <https://cloudsecurityalliance.org/research/big-data/#_downloads>.

9 El contenido y objetivos de la certificación se puede consultar en: <http://www.ismsforum.es/ficheros/descargas/des109_CDPP_IIForo_DPI_NRA.pdf>.

10 <http://ec.europa.eu/justice/data-protection/index_en.htm>.

CAPÍTULO 6
CLOUD COMPUTING, INTERNET DE LAS COSAS Y SOLOMO

La nueva tendencia Big Data ha crecido en paralelo con el asentamiento de *cloud computing* (computación en la nube), el despegue de las tendencias *SoLoMo* (*social, location, mobile*) y el despegue del Internet de las cosas o Internet de los objetos (*Internet of Things*).

La expansión de *cloud computing* (computación en la nube o *la nube*), una nueva generación de infraestructuras de computación que proporciona soluciones de cómputo para la gestión, descubrimiento, acceso y procesamiento de los Big Data para su conversión en conocimiento, y el consiguiente soporte a la toma de decisiones. El desplazamiento de los modelos TIC (Tecnologías de la Información y las Comunicaciones) tradicionales hacia la nube correrán en paralelo con el crecimiento de Big Data.

Estas dos tendencias tecnológicas convergerán a partir de 2013 con otras tres que conformarán el nuevo panorama de las organizaciones y empresas: *SoloMo*, *social media/social business*, localización/posicionamiento y movilidad. El otro gran pilar que genera también grandes volúmenes de datos es *Internet de las cosas.*

En el capítulo se estudiarán las tendencias tecnológicas anteriores y el modo en que han impactado en la avalancha y explosión de los grandes volúmenes de datos que hemos tratado en la primera parte del libro.

ORIGEN Y EVOLUCIÓN DE *CLOUD COMPUTING*

Cloud computing (computación en la nube, o simplemente, *la nube*) ha sido la evolución natural de la adopción generalizada de la virtualización, la arquitectura orientada a servicios, la computación de utilidad (*utility computing*) y la expansión de los centros de datos, fundamentalmente. El origen histórico se remonta a 1961, en el que con ocasión de una conferencia de John McCarty -padre de la Inteligencia Artificial- en el MIT de los Estados Unidos, se enunció por primera vez el término *time sharing*: tecnología de tiempo compartido.

Desde un punto de vista práctico y de negocio, 1999 se puede considerar el punto de partida de lo que hoy conocemos como la nube debido a la empresa Salesforce.com que comenzó a entregar aplicaciones empresariales a través de una simple página Web. Acuñó el término de *software bajo demanda* que posteriormente se transformó en el término de *software como servicio*. En 2002, Amazon fue el siguiente eslabón de la cadena lanzando el servicio Amazon Web Service. En 2006, Google presentó Google Docs, el primer programa de ofimática que venía a competir con el programa Office de Microsoft, y que realmente fue quien llevó el concepto de *cloud computing* a los usuarios y al gran público, al mostrarles que era posible ejecutar aplicaciones ofimáticas sin necesidad de instalar el programa en su computadora personal, y bastaba con ir al sitio Web de la aplicación, descargarse la aplicación y ejecutarla a continuación, siempre que se quisiera trabajar con la citada aplicación. En 2006, Amazon presentó Elastic Compute Cloud (EC2), un servicio comercial que permitió a las empresas pequeñas y usuarios, alquilar equipos en los que se podían ejecutar sus propias aplicaciones informáticas. En 2007, IBM, Google y varias universidades de los Estados Unidos comenzaron a trabajar en soluciones de provisión de servicios alojados en sus "nubes" de servidores.

La nube (Joyanes, 2009: 96) comenzó a llegar al gran público cuando las grandes cabeceras de revistas económicas mundiales comenzaron a publicar artículos e informes (dosieres) sobre *cloud computing,* centros de datos (almacenamiento de datos) y virtualización. Dos de estas revistas fueron *Business Week* (4 de agosto de 2008), y *The Economist* (25 de octubre de 2008), que ya preveían, en 2008, el pronto advenimiento de esta arquitectura, y dedicaron sendos suplementos a analizar con detalle y profusamente el fenómeno de la computación en nube y su impacto en las corporaciones y empresas. Y en 2010, *The Economist* volvió a insistir en el impacto de la nube, mientras que *Forbes,* otra prestigiosa revista económica de los Estados Unidos, se hizo eco también en un número especial dedicado al *cloud computing*, sin contar naturalmente el sinfín de publicaciones económicas, generalistas, tecnológicas de Europa, América del Norte, Asia, América Latina y el Caribe, que continuamente publican noticias de este nuevo paradigma.

El movimiento a la computación en nube es el cambio disruptivo al que los departamentos de TI han de enfrentarse, y que comenzará a tener efectos muy positivos en las empresas modernas. Los directivos de TI deben considerar el modo de adquirir y distribuir información en este entorno de compartición, aunque protegiendo los intereses de la compañía. Las empresas innovadoras deben tomar ventaja de estos nuevos recursos y reinventarse en sus mercados. Aquellas que no tomen ventaja de esta evolución pueden quedarse rápidamente desactualizadas, y tal vez fuera del negocio.

Cloud computing no solo es una frase de moda (un *buzzword*), es un término que representa un nuevo modelo de informática, y que muchos analistas consideran puede ser tan relevante como la propia Web y un sinónimo de ella. La nube es la evolución de un conjunto de tecnologías que afectan al enfoque de las organizaciones y empresas en la construcción de sus infraestructuras de TI (Tecnologías de la Información). Al igual que ha ido sucediendo con la evolución de la Web, la actual Web 2.0 y la ya inminente Web 3.0, la computación en nube no incorpora nuevas tecnologías, sino que se han unido tecnologías potentes e innovadoras ya existentes para construir este nuevo modelo y arquitectura de computación. Estas tecnologías que han configurado la nube son variadas, aunque las más notables son: virtualización, almacenamiento en los centros de datos y las redes de comunicación de banda ancha fija y móvil.

La nube puede ser infraestructura, plataforma o software; es decir, puede ser una aplicación a la que se accede a través del escritorio y se ejecuta inmediatamente tras su descarga, o bien un servidor al que se invocará cuando se necesite. En la nube no se instala nada en su escritorio y no se paga por tecnología cuando no se utiliza, solo se paga (o puede ser gratuita) cuando se utiliza o se ejecuta la aplicación. En la práctica, la computación en nube proporciona un servicio de *software* o *hardware*. Un ejemplo práctico es el caso de los usuarios que se conectan a Internet desde una computadora personal, un teléfono móvil inteligente o una tableta, y utilizan diferentes servicios como su correo, Gmail, ver un mapa digital en Google Maps, escribir un documento en Google Docs, consultar sus archivos, canciones o fotografías en Dropbox, SkyDrive o la plataforma iCloud de Apple. Todos estos servicios están basados en la nube. Otra característica típica es el pago por uso, y solamente mientras se utiliza el servicio correspondiente.

La computación en la nube ha sido posible gracias a tecnologías de virtualización, los modernos centros de datos con millares de servidores, las tecnologías de banda ancha y de gran velocidad de transferencia de datos para poder realizar las conexiones entre computadoras a cifras nunca vistas, la proliferación de dispositivos de todo tipo con acceso a Internet, desde PC de escritorio hasta *netbooks*, *laptops*, teléfonos inteligentes, tabletas electrónicas como iPad, libros electrónicos con los lectores de libros electrónicos (*eReaders*), las modernas tecnologías de televisión *Smart TV*, videoconsolas, y naturalmente, todas las tecnologías de la Web 2.0 y la Web Semántica que han traído la proliferación y asentamiento de los *social media* (medios sociales) en forma de blogs, *wikis*, redes sociales, *podcast*, *mashups*, y que han facilitado la colaboración, participación e interacción de los usuarios individuales y de las organizaciones y empresas, en un ejercicio universal de la inteligencia colectiva de los cientos de millones que se conectan a diario a la Web.

DEFINICIÓN DE LA NUBE

No existe una definición estándar aceptada universalmente, aunque es la del Instituto NIST[1] de los Estados Unidos la más referenciada. El NIST ha definido la computación en nube (*cloud computing*) como:

> Un modelo que permite el acceso ubicuo, adaptado y bajo demanda en red a un conjunto compartido de recursos de computación configurables compartidos (por ejemplo: redes, servidores, equipos de almacenamiento, aplicaciones y servicios) que pueden ser aprovisionados y liberados rápidamente con el mínimo esfuerzo de gestión o interacción con el proveedor del servicio.

Otra definición complementaria es la aportada por el RAD Lab de la Universidad de Berkeley[2]:

> *Cloud computing* se refiere tanto a las aplicaciones entregadas como servicio a través de Internet como el *hardware* y el *software* de los centros de datos que proporcionan estos servicios; los servicios anteriores han sido conocidos durante mucho tiempo como software como servicio (SaaS) mientras que el *hardware* y *software* del centro de datos es a lo que se llama la nube.

La nube en sí misma es un conjunto de *hardware* y *software*, almacenamiento, servicios e interfaces que facilitan la entrada de la información como un servicio. Los servicios de la nube incluyen el *software*, infraestructura y almacenamiento en Internet, bien como componentes independientes o como una plataforma completa, basada en la demanda del usuario. El mundo de la nube tiene un gran número de actores o participantes. Los grupos de intereses del mundo de la computación en nube son: los vendedores o proveedores, que proporcionan las aplicaciones y facilitan las tecnologías, infraestructuras, plataformas y la información correspondiente; los socios de los proveedores, que crean servicios para la nube ofreciendo y soportando servicios a los clientes; los líderes de negocios, que evalúan los servicios de la nube con el objetivo de contratarlos e implantarlos en sus organizaciones y empresas; los usuarios finales, que utilizan los servicios de la nube ya sea de modo gratuito o con una tarifa de pago.

Los servicios de la nube deben ser multicompartidos (*multitenancy*), es decir, empresas diferentes comparten los mismos recursos fundamentales. Por esta razón las empresas comienzan a encontrar nuevos valores en los servicios de la nube, facilitando la eliminación de las complejas restricciones que supone el entorno informático tradicional que incluye espacio, tiempo, energía y costos.

El NIST, antes de definir *cloud computing,* advertía en sus documentos originales de 2009, que todavía era un paradigma en evolución y que las definiciones, atributos y características evolucionarían y cambiarían con el tiempo; así ha sucedido, y en sus publicaciones de 2012 y 2013 así lo hace constar. Asimismo, señala que la industria de *cloud computing* representa un gran ecosistema de muchos modelos, vendedores y nichos de mercado. La definición trata de abarcar todos los diferentes enfoques de la nube (*cloud*) y con ligeras actualizaciones se ha mantenido casi idéntica a la definición primitiva.

Numerosas y diversas son las fuentes que hablan sobre las ventajas y debilidades de la nube. Es importante, sin embargo, tener presente que el término *cloud computing* abarca una variedad de sistemas y tecnologías así como modelos de despliegue y servicios y también modelos de negocios.

La definición de nube del NIST se refiere a *cloud computing* como una colección de recursos de computación en red, a los que pueden acceder los clientes de la nube (*consumidores de la nube*) mediante una red. En términos generales, un sistema de nube y sus consumidores utilizan el conocido modelo cliente-servidor en el que los consumidores (*los clientes*) envían mensajes a través de la Red a los computadores servidores, los cuales ejecutan el trabajo especificado en respuesta a los mensajes recibidos.

La figura 6.1 proporciona una vista de la nube y de sus clientes. Los recursos de la computación en la nube son grandes conjuntos de sistemas de computadores a los cuales acceden los clientes mediante conexiones de red. Los clientes pueden llegar a la nube, navegar por ella, utilizando sus servicios, y salir de allí. La nube, a su vez, tiene un conjunto de recursos de hardware que administra para maximizar los servicios ofrecidos, minimizando sus costes. El proveedor de la nube incorpora nuevos componentes de hardware a medida que la escalabilidad o las actualizaciones lo requieren y va retirando aquellos componentes que fallan o se quedan obsoletos. De este modo, los clientes pueden hacer uso de los sistemas de *hardware* más actuales, fiables y seguros así como de las aplicaciones de software más demandadas, y con el menor coste posible, sin más requisitos que contratar el servicio correspondiente (y que posteriormente veremos), *hardware* o *software*, al igual que contrata la luz, el teléfono o el agua en sus instalaciones, en el caso de una organización, o en su domicilio en el caso de un cliente particular.

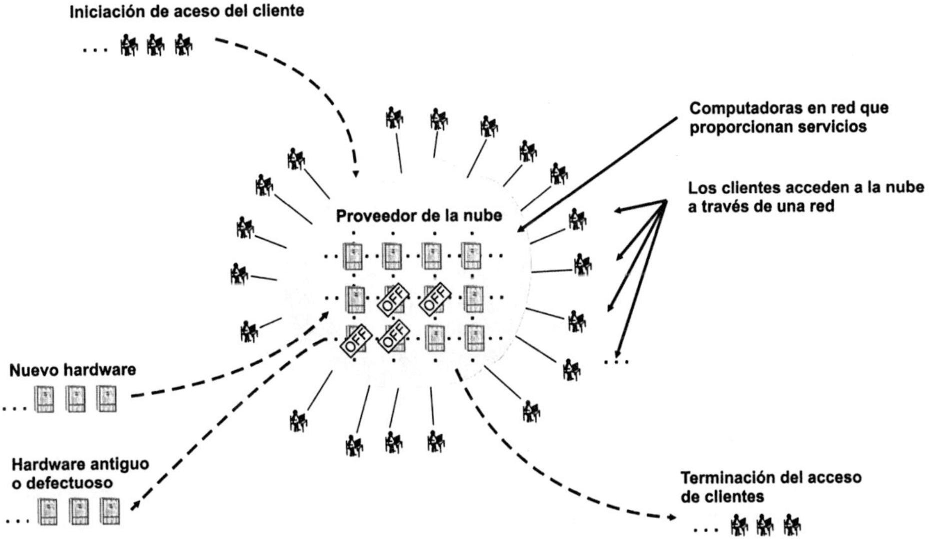

Figura 6.1: Vista general de una nube y de sus consumidores. Fuente: NIST (adaptada).

CARACTERÍSTICAS DE *CLOUD COMPUTING*

Cloud computing es un modelo de pago por uso que facilita un acceso bajo demanda a la Red, disponible y adecuado a un *pool* de recursos configurables de computación (por ejemplo: redes, servidores, almacenamiento, aplicaciones, servicios), que puede proporcionarse rápidamente y lanzarse (revisarse) en un esfuerzo de gestión mínima o interacción con el proveedor de servicios. El modelo de la nube, según NIST, se compone *de cinco características esenciales*, tres modelos deservicio y cuatro modelos de despliegue.

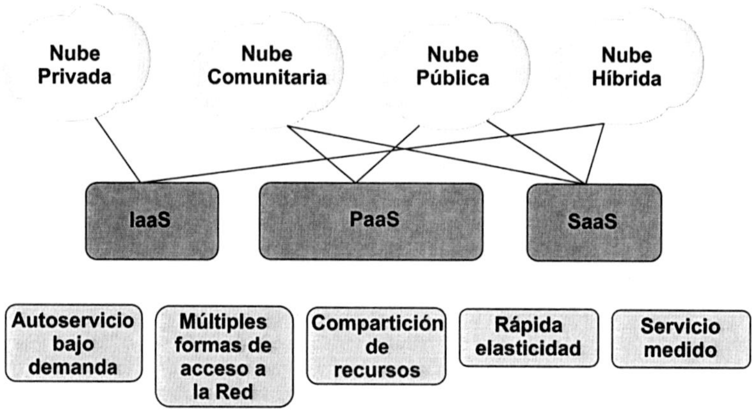

Figura 6.2. Modelo de *cloud computing* según el NIST con características fundamentales.

La figura 6.2 muestra el marco de trabajo completo de la definición del NIST con indicación de las diferentes categorías de modelos (servicio y despliegue), sus características fundamentales ("autoservicio bajo demanda", "múltiples formas de acceso a la Red", "compartición de recursos", "rápida elasticidad", "servicio medido"). Según el NIST, el modelo (figura 6.2.) tiene las siguientes cinco características esenciales:

1. **Autoservicio bajo demanda.** El usuario puede acceder a capacidades de computación en la nube de manera automática a medida que las vaya requiriendo, sin necesidad de una interacción humana con su proveedor o sus proveedores de servicios de la nube, con servicios tales como tiempo de servidor y almacenamiento en red.
2. **Múltiples formas de acceso amplio a la Red.** Los recursos son accesibles a través de la Red y por medio de mecanismos estándar que son utilizados por una amplia variedad de dispositivos de usuario (por ejemplo: teléfonos móviles inteligentes, *laptops*, *ultrabooks*, tabletas, PC de escritorio, estaciones de trabajo, aparatos de televisión con *Smart TV*, videoconsolas). Esta característica también se conoce como *acceso ubicuo* a la Red.
3. **Compartición de recursos.** Los recursos de computación del proveedor se agrupan para servir a múltiples consumidores (almacenamiento, memoria, ancho de banda, capacidad de procesamiento, máquinas virtuales), y son compartidos por múltiples usuarios, a los que se van asignando capacidades en forma dinámica según sus peticiones. Existe una independencia de la posición de modo que el cliente generalmente no tiene control ni conocimiento sobre la posición exactas de los recursos proporcionados, pero puede ser capaz de especificar la posición a un alto nivel de abstracción (país, estado o centro de datos). Ejemplos de recursos incluyen: almacenamiento, procesamiento, memoria y ancho de banda de red.

4. **Rápida elasticidad.** Los recursos se proveen y liberan elásticamente, muchas veces de manera automática, lo que da al usuario la impresión de que los recursos a su alcance son ilimitados y están siempre disponibles en tiempo y cantidad. Esta propiedad permite la ampliación o extensión, en cantidad y calidad, de los servicios a medida que sean necesarios por el cliente, con la garantía del proveedor de realizar la extensión de un modo rápido.

5. **Servicio medido.** El proveedor es capaz de medir, a determinado nivel, el servicio efectivamente entregado a cada usuario, así tanto proveedor como usuario tienen acceso transparente al consumo real de los recursos, lo que posibilita el pago por el uso efectivo de los servicios.

El NIST considera otras características comunes a todos los modelos de nubes (figura 6.3):

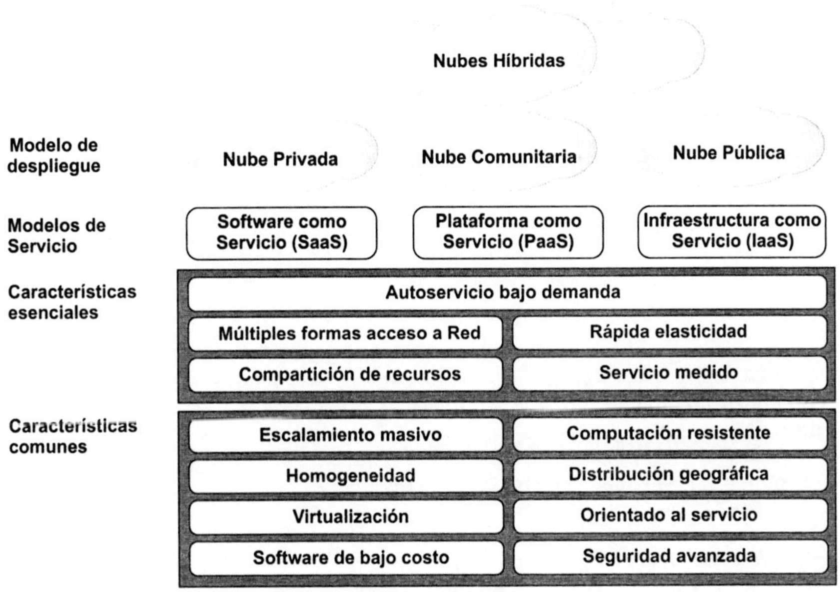

Figura 6.3. Modelo de cloud computing según el NIST con características fundamentales y comunes. Fuente: NIST 2011.

Además de estas características fundamentales y las comunes del NIST, vamos a considerar otras complementarias que añaden ventajas adicionales (Sosinsky, 2011b).

- **Costes más bajos.** Se producen considerables reducciones de costes cuando se comparan con los altos grados de efectividad y de buena utilización que producen los modelos y herramientas de la nube con otros productos similares del mercado.
- **Facilidad de utilización.** Dependiendo del tipo de servicio que contrate, normalmente no se requerirán licencias de hardware ni de software para implementar el servicio. Por otra parte, los productos se ofrecen, cada vez más,

adaptados al usuario normal, requiriendo a lo sumo pequeños cursos de formación.

- **Calidad de servicio (QoS).** La calidad del servicio se obtiene, por lo general, mediante contrato con su proveedor.
- **Fiabilidad.** La potencia y escalamiento de las redes de computación de los proveedores garantiza la fiabilidad de los servicios ofertados, en la mayoría de los casos, con un nivel de fiabilidad tan alto o más que los proveedores clásicos más respetados (que por otra parte, están migrando sus servicios también a la nube, como es el caso de Oracle, SAP, IBM).
- **Administración externalizada de TI.** Un despliegue de *cloud computing* permite la gestión de la infraestructura de computación mientras se gestionan, en paralelo, sus negocios. En la mayoría de los casos este modelo de externalización *(outsourcing)* de TI consigue considerables reducciones de costes tanto de equipos como de recursos humanos.
- **Simplificación de la actualización y mantenimiento.** Dado que el sistema es centralizado (aunque técnicamente actúa como descentralizado y distribuido), se pueden aplicar fácilmente parches y actualizaciones de software (*upgrades*).
- **Facilidad para superar barreras.** La nube rompe *barreras físicas y virtuales*, de modo que es ideal para jóvenes emprendedores y empresas *start-up*, además de grandes empresas, por la facilidad de uso para su adaptación tecnológica.

MODELOS DE LA NUBE (*CLOUD*)

El NIST y la mayoría de usuarios y proveedores de la nube clasifican la computación en nube en dos conjuntos distintos de modelos (figura 6.4.):

Modelos de despliegue. Se refieren a la posición (localización) y administración (gestión) de la infraestructura de la nube (pública, privada, comunitaria, híbrida).

Modelos de servicio. Se refieren a los tipos específicos de servicios a los que se puede acceder en una plataforma de computación en la nube (software como servicio, plataforma como servicio e infraestructura como servicio).

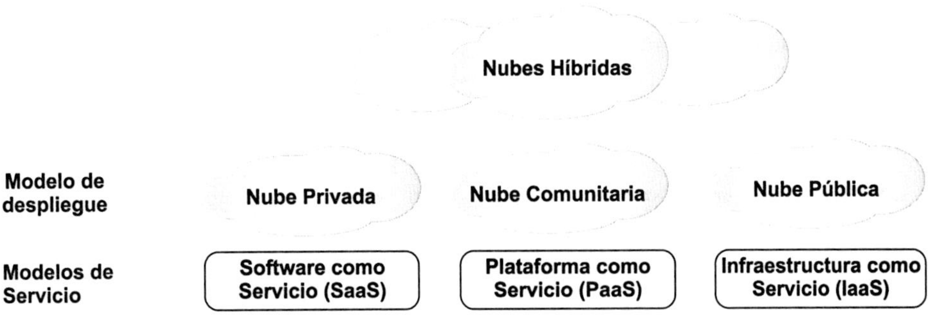

Figura 6.4. Categorías de modelos de computación en la nube. Fuente: NIST.

MODELOS DE SERVICIO

Las tecnologías *cloud computing* ofrecen tres modelos de servicio que se ofertan a los clientes y usuarios de la nube (organizaciones, empresas y usuarios), son: **SaaS** (*Software as a Service*, software como servicio), **PaaS** (*Platform as a Service*, plataforma como servicio) e **IaaS** (*Infraestructure as a Service*, infraestructura como servicio).

- **Software como servicio.** Al usuario se le ofrece la capacidad de que las aplicaciones que su proveedor le suministra corran en una infraestructura de la nube, siendo dichas aplicaciones accesibles a través de una interfaz del cliente tal como un navegador Web (correo electrónico Web, Gmail o Yahoo) o una interfaz de programa. El usuario carece de cualquier control sobre la infraestructura de la nube, como servidores, sistemas operativos, almacenamiento, incluso sobre las propias aplicaciones, excepto por las posibles configuraciones de usuario o personalizaciones que se le permitan realizar.
- **Plataforma como servicio.** Al usuario se le permite desplegar aplicaciones propias (ya sean adquiridas o desarrolladas por el propio usuario) creadas utilizando lenguajes y herramientas de programación soportadas por el proveedor. El consumidor no administra ni controla la infraestructura de la nube, incluyendo redes, servidores, sistemas operativos ni almacenamiento de su proveedor, que es quien ofrece la plataforma de desarrollo y las herramientas de programación. El usuario tiene control sobre las aplicaciones desplegadas, y es quien mantiene su control, aunque no de toda la infraestructura subyacente.
- **Infraestructura como servicio.** El proveedor ofrece al usuario recursos como capacidad de procesamiento, de almacenamiento, comunicaciones y otros recursos de computación donde el consumidor es capaz de desplegar y ejecutar software específico que puede incluir sistemas operativos y aplicaciones. El consumidor no administra ni controla la infraestructura fundamental de la nube, pero tiene control sobre sistemas operativos, almacenamiento, aplicaciones desplegadas; y, posiblemente, un control limitado de componentes seleccionados de redes (cortafuegos de los hospedajes, *host firewalls*).

Consideraciones prácticas

Una nube puede proporcionar acceso a aplicaciones de software tales como correo electrónico, almacenamiento, herramientas de productividad para el trabajo diario en la oficina (Google Docs, Office 365, Zoho), en el modelo SaaS; puede proporcionar una plataforma o un entorno de desarrollo de software para que cada cliente pueda diseñar sus propias aplicaciones con el modelo PaaS; o, por último, puede proporcionar acceso a recursos de computación clásicos como potencia de procesamiento, almacenamiento o redes con el modelo IaaS. Los diferentes modelos de servicio tienen diferentes características y son adecuados para diversos objetivos de negocio y estrategias de los clientes.

En la tabla 6.1 se presentan los tres servicios (aceptados por el NIST, *Cloud Security Alliance* y la mayoría de organizaciones internacionales y proveedores de la nube), junto con una breve descripción de ellos, y los proveedores más populares en cada servicio y, a continuación, se describen los modelos de despliegue de la nube.

TABLA 6.1. MODELOS DE SERVICIO DE LA NUBE

Servicio	Descripción	Proveedores
SaaS	Modelo de software como servicio donde las aplicaciones se descargan de la nube y se ejecutan directamente a cambio de una cuota que puede ser una cantidad determinada o gratuita.	Google Apps Zoho Salesforce.com Dropbox GlideOS, Wuala Evernote Office 365 Skydrive iCloud
PaaS	Plataforma como servicio. Plataforma de aplicaciones que proporciona a los desarrolladores un despliegue rápido.	Google App Engine Salesforce.com Microsoft Azure IBM
IaaS	Infraestructura como servicio. Infraestructura compartida, como redes, servidores y almacenamiento.	Amazon AWS Dell Arsys Strato

MODELOS DE DESPLIEGUE DE LA NUBE

Según el NIST existen cuatro posibles formas de desplegar y operar en una infraestructura de *cloud computing*.

- **Nube privada.** La infraestructura de la nube provee en forma exclusiva a una única organización, comprendiendo múltiples consumidores. Los servicios de la nube no se ofrecen al público.
- **Nube pública.** La infraestructura es operada por un proveedor que ofrece servicios al público en general. Puede ser administrada, operada y de propiedad de una organización académica, empresa o gobierno, o alguna combinación de ellas. Existe en la propia infraestructura (*on premise*) del proveedor de la nube.
- **Nube híbrida.** La infraestructura de la nube es una combinación de dos o más nubes individuales que pueden ser a su vez propias, comunitarias o públicas, permanecen como entidades únicas, pero permiten portar datos o aplicaciones entre ellas.
- **Nube comunitaria.** Una nube comunitaria (*community*) es aquella que ha sido organizada para servir a una función o propósito común de una comunidad de consumidores. Puede ser para una organización o varias, pero que comparten objetivos comunes como misión, políticas, seguridad, necesidades de cumplimientos regulatorios (*compliances*).Una nube comunitaria o de comunidad puede ser administrada por la organización u organizaciones constituyentes o bien por terceras partes. Este modelo solo suele ser recogido por el NIST; la mayoría de organizaciones y asociaciones relacionadas con la nube dividen los modelos de despliegue en tres: *pública, privada* e *híbrida.*

Consideraciones prácticas

Un sistema de *cloud computing* puede ser desplegado privadamente o alojado en las instalaciones del cliente de la nube, puede ser compartido entre un número limitado de socios, puede ser alojado por una tercera parte o puede ser un servicio accesible públicamente, en una nube pública. De otra forma, dependiendo del tipo de despliegue de la nube, el cliente podrá tener recursos de computación privada limitados o podrá tener acceso a grandes cantidades de recursos mediante acceso remoto. De esta manera, dependiendo del modelo de despliegue elegido, los clientes podrán tener ventajas e inconvenientes para controlar sus recursos, escalar cuando sea necesario, calcular sus costes y su disponibilidad.

Terminología

El NIST recomienda utilizar los siguientes términos:

Consumidor de la nube o cliente: una persona u organización que es cliente de una nube; obsérvese que un cliente de una nube puede ser de una nube y de otras nubes que ofrecen otros servicios.

Cliente: una máquina o aplicación de software que accede a una nube en una conexión de red.

Proveedor de la nube o proveedor: una organización que proporciona servicios de la nube.

¿CÓMO ADAPTAR LA NUBE EN ORGANIZACIONES Y EMPRESAS?

El NIST, en uno de sus documentos más influyentes (Badger et al., 2012), y en su última edición (mayo 2012), proporciona directrices y recomendaciones del modo en que las organizaciones deben cuidar las oportunidades y los riesgos que conllevan su adopción. En el resumen ejecutivo del citado documento recomienda que la estrategia a seguir dependa de los requerimientos de la organización; y, en consecuencia, la elección de las diferentes tecnologías y configuraciones.

Con el objetivo de comprender cuál es la solución más adecuada del amplio espectro que ofrece la nube para una necesidad dada, una organización debe considerar cómo se despliega la nube (*modelos de despliegue*), y qué tipos de servicios se pueden proporcionar a los clientes (*modelos de servicio*). Una vez analizados los modelos y diseñado el proyecto técnico de la nube de su organización (como autónomo o simplemente usuario), si ésta decide adoptar la nube, debe considerar en paralelo o de modo secuencial, las oportunidades económicas y riesgos de usar estos servicios (*consideraciones económicas*), las características técnicas de los servicios tales como rendimiento (*performance*) y fiabilidad (*características operacionales*), términos normales de servicios (*acuerdo de nivel de servicios,* SLA, *service level agreement*) y las oportunidades y riesgos de seguridad (*seguridad*) (NIST, 2012).

CONSIDERACIONES ECONÓMICAS

En el modelo de despliegue público, la *nube pública* funciona como cualquier servicio externalizado: un servicio de alquiler de los recursos de computación. Los usuarios pagan el servicio, como es el caso de la luz, el agua o el teléfono, y dejan de pagar cuando no utilizan el servicio, pero tampoco han de pagar los costes de adquisición para construir la infraestructura. Evidentemente, el modelo proporciona un considerable número de ventajas, ya que reduce los costes del desarrollo de aplicaciones tanto económicas como de recursos humanos, proporciona flexibilidad y agilidad en las organizaciones, al seleccionar la aplicación requerida tras la evaluación y aprobación de su departamento de sistemas. Por otra parte, puede cambiar de proveedor si no se encuentra satisfecho con sus servicios, al igual que ahora sucede con la elección del operador de telefonía o el operador de energía, en este caso, si el sector está liberalizado como suele ocurrir en la mayoría de los países industrializados, o bien negociar sus condiciones de contratación.

En el caso de la *nube privada*, las características son similares, con la ventaja de que los recursos de computación los puede administrar su organización y los beneficios que ello entraña, pero a cambio de un gran inconveniente, el aumento de costes. Por estas circunstancias, muchas organizaciones optan por el modelo híbrido, utilizando los servicios menos críticos en la nube pública, y aquellos que son más críticos por cualquier circunstancia de la empresa los alojan en la nube privada.

La respuesta a la pregunta típica de uso de la nube sobre la reducción de costes globales de la organización, y la pregunta siguiente sobre la seguridad, deberán responderse después de un estudio cuidadoso de todos los costes de operación, cumplimiento de normativas (*compliance*), personal técnico necesario, formación y seguridad, incluyendo los costes que puede suponer la migración de su sistema tradicional de TI a la nube, y también se deberá considerar dichos costes en el caso de que se decida migrar a otro proveedor de nube o compatibilizar varias nubes entre sí con la consiguiente necesidad de integración de datos y sistemas.

CARACTERÍSTICAS ORGANIZACIONALES

Los servicios en la nube tienen una gran dependencia de la conectividad, por ello es necesario analizar los servicios de redes y la modalidad de acceso de los empleados de la empresa (líneas telefónicas fijas, móviles, satélite) así como los dispositivos a utilizar en el acceso (PC, tabletas, teléfonos celulares inteligentes, *laptops* (portátiles), *ebooks* y, naturalmente, los anchos de banda disponibles en la empresa.

ACUERDOS DE NIVEL DE SERVICIO (SLA, SERVICE LEVEL AGREEMENT)

Las organizaciones han de afrontar la migración a la nube, en cualquiera de sus modalidades de despliegue y servicios, estando conformes con los términos que figuren en los acuerdos de nivel de servicios, que definan claramente las relaciones legales entre los clientes de la nube y sus correspondientes proveedores. Una organización debe tener claro antes de utilizar un servicio de la nube, cuáles son las responsabilidades de la empresa como cliente; y cuáles, las responsabilidades del proveedor del servicio. La correspondiente firma del acuerdo de nivel de servicio y su acatamiento será una condición indispensable antes de comenzar a utilizar la nube.

SEGURIDAD

Las organizaciones deben ser conscientes de los temas de seguridad existentes en la computación en la nube, y la necesidad de un estricto cumplimiento de las normativas de seguridad pública y las propias de su organización. La seguridad ha de ser una de las preocupaciones principales, sino la principal, cuando una organización funciona con plataformas de la nube dispersas geográficamente y que no están bajo el control directo de su organización.

Sin embargo, estas preocupaciones no suelen ser mayores que las propias de las políticas y medidas de seguridad de su propia organización, si el proveedor de la nube es un proveedor profesional, riguroso y de prestigio contrastado. Al final del capítulo, le recomendamos diferentes publicaciones del NIST y de otras organizaciones que ayudarán a su departamento de sistemas de información en el estudio y análisis de las soluciones de seguridad de la nube.

Además de los riesgos y amenazas inherentes a cualquier sistema de TI tradicional, la computación en la nube presenta a su organización sus propios riesgos de seguridad que será preciso considerar. Así pues será preciso constatar los riesgos de la computación en la nube para el aseguramiento de la protección de los datos, y de la privacidad y el cumplimiento de las regulaciones correspondientes (*compliance*), junto con el cumplimiento también de los principios fundamentales de la seguridad de la información: la triada CIA, confidencialidad, integridad y disponibilidad (CIA, *Confidenciality, Integrity* y *Availability*), y los otros temas importantes como la identificación, autenticación, responsabilidad, autorización y la citada privacidad.

LOS CENTROS DE DATOS COMO SOPORTE DE *CLOUD COMPUTING*

Un Centro de Datos (*Data Center*), según Wikipedia, es un sistema utilizado para alojar sistemas de computadoras y componentes asociados, tales como sistemas de telecomunicaciones y de almacenamiento. Generalmente incluye fuentes de alimentación redundantes y se usa para copias de seguridad, conexiones, comunicaciones de datos redundantes, controles medioambientales y dispositivos de seguridad.

Desde un punto de vista práctico, cada vez que un usuario de la Web "sube" (*upload*) una foto a Facebook o construye un documento utilizando Google Apps, la potencia de computación necesaria para cumplir la petición procede de edificios remotos denominados *centros de datos*, y se entrega por Internet.

La explosión de la computación en nube ha dado una gran notoriedad a los centros de datos; lugares físicos de gran tradición en la historia de la informática, y ha potenciado su creación a lo largo y ancho de los países con industrias de computación poderosas o en aquellos otros países donde la externalización de estos servicios compensaba los enormes costes de instalación.

Todas las grandes empresas del mundo de la gestión y tecnológicas están potenciando sus centros de datos, bien para servicios propios, bien para alquilarlos o subcontratarlos a otras empresas.

El impacto de los centros de datos está siendo considerado por los analistas como una historia paralela a la de la electricidad, y en realidad así se puede considerar si analizamos los datos de *The Economist*. Se está produciendo un auténtico *boom* de construcción de centros de datos. Se buscan lugares físicos donde la electricidad sea barata, exista alta conectividad a Internet, disponibilidad de trabajadores especializados en TIC, e incluso que las condiciones medioambientales sean buenas y, naturalmente, de ser posible, que las autoridades proporcionen desgravaciones fiscales a las empresas por situarse en su región, al estilo de las fábricas de automóviles o electrodomésticos.

Naturalmente, Google, Amazon y el resto de actores de la plataforma *cloud* están haciendo movimientos de asentamiento en la nube. Amazon es, sin duda, la empresa revelación; los productos S3, EC2, y sobretodo AWS, han servido de punta de lanza de esta nueva reconversión industrial hacia los centros de datos. La competencia es tan fuerte que ya, en las tempranas fechas del 12 de diciembre de 2008, hubo una noticia que conmovió a la industria estadounidense de TI de aquel entonces: James Hamilton, ingeniero de Microsoft, cerebro del diseño y construcción de la red distribuida de centros de datos portátiles mediante contenedores de servidores que se entregan configurados y operativos, listos para enchufar en cualquier lugar del planeta, dejó Microsoft y "fichó" para Amazon para trabajar en el proyecto AWS (*Amazon Web Services*).

No obstante la importancia de todas las consideraciones anteriores, es preciso insistir en las situaciones producidas por las interrupciones de servicio de Google, Amazon, Twitter o Facebook. Los proveedores de *cloud* deben asegurar la continuidad del servicio y la seguridad, además de responsabilizarse de realizar copias de seguridad en tiempo real y de modo eficiente. Dicho de otra manera, es necesaria la existencia de acuerdos entre proveedores-clientes a nivel de servicio *SLA* (*Service Level Agreement*), comentado anteriormente.

INTERNET Y LOS CENTROS DE DATOS: UNA INDUSTRIA PESADA

Los centros de datos capaces de proporcionar la potencia de cálculo y almacenamiento que constituyen la infraestructura física de la computación en nube forman potentes entornos industriales.

Al igual que cualquier complejo industrial, los propietarios de los centros de datos buscan los lugares idóneos no solo desde el punto de vista físico y geográfico, sino en las ciudades donde puedan encontrar ayudas y subvenciones, haciendo valer la contribución al empleo que traerá la construcción de dichos centros (*las fábricas de la nueva era industrial*), el consumo de agua, electricidad, teléfonos, los pagos de impuestos, los puestos de trabajo especializado, la ayuda a la investigación de las universidades locales (Le Crosnier, 2008).

Los centros de datos se configuran como sitios industriales o nuevas fábricas de "datos". La nueva revolución industrial, señala Le Crosnier (2008), no vendrá de la mano de fábricas tradicionales (automóviles, trenes, aviones), sino de la construcción creciente de centros de datos a lo largo de todo el planeta, especialmente en aquellos lugares que dispongan de condiciones adecuadas: eficacia energética y sostenibilidad del medioambiente, lugares con buen entorno climático (Finlandia, Noruega, Suiza o regiones como La Rioja, el País Vasco, Asturias, en España; o numerosos países de Latinoamérica), refrigeración para los millones de computadoras (servidores), próximos a universidades, electricidad barata; y cuyos gobiernos locales, regionales, nacionales o supranacionales, como la Unión Europea o el Mercosur, sean capaces de conceder subvenciones o ayudas para el asentamiento en sus territorios de dichos centros al igual que si se tratase de una nueva fábrica industrial.

The Economist, Forbes o *Business Week*, entre otros medios de comunicación, en numerosos artículos y estudios, consideran casos de centros de datos establecidos en espacios donde Google, Microsoft o IBM (por citar algunos gigantes de Internet) han desplegado dichas "fábricas". Muchos de ellos están elegidos en lugares donde existe un río o un lago para el refresco de los millares de servidores, próximos a lugares de producción de electricidad a bajo coste y conexiones de banda ancha para conexión a Internet. Todas ellas, condiciones indispensables para instalar "una fábrica de datos" como los denomina Le Crosnier, y también *The Economist*.

Además estas nuevas fábricas del siglo XXI cumplen con los requisitos de sostenibilidad energética. Hitachi, a finales de abril de 2008, ya anunciaba que su división de sistemas ofrecía soluciones de almacenamiento orientadas a servicios disponiendo del centro de datos más ecológico y eficiente del mundo. En febrero de 2009, Google compró una fábrica de papel cerrada, en Finlandia, por 40 millones de euros, para crear un nuevo centro de datos en Europa; las razones fundamentales: la situación idílica de la fábrica a orillas de un lago en el Sudeste finlandés. Los directivos de Google en su momento justificaban además la compra porque las condiciones de seguridad eran muy notables y existía además una suficiente fuerza laboral muy competente. Otro caso significativo, la empresa alemana PlusServer AG creó el centro de datos más ecológico del Europa (anunciado el 2 de septiembre de 2010) con un ahorro del 66% de energía. Por otra parte, en España, en 2010 se inauguró Whahalla en Castellón de la Plana. En los primeros años de la segunda década del siglo XXI, han seguido la fabricación e instalación de centros de datos. En mayo de 2013, Telefónica inauguró en la histórica ciudad de Alcalá de Henares, un moderno centro de datos diseñado para dar servicios en la nube.

INTERNET DE LAS COSAS

Vivimos en un mundo conectado. Cada día aumenta el número de dispositivos de todo tipo que proporcionan acceso a Internet. Las *cosas* u *objetos* que permiten y van a permitir estos accesos irán aumentando con el tiempo. Ahora ya tenemos videoconsolas, automóviles, trenes, aviones, sensores, aparatos de televisión, y pronto, el acceso se realizará desde los electrodomésticos o desde *cosas* cada vez más diversas. El término *Internet de las cosas* (*Internet of things*) está llegando al gran público con la denominación de *Internet de los objetos*. Los objetos son: libros, zapatos o componentes de un vehículo; y se agrupan en redes de objetos. Si estuviesen referenciados con dispositivos de identificación, chips RFID, NFC, esto es, si todos están equipados con etiquetas de radio frecuencia, todos pueden ser identificados y gestionados. Con la actual generación del protocolo IPv6 se podrá identificar instantáneamente cualquier tipo de objeto, hasta decenas y centenas de miles de millones, al contrario que la generación IPv4, cuyas direcciones de Internet están restringidas a 4300 millones.

La consultora McKinsey publicó, a principios de marzo de 2010, un informe de nuevos modelos de negocio basados en los sensores que aportaba como tema central "Internet de los objetos". McKinsey lo define como: "Sensores y actuadores incrustados en objetos físicos, enlazados mediante redes con cables y sin ellos, que a menudo utilizan el mismo protocolo de Internet (IP) que conecta a la Red".

Internet de las cosas consiste en un nuevo sistema tecnológico donde tanto personas como objetos puedan conectarse a Internet en cualquier momento y lugar, y de esa forma ganar inteligencia y conversación entre los objeto. Ahora, es el momento de la comunicación entre las cosas, las máquinas (M2M, *MachinetoMachine*), los objetos, a través de sensores, chips, NFC, RDID. Pero, ¿qué sucederá cuando casi todas las cosas estén conectadas a Internet? Sin duda, se producirá una transformación en la forma de hacer negocios, la organización del sector público, y el día a día de millones de personas. En un sentido más técnico, consiste en la integración de sensores y dispositivos en objetos cotidianos que quedan conectados a Internet a través de redes fijas e inalámbricas. El hecho de que Internet esté presente al mismo tiempo en todas partes permite que la adopción masiva de esta tecnología sea más factible. Dado su tamaño y coste, los sensores son fácilmente integrables en hogares, entornos de trabajo y lugares públicos. De esta manera, cualquier objeto es susceptible de ser conectado y "manifestarse" en la Red. Además, Internet de las cosas implica que todo objeto puede ser una fuente de datos.

Millones de dispositivos están siendo conectados entre sí a través de distintas redes de comunicación. Pequeños sensores permiten medir desde la temperatura de una habitación hasta el tráfico de taxis en una ciudad. A diario, cámaras de vigilancia velan por la seguridad en los edificios y los paneles del metro nos indican el tiempo que falta para la llegada del siguiente tren. Incluso en las multas de tráfico existe poca intervención humana. Cada vez más objetos están siendo integrados con sensores, ganando capacidad de comunicación, y con ello las barreras que separan el mundo real del virtual se difuminan. El mundo se está convirtiendo en un campo de información global, y la cantidad de datos que circulan por las redes está creciendo exponencialmente. Como ya hemos analizado a lo largo del libro, cada vez más los términos gigabyte y terabyte están quedándose como unidades pequeñas, y los petabytes y exabytes serán los términos de unidades de almacenamiento que se utilizarán cada vez con mayor frecuencia.

La figura 6.5 muestra un diagrama global de cómo actuaría el ("la") Internet de las cosas con sus diferentes dispositivos.

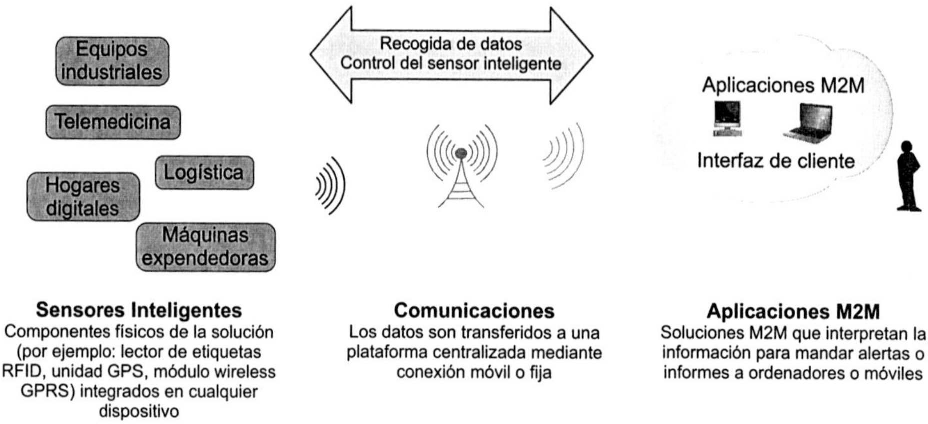

Figura 6.5. Arquitectura de un sistema de Internet de las cosas. Fuente: Fundación de la Innovación (Bankinter)/Accenture (2009) Disponible en: www.fundacionbankinter.org.

La compañía Intel, primer fabricante de chips para computadoras del mundo, en un informe (publicado en octubre de 2011) predecía que en el año 2020 habrá 31.000 millones de dispositivos conectados a Internet a nivel mundial, y que en la actualidad ya se superan los 5.000 millones. En el caso de España, el blog oficial de la CMT (Comisión del Mercado de las Telecomunicaciones) considera que el número de líneas M2M conectadas está experimentando un rápido crecimiento, y ya a finales de agosto de 2011, se estimaba en 2.417.000 conexiones, es decir, un 24% más que en el mismo mes del año anterior.

Prueba innegable del avance imparable del Internet de las cosas está en que las grandes operadoras de telefonía del mundo (Telefónica, Telmex, Deutsche Telecom, Sprint, Verizon) están comenzando a ver el enorme potencial de los servicios inalámbricos asociados a las máquinas (sensores, cámaras de seguridad o dispositivos de telemetría), y se están centrando en su investigación y desarrollo. Un botón de muestra se ha producido en Telefónica de España. A finales de octubre de 2012, César Alierta, el presidente de la compañía, reunió en Madrid a más de 1.000 directivos de la empresa para hablarles del futuro de los servicios digitales de todo tipo. Una de las tecnologías emergentes a la que dedicó gran parte de su intervención fue al Internet de las cosas y al M2M como nuevos modelos de negocio a investigar y desarrollar. Consideró el hecho de la nueva generación de edificios inteligentes conectados a la Red, lo que conlleva cientos de millones de sensores comunicando su estado, que a su vez generará un flujo incalculable de información (podemos imaginar el caso práctico de los millones de frigoríficos y refrigeradores de las casas, conectados a Internet, y la inmensa cantidad de información que generarán y que podrá ser aprovechada para optimizar recursos y fabricación de nuevas innovaciones tecnológicas).

Las máquinas o dispositivos inteligentes empiezan a configurar las ciudades inteligentes (*smart cities*). Así los servicios públicos, edificios, hogares, automóviles... comienzan a estar conectados entre sí, y a los grandes beneficios de la conectividad se están uniendo el ahorro de energía y la rentabilización de recursos.

Naturalmente, no todo son ventajas. Las operadoras y los propios ciudadanos no ven tan rentable el negocio, en primera instancia, dado que por ahora los costes de instalación resultan más elevados que los asociados a una transmisión de datos tradicional y, por otra parte, desde el punto de vista social, es lógico que no hay experiencia sobre el gran cambio social que el Internet de las cosas va a conllevar. Todos esos posibles inconvenientes no ocultan la gran realidad: Internet de las cosas está evolucionando a velocidad exponencial.

Las tres capas básicas del Internet de las cosas

Según Accenture, el fenómeno del Internet de las cosas ha irrumpido a nuestro alrededor, dando vida a objetos cotidianos que se interconectan gracias a la Red, y que constituyen fuentes inagotables de información. Considera que las capas básicas que están haciendo posible que este nuevo paradigma llegue al ciudadano son: primero, la miniaturización por la cual los componentes de las computadoras son cada vez más pequeños, lo que facilita que se pueda conectar prácticamente cualquier cosa, desde cualquier sitio, en cualquier momento; segundo, la superación de la limitación de la infraestructura de telefonía móvil; y, tercero, la proliferación de las aplicaciones y los servicios que ponen en uso la gran cantidad de información creada a partir del Internet de las cosas.

¿Qué sectores acusarán el mayor impacto?

Los sectores de la logística y el transporte han sido de los primeros en sumergirse en el concepto del IoT con su adopción de las etiquetas RFID. En 2010, había cerca de 3000 millones de etiquetas en circulación en el mundo. Sin embargo, solo se trata de los primeros pasos hacia la adopción generalizada de la tecnología en otras industrias. Otras incursiones del Internet de las cosas se dan en sectores como el sanitario, el agrícola, el ya citado de la logística o el de suministros, permitiendo conectar todo tipo de máquinas para monitorizar y controlarlas de manera inteligente.

En el prólogo del libro *Internet de las cosas,* publicado por la fundación Bankinter, y realizado por Accenture, se relatan estos casos prácticos en el sector sanitarios donde los cuidados desempeñarán un papel de liderazgo. El paso de los cuidados sanitario del hospital a los hogares se verá facilitado en gran medida por todo tipo de dispositivos de detección conectados a médicos y cuidadores. Por ejemplo, por un precio simbólico hoy se puede comprar una báscula, que además del peso, mide el nivel de hidratación y el porcentaje de grasa corporal. Si se añade una medición del pulso, conéctelo a Internet y podrá obtener un monitor excelente para pacientes con insuficiencia cardiaca y propensión a retener líquidos.

Otro ámbito donde el Internet de las cosas supondrá una revolución es el de la energía, al que se aporta las siguientes consideraciones:

> Es necesario gestionar el uso de las redes eléctricas inteligentes a través de dispositivos conectados que transfieren cargas de trabajo secundarias a las horas bajas, en las que las tarifas son menores. Se pueden alcanzar ahorros de hasta un 20%. De la misma forma, las

microredes requieren una gestión de fuentes distribuida, una vez más algo que los dispositivos *online* serán capaces de proporcionar.

Otros sectores donde el impacto del Internet de las cosas será espectacular lo encontraremos en la electrónica y el ocio en el hogar. La enorme cantidad de electrodomésticos presentes en los hogares será una fuente inagotable de información. El aumento impresionante del *streaming* (flujo continuo de datos) potenciado por la implantación de la nube hará que el ocio en el hogar sea cada vez más agradable, ya que será posible escuchar música, visualizar videos o fotografías, e incluso leer libros, desde cualquier dispositivo de la casa.

Naturalmente, el mundo de los medios de comunicación será otro de los grandes sectores donde el impacto del Internet de las cosas será también espectacular, debido a la cantidad tan enorme de dispositivos que podrán proporcionar información, el uso cada día más frecuente de la nube y las tecnologías y aplicaciones de *social media*. Los sectores de la logística y el transporte han sido de los primeros en sumergirse en el concepto del Internet de las cosas con su adopción de las etiquetas de identificación por radiofrecuencia. En 2010, cerca de 3000 millones de etiquetas RFID se encontraban en circulación en el mundo. Las compañías de logística pueden optimizar sus cadenas de suministro al conocer con precisión la posición de todas sus mercancías y los vehículos pueden circular sin detenerse en los peajes de las autopistas. Sin embargo, no son más que los primeros pasos en el IoT, a pesar de que estos dispositivos hayan revolucionado ambos sectores.

Las tecnologías más utilizadas en Internet de las cosas son: *RFID*, *NFC*, *QR* y sensores inalámbricos (*Zigbee*) junto con las redes inalámbricas Bluetooth y WiFi. Hasta ahora las tecnologías RFID son las que mayor impacto están teniendo en el despliegue del Internet de las cosas. Otro de los grandes avances y que ha supuesto un gran impulso para la Internet de las cosas, ha sido la implantación y desarrollo del protocolo *IPv6*, ya que el clásico protocolo IPv4 constituye un auténtico cuello de botella en el crecimiento de Internet.

IPV4: EL CUELLO DE BOTELLA. IPV6: EL DESARROLLO DE LA INTERNET DE LAS COSAS

A través de Internet, las computadoras y equipos se conectan entre sí mediante sus respectivas direcciones IP. Bajo la versión IPv4 utilizada hasta hace escaso tiempo, solo hay cabida para unas 4.300 millones de direcciones. Teniendo en cuenta que casi un tercio de la población mundial está conectada (aproximadamente, 2.400 millones de personas en 2013), no queda mucho margen para seguir conectando todos los objetos del Internet de las cosas. Este cuello de botella en nuestras infraestructuras tiene solución en el último despliegue del protocolo (IPv6), que permitirá alojar centenas o miles de millones de direcciones IP. Es decir: "más que suficiente para todo lo que hay en el planeta". Sin embargo, todo dependerá de lo rápido que se adopte el IPv6. Por lo pronto, el 8 de junio de 2011, Google, Facebook y Yahoo, entre otros, comenzaron a ofrecer su contenido sobre IPv6 durante un simulacro de veinticuatro horas. Hoy día, cada vez es más utilizado el protocolo IPv6.

Figura 6.6a. Logo de IPv6, Internet Society.

Figura 6.6b. Logo de IPv6, Día Mundial de IPv6 (8 junio 2011).

SENSORES

Los sensores son uno de los componentes clave del Internet de las cosas. El continuo avance de la microelectrónica de bajo consumo, la miniaturización, la nanotecnología, los avances en comunicaciones inalámbricas están impulsando el crecimiento de grandes cantidades de redes inalámbricas de sensores. Las redes de sensores consisten en conjuntos de sensores (desde unidades hasta millares) distribuidos por un espacio físico, una ciudad, un parque natural, un bosque, un edificio, vehículos industriales, y que son capaces de monitorizar el entorno donde están incrustados de modo autónomo y ubicuo, creando las redes o ambientes inteligentes.

La prestigiosa revista *Technology Review*[3], del MIT, declaró 2013 como el año del Internet de las cosas. Las tecnologías necesarias para ello son relativamente simples: etiquetas RFID para el seguimiento de objetos; sensores de baja potencia para la recopilación de todo tipo de datos, desde la temperatura y la calidad del aire a la detección de pasos y movimientos; y, por último, actuadores eléctricos de baja potencia capaces de activar y desactivar cualquier cosa, como las luces, los sistemas de calefacción y aire acondicionado, las cámaras de video, etcétera.

El citado artículo de *Technology Review* describe numerosas aplicaciones de sensores: muchas ciudades han equipado sus redes de transporte con sensores que transmiten la posición de los autobuses, tranvías y trenes, y ponen esta información a disposición del público. Existen diversas aplicaciones innovadoras que proporcionan a los pasajeros actualizaciones en tiempo real de la posición y la hora probable de llegada de su siguiente enlace. Otros sensores monitorizan las condiciones del tráfico permitiendo la optimización en tiempo real del flujo de tráfico. Otro ejemplo del uso de las tecnologías de sensores es su adopción generalizada para monitorizar el rendimiento deportivo. En el caso de marcas deportivas, existen sensores de Nike que recopilan información sobre los entrenamientos y la envían a un servidor central al que los usuarios pueden acceder para analizar su rendimiento.

La recogida y la transmisión de información tienen lugar, en gran medida, sin ninguna intervención humana.

Uno de los sensores inalámbricos más populares es Zigbee. En realidad, Zigbee es el nombre de la especificación de un conjunto de protocolos de alto nivel de comunicación inalámbrica para su utilización con radio digital de bajo consumo. Estos sensores están diseñados para la interacción entre ellos con las características fundamentales de intercambio de datos con un alto nivel de seguridad, bajo consumo eléctrico, reducida tasa de transferencia de datos y la posibilidad de interconexión de muchos dispositivos personales entre sí en mayor número que las tecnologías Bluetooth. Los Zigbee se están incluyendo en numerosas aplicaciones: domótica, edificios inteligentes (controles de iluminación, localización de interiores), seguimiento médico de pacientes, publicidad móvil personalizada, etcétera.

La tecnología está impulsada por la *ZigBee Alliance* que se encarga de impulsar su desarrollo y redactar especificaciones técnicas para su uso y difusión.

BLUETOOTH 3.0/4.0

Bluetooth es un protocolo de comunicaciones diseñado para conectar dispositivos electrónicos de una forma sencilla, eficiente y sin cables. La comunicación se basa en ondas de radio de corto alcance (2.4 gigahertzios de frecuencia) y los aparatos no tienen que estar alineados, pueden estar en habitaciones distintas de una casa -siempre que la potencia lo permita. Los protocolos Bluetooth desde hace años son muy utilizados para conexión de computadores portátiles, teléfonos móviles, ratones, teclados, impresoras, dispositivos de manos libres (en automóviles, autobuses), auriculares, etcétera.

Las tecnologías Bluetooth se han popularizado y se utilizan para aplicaciones muy diversas, desde escuchar en dispositivos reproductores de audio, conexión a Internet inalámbrica desde el computador portátil (*laptop)* utilizando el teléfono móvil como dispositivo de enlace, sincronización de datos entre teléfonos y computadoras personales, etcétera. Los dispositivos con Bluetooth ya abundan en la vida diaria, desde cámaras fotográficas, auriculares, altavoces, teléfonos móviles, lectores de libros electrónicos.

La penúltima versión de Bluetooth, la 3.0 viene ya incorporada en casi todos los dispositivos citados anteriormente, y muchos de los nuevos que se vayan fabricando. Las especificaciones de Bluetooth 3.0 (fue aprobada la norma en 2009, aunque su comercialización ha tardado varios años, y ya casi todos los dispositivos que integran Bluetooth incorporan esta última versión) han conseguido un aumento significativo de la velocidad de transferencia de archivos, pudiendo transferir archivos a 480 Mpbs en distancias cortas y 100 Mpbs a 10 metros. Esta versión incluye una tecnología de bajo consumo que está permitiendo incorporar Bluetooth a dispositivos de la vida diaria como relojes, equipamiento médico y deportivo, y también en los sensores inalámbricos. Otra de las características muy demandadas de Bluetooth es su capacidad de sincronización de datos entre teléfonos y computadores personales, portátiles (*laptops*), tabletas, videoconsolas o lectores de libros electrónicos.

La última versión Bluetooth 4.0 es una versión de baja potencia y consumo que ya comienza a instalarse en los teléfonos inteligentes más modernos tales como iPhone 4S de Apple o Samsung Galaxy S4.

RFID

La *tecnología RFID* (*Radio Frequency Identification*) es una tecnología de identificación por radiofrecuencia. Es un sistema de almacenamiento y recuperación de datos remotos que pueden ser leídos y escritos sin contacto físico, vía ondas de radio y mediante antenas. Un sistema RFID tiene los siguientes componentes:

- **Etiqueta RFID** (*tag*), compuesta de una antena, un transductor de radio y un chip encapsulado. La antena transmite la información de identificación de la etiqueta al chip. Existen dos tipos de etiquetas: solo lectura y lectura-escritura. Se clasifican, según su sistema de alimentación, en activos, semipasivos o pasivos. Las etiquetas pasivas no requieren ninguna fuente de alimentación eléctrica, solo se activan si un lector de etiquetas les suministra la energía necesaria para su funcionamiento. Los otros dos tipos de etiquetas, activas y semipasivas, si disponen de una fuente de energía eléctrica, normalmente una micropila integrada.
- **Lector de RFID.** Captura la señal de una etiqueta RFID, extrae la información, y la transmite al componente encargado del almacenamiento de datos.
- **Adaptación (*middleware*) RFID.** Proporciona los medios de procesamiento y almacenamiento de datos.

Desde un punto de vista práctico, los sistemas RFID son pequeños dispositivos, similares a una pegatina (etiqueta), que pueden ser adheridos a un producto, persona o animal para almacenar información relevante y dinámica. Mediante radiofrecuencia, la información viaja a una computadora o dispositivo móvil con acceso a Internet. Dicha información puede ser recibida por un usuario para su interpretación. También existe la posibilidad de que el extremo final sea otra máquina que interprete los datos y actúe según parámetros preestablecidos. Cualquier objeto es susceptible de ser conectado y de "manifestarse" en la Red.

Los campos de aplicación de la tecnología RFID son muy numerosos. Las etiquetas RFID tienen infinidad de aplicaciones en la vida diaria, y seguirá creciendo su uso, potenciando de este modo a Internet de las cosas, y esa es la razón por la que aumentan los grandes volúmenes de datos:

- Etiquetado de productos, mercancías, libros...
- Logística (seguimiento de mercancías).

- Seguridad, identificación y control de acceso a lugares, edificios, barreras en carreteras...
- Identificación de animales (la inserción de un pequeño chip en una mascota permite identificar al animal y facilitar su devolución al dueño en caso de pérdida).
- Pagos en peajes, transportes urbanos, ferrocarriles, aeropuertos...
- Sustitución de los códigos de barra en artículos de los grandes almacenes o en libros de una librería.
- Otros.

Una de las características más notables, y que ha facilitado la penetración de las etiquetas RFID, es la creciente sustitución del código de barras por estos chips, en artículos y productos del comercio. Otra virtud es la seguridad, ya que los dispositivos RFID son más difíciles de copiar que los códigos de barra tradicionales; y finalmente, el almacenamiento de información, los sistemas RFID tienen capacidad de almacenamiento superior a los códigos de barra y otros similares.

NFC

La *tecnología NFC* (*Near Field Communication*, Comunicación de campos cercano) es un sistema inalámbrico para el intercambio de datos a corta distancia. La tecnología NFC es una tecnología inalámbrica que permite la interconexión entre dispositivos electrónicos de un modo muy sencillo. Es una variante de la tecnología de radio frecuencia RFID que permite a dos dispositivos situados a corta distancia (menos de diez centímetros) comunicarse entre sí, pero no está dirigida a la transferencia masiva de datos.

NFC está destinada a la comunicación entre dispositivos móviles; esta comunicación se realiza simplemente aproximando el terminal a otro dispositivo habilitado con NFC o con una etiqueta NFC (similar a las etiquetas RFID). Otra ventaja de NFC es que puede complementarse muy bien con las tecnologías Wi-Fi, Bluetooth, e incluso RFID. Sin embargo, NFC, aunque permite el intercambio de datos entre dispositivos, no está dirigida a la transmisión masiva de datos, sino a la comunicación entre aparatos con capacidad de proceso, como teléfonos móviles, agendas electrónicas, computadoras, tabletas, videoconsolas; y por consiguiente, actúa como tecnología complementaria de las inalámbricas clásicas.

La banda de frecuencia en la que opera NFC es 13.56 MHZ, banda que no necesita de ninguna licencia administrativa para la transmisión, y permite la operación a una distancia inferior a 10 cm. Con velocidades de transmisión de 106 Kbps, 212 Kbps y 424 Kbps. Como la transmisión se produce a cortas distancias, es intrínsecamente muy segura debido al corto alcance de dicha transmisión; y, en consecuencia, se dificulta cualquier captura de señal por otro dispositivo ajeno a la comunicación prevista. En 2004, se creó la organización sin ánimo de lucro, NFC Forum, que vela por la introducción de la tecnología promoviendo la estandarización por parte de todos los organismos internacionales responsables de las comunicaciones móviles.

NFC es una extensión del estándar ISO/IEC-1443 para tarjetas de proximidad sin contactos, que combina una tarjeta inteligente y un lector en un único dispositivo, lo que la hace compatible con toda la infraestructura de pago sin contacto y de transporte existente en la actualidad. Por estas razones, los dispositivos NFC integrados en teléfonos inteligentes están convirtiendo a estos dispositivos en medios de pago electrónicos. La tecnología va a permitir convertir a los teléfonos celulares en un sistema de pago universal. En la actualidad existen numerosos teléfonos celulares que vienen de serie con chips NFC.

Las aplicaciones de las tecnologías son numerosas, aunque la más popular es el pago en comercios con teléfonos móviles. Otras aplicaciones son:

- Transferencia de datos.
- Lectura/escritura de etiquetas de radiofrecuencia.
- Emulación de tarjetas de crédito.
- Control de acceso.

En el Congreso Mundial de Móviles (WMC 2013), de Barcelona, en febrero de 2013, se ha habilitado una amplia zona geográfica en torno a la sede del congreso para la realización de operaciones de todo tipo entre móviles integrados con NFC, especialmente, pagos en operaciones comerciales.

SIM INTEGRADA

La GSM Association constituyó a finales de 2010, un comité técnico formado por expertos de las principales compañías de telefonía de móviles del mundo (AT&T, China Mobile, Deutsche Telecom, Orange, Telefónica, Verizon, Vodafone, NTT Docomo, entre otras) con el objetivo de trabajar en el desarrollo de un proyecto de creación de tarjetas SIM integradas.

El propósito de una tarjeta SIM integrada es llevar la conexión a Internet a más dispositivos, como cámaras, lectores electrónicos (*eReaders*), medidores inteligentes (*smart meters*), reproductores MP3. La SIM integrada —aún en desarrollo— conectará los dispositivos a una red inalámbrica GSM (GSM es el sistema de comunicación inalámbrica más desplegado en la actualidad, con más de 3.000 millones de dispositivos).

A diferencia de la SIM estándar de los teléfonos móviles y cámaras de fotografías, que se inserta en los aparatos, los chips de la SIM integrada se pueden sacar del dispositivo y se activan con control remoto. Estas SIM integradas se podrán colocar en móviles, tabletas y cualquier otro dispositivo.

La comercialización de las tarjetas SIM integradas comenzó en el año 2012 y potenciará la Internet de las cosas, trayendo consigo grandes beneficios a organizaciones y empresas, además de a la ciudadanía en general. Sin embargo, las tarjetas SIM producirían una saturación de las redes de telecomunicación ya que, unido al despliegue de las redes 3G y las ya también, despliegue 4G, ocasionarían grandes problemas a las operadoras, pero que serían compensadas por los nuevos modelos de negocio que ofrecerá la Internet de las cosas.

CÓDIGOS QR Y BIDI

Un *código QR* (*Quick Response Code*) es un sistema para almacenar información en una matriz de puntos o un código de barras bidimensional; se caracterizan por los tres cuadrados que se encuentran en las esquinas y que permiten detectar la posición del código al lector. Los códigos QR son un estándar internacional (ISO/IEC 18004), aprobado en junio de 2000, y son de código abierto, de libre uso, por lo que se pueden encontrar muchas aplicaciones gratuitas para su generación y lectura.

Figura 6.7. Código QR del libro.

Los códigos BIDI (www.bidi.es) -bidimensionales o bidireccionales- son privados o de código cerrado; y por lo tanto, no son gratuitos, debido a su orientación comercial y su fin lucrativo, aunque funcionan con los mismos fundamentos teóricos.

QR en las compañías de telefonía móvil

Para usar un código QR no se necesita ser cliente de una compañía telefónica para leerlos, pero los códigos BIDI solo se leen con las cámaras y aplicaciones específicas de cada marca implantada en sus propios dispositivos móviles. Los códigos Bidi responden a la intención de las operadoras de telefonía de imponer en el mercado su propio código, para el cual es necesario el lector propio de cada compañía. Estos códigos, al contrario que los códigos QR, no los puede generar cualquiera, solo se pueden descargar mediante un mensaje de texto que tiene un coste determinado (aunque la tendencia es que sean gratuitos, por la competencia que están teniendo las operadoras de telefonía con aplicaciones de mensajería instantánea como WhatsApp).

CIUDADES INTELIGENTES (*SMART CITIES*)

IBM lleva varios años desarrollando una iniciativa denominada *Smart Planet* (planeta inteligente) con la cual pretende la construcción de un planeta más inteligente en la mayoría de los sectores de la vida. Este sistema define un mundo de máquinas e infraestructuras interconectadas a través de redes y sensores que, unido a una capa de inteligencia, permitirá controlar el entorno y tomar decisiones eficientes en tiempo real. El objetivo de IBM es desarrollar y aplicar a lo largo de la década las tecnologías del Internet de las cosas en áreas muy diversas tales como alimentación, energía (luz, gas, petróleo), recursos del agua, sanidad, telecomunicaciones, tráfico.

Las ciudades inteligentes son una de las aplicaciones más extendidas de *smart planet*[4], del Internet de las cosas, y las comunicaciones entre máquinas M2M. Existen numerosos proyectos de ciudades inteligentes a lo largo del mundo.

La Comisión Europea (CE) anunció en 2012 que destinará 365 millones de euros en 2013 a impulsar las redes de transporte sostenible, las nuevas tecnologías y la eficiencia energética en las ciudades de la Unión Europea, dentro de la iniciativa "Ciudades y comunidades inteligentes". Estos fondos se invertirán en proyectos (de los tres citados sectores) que serán llevados a cabo en colaboración con las autoridades locales, con el fin de "estimular el desarrollo tecnológico y crear ciudades más inteligentes" dentro del programa *Agenda Digital Europea*.

Santander en España, va a ser una ciudad pionera a nivel mundial gracias al proyecto que está desarrollando, y que consiste en poder monitorizar y controlar la ciudad en todo momento, empleando una de red de grandes sensores y actuadores distribuidos a lo largo de la ciudad. De esta forma no solo se podrán controlar (como en el presente) algunos aspectos como los niveles de contaminación o las cámaras de tráfico, sino también el nivel de tráfico de las calles, con el objetivo de dirigirlo a otras calles menos saturadas, o el nivel de ruido en los distintos barrios por las noches, la calidad del agua, la iluminación natural para saber cuándo encender el alumbrado público, etcétera.

¿QUÉ SON LOS MEDIOS SOCIALES (*SOCIAL MEDIA*)?

Existen numerosas definiciones de medios sociales o *social media*. Veamos algunas de ellas:

- *Enciclopedia Wikipedia*: "Los medios de comunicación sociales o simplemente medios sociales (*social media*), son plataformas de comunicación en línea donde el contenido es creado por los propios usuarios mediante el uso de las tecnologías de la Web 2.0, que facilitan la edición, la publicación y el intercambio de información".
- *The Social Media Guide*: *social media* son contenidos generados por el usuario que son compartidos en línea con tecnologías que promueven el compromiso, el intercambio y la colaboración.

- *McKinsey Global Institute* define, primero, tecnologías sociales como: "Aquellas que proporcionan plataformas para creación, distribución, consumo y comunicación de contenidos". En una segunda instancia, define *social media* como "tecnologías basadas en móviles y en la Web que permiten la creación y generación de contenidos generados por el usuario", una acepción de esta última definición añade que "son herramientas de la Web 2.0 y que colaboran en la generación y consumición de contenidos". Un listado de tecnologías sociales de McKinsey incluyen: redes sociales, compartición de videos, blogs, *wikis* y *microblogging*.

Ante esta *pléyade* de definiciones hemos decidido acudir también a la Fundación del Español Urgente (Fundéu BBVA) que recomienda utilizar la expresión "medios sociales" como el equivalente español de *social media*, que denomina en la nota oficial como: "Las nuevas plataformas y canales de comunicación sociales, caracterizados por la conversación y la interacción entre los usuarios", y que nosotros ampliamos en el sentido que, mediante el uso de tecnologías y aplicaciones de la Web 2.0, permiten la creación, intercambio, distribución y consumo de contenido generado por el usuario. En resumen, medios sociales son aquellos que permiten la creación de contenidos (audio, texto, video, imágenes, fotos), su distribución, compartición, consumo e intercambio en Internet.

Desde un punto de vista práctico, los medios sociales convierten un proceso de comunicación en un diálogo interactivo; dicho de otra manera, cualquier sitio Web que invite al usuario a interactuar con el sitio y con otros visitantes cae en esa definición. Una primera taxonomía de medios sociales podría ser la siguiente:

- **Marcadores sociales (*book marking social*).** Interactúan etiquetando sitios Web y buscando sitios Web marcados (favoritos) por otras personas. En la práctica, permiten seleccionar sitios Web favoritos, etiquetarlos y ponerlos en carpetas, a disposición de cualquier usuario registrado o autorizado: Del.icio.us, Blinklist, Simply, MisterWong, 11870, StumbleUpon, etcétera.
- **Noticias sociales (*social news*).** Se interactúa con el sitio mediante un sistema de votaciones, de recomendaciones o comentarios de noticias, de artículos: Digg, Propeller, Reddit, Menéame, Wikio, coRank, Fresqui, etcétera.
- **Redes Sociales (*social networking*).** Se interactúa añadiendo amigos, perfiles, uniéndose a grupos, haciendo comentarios, participando en charlas, *chats*: Facebook, Twitter, Tuenti, MySpace, Hi5, LinkedIn, Google+, Pinterest, Foursquare, Instagram, etcétera.
- **Compartición social de video, audio, fotografía, texto, presentaciones.** Flickr, Picasa, Panoramio, YouTube, Pandora, Spotify, Dalealplay, Vimeo, Slideshare, Scribd, etcétera.
- ***Wikis*.** Se interactúa añadiendo o editando artículos ya existentes o visualizando artículos: Wikipedia, Wikia, Wikilengua, Kalipedia.
- **Blogs, Microblogs y Podcast.** Se interactúa agregando entradas (*post*), comentarios, mensajes, digitalizando audio: WordPress, Blogger, Twitter, Yammer, Jaiku, Tumblr, podcastellano.org, *podcast* de emisoras de radio y televisión.

EL PANORAMA DE LOS MEDIOS SOCIALES

Frederic Cavazza es un consultor y periodista francés, creador de un portal tecnológico de medios sociales y de un blog de gran reputación a nivel internacional, y desde finales de 2012 publica también en la revista *Forbes*, con una gran presencia en la blogosfera (universo de sitios blogs) y en buscadores. Desde el 2008, publica unos estudios en forma de gráficos y de infografías sobre el panorama o ecosistema anual de los sitios Web de medios sociales a nivel mundial. El cuarto mapa, publicado en 2012, sobre su visión panorámica de los medios sociales (figura 6.8.) muestra una visión del ecosistema de medios así como de prácticas emergentes en comercio social y en búsqueda social (buscadores).

En su última versión publicada en *Forbes*, se pueden encontrar un conjunto de servicios en línea que permiten conversaciones e interacciones sociales, no solo sobre computadoras, sino también sobre dispositivos móviles y alternativos (teléfonos inteligentes, tabletas, televisiones conectadas, podríamos considerar también la *Smart TV*). De acuerdo con Cavazza, los medios sociales son un ecosistema muy denso donde diferentes jugadores viven en simbiosis. Los tres principales actores son Facebook, Twitter y Google+. Por ello, los sitúa en un círculo central. Plantea que un usuario puede realizar tareas de edición, compartición, reproducción (visualización), de redes sociales, compras y localización en solo una de estas plataformas. Considera que las tres redes sociales destacadas tienen cada una a su manera una orientación distinta: Twitter para descubrimiento de contenido, Google+ para gestionar identidad en línea, y Facebook para interactuar con sus amigos.

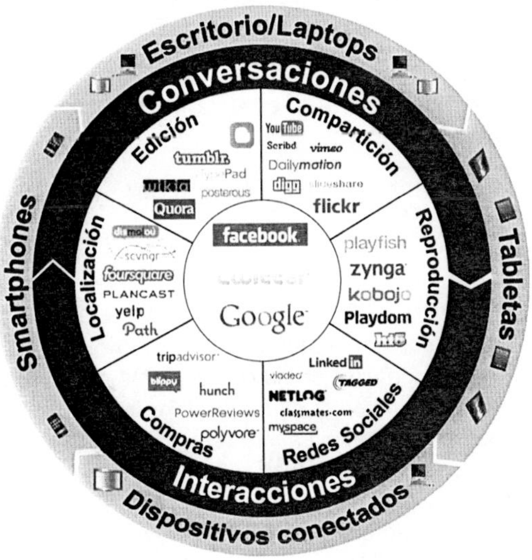

Figura 6.8. El panorama de los medios sociales en 2012. Fuente: Fred Cavazza.net (adaptada).

Los sitios sociales que destaca Fred Cavazza clasificados por categorías son:

- **Edición**. Motores de blogs (WordPress, Blogger, Typepad, LiveJournal); plataformas wikis (Wikipedia, Wikia); servicios de microblogs (Tumblr, Posterous); y sitios de preguntas/respuestas Q&A social (Quora).

- **Compartición.** Servicios dedicados *online* para videos (YouTube, Dailymotion, Vimeo); fotografías (Flickr, Instagram); enlaces marcadores sociales (Delicious, Digg); productos (Pinterest); música (Spotify); y documentos (Slideshare, Scribd).
- **Reproductores (Playing).** Editores importantes (Zynga, Playdom, Playfish, SGN, Popcap); plataformas dedicadas (Hi5); editores más pequeños, pero innovadores (Digital Chocolate, Kobojo).
- **Redes sociales (networking).** Profesionales (LinkedIn, Viadeo); personales (Netlog, Tagged, MySpace, Badoo) o antiguos conocidos (MyYearBook, Classmates).
- **Compras.** Plataformas de inteligencia de clientes (Bazaarvoice, PowerReviews); compartición de compras (Polyvore, Blippy); recomendaciones (Hunch); ofertas de comercio social (Boosket).
- **Posición.** Con aplicaciones móviles (Foursquare, Path, Scvngr); guías de ciudades socializadas (Yelp, DisMoisOu) o próximos eventos o lugares (Plancast).

A estas categorías, nosotros añadiríamos las siguientes familias:

- **Mashups o fusionadores de aplicaciones.**
- **Herramientas colaborativas** (wikis, videoconferencias por telefonía IP).
- **Agregadores lectores de contenidos RSS** (de noticias GoogleReader[5], Bloglines, Netvibes, FeedReader); de medios de comunicación (Flipboard, ZITE. En España: Orbyt: El Mundo; 2. Kiosko y Más: *El País, ABC, La Vanguardia*...).
- **Servicios de mensajería** (WhatsApp, Blackberry Messenger, Line, WeChat, Viber, Joyn, ChatON, GroupMe, Spotbros, Facebook, Messenger).

GEOLOCALIZACIÓN

Gracias a los sistemas GPS instalados en los teléfonos inteligentes y a la conexión a redes inalámbricas o móviles 3G, y las futuras 4G, se pueden asociar las coordenadas geográficas del lugar donde se encuentra el usuario de un teléfono con la dirección IP de Internet, y así mostrar en la pantalla del dispositivo todo tipo de información sobre restaurantes, hoteles, espectáculos de lugares próximos a la posición geográfica, o incluso a distancias kilométricas de esos lugares. (Ver sitios Web como Foursquare, Gowalla, comprada por Facebook y hoy integrada en Facebook Places, Twitter Places, Google Latitude).

La creciente penetración de teléfonos móviles que incluyen conectividad permanente a Internet y los sistemas de posicionamiento global (*GPS*, Global Positioning System), unido a la proliferación de aplicaciones de mapas digitales como Google Maps, Google Earth (o sus competidoras, Bing Maps o Yahoo! Maps), aunado a las funcionalidades de movilidad que proporcionan las redes Wi-Fi y las redes 3G (y ya incipientes 4G[6]) ,así como las tecnologías Bluetooth y RFID, han hecho que las tecnologías de geolocalización o *geoposicionamiento* se hayan convertido en muy populares. Desde el punto de vista del marketing, la disciplina geomarketing se ha convertido en asignatura casi obligatoria en los Másteres y MBA dirigidos a negocios o marketing.

La geolocalización aprovecha el valor de la ubicación geográfica (coordenadas) como herramienta clave para obtener información que pueda ser de vital importancia para las compañías. La *tecnología de geolocalización* se basa en los sistemas de información geográfica (GIS) para analizar, gestionar y visualizar conocimiento geográfico.

La geolocalización funciona a partir de la identificación de la dirección IP desde la que cada computadora se conecta a Internet. Por consiguiente, geolocalización es la localización del usuario en un punto determinado del mapa, según las coordenadas geográficas. Esta tecnología requiere un teléfono móvil inteligente (iPhone, Android, Blackberry, etcétera.) dotado con GPS. Aplicaciones como Foursquare, Brightkite, se han convertido en negocios prósperos y rentables para sus creadores, y en aplicaciones de gran uso social para los usuarios de los teléfonos.

Otra gran innovación tecnológica que potencia la geolocalización reside en la nueva versión de HTML (HTML 5) que añade funcionalidad geolocalización a los navegadores de la Web y, por consiguiente, permite la integración de la geolocalización en las aplicaciones Web. Este es el caso de Chrome. Google lanzó, a finales de marzo de 2010, una versión que ya soportaba geolocalización, y eso significa que las API (interfaces de programación de aplicaciones) podrán ser utilizadas por los desarrolladores de aplicaciones Web para móviles y computadores de escritorio. El otro gran navegador en popularidad y penetración, Firefox, a partir de su versión 3.8 también soporta HTML 5; y por consiguiente, geolocalización, y proporciona API para los desarrolladores de la Web. Prácticamente, todos los navegadores restantes, Explorer, Safari, Opera admiten geolocalización.

Aplicaciones de geolocalización

Las aplicaciones de geolocalización han crecido de modo casi exponencial y en todo tipo de campos. En esta sección, nos vamos a centrar en las más populares y que consideramos ofrecen mayor impacto social. Para ello, hemos recurrido a Techcrunch (techcrunch.com), uno de los blogs tecnológicos con más reputación en el mundo y con mayor fiabilidad. Mark Fidelman publicó recientemente un informe comparativo sobre los sistemas de geolocalización o LSB (Location Based Services), servicios basados en localización, donde analiza los ocho servicios más relevantes: Foursquare, Brightkite, Loopt, Yelp, Wher, Booyath, Facebook Places y Twitter Places. Ante la aparición de las aplicaciones de Google en las redes sociales con los casos de Facebook Places y Twitter Places, Fidelman se planteaba las siguientes preguntas: "Facebook pregunta al usuario '¿en qué está pensando?'", mientras que "Twitter pregunta: '¿qué está pasando?'". Y los servicios de geolocalización como Foursquare o, la antigua Gowalla, conducen a la pregunta clave en las redes sociales: "¿Dónde estás?". En la práctica, una aplicación de geolocalización hará dos tareas desde el punto de vista del usuario, informará de cuál es la situación geográfica, y la asociará a lugares del mundo real (restaurantes, cines, museos).

MOVILIDAD

La tercera tendencia *SoLoMo*, de gran impacto en Big Data, es la movilidad. Los dispositivos móviles liderados por los teléfonos inteligentes y las tabletas, están desplazando el uso de los computadores personales PC y portátiles (*laptops*), tal como lo reflejan las estadísticas de ventas de 2012. En el año 2012, se ha consolidado los teléfonos inteligentes y las tabletas como herramientas universales.

El desarrollo de la banda ancha móvil (BAM), durante 2012, se ha convertido en el elemento disruptivo de mayor impacto en la sociedad. En España, la BAM ha sido, sin ninguna duda, la tecnología de mayor *ratio* de crecimiento en el terreno de las telecomunicaciones. La tecnología BAM es una tecnología complementaria a la BAF (banda ancha fija), aunque como refleja el informe de la Sociedad de la Información en España (SIE, 2012)[7], que publica la compañía Telefónica, la gran mayoría de los usuarios (87%) que dispone de BAM también poseen BAF. La BAF permite, por ahora, unas mayores velocidades tanto de subida como de bajada, y no suele tener limitaciones de consumo, mientras que la BAM tiene restricciones en esos aspectos, ya que existe una limitación de recursos del espectro radioeléctrico. Sin embargo, la BAM permite la conexión libre desde cualquier zona en la que exista cobertura, lo que favorece la *ubicuidad,* y que el usuario pueda estar permanentemente conectado con cualquier dispositivo.

La proliferación de tecnologías de conectividad conduce a la existencia cada vez mayor de usuarios "permanentemente conectados" a Internet. En España, datos del SIE de julio de 2012, lo estiman en el 25,5%, es decir, la cuarta parte de los internautas.

Crecen en todo el mundo, los multidispositvos para conexión a Internet (PC, teléfonos inteligentes, tabletas) a los que se han unido la televisión (especialmente con la tecnología *Smart TV* integrada en los aparatos de televisión, los libros electrónicos (*eReaders*) y las videoconsolas, y en un futuro muy cercano, los objetos más diversos procedentes del Internet de las cosas, que estudiamos en párrafos anteriores.

TABLA 6.2. DISPOSITIVOS MÀS POPULARES DE ACCESO A INTERNET

Banda ancha fija (BAF)	ADSL
	Fibra óptica
	Wi-Fi (hogar y empresas)
	TV (SmartTV)
	Videoconsolas
Banda ancha móvil (BAM)	Teléfonos inteligentes
	Tabletas
	Laptops, *netbooks*, híbridos (portátiles), *ultrabooks*

PLATAFORMAS MÓVILES

Las plataformas móviles son muy numerosas, aunque se centrarán en torno a cuatro grandes soluciones: iOS 7, de *Apple* (presentado el 10 de junio de 2013, en WWDC 2013); Android, de *Google*, en su última versión 4.2.2 (Jelly Bean); *Microsoft* con Windows Phone 8; y la reciente BB10, de *Blackberry*, presentada a nivel mundial en enero de 2013. Existen otras plataformas como Bada, de Samsung; MeeGo, de Intel; Symbian, de Nokia, pero prácticamente, al día de hoy, tienen muy pequeñísimas cotas de mercado y están tendiendo a desaparecer. Sin embargo, se espera que a lo largo de 2013 se presenten sistemas operativos móviles de código abierto y comiencen a comercializarse teléfonos celulares inteligentes con dichos sistemas operativos (ver Plataformas móviles de código abierto).

Android de Google

Sistema operativo desarrollado por la Open Handset Alliance, alianza de empresas de hardware, software y telecomunicaciones, liderada por Google, razón por la que se suele conocer Android[8] como plataforma de Google. Está basado en el sistema operativo Linux con licencias de código abierto.

Figura 6.9. Logos de Android 4.2, y pantalla de teléfonos inteligentes con Android.

Las últimas versiones de Android son: 4.1, Ice Cream Sandwich; y 4.2 (actualización 4.2.2), Jelly Bean. Las características más destacadas de la plataforma Android son:

- **Abierto.** No está limitado a un fabricante. Samsung, LG, Sony, Google, HTC fabrican dispositivos con Android.
- **Rendimiento.** La interacción con el dispositivo es rápida y ágil. Es multitarea. Ya vienen muchos dispositivos con dos y con cuatro núcleos.
- **Interfaz de usuario.** El sistema de navegación simple e intuitivo. Ofrece sistema de comunicación a través de voz.

- **Comunicaciones.** Dispone de características avanzadas de innovaciones tecnológicas tales como la integración de NFC. Incluye como aplicaciones nativas, Skype y otras.
- **Sincronización.** Permite la sincronización de información con otros dispositivos tales como PC, tabletas, otros teléfonos inteligentes, la nube. Esta característica facilita el almacenamiento y uso de todo tipo de datos, texto, correo electrónico, fotos, videos.

iOS de Apple

El sistema operativo iOS[9] de Apple fue desarrollado para dar soporte a sus diferentes dispositivos iPod, iPhone, iPad y AppleTV. Es una evolución de Darwin BSD; y, en consecuencia, de Unix. En esencia, iOS es un ecosistema cerrado para dispositivos Apple. Su última versión comercial es iOS 6 (actualización 6.1.3) pero ha sido presentada la versión iOS 7, el 12 de junio de 2013.

Figura 6.10. Pantalla inicial de iOS6. Fuente: <http://www.apple.com/es/ios/whats-new/>.

La plataforma iOS está asociada a la nube de Apple, mediante iCloud, que permite la utilización del servicio de almacenamiento de archivos y sincronización de datos con todos los dispositivos de Apple. A través de su tienda de aplicaciones AppStore, es la plataforma que ofrece mayor número de aplicaciones del mercado.

Windows Phone 8

Microsoft ha lanzado su versión de Windows 8 con una plataforma para móviles, que ya se comercializa y distribuye por diferentes fabricantes. Alguna de sus propiedades más destacadas son: nuevo interfaz Metro basado en íconos de forma cuadrada que representan aplicaciones y pueden mostrar información dinámica y mensajes de aviso; está optimizado para pantallas táctiles; y diseñado para facilitar la experiencia de usuario.

Otra característica muy notable de la plataforma es su integración con Windows 8, lo que facilita a los desarrolladores su trabajo, ya que no necesitan aprender una nueva interfaz de programación y pueden reutilizar su código en la plataforma móvil.

Blackberry BB10

En enero de 2013, el fabricante canadiense RIM presentó la última versión de su sistema operativo, BB10. Aprovechó la presentación para cambiar la denominación de la compañía que ahora se llama como sus teléfonos: Blackberry. Algunas características sobresalientes de la nueva plataforma BB10 son: interfaz de usuario (con dos opciones: pantalla táctil y sin el teclado tradicional; pantalla táctil, pero con el teclado tradicional). Presentó dos nuevos teléfonos inteligentes Z10 y Q10.

Algunas novedades sobresalientes de la nueva plataforma son: dos perfiles diferentes de usuario para disponer en un mismo aparato de funcionalidades de usuario profesional y usuario particular; incluye un sistema de videoconferencia con su popular sistema de mensajería instantáneo BBM integrado. Otra característica notable, y que puede tener gran impacto, es el anuncio de que su tienda dispone de 70.000 aplicaciones, cosa que supone un hito para el fabricante canadiense. Entre éstas, destacan la integración de aplicaciones tan populares en el mundo profesional y personal como: WhatsApp, Skype o Amazon Kindle para libros electrónicos.

PLATAFORMAS MÓVILES DE CÓDIGO ABIERTO

En 2013, están comenzando a presentarse plataformas móviles de código abierto basadas en el sistema operativo Linux, y también dispositivos móviles, tratando de consolidar su penetración en el mercado y competir con las plataformas citadas anteriormente. Las plataformas más populares son: Firefox OS, Tizen, Open WebOS, Sailfish OS, y Ubuntu OS Mobile de Canonical.

Firefox OS

Desarrollada por la fundación Mozilla, con el apoyo del navegador Firefox, la nueva plataforma tiene el apoyo de Telefónica, Deutsche Telekom, Sprint y Telenor, así como de los fabricantes ZTE y TOL Communication Technnology.

En el *World Mobile Congress 2013*, celebrado en Barcelona, en febrero de 2013, se presentó la nueva versión del sistema operativo Firefox OS, apoyado por la empresa Telefónica de España y la empresa china ZTE, que espera también presentar un teléfono inteligente soportado por el sistema operativo producto de la alianza de Mozilla y Telefónica.

Sailfish OS

La compañía finlandesa Jolla, fundada por exingenieros de Nokia, presentó, en noviembre de 2012, un nuevo sistema operativo para teléfonos inteligentes. Está basado en el sistema operativo MeeGo, la plataforma de código abierto desarrollada por Intel y Nokia a la que previamente había renunciado Nokia a finales del año 2011. Sailsfish ha sido adoptada en Finlandia por el fabricante DNA y también por distribuidores chinos.

Una característica sobresaliente de Sailfish es que se ha constituido la Sailfish Alliance, conjunto de empresas de *hardware*, *software* y telecomunicaciones que pretende contribuir al desarrollo del sistema operativo y de la correspondiente plataforma mediante la redacción de las especificaciones técnicas correspondientes.

Tizen OS

Alianza realizada entre Samsung, Intel y la Linux Foundation. Es un sistema operativo de código abierto basado en Linux orientado para aplicaciones HTML 5 y para compartir código en Firefox OS, WebOS, Google Chrome y Safari.

Ubuntu OS Mobile de Canonical

Canonical, la empresa propietaria de la mayor distribuidora de Linux, Ubuntu, ha lanzado, a primeros de 2013, una versión del sistema operativo Ubuntu para móviles. Según sus anuncios, los primeros teléfonos móviles saldrán a finales de año, y luego vendrán sus tabletas.

Canonical pretende crear un sistema operativo basado en el mismo núcleo de Android pero sin la máquina virtual que utiliza el sistema de Android. La gran innovación que tiene Ubuntu Mobile es que los teléfonos se podrán conectar a una pantalla, teclado y *mouse* para usarlos también en modo escritorio. Otras características interesantes son su capacidad de multitarea y la posibilidad de usar la voz para controlar las diferentes aplicaciones. Incorporará aplicaciones nativas tales como Facebook, Twitter, Google Maps, Gmail o Spotify.

Open Web OS

Es un sistema operativo móvil basado en Linux y desarrollado por la compañía Palm, adquirido por Hewlett Packard y comprado en febrero de 2013 por LG a la empresa HP, parece que con el propósito principal de incorporarlo a su televisión *Smart TV*.

RESUMEN

- Las tendencias tecnológicas de mayor impacto en Big Data son: *cloud computing, Social media,* geolocalización y movilidad (SoLoMo) e Internet de las cosas.
- La computación en la nube comenzó a implantarse como tendencia tecnológica entre 2007 y 2008, a raíz de los acuerdos Google-IBM con varias universidades de los Estados Unidos, y sobre todo a raíz de la publicación de estudios e informes sobre el tema en las cabeceras mundiales del mundo de economía: *The Economist, Forbes* y *Business Week*, entre otras.
- La definición más ampliamente aceptada de *cloud computing* es la del Instituto Federal de los Estados Unidos, NIST: "Es un modelo que permite el acceso ubicuo, adaptado y bajo demanda en red a un conjunto compartido de recursos de computación configurables compartidos (redes, servidores, equipos de almacenamiento, aplicaciones y servicios) que pueden ser aprovisionados y liberados rápidamente, con el mínimo esfuerzo de gestión e interacción con el proveedor del servicio".
- Las características fundamentales de *cloud computing* (también según el NIST) son:
    - Autoservicio bajo demanda.
    - Múltiples y amplias formas de acceso a la Red.
    - Compartición (*pooling*) de recursos.
    - Rápida elasticidad.
    - Servicio medido.
- Los modelos de nube se agrupan en dos grandes categorías: modelos de servicio y modelos de despliegue.
- Los modelos de servicio son: *SaaS* (Software como servicio); *PaaS* (Plataforma como Servicio) e *IaaS* (Infraestructura como Servicio).
- Los modelos de despliegue son: *nube pública*, *nube privada*, *nube híbrida* y *nube comunitaria*.
- Las organizaciones deben tener en cuenta las oportunidades económicas que ofrecen los servicios en la nube, pero también los riesgos que se asumen y el cumplimiento de acuerdos de nivel de servicios (**SLA**).
- Los criterios para la adopción deben tener presentes las siguientes consideraciones: oportunidades y riesgos de la utilización de los servicios de la nube, sintetizadas en: consideraciones económicas, características técnicas (rendimiento, *performance*), características operacionales, acuerdos de nivel de servicios (SLA), y políticas y normativas de seguridad.
- Los centros de datos constituyen el soporte fundamental de *cloud computing*.

- Internet de las cosas se refiere a la enorme cantidad de objetos que se comunican entre sí, transmitiendo datos y con posibilidad de conexión a Internet.
- Los sensores, chips *RFID*, *NFC*, códigos *QR*, *Bidi*, tarjetas *SIM* integradas, principalmente, constituyen las fuentes de datos más significativas del Internet de las cosas.
- El protocolo *IPv6* que se está implantando gradualmente para sustituir al actual protocolo *IPv4*, constituye la espina dorsal de la Internet de las cosas, debido a la posibilidad de direccionar *casi* infinitas direcciones de IP (Internet Protocol) eliminando la limitación física de los 4.300 millones de direcciones que puede direccionar el protocolo IPv4.
- Los medios sociales (*social media*), según la Fundación Fundéu-BBVA, son: "Las nuevas plataformas y canales de comunicación sociales, caracterizados por la conversación e interacción entre los usuarios". Los medios sociales se caracterizan, fundamentalmente, por la integración en las tecnologías de la Web 2.0.
- Los medios sociales más significativos son: blogs, wikis, redes sociales, *podcast*, agregadores *RSS*, sistemas de compartición de contenidos (audio, video, fotos, texto), etcétera.
- Geolocalización es la tecnología que asocia una dirección IP de Internet a las coordenadas geográficas del lugar donde está situado el dispositivo electrónico con acceso a Internet.
- La movilidad y las tecnologías móviles (celulares) que la soportan son la otra gran fuente de datos en que se sustentan los actuales grandes volúmenes de datos.
- Los diferentes dispositivos móviles en la actualidad son muy variados: teléfonos inteligentes, tabletas, videoconsolas, *Smart TV*, lectores de *eBooks*, etcétera.
- Las plataformas más populares son: iOS 6 de Apple, Android 4.2 de Google, BB10 de Blackberry y Windows Phone 8 de Microsoft.
- Las plataformas móviles desarrolladas en código abierto están comenzando a emerger en 2013 con su lanzamiento y el de los dispositivos que las integran. Entre las más populares hay que destacar: Firefox OS, Tizen, Sailfish, Open WebOS, Ubuntu OS Mobile de Canonical.

RECURSOS

- Lee Badger et al.: *NIST. Cloud computing Synopsis and Recommendations.* Special Publication, mayo de 2012. Disponible en:

  <http://csrc.nist.gov/publications/nistpubs/800-146/sp800-146.pdf>.

- Fundación de la innovación Bankinter/Accenture: *Cloud computing. La tercera ola de las tecnologías de la información*, 2010. Disponible en:

  <http://www.fundacionbankinter.org/es/publications/cloud-computing>.

- David Ciervo (Coordinador): *Cloud Computing: Retos y oportunidades*, Fundación Ideas, febrero de 2011. Disponible en:

  <http://www.fundacionideas.es/sites/default/files/pdf/DT-Cloud_Computing-Ec.pdf>.

- ISACA: *Principios rectores para la adopción y uso de la computación en la nube*, febrero de 2012. Disponible en:

  <http://www.isaca-bogota.org/Documentos/Cloud-Computing.pdf>.

- Vivek Kundra (CIO de la Casa Blanca, Gobierno de los EE. UU.) *Federal Cloud Computing Strategy*, febrero de 2011. Disponible en:

  <http://www.dhs.gov/sites/default/files/publications/digital-strategy/federal-cloud-computing-strategy.pdf>.

- INTECO: *Guía para empresas: seguridad y privacidad del cloud computing*. Disponible en: <http://www.inteco.es>.
- Observatorio de Seguridad de la Información (INTECO. //observatorio.inteco.es).
- Agencia Española de Protección de datos (www.agpd.es).
- Agencia Profesional Española de Privacidad (APEP) (www.apep.es).
- Consejo General de la Abogacía de España. *Utilización de Cloud computing por los despachos de abogados y el derecho a la protección de datos de carácter personal*. (www.abogacia.es); (www.agpd.es).
- Alberto Urueña (Coordinador): *Cloud Computing: Retos y oportunidades*, ONTSI, mayo de 2012. Disponible en:

  <http://www.ontsi.red.es/ontsi/sites/default/files/1-_estudio_cloud_computing_retos_y_oportunidades_vdef.pdf>.

- ISACA (www.isaca.org).
- Junta de Castilla y León: *Cloud Computing. La tecnología como servicio* (www.orsy.jcyl.es).
- Portal NTICS (luisjoyanes.wordpress.com).
- Fundación de la innovación Bankinter/Accenture: *El Internet de las Cosas. En un mundo conectado de objetos inteligentes*, 2011. Disponible en:

  <http://www.fundacionbankinter.org/system/documents/8168/original/XV_FTF_El_internet_de_las_cosas.pdf>.

- Fred Cavazza: *El paisaje de las redes sociales*, 2012. Disponible en: <http://www.fredcavazza.net> y <http://www.forbes.com>.

- Luis de Salvador Carrasco: *Cloud computing y la estrategia española de seguridad*. Disponible en:

  <http://www.ieee.es/Galerias/fichero/docs_opinion/2012/DIEEEO75-2012_CloudComputing_infraestructuraCritica_LSalvador.pdf> .

- Instituto Mexicano para la competitividad/Microsoft: "Cómputo en la nube", en *Nuevo detonador para la competitividad en México*, 2012. Disponible en: <http://imco.org.mx/images/pdf/Computo_en_la_Nube-detonador_de_competitividad_doc.pdf>.

NOTAS

---

[1] EINIST es una Agencia federal del Departamento de Comercio de los Estados Unidos. Dentro del NIST, el Computer Security Resource Center (CSRC) y su Information Technology Laboratory se encargan de los estándares de las Tecnologías de la Información, y en concreto, de *cloud computing*. La definición de *cloud computing* está disponible en: <http://csrc.nist.gov/publications/drafts/800- 145/Draft-SP-800-145_cloud-definition.pdf>. En su última publicación de especificaciones de la nube de mayo de 2012, *Cloud Computing Sypnosis and Recommendations*, ya considera a *cloud* como una plataforma establecida y necesaria para las organizaciones.

[2] *Above the Clouds: A Berkeley View of Cloud Computing*, Universidad de California, Berkeley. Disponible en: <http://www.eecs.berkeley.edu/Pubs/TechRpts/2009/EECS-2009-28.pdf>.

[3] <http://www.technologyreview.com/view/509546/2013-the-year-of-the-internet-of-things/>.

[4] <http://www.ibm.com/smarterplanet/es/es/smarter_cities/overview/index.html>.

[5] Google ha anunciado que el 1 de julio cierra este servicio.

[6] Desde agosto de 2011, la operadora de teléfonos sueca Telia Sonera ha lanzado los primeros teléfonos con el estándar LTE y cobertura 4G, en diferentes zonas geográficas de Suecia; y de ahí comenzó a extenderse por otros países. En Europa desde 2012 existen despliegues comerciales 4G en numerosos países. En España, se ha iniciado el despliegue comercial en junio de 2013. En América Latina, existen numerosos países donde existe despliegue comercial de 4G, tales como México, Colombia, Panamá, República Dominicana, Uruguay, Paraguay, etc. (véase tecno.americaeconomia.com).

[7] SIE 2013 fue presentado el 20 de enero de 2013, en su 13ª edición. Es un informe que elabora Telefónica donde se analiza el desarrollo de la sociedad de la información en España, constituyendo un documento de referencia, ya que consta de una parte de descripción de tecnologías de la información y la comunicación, y otra de datos estadísticos de gran relieve para conocer la evolución de la sociedad de la información en España; disponible en: <e-libros.fundaciontelefonica.com/sie12>.

[8] Los sitios Web oficiales de Android son: <http://www.android.com> y <http://developer.android.com>.

[9] Sitio Web de iOS: <http://www.apple.com/ios/whats-new/>.

CAPÍTULO 7
ARQUITECTURA Y GOBIERNO DE BIG DATA

Los Big Data han generado el advenimiento de nuevos tipos de datos y tecnologías emergentes tales como Hadoop, NoSQL, "en memoria" o analítica de Big Data. Para aprovechar las ventajas de estos desarrollos, las organizaciones necesitan crear una arquitectura de referencia que integre estas tecnologías emergentes en las infraestructuras existentes. Los proveedores de soluciones de Big Data están lanzando productos y soluciones que reflejan la convergencia de las tecnologías actuales con las tecnologías emergentes.

Sunil Soares, uno de los grandes expertos mundiales en gobierno de Big Data, en su obra, *Big Data Governance,* propone una arquitectura de referencia de grandes volúmenes de datos que incluye las fuentes de los grandes datos, distribuciones de Hadoop, analítica continua (*streaming,* Gartner también la define como *analítica accionable*), bases de datos, integración de Big Data, analítica de textos, descubrimiento de Big Data, calidad de Big Data, metadatos, gestión de la política de información, gestión de los datos maestros, *data warehouses* y *data marts*, analítica y *reporting*, seguridad y privacidad de los Big Data, gestión del ciclo de vida de Big Data y la nube.

Los diferentes proveedores de Big Data ofrecen productos que integran algunos o muchos de los componentes de la arquitectura de referencia anterior, y los comercializan como plataformas de Big Data tratando de integrar las infraestructuras de datos existentes en las organizaciones con las nuevas infraestructuras que se crearán. Oracle, IBM, EMC, Teradata ... son los grandes proveedores tradicionales que se han adaptado a la nueva tendencia de Big Data, pero han surgido otros proveedores que comercializan también plataformas de Big Data, pero en este caso, apoyándose normalmente en la integración de las nuevas tecnologías en torno a Hadoop, NoSQL, "en memoria", que se verán en capítulos siguientes.

Los Big Data, al igual que los datos en general, necesitan de principios y política de buen gobierno. Las políticas y disciplinas del gobierno de la información o de los datos, se suelen aplicar también al gobierno de Big Data con ligeras variantes debido a sus características especiales.

En el capítulo, se analizará la arquitectura de referencia de Big Data, el gobierno de Big Data, y algunas referencias de plataformas de Big Data que constituirá la infraestructura especial de los grandes volúmenes de datos que deberán integrarse con las plataformas existentes de los datos tradicionales, fundamentalmente, datos transaccionales y de bases de datos relacionales o heredadas (*legacy*). Hemos elegido para tratar con más detenimiento Oracle e IBM, una por su liderazgo en el mundo de las bases y almacenes de datos; y la otra, por su experiencia en el desarrollo de software y soluciones para Big Data y las nuevas herramientas como HANA de SAP, que se estudiará en capítulos próximos.

LA ARQUITECTURA DE BIG DATA

La arquitectura de referencia de Big Data se compone de dos grandes categorías: arquitectura de Big Data y gobierno de Big Data, que debe integrarse con las infraestructuras existentes y coexistir con las acciones del gobierno de los datos tradicionales.

La arquitectura de Big Data se apoyará en una serie de componentes que se organizarán en torno a capas de la arquitectura (figura 7.1).

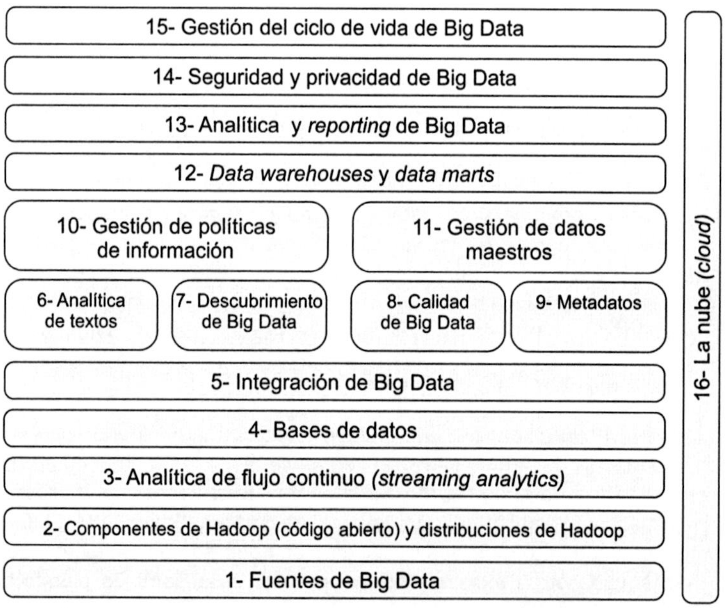

Figura 7.1. Arquitectura de referencia de Big Data. Fuente: Soares (2012: 239) [adaptada].

La arquitectura de referencia de Big Data, según Sunil Soares (2012: 237-260)[1], se centrará en torno a las siguientes capas o componentes:

1. Fuentes de Big Data.
2. Componentes de Hadoop (código abierto) y distribuciones de Hadoop.
3. Analítica de flujo continuo (*streaming analytics*).
4. Bases de datos.
5. Integración de Big Data.
6. Analítica de textos.
7. Descubrimiento de Big Data.
8. Calidad de Big Data.
9. Metadatos.
10. Gestión de políticas de información.
11. Gestión de datos maestros.
12. *Data warehouses* y *data marts*.
13. Analítica y *reporting* de Big Data.
14. Seguridad y privacidad de Big Data.
15. Gestión del ciclo de vida de Big Data.
16. La nube (*cloud*)

Una vez definidas las diferentes capas de la arquitectura de los datos será necesario la construcción de una *plataforma de Big Data*, y a continuación, cada proveedor ofrecerá sus correspondientes soluciones mediante las distribuciones adecuadas; de modo que las organizaciones puedan adquirir las soluciones que resuelven sus problemas frente a los Big Data, y sobre todo desde el punto de vista de integración de las fuentes de datos nuevas con las fuentes datos tradicionales, así como en igual medida la integración de las nuevas infraestructuras con las infraestructuras existentes.

La arquitectura y gestión de los datos exige mucho más que una inversión en tecnología, es preciso ubicar los procesos y las personas en el lugar adecuado para así gestionar todos los aspectos del ciclo de vida de los datos.

FUENTES DE BIG DATA

Los tipos de Big Data proceden de numerosas fuentes de datos (capítulo 3) o bien agrupándolas de un modo más práctico:

- **Datos tradicionales de empresas.** Incluyen información de clientes de sistemas CRM, datos transaccionales de sistemas ERP o SCM, transacciones de almacenes Web...
- **Datos generados por máquinas (M2M) y de Internet de las cosas.** Weblogs, sensores de datos, medidores inteligentes (*smart meters*), sensores de fábricas, sensores de automóviles, barcos, aviones...

- **Datos sociales.** Incluyen datos de medios sociales como blogs, wikis, redes sociales de tipo generalistas o medios sociales específicos como Facebook, Twitter, LinkedIn...
- **Datos de biometría y genética.**
- **Datos personales o generados por las personas.**

Los datos procedentes de estas variadas fuentes de datos pueden ser: estructurados, no estructurados y semiestructurados.

ALMACENES DE DATOS (*DATA WAREHOUSE Y DATA MARTS*)

Los datos se almacenarán, normalmente, en los almacenes de datos de las empresas (**EDW**, *Enterprise Data Warehouse*), y los almacenes de datos especiales (*data marts*), además de en las bases de datos relacionales. Por otra parte, aparecerán nuevos almacenes de datos para tratar los grandes volúmenes que conformarán las bases de datos NoSQL y "en memoria". Su tratamiento requerirá el uso de herramientas **ETL** (*Extraction, Transformation, Load*) que preparen los datos procedentes de las fuentes de datos y los guarden en los almacenes de datos. También se requerirán las herramientas de inteligencia de negocios, entre los que destacan, las herramientas de *reporting*, *query* visualización y analítica.

- *Data warehousing*, principalmente para procesamiento de grandes conjuntos de datos.
- *Data marts*, subconjuntos o conjuntos especializados de *data warehouse*.
- Herramientas de **ETL**, **BI**, *reporting*, *query*, visualización y analítica.
- Almacenes de datos *columnares*, distribución y compresión por clave.

Las organizaciones tienen grandes inversiones en *data warehouses* y *data marts* que se pueden basar en:

- Bases de datos relacionales (tales como Oracle Database 11g y 12, IBM DB2 o SQL Server de Microsoft).
- Bases de datos *columnares* (tales como SAP Sybase IQ, HP Vertica y Par Accel).
- *Appliances* (máquinas *hardware/software*) de *data warehousing* (tales como Oracle Exadata, Oracle Exalytics *in-memory* Machine, IBM Netezza, HP Vertica, y EMC Greenplum. InfoBright (basada en MySQL), InfiniDB (*open source*), Teradata, etcétera).

A medida que las organizaciones adoptan Big Data, irán adaptando sus infraestructuras para conseguir soluciones híbridas para integrar tecnologías Hadoop y NoSQL modernas con las tradicionales entornos de *data warehousing*.

BASES DE DATOS

Las empresas tienen la opción de seleccionar múltiples categorías de bases de datos: relacionales, NoSQL, *in-memory* ("en memoria"), y bases de datos heredadas (*legacy*) que pueden ser también de diferentes categorías. Aunque el capítulo 8 se dedicará por completo a las bases de datos analíticas "NoSQL y en memoria", haremos un breve anticipo de su contenido.

- *SQL*. Bases de datos relacionales tradicionales. Los sistemas de gestión de bases de datos relacionales siguen estando en el núcleo fundamental de la mayoría de las actuales plataformas de computación distribuida. Soluciones populares son Oracle Database 11g y 12, IBM DB2, Microsoft SQL Server...
- ***NoSQL* (*Not only SQL*).** Base de datos no relacional, distribuida, de alto rendimiento y altamente escalable. Estas bases de datos son una categoría de sistemas de base de datos que no utilizan SQL como lenguaje de consulta principal. Existen cuatro grandes categorías: Almacenes clave-valor, almacenes de documentos, almacenes de grafos, y familia de bases de datos *columnares*.
- ***In-memory* ("en memoria").** Bases de datos que realizan todos sus procesos en memoria principal, utilizada como almacenamiento de datos. Comparadas con los sistemas de gestión de bases de datos tradicionales que almacenan los datos en disco, los sistemas *in-memory* se caracterizan por su enorme velocidad de proceso. SAP Hana desde finales de 2011 es la distribución más popular, pero al día de hoy ya existen numerosas soluciones tales como Oracle, IBM solidDB, Hackaton de Microsoft...
- ***Legacy* (heredadas).** Todavía existen numerosas organizaciones que siguen soportando bases de datos antiguas, pero que siguen funcionando integradas con las bases de datos relacionales, y con las bases de datos analíticas que estamos considerando en este apartado.

A estas bases de datos hay que añadirles las que funcionan en la nube y que están dando lugar a la tendencia **DBaaS** (*Database as a Service*). Algunos modelos de bases de datos en la nube:

- Amazon RDS, DynamoDB, SimpleDB, PostgreSQL.
- Xeround (MySQL).
- Microsoft SQL Azure Database (SQL Server).
- Google App Engine (NoSQL).
- Salesforce Database.com (Oracle).
- ClearDB (MySQL).
- Cloudant (CouchDB).

HADOOP

Apache Hadoop es una biblioteca de software de código abierto (*open source*) que soporta el procesamiento distribuido de grandes conjuntos de datos a través de miles de computadoras ordinarias. El proyecto Apache Hadoop ha nacido de la mano de las dos grandes empresas de la Web, Google y Yahoo!, cuyos investigadores trabajaron con grandes volúmenes de datos en grandes *clusters* de computadoras. En el capítulo 9 veremos en detalle el sistema Hadoop.

Hadoop es el líder en plataformas de Big Data y su uso crece de modo espectacular, por no decir exponencial. Hadoop consta de tres componentes principales: Hadoop Distributed File System (HDFS), MapReduce y Hadoop Common. Además existen otras tecnologías complementarias como HBase, Hive, Pig, y otras con la misma filosofía tales como IMPALA de Cloudera, DRILL o Google Big Query.

PLATAFORMAS DE HADOOP

Apache Hadoop es la plataforma de software de código abierto de mayor impacto en Big Data, pero como sucede con otras soluciones de software abierto no suelen ofertarse con soporte de productos. Por esta razón, han surgido un gran número de vendedores que han lanzados sus propias distribuciones de Apache Hadoop. La mayoría de las empresas que han desplegado Hadoop para uso comercial han seleccionado alguna de las distribuciones comerciales de Hadoop.

La consultora Forrester publicó, en febrero de 2012 el estudio *The Forrester Wave™: Soluciones Hadoop empresariales*[2], primer trimestre de 2012[3], donde evaluó las distribuciones comerciales más populares. Destaca como líderes del mercado a Amazon Web Services, IBM, EMC Greenplum, MapR, Cloudera y Hortonworks, junto con otros siete proveedores que prestan sus servicios a nichos clave muy cercanos, Pentaho, DataStax Datameer Platform Computing, Zettaset, Outerthought y HStreaming.

INTEGRACIÓN DE BIG DATA

La integración de los datos dentro de las organizaciones, y sobre todo la integración con las herramientas de analítica de negocios, se construyen generalmente sobre fuentes de datos de archivos estructurados y relacionales que no aprovechan las ventajas de la arquitectura de datos masivamente escalables de Hadoop, plataforma fundamental de Big Data. Esta es una de las razones por las cuales las organizaciones a veces no afrontan con decisión el paso a estrategias de Big Data. Por este motivo, se requerirán herramientas que aprovechen toda la potencialidad de Hadoop para que la integración de datos se produzca de la manera más rápida, eficaz y lo más económica posible.

Soares (2012: 244-245) divide las tecnologías de integración de Big Data en las siguientes categorías: movimiento de datos a granel o crudos (en bruto), replicación de datos y virtualización de datos.

El *movimiento de datos a granel* se realiza con tecnologías tales como ETL (extraer, transformar, cargar) que extraen datos de una o más fuentes de datos (normalmente EDW, *data warehouses* de empresa), cargan los datos en una base de datos destino y los transforman en la base de datos destino. Las herramientas ETL se utilizan con frecuencia con Hadoop para aprovechar su potencia de procesamiento paralelo masivo.

La *replicación de datos*[4] es el proceso de copiar una parte de una base de datos de un entorno a otro y mantener las copias posteriores de los datos en sincronismo con la fuente original. Los cambios hechos en la fuente original se propagan a las copias de los datos en otros entornos.

La virtualización de datos también se conoce como *federación de datos*. De acuerdo con la revista *Information Management Magazine*, la federación de datos es el método de enlazar datos de dos o más posiciones separadas físicamente y hacer que el acceso/enlace aparezca transparente, como si los datos estuvieran co-localizados.

Herramientas de integración de datos reconocidas son: Pentaho, una empresa distribuidora de software abierto, proporciona una impresionante herramienta de integración de datos Hadoop; IBM InfoSphere Data Replication soporta replicación de datos; IBM InfoSphere Federation Server soporta virtualización de datos.

ANALÍTICA DE BIG DATA

La analítica de Big Data es la utilización de técnicas analíticas avanzadas en conjuntos de Big Data. Por consiguiente, analítica de Big Data se compone de dos teorías: analítica (*analytics*) y Big Data. Las organizaciones necesitan recurrir a la analítica de Big Data para tomar decisiones de negocio lo más acertadas posibles. Las herramientas de analítica deben contemplar: *reporting*, *query* y visualización, analítica predictiva, analítica Web, analítica social, y *social listening*, analítica especializada para Big Data procedentes de fuentes M2M o Internet de las cosas, entre otras.

Existe un gran número de herramientas de software propietario y software abierto que soportan Big Data.

REPORTING, *QUERY* Y VISUALIZACIÓN

Proveedores tales como SAS, IBM (Cognos), SAP (Business Object), Tableau, QlickView y Pentaho tienen buenas soluciones para visualización, *query* y *reporting* que ayudan en el análisis de Big Data.

ANALÍTICA PREDICTIVA

SAS e IBM (SPSS) ofrecen herramientas que permiten construir modelos predictivos basados en Big Data. Aquí se destaca **R** como un paquete de código abierto muy utilizado para análisis estadístico en grandes conjuntos de datos sobre plataformas Hadoop.

ANALÍTICA WEB

Avinash Kaushik (2012), posiblemente la persona más prestigiosa en el mundo de la analítica Web, la define como: "El análisis de datos cualitativos y cuantitativos de su sitio Web y de la competencia, para impulsar una mejora continua de la experiencia *online* que tienen tanto los clientes habituales como los potenciales y que se traduce en unos resultados esperados (*online y offline*)". Las herramientas de analítica Web son imprescindibles en la analítica de Big Data, por el enorme volumen de datos que generan los medios sociales. Estas herramientas, como considera la definición de Kaushik, deberán integrar los datos sociales con la información de la competencia y la información fuera de línea, de modo que proporcionen una visión completa del comportamiento de cada visitante en el tiempo, y también en los diferentes canales.

El propio Kaushik recomienda algunas herramientas para el trabajo diario: Omniture (hoy de Adobe, Adobe Digital Marketing), Coremetrics (hoy de IBM), y Webtrends, entre las herramientas propietarias, y entre las herramientas gratuitas: Google Analytics y Yahoo Analytics. En el capítulo 11, se verá en más profundidad el concepto de *analítica Web*.

ANALÍTICA SOCIAL Y *LISTENING SOCIAL*

A medida que las organizaciones se implican más en el uso de medios sociales (*social media*) han ido consolidándose dos grandes tendencias: analítica social (*social analytics*) y la escucha social (*social listening*).

Social listening (escucha social) es la práctica de identificar oportunidades de participación o compromiso (*engagement*) y escucha (*listening*) o seguimiento de las percepciones de marca. **Analítica social** (Lovett, 2011) es la disciplina que ayuda a las empresas a analizar, calcular y explicar el rendimiento de las iniciativas de *social media* en el contexto de objetivos empresariales específicos. Esto significa que ayuda a entender cómo las personas perciben su marca y cómo responden a productos corporativos, servicios y mensajes, preferentemente de marketing.

La analítica social mide los resultados de una estrategia en medios sociales. En todo proyecto de *social media* debe estar siempre presente la escucha social: escuchar antes de poner en marcha la estrategia social, escuchar durante el desarrollo de la estrategia social.

La escucha social busca saber lo que se está hablando de su marca. Se trata de analizar las conversaciones que se dan sobre las marca entre sus usuarios. Las fuentes que maneja un plan de escucha social son muy variadas y van desde Facebook y Twitter hasta foros de discusión, blogs... En esencia, el objetivo es analizar las conversaciones que se dan en un primer nivel entre los consumidores. Se trata de escuchar a los clientes y medir su compromiso (*engagement*) con la marca.

Proveedores de herramientas de escucha social hay muchos, pero destacaremos Radian6 de Salesforce.com, Lithium y Attensity, como empresas del mundo de *social media*, pero también los grandes proveedores de software han sacado al mercado herramientas específicas como es el caso de Oracle con Collective Intellect, SAS con Social Media Analytics y IBM con Cognos Consumer Insight.

Otras herramientas de analítica social, además de las citadas anteriormente, son: BrandChats (pago), SocialMention (pago y gratuita), GoogleAlerts (gratuita), SocialBro y Hootsuite, gratuitas.

Adobe (fabricante de productos tan populares como Photoshop, Flash o Acrobat) presentó en el último trimestre de 2012, Adobe Social, una herramienta de *social listening* que sirve para medir los resultados en redes sociales. Consigue todos los datos necesarios de una empresa en múltiples medios sociales (Twitter, Google+ y Facebook), y ofrece resultados respecto a lo que se escucha y oye de ella.

ANALÍTICA M2M

La analítica de datos entre máquinas (M2M) y de Internet de las cosas requiere una analítica especializada debido precisamente a las características particulares de las fuentes de datos de donde proceden. La explosión de los datos máquina a máquina (M2M) mediante sensores inalámbricos se está volviendo un elemento común en diferentes dispositivos industriales y para el consumidor, como máquinas expendedoras, productos para atención médica, sistemas de seguridad para hogares, parquímetros y automóviles. También están cada vez más omnipresentes en la industria del transporte: por ejemplo, los trenes de alta velocidad de Japón tienen sensores que verifican la actividad sísmica, cambios ambientales, tráfico inesperado en las vías y otras anomalías.

Una herramienta muy conocida y de gran utilidad en el manejo de Big Data es Splunk, un software para buscar, monitorizar y analizar datos generados por máquinas por aplicaciones, sistemas e infraestructuras de TI vía interfaces o en registros *log* de las redes.

PLATAFORMAS DE ANALÍTICA DE BIG DATA

Un informe del **TDWI** (The Data Warehousing Institute TM) selecciona los proveedores de soluciones de analítica de Big Data que considera de mayor relevancia técnica, en el campo profesional, aunque la oferta es mucho más amplia:

- Cloudera
- EMC Greenplum
- IBM
- Impetus Technologies
- Kognitio
- ParAccel
- SAP
- SAND Technology
- SAP
- SAS
- Tableau Software
- Teradata

CLOUD COMPUTING

Numerosas organizaciones van mirando a la nube (*cloud computing*), y desde hace un par de años están diseñando estrategias para su migración. Las dificultades son grandes por las diferentes tipos de nubes y modelos de despliegue existentes, pero la decisión poco a poco va siendo tomada por las direcciones de las empresas, esencialmente, por la facilidad de despliegue, flexibilidad, ahorro de costes... A medida que se produce esta migración también se plantea la necesidad de explotar las nuevas tendencias de Big Data. Es necesario, en la toma de decisiones, definir una estrategia de desarrollo e integración de Big Data en los entornos de la nube. Cada día más, numerosos proveedores ofrecen plataformas de Big Data, en la nube.

Amazon Web Services de Amazon, proveedor líder en *cloud computing*, ofrece una marco de trabajo Hadoop integrado en su servicio Amazon Elastic MapReduce; Google con su servicio Google Cloud Platorm permite a las organizaciones construir aplicaciones, almacenar grandes volúmenes de datos, y analizar estos grandes datos; EMC, el gran fabricante de soluciones de almacenamiento, ofrece sus herramientas en torno a GreenPlum que facilita la integración de Big Data y *cloud*; Fujitsu, el fabricante de hardware de grandes máquinas; TrendMicro, la compañía de seguridad, ofrecen soluciones para la integración entre la nube y los grandes volúmenes de datos.

El tema de la integración de Big Data y *cloud computing* es un tema candente en 2013, y lo seguirá siendo en los próximos años. Una prueba de su actualidad, lo da el NIST de los Estados Unidos, referencia obligada en normas y estándares de Tecnologías de la Información, que inició el año con un *workshop* "NIST Joint Cloud and Big Data"[5].

GOBIERNO DE LOS BIG DATA

El gobierno de Big Data debe estar incluido dentro del marco más amplio de gobierno de la información (IG, *Information Governance*) y del gobierno de las TI[6]. Las organizaciones deben gobernar los Big Data. La organización del gobierno de TI debe añadir los Big Data dentro del marco global, incluyendo los principios básicos del gobierno corporativo de TI: normas, organización, estructuras y roles de las personas que dirigen y utilizan las TI. Recordemos brevemente los principios del gobierno de TI, emanados de la norma internacional ISO 38.500.

EL GOBIERNO DE TI

La definición de *gobierno TI* (IT Governance)[7] es:

> El sistema a través del cual se dirige y controla la utilización de las TI actuales y futuras. Supone la dirección y evaluación de los planes de utilización de las TI que den soporte a la organización y la monitorización de dicho uso para alcanzar lo establecido en los planes de la organización. Incluye las estrategias y políticas de uso de las TI dentro de la organización.

Según la norma internacional ISO 38.500, el gobierno de las TI tiene como principal objetivo evaluar, dirigir y monitorizar las TI para que proporcionen el máximo valor posible a la organización. Los principios del buen gobierno corporativo de TIC que define la norma son:

- **Responsabilidad**. Todo el mundo debe comprender y aceptar sus responsabilidades en la oferta o demanda de TI. La responsabilidad sobre una acción lleva aparejada la autoridad para su realización.
- **Estrategia**. La estrategia de negocio de la organización tiene en cuenta las capacidades actuales y futuras de las TIC. Los planes estratégicos de TIC satisfacen las necesidades actuales y previstas derivadas de la estrategia de negocio.
- **Adquisición**. Las adquisiciones de TI se hacen por razones válidas, sobre la base de un análisis apropiado y continuo, con decisiones claras y transparentes. Hay un equilibrio adecuado entre beneficios, oportunidades, costes y riesgos tanto a corto como a largo plazo.
- **Rendimiento**. Las TI están dimensionadas para dar soporte a la organización, proporcionando los servicios con la calidad adecuada para cumplir con las necesidades actuales y futuras.
- **Conformidad**. La función de TI cumple todas las legislaciones y normas aplicables. Las políticas y prácticas al respecto están claramente definidas, implementadas y exigidas.

- **Factor humano**. Las políticas de TIC, prácticas y decisiones demuestran respeto al factor humano, incluyendo las necesidades actuales y emergentes de toda la gente involucrada.

Ballester (2010)[7] también concluye que la dirección de la organización ha de gobernar las TIC mediante tres tareas principales:

- **Evaluar**. Examinar y juzgar el uso actual y futuro de las TIC, incluyendo estrategias, propuestas y acuerdos de aprovisionamiento (internos y externos).
- **Dirigir**. Dirigir la preparación y ejecución de los planes y políticas, asignando las responsabilidades al efecto. Asegurar la correcta transición de los proyectos a la producción, considerando los impactos en la operación, el negocio y la infraestructura. Impulsar una cultura de buen gobierno de TIC en la organización.
- **Monitorizar**. Mediante sistemas de medición, vigilar el rendimiento de la TIC, asegurando que se ajusta a lo planificado.

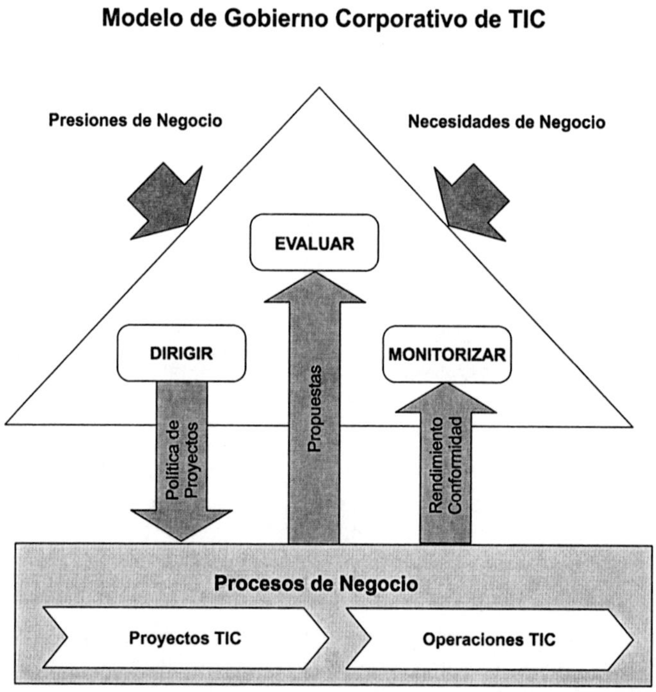

Figura 7.2. Modelo de gobierno corporativo de TIC. Fuente: Manuel Ballester (ISACA)[8].

EL GOBIERNO DE LA INFORMACIÓN

El *gobierno de la información* (IG, *Information Governance*), según IBM, es: "un enfoque holístico para la gestión y potenciación de la información en los beneficios del negocio y comprenden la calidad de la información, la protección y la gestión del ciclo de vida de la información"[9].

Las tres disciplinas básicas o fundamentales dentro de la infraestructura del gobierno de la información son: calidad de la información, protección y gestión del ciclo de vida de la información.

La *calidad de la información* incluye: descubrimiento, arquitectura y metadatos.

La *protección de la información* incluye la seguridad, auditoría y la privacidad de los datos.

La *gestión del ciclo de vida de la información* incluye la recolección, creación, almacenamiento, optimización, procesamiento, archivado y eliminación de los datos.

GOBIERNO DE BIG DATA

Soares (2012: 12-14) plantea las siete disciplinas básicas de Big Data que considera emanadas de las disciplinas básicas del gobierno de la información. Estas disciplinas son:

- **Organización.** La organización del gobierno de la información necesita considerar la adición de Big Data a su marco global, incluyendo los reglamentos, la estructura de la organización y los roles y responsabilidades.
- **Metadatos.** El programa de gobierno de Big Data necesita integrar los Big Data con el *repositorio* de metadatos de la empresa.
- **Privacidad.** El gobierno de Big Data necesita identificar los datos sensibles y establecer las políticas relativas a un uso aceptable, y eso implica el cumplimiento de regulaciones de los diferentes países.
- **Calidad de los datos.** La gestión de la calidad de los datos es la disciplina que incluye los métodos para medir, mejorar y certificar la calidad de integridad de los datos de una organización.
- **Integración de procesos de negocios.** El programa de gobierno necesita identificar los procesos clave que requieren los Big Data.
- **Integración de los datos maestros.** El programa de gobierno de Big Data necesita establecer políticas con respecto a la integración de los Big Data en el entorno de la gestión de los datos maestros.
- **Gestión del ciclo de vida de la información.** El programa de gobierno necesita integrar los Big Data en el ciclo de vida de los datos y el cumplimiento de las normativas establecidas durante el programa de gobierno.

Se requiere una organización humana para gestionar y supervisar los grandes volúmenes de datos. Es necesario definir la estructura, arquitectura y administración maestra de los datos, junto con su calidad, seguridad y privacidad, además de con la administración maestra de los datos y su ciclo de vida. Los componentes que consideramos en el gobierno de Big Data, y que estudiaremos en los siguientes apartados son:

- Calidad de Big Data.
- Datos maestros y gestión de datos maestros (MDM, *Master Data Management*).
- Gestión (administración) del ciclo de vida de Big Data.
- Seguridad y privacidad en Big Data.
- Metadatos de Big Data.

Por considerar otra visión sobre este tema, mencionamos la *organización del gobierno de los datos (arquitectura y gestión de datos) de la consultora Accenture*[10]. Divide la arquitectura y gestión de los datos, en las siguientes capas o dominios:

- **Gobierno de los datos**: organización humana para gestionar y supervisar datos.
- **Estructura de los datos**: definición de datos.
- **Arquitectura de los datos**: almacenamiento, movimiento y recuperación de datos.
- **Administración maestra de los datos**: mantenimiento de datos centrales coherentes en toda una empresa y con los socios...
- **Metadatos**: gestión de las definiciones de datos e información acerca de los datos.
- **Calidad de los datos**: precisión, integridad y cumplimiento de la legislación.
- **Seguridad de los datos**: protección de datos y autorización para utilizarlos.

CALIDAD DE LOS BIG DATA

La gestión de la calidad de los datos es una disciplina que incluye los métodos para medir y mejorar la calidad e integración de los datos de una organización. Las características típicas de los grandes volúmenes (volumen, velocidad, variedad, y valor) necesitan ser manipulados de un modo muy diferente de los tipos de datos tradicionales. Por otra parte, además de los tipos de datos estructurados, la mayoría de ellos son no estructurados y semiestructurados, y requieren normalmente un tratamiento en tiempo real, y esa característica exige un aseguramiento de la calidad de dichos datos.

Los componentes de calidad de los datos se pueden utilizar para asegurar la limpieza y la exactitud de la información. La calidad de los datos normalmente implica los siguientes servicios (Zikopoulos et al., 2013):

- Análisis sintáctico (*parsing*).
- Estandarización.
- Validación.
- Verificación.
- Coincidencias (*matching*).

Análisis de datos. La separación de los datos y su análisis en un formato determinado.

Estandarización. Determinación de cuáles datos se sitúan en cada campo y aseguran que se almacena en un formato estándar (un código ZIP de 10 dígitos).

Validación. Asegurar que los datos son consistentes (un número de teléfono contiene un código de área y el número de dígitos del teléfono de una determinada persona de una ciudad). También se puede incluir validación de campos cruzados como verificar el código de área del teléfono frente a una ciudad para asegurar que es válido. Por ejemplo, en España, el código de la ciudad de Granada es 958, y entonces el código 958 es válido porque es el correspondiente a Granada.

Verificación. Comprobación (*checking*) de los datos frente a una fuente de información verificada para asegurar que los datos son válidos. Por ejemplo: verificar que un dato de dirección postal es, realmente, real y válido.

***Matching* (coincidencia)**. Identificación de registros duplicados y mezclas de esos registros correctamente.

Las organizaciones deben determinar si sus fuentes de Big Data requieren verificación de calidad antes que análisis y, a continuación, aplicar los componentes de calidad de datos apropiados.

IBM proporciona una herramienta de calidad de datos excelente, IBM InfoSphere Information Server for Data Quality (IIS for DQ).

ADMINISTRACIÓN DE DATOS MAESTROS

Los datos maestros de una organización se refieren a las entidades de datos de una empresa que suponen un valor estratégico en dicha organización: datos de clientes, productos, pacientes, partes, cuentas, proveedores, posición y sitios Web, activos... son algunas de las entidades de datos maestros típicas.

En el caso de los medios sociales, a muchas organizaciones les gustaría analizar estos medios para determinar los sentimientos de los clientes (capítulos 2, 5 y 12), conocer cómo son sus clientes, averiguar cuáles son los mejores, diseñar estrategias para atender a los mejores, etcétera. Los sistemas de gestión de datos maestros ayudan al análisis de sentimientos de los clientes y de los grupos de interés de las empresas (*stakeholders*).

Los programas de gobierno de los datos necesitan establecer políticas que permitan la integración de los Big Data en el entorno de la administración de datos maestros (*Master Data Management*, **MDM**). Es especialmente importante la administración de datos maestros en los entornos de medios sociales y en los datos procedentes de la comunicación entre máquinas (M2M) e Internet de las cosas, a través de sensores, fundamentalmente. MDM es un sistema operacional de registros y juega un rol importante en el ecosistema de Big Data. Se debe realizar una integración entre los sistemas M2M y los sistemas de Big Data.

La mayoría de los proveedores de Big Data ofrecen soluciones de M2M. IBM tiene una de las mejores y más completas herramientas del mercado en MDM, IBM InfoSphere Master Data Management.

EL CICLO DE VIDA DE LOS BIG DATA

La gestión del ciclo de vida de los grandes datos (*Information Lifecycle Management*, **ILM**) es un proceso y metodología para administrar la información a través del ciclo de vida que comienza desde su creación hasta su disposición para el usuario: debe incluir también el cumplimento (*compliance*) de las normas legales, regulatorias y de cumplimento de la privacidad. Asimismo, la gestión del ciclo de vida controla el crecimiento y, por consiguiente, el coste de los datos.

La gestión del ciclo de vida se puede dar de dos formas principales. Primero, ayuda a la gestión creciente de los datos, proporcionando un marco de trabajo para perfilar y gestionar el ciclo de vida de los datos, y archivarlos proactivamente de un modo eficaz y con la mejor compresión posible. Segundo, la gestión del ciclo de vida es crítica para comprobar la gestión de los datos, creando específicamente entornos de pruebas para optimizar el almacenamiento de datos y sus costes.

Los datos crecen en cada uno de los sistemas de las organizaciones. El crecimiento de los datos no controlados tiene un enorme impacto en sus sistemas actuales de datos (bases y almacenes de datos, sistemas transaccionales y aplicaciones). El crecimiento de los datos puede conducir a altos costos y pobres rendimientos de las aplicaciones, y también impactará en la gestión de los Big Data. La gestión del ciclo de vida controla el crecimiento y el coste de los datos, y es también esencial para asegurar el cumplimiento legal, las regulaciones de protección, y auditar el cumplimiento con las políticas de retención de datos.

IBM ofrece la familia de productos IBM InfoSphere Optim (Optim), uno de los productos líderes en el mercado de gestión de ciclos de vida, así como InfoSphere Optim Test Data Management (Optim TDM), que contiene herramientas para comprobar los conjuntos de datos.

SEGURIDAD Y PRIVACIDAD DE BIG DATA

Existen múltiples normativas de privacidad y seguridad dentro de la integración y gobierno de la información, la mayoría de las cuales se puede aplicar a Big Data. Se necesita proteger y bloquear el acceso no autorizado a datos sensibles sin importar el lugar donde residan. Se ha de aplicar el gobierno de los datos a cualquier clase de datos que se recolecten, así como el cumplimiento de la privacidad y seguridad con independencia de si se almacenan en sistemas de archivos (tales como HDFS, HBase-Hadoop) o en bases de datos relacionales, bases de datos NoSQL o bases de datos "en memoria".

IBM ofrece un buen número de herramientas para seguridad y privacidad de Big Data, algunas de ellas son:

- **Enmascaramiento de datos.** IBM InfoSphere Optim Data Masking Solution aplica una variedad de técnicas de transformación de datos para enmascarar datos sensibles con información real y precisa.

- **Monitorización de actividades de bases de datos.** IBM InfoSphere Guardium crea el seguimiento de todas las actividades de la base de datos respondiendo a las preguntas clave: "qué", "cuál", "cuándo", "dónde" de cada transacción. Esta labor de monitorización se realiza siempre que se necesite monitorizar el acceso a datos sensibles o usuarios determinados.

METADATOS DE BIG DATA

Metadato es la información que describe las características de cualquier artefacto de datos, tal como su nombre, posición, importancia del cliente, calidad, o valor para la empresa y sus relaciones con otros artefactos de datos críticos que la empresa gestiona. El equipo de gobierno de la información necesita extender los metadatos del negocio para comprender los tipos de Big Data. Los manuales de metadatos de IBM mencionan un caso típico como ejemplo: el término "visitante único" es una métrica obtenida del análisis del flujo de clics (*clickstream*), y se utiliza para medir el número de usuarios individuales de un sitio Web; sin embargo, dos sitios pueden medir visitantes únicos de modo diferentes, un sitio Web puede medir los visitantes únicos en una semana mientras que otro puede medir los visitantes únicos en un mes.

IBM InfoSphere Business Glossary e IBM InfoSphere Metadata Workbench gestionan metadatos de negocio y técnicos.

ARQUITECTURA DE BIG DATA DE ORACLE

Oracle[11] propone su arquitectura de Big Data que adapta con su arquitectura de información tradicional en las siguientes tecnologías y productos comerciales. Comienza definiendo las capacidades de la arquitectura de Big Data, y luego oferta su gama o porfolio de soluciones y productos.

CAPACIDADES DE LA ARQUITECTURA DE BIG DATA

Las principales tecnologías de Big Data que gestiona Oracle son las siguientes.

Capacidad de Almacenamiento y Gestión

- Hadoop Distributed File System (HDFS): Sistema de archivos distribuidos código abierto (*open source*): (http://hadoop.apache.org).

- Cloudera Manager: una distribución de Cloudera para la gestión de aplicaciones de Apache Hadoop: (www.cloudera.com).

Capacidad de Bases de Datos

- Oracle NoSQL: Solución global de Oracle (modelo clave-valor).
- Apache HBase.
- Apache Cassandra.
- Apache Hive: Herramientas para facilitar la ETL (extraer, transformar y cargar) de archivos almacenados bien directamente en Apache HDFS o en otros sistemas de almacenamiento tales como Apache HBase.

Capacidad de procesamiento

- MapReduce: definido por Google en 2004.
- Apache Hadoop.

Data Integration Capability

- Conectores de Oracle Big Data, Cargador de Oracle Loader para Hadoop. Integrador de Oracle.
    - Exportan resultados de MapReduce a RDBMS, Hadoop y otros destinos.
    - Conecta Hadoop a bases de datos relacionales para procesamiento SQL.
    - Optimizado para procesamiento de importación/exportación de datos en paralelo.
    - Puede ser instalado en Oracle Big Data Appliance o en un *cluster* genérico de Hadoop.

Capacidad de análisis estadístico

- Utilizan Open Source Project R y Oracle R Enterprise.
- Lenguaje de programación para análisis estadístico (Project R).

ARQUITECTURA DE INFORMACIÓN DE BIG DATA DE ORACLE

La arquitectura de información de Big Data consta de cuatro etapas: adquirir, organizar, analizar y decidir. Considera que los datos se agrupan en las tres categorías que ya conocemos: estructurados, semiestructurados y no estructurados, que procederán de diferentes fuentes tales como: maestros/referencia, transacciones, generados por máquinas (M2M, Internet de las cosas), *social media*, y texto, imágenes, videos. Una vez que los datos se han analizado, con los resultados publicados y visualizados, se toman decisiones para la organización. En todo el proceso, se deberán tener presente las capas de gestión, seguridad y gobierno.

En la fase de *adquisición* se deberán estudiar los datos procedentes de SGBD (sistemas de gestión de bases de datos) y OLTP (procesamiento de transacciones *online*), archivos de todo tipo, bases de datos NoSQL, y los archivos HDFS de Hadoop. En la fase de *organización,* los datos se extraerán, limpiarán, filtrarán y cargarán en los almacenes de datos, mediante las herramientas ETL, y se organizarán debidamente en tiempo real, teniendo presente MapReduce de Hadoop. Se organizarán también teniendo en cuenta los datos de mensajes, datos en tiempo real, etcétera. En la fase de *análisis*, se analizarán los grandes volúmenes de datos (capítulos 10 a 12) para presentar resultados que sean visualizados con tableros o cuadros de control (*dashboard*), cuadros de mando (*scorecards*), y se puedan tomar las decisiones que convengan a las organizaciones para obtener los mejores resultados posibles.

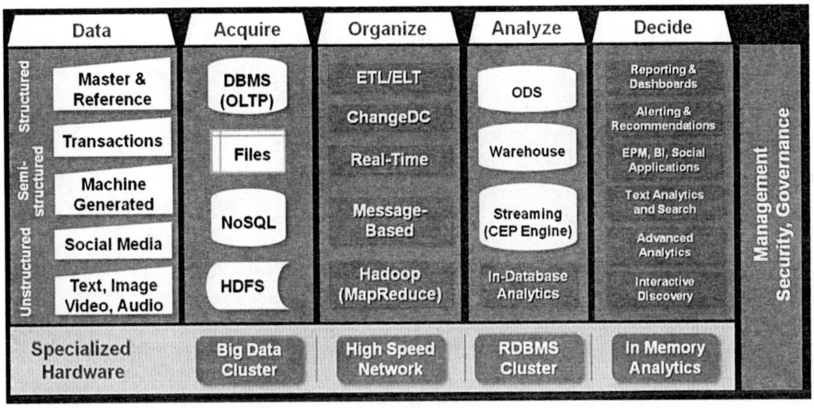

Figura 7.3. Arquitectura de Big Data de Oracle. Fuente: Oracle. Disponible en *white paper* (agosto, 2012), p. 12. <www.oracle.com/technetworks/topics/entarch/articlesoea-bigdata-guide-1522052.pdf>.

PLATAFORMA DE BIG DATA DE ORACLE: PRODUCTOS Y SOLUCIONES

Al igual que sucede con el almacenamiento de datos (*data warehousing*), los almacenes Web o cualquier plataforma TI, una infraestructura de Big Data tiene requerimientos específicos. Al considerar todos los componentes de una plataforma Big Data, Oracle recuerda que es importante que se cumpla el objetivo final de integración fácil de sus Big Data con los datos de empresa para permitirle manejar una analítica profunda en el conjunto de datos combinados. Los requerimientos de la infraestructura de Big Data deben cumplir con los condicionantes de las tres fases conocidas de adquisición de datos, organización de datos y análisis de datos.

1. Adquirir Big Data

Oracle ofrece una amplia gama de productos de adquisición de datos para analizar un alto volumen de datos generados en muy diferentes formatos. Los productos se clasifican en dos grandes categorías:

- Bases de datos NoSQL[12]. Oracle NoSQL database, 11g versión 2.0 (11.2.1.2), edición empresa.
- Bases de datos SQL[13].

2. Organizar Big Data

Una plataforma de Big Data necesita procesar cantidades masivas de datos por lotes y en paralelo (filtrado, transformación, y ordenación previa a cargarlos en el *data warehouse* de empresa, EDW). Oracle ofrece una amplia gama de productos para organización de Big Data que incluyen las siguientes herramientas:

- Oracle Big Data Appliance
- Oracle Big Data Connectors
- Oracle Data Integrator

Oracle Big Data Appliance

Es una plataforma integrada para Big Data optimizada para adquisición, organización y carga de datos no estructurados en una base de datos Oracle. Combina componentes optimizados de hardware con soluciones de software para entregar una solución muy completa de Big Data.

Oracle Data Integrator Enterprise Edition

Ofrece tecnologías ETL de última generación que mejora el rendimiento y reduce los costes de integración de datos, incluso en ambientes heterogéneos.

Oracle Big Data Connectors

Es una herramienta muy útil para integrar Apache Hadoop con software de Oracle, incluyendo los productos típicos de Oracle: Oracle Database, Oracle Endeca Information Discovery y Oracle Data Integrator.

3. Analizar Big Data

El análisis de Big data en el contexto de todos los datos de la empresa puede revelar nuevas oportunidades con un impacto significativo en el desarrollo de los negocios de la empresa. Oracle ofrece un porfolio excelente de herramientas para análisis estadístico y avanzado que complementan a la máquina (*appliance*) Oracle Exadata. Estas herramientas facilitan el tratamiento de Big Data y su integración con las herramientas de datos tradicionales:

- Oracle Advanced Analytics 11 g.
- Oracle Exadata Database Machine X3.
- Oracle Data Warehousing.
- Oracle Exalytics In-Memory Machine.

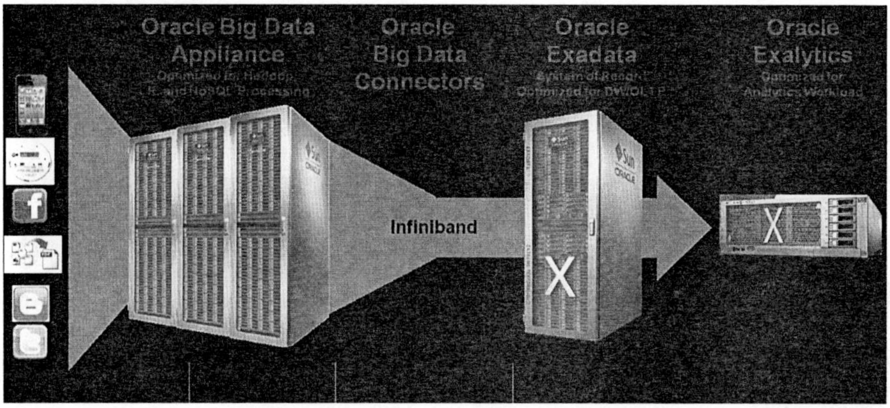

Figura 7.4. "Arquitectura física de Big Data de Oracle" ("An Architecture's Guide to Big Data", p. 15, white paper).[14]

ARQUITECTURA DE BIG DATA DE IBM

IBM[15] tiene productos para la gestión y la analítica de Big Data. Proporciona herramientas[16] para ejecutar una estrategia de Big Data que mejora y complementa los procesos y sistemas existentes.

InfoSphere BigInsights

Solución preparada para empresas, basada en Apache Hadoop, para gestionar y analizar volúmenes masivos de datos estructurados y no estructurados.

InfoSphere Data Explorer

Software de descubrimiento y navegación que proporciona acceso y fusión en tiempo real de Big Data.

IBM Netezza Data Warehouse Appliances

Máquinas (*appliances*) de *data warehouse* para realizar analítica avanzada en la explotación de volúmenes de datos más simples, más rápidos y más accesibles.

IBM InfoSphere Warehouse

Es una plataforma de *data warehouse* que entrega acceso a información estructurada y no estructurada en tiempo real.

IBM Smart Analytics System

Esta herramienta proporciona un porfolio completo de características (capacidades) de gestión de datos, hardware, software y servicios que modularizan la entrega de un amplio tipo de analítica.

InfoSphere Master Data Management

Una buena herramienta para la gestión de los datos maestros.

InfoSphere Information Server

Esta solución enseña, limpia, transforma y entrega información fiable a las iniciativas críticas de negocios, integrando los Big Data en el resto de sus sistemas TI.

RESUMEN

- La arquitectura de referencia de Big Data consta de dos componentes fundamentales: arquitectura y gobierno de Big Data.
- La arquitectura de referencia de Big Data más reconocida se debe a Sunil Soares y es la que se ha tomado de modelo en este capítulo.
- Las fuentes de Big Data proceden de numerosas fuentes de datos.
- Los datos se almacenarán normalmente en *data warehouses* y *data marts*.
- Las bases de datos se clasifican en diferentes categorías: SQL, NoSQL, *in-memory*, heredadas (*legacy*).
- Hadoop es la plataforma de software por excelencia para la manipulación de Big Data (capítulo 9).

NOTAS

---

[1] Sunil Soares: *Big Data Governance. An Emerging Imperative*, MC Press Online, LLC, 2012.

[2] James G. Kobielus.

[3] *The Forrester Wave™: Soluciones Hadoop empresariales de 2012* <http://public.dhe.ibm.com/common/ssi/ecm/es/iml14309eses/IML14309ESES.PDF>. En el capítulo 9, se podrá ver en más detalle el informe.

[4] *Information Management Magazine* (www.information-management.com).

[5] *Workshop* celebrado los días 15 y 16 de enero de 2013. Disponible en: <http://www.nist.gov/itl/cloud/cloudbdworkshop.cfm>.

[6] El gobierno de las TIC ya tiene una norma ISO asociada, ISO/ IEC 38500: 2008 Corporate governance of information technology, que viene a complementar el conjunto de estándares ISO que afectan a los sistemas y tecnologías de la información (ISO/IEC 27000, ISO/IEC 20000, ISO/IEC 15504, ISO/IEC 24762). Manuel Ballester (PhD, CISA, CISM, CGEIT, IEEE). Disponible en: <http://www.isaca.org/Journal/Past-Issues/2010/Volume-1/Pages/Gobierno-de-las-TIC-ISO-IEC-385001.aspx>.

[7] ISO IEC 38500: 2008 Corporate Governance of Information Technology.

[8] Manuel Ballester (ISACA): "Gobierno de las TIC ISO/IEC 38500". Disponible en: <http://www.isaca.org/Journal/Past-Issues/2010/Volume-1/Pages/Gobierno-de-las-TIC-ISO-IEC-385001.aspx>.

[9] <http://public.dhe.ibm.com/software/os/systemz/IBM_Information_Governance_Survey_Report.pdf>.

[10] <www.accenture.com/es-es/Pages/service-technology-data-management-architecture-summary.aspx>.

[11] "An Oracle White Paper in Enterprise Architecture. Information Architecture: An Architect's Guide to Big Data", agosto de 2012. "Oracle Information Architecture: An Architect's Guide to Big Data". Disponible en: <http://bit.ly/Rsrdnd>.

[12] <http://www.oracle.com/technetwork/products/nosqldb/learnmore/nosql-wp-1436762.pdf?ssSourceSiteId=ocomen>.

[13] <http://www.oracle.com/us/products/database/overview/index.html>.

[14] www.oracle.com/technetwork/topics/entarch/articles/oea-big-data-guide-1522052.pdf

[15] Portal de Big Data de IBM: *Bringing Big Data to the Enterprise*. Disponible en: <www.01-ibm.com/software/data/bigdata>.

[16] <www.01.ibm.com/software/data/infosphere/bigdata-analytics.html>.

CAPÍTULO 8

BASES DE DATOS ANALÍTICAS: NOSQL Y "EN MEMORIA"

El modelo de base de datos relacional ha permanecido durante las tres últimas décadas, y seguirá permaneciendo muy útil para aplicaciones tradicionales. La popularidad de paquetes de bases de datos **AMP** (Servidor Apache HTTP, MySQL y PHP/Python/Perl), junto con las soluciones propietarias garantiza la supervivencia de las bases de datos tradicionales, evidentemente, superiores a los modelos jerárquicos de archivos planos. El modelo relacional es normalmente fácil de comprender y analizar.

El modelo o paquete **LAMP** (sistema operativo Linux, Servidor Apache HTTP, MySQL y PHP/Python/Perl) está constituido por componentes de software abierto que permiten construir un servidor Web viable de propósito general. Los restantes paquetes que garantizan la supervivencia de las bases de datos relacionales con software propietario son: **WAMP** (Microsoft Windows AMP), **MAMP** (Mac OS AMP), **SAMP** (**Solaris**), **iAMP** (series i), **OAMP** (OpenBSD) o **FAMP** (FreeBSD).

Sin embargo, el modelo relacional no es tan eficiente en las aplicaciones que requieren cantidades masivas de datos y escalables, para la realización de consultas y analítica de los grandes volúmenes de datos. La naturaleza distribuida de la Web, las grandes transmisiones de datos entre los miles de millones de objetos y sensores (M2M, Internet de las cosas), y las otras grandes fuentes de Big Data (capítulo 2), obligan a nuevas bases de datos que sean capaces de analizar esos grandes volúmenes de datos, a gran velocidad y con gran eficiencia.

Las bases de datos de procesamiento masivamente (masivo) paralelo (MPP, *Massively Parallel Processing*), apoyadas en procesos paralelos y distribuidos, han ido apareciendo en los últimos años y han ido solucionando poco a poco la manipulación de grandes volúmenes de datos, pero la aparición masiva de datos no estructurados requiere de nuevas herramientas de bases de datos y de analítica.

En este capítulo, se estudian las bases de datos analíticas más utilizadas en la actualidad: las bases de datos NoSQL y las bases de datos "en memoria" (*in-memory*). Se explicarán también las bases de datos MPP de procesamiento masivo paralelo y las bases de datos en caché, cuyas características se encuentran entre las bases de datos relacionales y las bases de datos analíticas. Asimismo, se describirán las características esenciales de las plataformas más populares y acreditadas tanto de bases de datos NoSQL como "en memoria".

TIPOS DE BASES DE DATOS ACTUALES

Las bases de datos utilizadas en la actualidad en organizaciones y empresas se dividen en cuatro grandes categorías: relacionales, heredadas (*legacy*), *in-memory* ("en memoria"), y NoSQL. A esta clasificación clásica es preciso añadirle las bases de datos avanzadas que son extensión de las bases de datos relacionales tales como bases de datos MPP y bases de datos de memoria caché.

Figura 8.1. Categorías de bases de datos. Fuente: la Web.

BASES DE DATOS RELACIONALES

Los sistemas de gestión de bases de datos relacionales (SGBDR) se apoyan en datos relacionales y constituyen hoy día el corazón de la mayoría de las plataformas distribuidas. Algunos ejemplos de soluciones típicas son: Oracle Database 11 –recientemente, se ha presentado la versión 12-, IBM DB2, Microsoft SQL Server, SAP Sybase y MySQL.

Sqoop[1]es una herramienta diseñada para transferir datos entre Hadoop y las bases de datos transaccionales. Se puede utilizar Sqoop para importar datos de un sistema de gestión de bases de datos relacionales tal como MySQL u Oracle al sistema de gestión de archivos de Hadoop, conocido como HDFS, y transforma los datos en MapReduce, que luego exportará de nuevo los datos al sistema RDBMS. Sqoop automatiza la mayoría de estos procesos, apoyándose en la base de datos para describir el esquema de los datos a importar. Sqoop utiliza MapReduce para importar y exportar los datos que proporcionará operaciones en paralelo así como tolerancia a fallos.

Apache Sqoop es un proyecto diseñado para facilitar la importación y exportación de datos entre Hadoop y bases de datos relacionales.

Scoop permite hacer importaciones masivas de datos con HDFS, Hive y HBase; está desarrollado en Java y usa MapReduce para transferir datos en paralelo. Trabaja con conectores, ofrece conectores directos para mejorar el rendimiento, a bases de datos como MySQL, Oracle, SQL Server.

Los grandes proveedores de bases de datos relacionales son los clásicos: IBM, Oracle y Microsoft. SAP, desde la presentación de su producto HANA (del que hablaremos más tarde en el libro), se está convirtiendo no tanto en un proveedor típico de bases de datos relaciones -que ya lo es, porque compró en 2010, Sybase, un fabricante muy acreditado de bases de datos- como en un integrador de bases de datos relacionales con su plataforma HANA, soportada por una base de datos en memoria.

Google también ha creado su propia base de datos relacional en la nube, Google Cloud SQL, y está pensada para los desarrolladores de su plataforma como servicio GAE (Google App Engine).

BASES DE DATOS HEREDADAS (*LEGACY*)

Los sistemas de gestión de bases de datos heredadas o legadas (*legacy*) dependen, normalmente, de sistemas de bases de datos no relacionales. Existen todavía numerosos ejemplos de la existencia de plataformas prerelacionales tales como IMS, IDMS, DataCom, ADABAS, entre otras, con gran presencia todavía, en la industria, organizaciones y empresas.

Así, por ejemplo, IMS (*Information Management System*) es un sistema de gestión de bases de datos jerárquica que funciona aún en la infraestructura dorsal de importantes instituciones financieras y grandes organizaciones alrededor del mundo.

Como afirma Soares (2012: 244[2]), no se asocia necesariamente los sistemas de gestión de bases de datos heredadas con los Big Data. Sin embargo, es altamente probable que algunos tipos de Big Data residirán eventualmente en estos entornos, los cuales gestionan grandes volúmenes de datos. Por ejemplo, señala Soares, el IBM DB2 Analytics Accelerator para Z/OS potencia la aplicación (*appliance*) IBM Netezza para aumentar las velocidades de consulta frente a los *data warehouse* radicados en los *mainframes* de IBM.

BASES DE DATOS NOSQL

Las bases de datos NoSQL (*Not only SQL*) son una categoría de sistemas de gestión de bases de datos que no utilizan SQL como lenguaje de consulta principal. Estas bases de datos no requieres esquemas de tablas fijas, y no soportan operaciones *Join*. Están optimizadas para operaciones de lectura/escritura escalables en lugar de pura consistencia.

Asimismo, constituyen un ecosistema de información, y se están convirtiendo en alternativas viables a las bases de datos relacionales para muchas aplicaciones. En un apartado posterior, dedicado al estudio en profundidad de esta categoría de bases de datos, se clasificarán los diferentes tipos, y se citarán y describirán los más populares. Una de las más empleadas, Cassandra, es utilizada en compañías tales como Twitter, Netflix, Cisco, Rackspace, OpenX, Ooyala. Un *cluster* de Cassandra tiene 300 TB (terabytes de datos distribuidos en 400 máquinas).

BASES DE DATOS "EN MEMORIA"

Los sistemas de gestión de bases de datos *in-memory* se apoyan en la memoria principal o central para el almacenamiento de datos. Comparadas con los sistemas tradicionales de gestión de bases de datos que almacenan datos en disco, las bases de datos "en memoria" están optimizadas en velocidad. En la práctica estas tecnologías son capaces de enviar a la memoria principal de los sistemas toda la información proveniente de una base de datos para que sea procesada mucho más rápida.

En ese sentido, se están convirtiendo en herramientas muy utilizadas –en ocasiones imprescindibles- en el proceso y análisis de grandes volúmenes de datos en memoria. SAP y Oracle, últimamente Microsoft, y SAS, IBM, y otros grandes también, trabajan en ese sector. SAP y Oracle lideran el mercado y compiten fuertemente desde dos perspectivas muy diferentes, aprovechándose de su gran red de clientes a lo largo del mundo. Microsoft, a finales de noviembre de 2012, anunció, con ocasión de un evento de bases de datos, la presentación de la tecnología Hekaton, tecnología "en memoria" dispuesta a competir con los otros actores de este mercado.

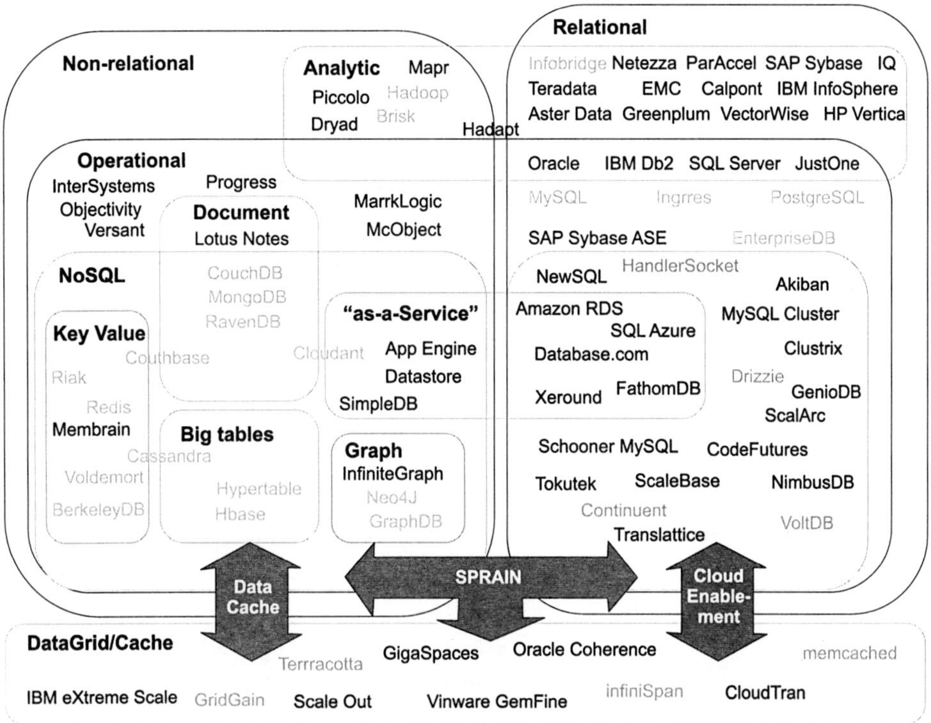

Figura 8.2. El ecosistema de bases de datos. Fuente: Matthew Aslett, The 451 Group3. Disponible en: <http://blogs.the451group.com/information_management/2011/04/15/nosql-newsql-and-beyond/>.

SISTEMAS DE BASES DE DATOS MPP

Los sistemas de bases de datos de procesamiento paralelo masivo (**MPP**)[4] llevan en vigor décadas, y aunque las arquitecturas del proveedor de la aplicación pueden variar, MPP es el mecanismo más maduro y probado para almacenar y analizar grandes cantidades de datos.

Una base de datos MPP distribuye los datos en piezas independientes, gestionadas por almacenamiento independiente, y los recursos de la unidad central de procesamiento (CPU); MPP distribuye los datos a múltiples conjuntos de CPU y de espacio en disco. Es el equivalente a decenas y centenas de computadoras personales cada una de las cuales aloja una pequeña pieza de un conjunto de grandes datos. Esto permite la ejecución de la consulta masiva rápidamente, dado que muchas consultas independientes más pequeñas se están ejecutando simultáneamente, en lugar de una única consulta grande.

Conceptualmente, es igual que tener piezas de datos cargados en múltiples redes, conectadas a computadoras personales alojadas en un mismo hospedaje (*host*). MPP es el procesamiento coordinado de un programa por múltiples procesadores que trabajan en partes diferentes del programa, y con cada uno de los procesadores utilizando su propio sistema operativo y memoria. Normalmente, los procesadores MPP se comunican empleando alguna interfaz de mensajería. En algunas implementaciones, centenas de procesadores pueden trabajar en la misma aplicación.

En esencia, el procesamiento paralelo se está volviendo muy importante en el mundo de la computación de bases de datos. Esto implica tomar una tarea grande, dividirla en tareas más pequeñas, y a continuación trabajar con cada una de estas tareas más pequeñas simultáneamente (Mahapatra y Mishra[5], 2010). El objetivo de este enfoque de "divide y vencerás" (*divide and conquer*) es completar la tarea más compleja en un menor tiempo que lo que hubiera llevado hacerlo en una parte grande completa.

Tres razones están confirmando el uso de procesamiento en base de datos:

- *Necesidad de un aumento de velocidad y del rendimiento* (los tamaños de las bases de datos se están incrementando, las consultas se están volviendo más complejas- especialmente en los sistemas de *data warehouse*- y el software de bases de datos debe hacer frente de alguna forma a las demandas crecientes que se derivan de esta complejidad).
- *Necesidad de la escalabilidad*. Las bases de datos crecen rápidamente y las compañías necesitan un medio para escalar (subir sus prestaciones) fácilmente y con el mínimo coste.
- *Necesidad de alta disponibilidad*. Se refiere a la necesidad de mantener una base de datos y ejecutarla con el mínimo o ningún retardo. Las compañías necesitan acomodar a los usuarios las 24 horas del día con el uso creciente de la Internet fija y móvil.

Una aplicación conocida de MPP es Kognitio WX2, que utiliza la potencia completa del hardware básico para proporcionar un medio rápido de acceso a volúmenes masivos de datos sin necesidad de ninguna técnica de indexación. Otras aplicaciones típicas de MPP son Oracle Parallel Server, y la base de datos de Greenplum que funciona bien con MPP.

¿QUÉ ES NOSQL?

En origen el término NoSQL significaba *No SQL*, pero con el paso del tiempo, el término *No* se ha cambiado realmente por *Not only*, que refleja más fielmente las múltiples caras que rodean a la colección grande de tecnologías de bases de datos no relacionales.

NoSQL ha crecido en los últimos años, y seguirá creciendo en importancia, y en muchos casos está sirviendo como una caja de servicios para Big Data hospedada en la nube. De modo que se comienza a ofrecer como servicio en la nube y a utilizarse el término: "Big Data como servicio, **BDaaS**", y también "Bases de datos NoSQL como servicio, **NoSQLaaS**". La ventaja del término es que se recoge las cuatro grandes tendencias que afectan hoy día a los profesionales de los datos (programadores, analistas y científicos de datos), y a los directivos de departamentos de TI (CIO) así como a directores de empresas (CEO): *cloud computing*, Big Data, movilidad, y medios/negocios sociales (*social media/social business*).

Hoy día, por tanto, NoSQL significa *Not Only SQL* (No solo SQL). Paul Williams (2012)[6] define el término como un *kindler* (un iluminador), una definición más ligera y sobre todo más suave, comparado con su significado inicial. En consecuencia, y estamos de acuerdo con Williams, el término es una colección de las diferentes tecnologías no relacionales más importantes.

BASES DE DATOS NOSQL

Las bases de datos NoSQL (si bien existen muchos seguidores de NoSQL que prefieren llamarlas simplemente herramientas NoSQL) han sido diseñadas para manipular grandes volúmenes de datos de manera muy rápida, y no siguen el modelo entidad-relación típico de las bases de datos tradicionales.

Las bases de datos relacionales, aunque tienen unas características muy potentes para el manejo de tipos de datos mediante el lenguaje SQL, su funcionamiento se ralentiza considerablemente cuando aumenta el volumen de datos por manipular. Las bases de datos tradicionales basan su funcionamiento en tablas, *joins*, y transacciones ACI, mientras que las bases de datos NoSQL no requieren una estructura de datos en forma de tablas y relaciones entre ellas, y no imponen un esquema prefijado de tablas. Las bases de datos NoSQL son más flexibles, ya que suelen permitir información en otros formatos como clave-valor, mapeado dc columnas, documentos o grafos.

Las bases de datos NoSQL difieren del modelo clásico de sistemas de gestión de bases de datos relacionales (SGBDR) en aspectos importantes; entre ellos, el más notable es que no utilizan SQL como lenguaje de consultas.

Los datos almacenados no requieren estructuras fijas como tablas, normalmente no soportan operaciones *Join* ni garantizan las características diferenciadoras ACID (atomicidad, coherencia, aislamiento y durabilidad), aunque al final terminan cumpliendo estas características. Habitualmente son muy escalables en sentido horizontal, tanto para recursos como para usuarios.

La típica base de datos relacional (Oracle, DB2, MySQL) utiliza tablas y esquemas (agrupaciones de tablas), donde cada tabla tiene filas y columnas; las columnas son el tipo de datos que se desea guardar y las filas son, en sí, cada conjunto de datos. Por ejemplo, los datos de un empleado en una tabla "persona" se guardan en columnas como DNI/Pasaporte, Nombre, Apellidos, fecha de nacimiento, salario, y la forma de consultar los datos es a través de un lenguaje de consultas llamado SQL.

Las bases de datos NoSQL no utilizan SQL, y no existen las tablas tal como se conoce en las bases de datos relacionales, sino que la información se almacena de modo distinto (clave-valor, por documentos, grafos). Las características principales de las bases de datos NoSQL son:

1. Almacenamiento de gran cantidad de datos.
2. Escalamiento lineal (escalabilidad) sin afectar al rendimiento.
3. Acceso muy rápido.
4. Distribución y manipulación de datos no estructurados.

Las características fundamentales de las bases de datos NoSQL son: la *carencia de un esquema* predeterminado, alta *escalabilidad horizontal* sin pérdida de rendimiento y posibilidad de *manipulación de grandes volúmenes de datos a gran velocidad*. Además funcionan muy bien con *hardware* estándar de bajo coste.

Las bases de datos NoSQL son idóneas para aplicaciones que requieran de lectura/escritura de grandes volúmenes de datos, y necesiten brindar un servicio a miles o millones de usuarios. Por estas razones, las grandes redes sociales como Facebook, Twitter o LinkedIn, o buscadores como Google o Yahoo, utilizan NoSQL como soporte fundamental de almacenamiento de datos. En determinadas aplicaciones, se puede recurrir a soluciones híbridas, mezclando bases de datos relacionales SQL y bases de datos NoSQL.

La ausencia de esquema significa que los datos no tienen una definición de atributos físicos, es decir, cada registro o documento (como se suele denominar) puede contener una información con diferente formato en cada ocasión, que permite almacenar solo aquellos atributos que interesen, facilitando el polimorfismo de datos (múltiples formas) bajo una misma colección de información. De igual manera, se pueden almacenar estructuras de datos complejas en un solo documento como puede ser el caso de almacenar la información de un blog (título, cuerpo del texto, fecha, autor/es) junto con los comentarios realizados a las diferentes entradas, y todo ello en un único registro.

La *escalabilidad horizontal* es la característica que permite aumentar el rendimiento del sistema añadiendo, simplemente, más nodos, sin necesidad de realizar ninguna otra operación excepto indicar cuáles son los nodos disponibles. Muchas bases de datos NoSQL pueden utilizar consultas del tipo MapReduce (ver capítulo 9), de modo que se pueden ejecutar en todos los nodos a la vez, cada uno de los cuales opera sobre una parte de los datos, y luego se reúnen todos los resultados antes de ofrecerlos al cliente.

La *alta velocidad* se consigue, porque muchos de los sistemas NoSQL realizan las operaciones directamente en memoria y solo vuelcan los datos en disco cada ciertos períodos de tiempo. De esta forma, las operaciones de escritura son muy rápidas. Naturalmente, estas ventajas también entrañan riesgos por la durabilidad de los datos, ya que cualquier fallo (ruptura o apagón) puede originar la pérdida de la escritura o consistencia de los datos. Este riesgo se suele resolver permitiendo que una operación de escritura se realice en más de un nodo antes de validarla como buena o bien disminuyendo el tiempo entre volcado y volcado de datos.

DIFERENCIAS ESENCIALES ENTRE NOSQL Y SQL

En principio, la gran diferencia es la ausencia, en la mayoría de las bases de datos NoSQL, del cumplimiento de los principios ACID. Se inspiran también las bases de datos NoSQL en el principio de la computación distribuida (*eventual consistency*) que describe cómo muchas bases de datos NoSQL manejan este tema en un entorno paralelo.

Otra diferencia evidente e importante es la ausencia del lenguaje de consulta estándar SQL en la mayoría de las bases de datos NoSQL. Existen numerosos desarrollos e investigación sobre el lenguaje UnQL (lenguaje de consulta unificado para todas las bases de datos NoSQL) con el objetivo de llegar a convertirse en lenguaje estándar para la comunidad NoSQL.

NoSQL no es un estándar. El movimiento *NoSQL* tal vez sea el medio para describir la multitud de tecnologías de bases de datos NoSQL. Algunos analistas, entre ellos, el citado Paul Williams, consideran que dada la corta edad (tres años) del movimiento NoSQL, tal vez no sea todavía el momento para conseguir un estándar ANSI para NoSQL.

TIPOS DE BASES DE DATOS NOSQL

Las bases de datos NoSQL son ya muy numerosas, y a veces son muy difíciles de clasificar debido a las diferencias entre soluciones. Algunos productos específicos pueden tomar características de varias fuentes, como es el caso de la base de datos Cassandra, una de las más utilizadas, y que tiene propiedades de dos grupos. Pero en general, se suelen agrupar en las siguientes cuatro grandes categorías.

- Orientadas a clave-valor (*key-value*).
- Orientada a documentos.
- Orientada a grafos.
- Orientada a columnas y a *BigTable*.

Estas cuatro grandes tecnologías de bases de datos en el planeta NoSQL: clave-valor, grafos, documentos y BigTable (tabla o columnas), que almacenan todas las ventajas de las bases de datos no relacionales, y que permiten la escalabilidad y la rápida analítica que necesitan las actuales aplicaciones de grandes datos. Es razonable pensar que estas cuatro tecnologías crezcan en popularidad, y que el término NoSQL se implante como una tecnología generalista y, tal vez, se consiga un estándar que englobe todas las actuales tendencias.

Aunque los precursores del movimiento NoSQL son Google BigTable y Amazon Dynamo, ambas son de código cerrado y no están disponibles al público.

Figura 8.3. Bases de datos NoSQL.

BASES DE DATOS CLAVE-VALOR

El modelo clave-valor (*key-value*) procede del modo de acceso a memoria en la programación en ensamblador (el lenguaje máquina de los procesadores). La dirección de la posición de memoria actúa como el valor que se almacena en esa dirección de memoria. Otro ejemplo típico del modelo valor-clave es el concepto de tabla *hash* que tiene una función que transforma la clave en un índice utilizado para encontrar su valor asociado.

Los almacenamientos *key-value* asocian una clave única (*key*) al valor que se quiere guardar (*value*). Varias implementaciones de los almacenamientos *key-value* tienen funcionalidad adicional, pero a un nivel básico, el *key-value* solo requiere una clave y un valor. Este tipo de base de datos suele ser extremadamente rápido y óptimo para una gran cantidad de accesos. Cuando se desee cambiar la estructura de los datos almacenados, simplemente se varía la información que se guarda en los nuevos usuarios, y mediante un simple guión (*script*) se actualizan los datos existentes o también se pueden tener en cuenta dichos cambios en el momento de la lectura. Su intención es guardar simplemente una gran serie de "claves" con su valor asociado, lo cual da una potente flexibilidad ante datos no estructurados.

La razón de utilizar este patrón (modelo) en programación se debe a una característica: *velocidad*. De este modo las bases de datos valor-clave son mucho más adecuadas para cumplir el requerimiento de los grandes Big Data masivos, comparado con el modelo relacional. El paradigma ACID (*Atomic, Consistent, Isolated, Durable*), presente, normalmente, en las bases de datos relacionales no está soportado en muchos sistemas que utilizan una base de datos clave-valor, y por esta razón, estos sistemas utilizan un modelo "eventualmente consistente", empleado en sistemas distribuidos y procesamiento paralelo.

Las bases de datos NoSQL clave-valor más populares son: Riak, Redis, Amazon DynamoDB, Voldemort, Membase, Dynamite y Tokio Cabinet, Cloudant y Cassandra, posiblemente la base de datos líder en implantación que tiene propiedades de las bases de datos de columna y también de clave-valor.

Figura 8.4 Bases de datos NoSQL clave-valor.

Cassandra

Esta base de datos está diseñada para entornos distribuidos y utiliza la consistencia eventual; por esta razón es muy adecuada para replicación en grandes centros de datos basados en la nube. Aunque está basada en el modelo clave-valor, también soporta el concepto de columna y supercolumna, esencialmente, para anidar los pares clave-valor que facilitan el modelado de estructuras de datos más complejas. De este modo, permite también la lectura y actualización de una columna sin recuperar el registro completo.

Está escrita en Java con lo que funciona sobre cualquier sistema operativo, y utiliza Thrift (otro proyecto de Facebook) para serializar y comunicar los datos con programas externos. Esto permite usar Cassandra desde prácticamente cualquier lenguaje de programación. Está diseñada para gestionar cantidades muy grandes de datos distribuidos en una gran cantidad de máquinas comunes.

Cassandra es una base de datos clave-valor que ofrece funcionalidad tabular de BigTable permitiendo, de este modo, consultas más complejas que las soportadas por clave-valor. Dispone de un lenguaje de consulta llamado CQL (Cassandra Query Language).

Cassandra fue desarrollada por Facebook, que en 2008, la donó a la Fundación Apache como código abierto, y desde entonces es responsable de su desarrollo. Organizaciones que utilizan Cassandra, además de Facebook, son Netflix, Twitter, Reddit, Digg, IBM, Cisco o Rackspace.

Constant Contact, y eBay, entre muchas empresas de muy diferentes sectores de negocios y de la industria.

DynamoDB

Amazon Web Services (**AWS**) anunció, a primeros de 2012, el lanzamiento de DynamoDB, una base de datos NoSQL que Amazon ha desarrollado y probado internamente durante los años anteriores. Amazon ha lanzado esta solución al comprobar el auge creciente del mercado de los grandes volúmenes de datos y el número de aplicaciones Web. Esta oferta se une a su base de datos relacional Amazon RDS, y a otra base de datos NoSQL denominada SimpleDB, ambas con gran experiencia en el mercado desde sus herramientas de *cloud computing*.

La ventaja de DynamoDB es que la base de datos puede ser gestionada en muy poco tiempo desde la consola de administración de AWS, lo que garantiza una rápida escalabilidad. Otra característica notable es que todos los datos se almacenan en discos de estado sólido (**DSS**) para asegurar que el acceso de datos sea más rápido. Además, otra gran ventaja es que al utilizar la infraestructura de Amazon a nivel mundial, los datos se replican entre los distintos servidores repartidos por el mundo, y así se puede ampliar la disponibilidad. DynamoDB no tiene un esquema fijo; en su lugar cada elemento de datos puede tener un número diferente de atributos. Se pueden usar diferentes tipos de datos como cadenas de caracteres (*strings*), números o conjuntos. Amazon integra Elastic MapReduce, lo que le permite realizar análisis complejos de grandes volúmenes de datos, usando Hadoop sobre AWS.

BASES DE DATOS ORIENTADAS A GRAFOS

Las bases de datos de grafos organizan la información en grafos dirigidos. Son óptimas para hacer operaciones de consulta sobre las relaciones entre miembros, y son extremadamente rápidas. La información se almacena dividiéndola en trozos más básicos, nodos (*chunks*) y estableciendo relaciones. Este tipo de base de datos es muy eficiente para el caso de múltiples contactos (Facebook o LinkedIn) o los mensajes propios de Twitter: *tuits (tweets)* o *retuits (retweets)*.

En la arquitectura de bases de datos orientadas a grafos, los objetos se conocen como nodos y aristas (*edges*), aunque sirven los roles de entidad-relación de la arquitectura estándar SQL. Los nodos contienen propiedades que describen el dato real contenido en cada objeto. Un diagrama de una base de datos orientada a grafos es muy similar a los diagramas de objetos que utilizamos en programación orientada a objetos.

La ventaja más grande de las bases de datos de grafos es, evidentemente, su velocidad en cierto tipo de transacciones, aquellas que implican relaciones, dado que no se requiere el típico procesamiento intensivo Join. Las redes sociales son una de las aplicaciones más evidentes de las bases de datos de grafos, precisamente, por su estructura de grafos. Las bases de datos de grafos están muy extendidas, incluso a la popular y tradicional base de datos DB2 de IBM se le han incorporado propiedades de las bases de datos de grafos.

Bases de datos NoSQL orientadas a grafos

- **Neo4J.** Base de datos de código abierta muy popular.
- **InfiniteGraph.** Sistema de base de datos distribuida de grafos, desarrollada por Objectivity. Su versión más actual es la 2.1 y está escrita en Java y C++.
- **AllegroGraph.** Combina base de datos en memoria caché y almacenamiento basado en disco.
- **OpenLink.** Virtuoso y Virtuoso Universal Server. Desarrollado por OpenLink Software.
- **HyperGraphDB.** Sistema de base de datos muy versátil para un gran número de aplicaciones.
- **FlockDB, VertexBD** y **InfoGrid.** Bases de datos orientadas a nichos de mercado.

Figura 8.5 Base de datos Neo4j orientada a grafos.

BASES DE DATOS ORIENTADAS A BIGTABLE (TABULARES/COLUMNARES)

Las bases de datos conocidas como BigTable (tabulares) están inspiradas en la tecnología BigTable de Google, que consiste en un sistema de almacenamiento distribuido para manipulación de datos estructurados, diseñado para escalar a grandes tamaños: petabytes de datos a través de millares de servidores básicos (*commodity*). Es un mapa ordenado multidimensional, persistente, distribuido y disperso (poco denso). El mapa está indexado por una clave fila, una clave columna y tiempo (*timeline*, fecha y hora). Cada valor del mapa es un colección (*array*) ininterrumpida de bytes.

Google BigTable define las bases de datos de igual nombre. La razón de su existencia reside en el hecho de que la búsqueda en la Web es el principal negocio de Google; y por esta razón, surge la necesidad de tener que acceder rápidamente a grandes volúmenes de datos distribuidos en un amplio conjunto de servidores, y eso se convierte en una necesidad vital. Este es el tipo de aplicaciones que generó el movimiento NoSQL y tecnologías relacionadas como MapReduce, dado que el modelo relacional no es adecuado. Para ello, Google construyó BigTable pensando en aplicaciones internas, y solo está disponible para clientes que utilizan la plataforma como servicio GAE (Google App Engine), aunque también se utiliza ampliamente en muchas otras aplicaciones de Google como Google Earth, YouTube y Gmail.

Bases de datos tabulares es otro término utilizado para describir bases de datos BigTable, inspiradas en la tecnología de Google, y que son muy adecuadas para aplicaciones de Big Data en granjas de servidores (centenas o miles de servidores) que contienen miles de CPU.

La base de datos tabular BigTable, desarrollada por Google, utiliza una estructura de claves tridimensional que contiene claves fila y columna con fecha y hora (*timeline*). Una instancia de MapReduce de Google se utiliza para crear y modificar datos almacenados en BigTable.

Figura 8.6 Marco de trabajo Hadoop y su base de datos HBase.

Una variante son las bases de datos orientadas en el almacenamiento de enormes cantidades de información desestructurada, almacenada de manera distribuida en cientos o miles de *clusters* en localizaciones geográficas que pueden ser distintas. Típicamente basadas en almacenamiento en innovadores sistemas de archivos, usan el cada día más relevante algoritmo MapReduce y Google BigTable. Bases de datos populares de esta categoría son:

Apache HBase

Comparte una estrecha relación con Hadoop, ya que se construye en la parte superior de su sistema de archivos, de igual modo que Google BigTable se construye en la parte superior del sistema de archivos de Google (GFS, Google File System).

HBase es la versión en código abierto de BigTable. Es una base de datos distribuida de código abierto no relacional, inspirada en el BigTable de Google, y forma parte del proyecto Hadoop del Apache Software Foundation. Está escrita en Java, con lo que es trasladable (*portable*) a cualquier sistema operativo. Está diseñada para ser una base de datos OLAP (On Line Analitical Processing); por eso, está centrada en el análisis de grandes cantidades de datos, y no en procesar datos rápidamente en tiempo real.

Al hablar de HBase hay que además hacer referencia a Hadoop y HDFS. HDFS es el sistema de archivos de HBase, y se utiliza para guardar los archivos de forma distribuida y redundante a fin de tener un acceso rápido a ellos.

Hadoop es un *framework* para escribir aplicaciones de tratamiento de datos distribuidos, y utiliza a HBase como su base de datos. También, permite hacer trabajos MapReduce sobre un número ilimitados de nodos HBase; y por tanto, hacer un tratamiento masivo de datos. Los tres productos Hadoop, HBase y HDFS son proyectos de código abierto del Apache Foundation.

Hypertable

Es una base de datos tabular inspirada también en BigTable. Está disponible a través de una licencia pública GNU, aunque la empresa Hypertable ofrece también soporte comercial y servicios de consultoría. La base de datos solo corre en servidores Mac y Linux, no en Windows. Está escrita en C++, pero Hypertable ofrece una API que soporta como clientes (*host*) lenguajes que incluyen Java, PHP, Python y Ruby. Hypertable es compatible cien por cien con Hadoop. Clientes de Hypertable son Baidu, el motor de búsqueda chino, eBay, el servicio de cupones Groupon, y el proveedor de correos indio, Rediff.com.

Cassandra

Dispone de propiedades de valor-clave y BigTable, ya ha sido tratada en el apartado de valor-clave.

BASES DE DATOS ORIENTADAS A DOCUMENTOS

Los almacenes de documentos abarcan una amplia colección de formatos y codificación binaria. Los formatos de marcación estándar tales como XML y JSON se combinan con formatos propietarios como PDF de Adobe o Word de Microsoft. El lenguaje de consultas UnQL se desarrolló principalmente para consulta de documentos y objetos dato marcados en JSON.

Los almacenes de documentos guardan la información como un listado de documentos desestructurados. Al acceder a un documento, se puede ingresar en un número no especificado de campos con sus respectivos valores. Son muy rápidos para recuperar toda la información asociada al documento, y tienen un esquema de datos muy flexible. Sin embargo, suelen ser lentos para hacer consultas donde se buscan todos los documentos con un determinado campo, ya que éstos no suelen tener índices

Guardan documentos heterogéneos que pueden ser:

1. Textuales XML, formatos JSON, BSON, YAML, con la finalidad de almacenar información con estructura laxa y cambiante.
2. Formatos binarios como PDF o Word. Ideal para servicios que requieren almacenar transacciones o datos enviados desde dispositivos móviles que usen JSON para intercambiar información. La información se almacena teniendo en cuenta dicha información más una “metainformación” que la encapsula y clasifica por categorías.

MongoDB

Es una base de datos de documentos, NoSQL, muy utilizada (algunas estadísticas la consideran la número uno del mundo), diseñada para reemplazar a las SQL tradicionales de uso general. Es de código abierto y escrita en C++. Actualmente, está disponible para Windows, Linux y otros sistemas operativos.

Asimismo, fue diseñada por la empresa 10gen, de Nueva York, que actualmente ofrece consultoría y soporte técnico para MongoDB. Aunque el desarrollo de MongoDB empezó en octubre del 2007, se hizo público en febrero del 2009. La intención de MongoDB es proporcionar más funcionalidad que la típicamente proporcionada por las bases de datos NoSQL de tipo clave-valor, permitiendo sistemas de consultas *ad-hoc*, indexación de ciertos valores dentro del documento, y manteniendo un rendimiento elevado y facilidad para distribuir la carga en varios servidores. Algunas empresas que utilizan MongoDB: Foursquare, bit.ly, Etsy, *The New York Times*.

Figura 8.7 Bases de datos mongoDB orientada a documentos.

CouchDB

Es una base de datos no relacional de documentos. Apache CouchDB está orientada a documentos para marcación con rutinas escritas en JavaScript para consultas. Está escrita en Erlang, un lenguaje específicamente creado por Ericsson para programar sistemas robustos, distribuidos y multihilo. El vocablo *couch* (sofá) es un acrónimo para *Cluster Of Unreliable Commodity Hardware* o "*cluster* no fiable de hardware común". Inicialmente creada por el fundador de Couchio (empresa que da soporte a CouchDB), es ahora un proyecto Apache, y está consiguiendo cierta popularidad. Fue diseñada como "la base de datos de la Web", y el acceso a todos los datos es a través del protocolo HTTP, con un interfaz que cumple el estándar REST (*REpresentational State Transfer*, el estándar de acceso a documentos Web). Algunas empresas que utilizan CouchDB son: BBC, Skechers, Meebo.

Figura 8.8 Bases de datos CouchDB orientada a documentos.

BASE DE DATOS "EN MEMORIA" CACHÉ

Las bases de datos *in-memory* caché que utilizan el modelo valor-clave continúan creciendo en popularidad. Los cachés en memoria son almacenamiento simple que suelen colocarse entre la base de datos y la aplicación. Se encargan de guardar en caché objetos muy utilizados y objetos costosos de generar. Estos objetos se almacenan ya generados, y se pueden recuperar de forma muy rápida.

Memcached

Memcached (http://www.memcached.org) es un sistema distribuido de propósito general basado en memoria caché. Uno de los primeros sistemas de bases de datos con enfoque caché (*cached*) es Memcached, que se desarrolló originalmente para la influyente red social Live Journal, y está en código abierto. Su autor fue Brad Fitzpatrick, quien la diseñó para su sitio Web, Live Journal, y la presentó en mayo de 2010. El software se distribuye con licencia BSD (Berkeley Software Distribution).

Está diseñada para usar en aplicaciones Web de alta velocidad, aliviando la carga de la base de datos. Su fuerza se basa en su extrema sencillez. Solo soporta, guardar unos objetos (que deben ser una cadena) o retirar un objeto, y ésta es una acción muy rápida. Normalmente, Memcached se usa como una capa entre la base de datos de la aplicación y la propia aplicación. Los resultados de la aplicación se guardan en Memcached, y son retirados de ella reduciendo de esta manera la cantidad de impactos a la base de datos. La API de Memcached está disponible para la mayoría de los lenguajes populares. Algunas empresas que utilizan Memcached: Wikipedia, WordPress.com, Flickr, Craigslist, Facebook, Twitter, YouTube, Reddit, Playdom, Zynga.

LAS BASES DE DATOS NOSQL EN LA EMPRESA

Las bases de datos NoSQL son una categoría de sistemas de gestión de bases de datos que no utilizan SQL como lenguaje de consulta principal. Estas bases de datos no requieren esquemas de tablas fijas y no soportan operaciones Join. Asimismo son óptimas para operaciones de lectoescritura escalables en lugar de pura consistencia.

En ese sentido, constituyen un ecosistema de información, y se están convirtiendo en alternativas viables a las bases de datos relacionales para muchas aplicaciones. En el apartado siguiente, dedicado al estudio más en profundidad de esta categoría de bases de datos, se clasificarán en diferentes tipos, se citarán y describirán las más populares. Una de las más empleadas, Cassandra, es empleada en compañías tales como Twitter, Netflix, Cisco, Rackspace, OpenX, Ooyala. Un *cluster*, por ejemplo, de Cassandra tiene 300 TB (terabytesl de datos distribuidos en 400 máquinas).

TABLA 8.1 LAS BASES DE DATOS NOSQL EN EMPRESAS (ALGUNOS EJEMPLOS)

Nombre	Categoría	¿Quién la utiliza?
Cassandra	Valor-clave/columnar	Facebook, Twitter, Reddit. Digg. Netflix, eBay, Constant Contact
Hypertable	Big Table (columnar)	Baidu, Rediff.com. Zuents
MongoDB	Documentos	Foirsquare. Bit.ly, Etsy, The New York Times
CouchDB	Documentos	BBC, Skechers, Meebo
Memcached	Memoria caché	Wikipedia,Wordpress.com, Flickr, Craiglist, Facebook, Twitter, YouTube, Reddit, Playdom, Zynga

BREVE HISTORIA DE NOSQL

A medida que aumentaba el éxito de los servicios en línea en Internet (tales como Google[7] o Amazon), necesitaban nuevos medios de almacenamiento de cantidades masivas de datos a través de un número creciente e incalculable de servidores, de modo que cada uno de estos servicios comenzó a crear una plataforma de software que pudiera realizar estas tareas. Google construyó BigTable y Amazon construyó Dinamo.

Estos gigantes de Internet publicaron sus trabajos en artículos y, a partir de ellos, muchas otras compañías comenzaron a desarrollar sus propias herramientas o a utilizar o ampliar las ya creadas. El resultado fue un ejército de bases de datos *NoSQL*, específicamente diseñadas para correr en miles de servidores.

Las plataformas de software de la nueva era fueron Cassandra, HBase y Riak. Se reconstruyó el paisaje de las bases de datos, ayudando a muchos otros gigantes de Internet como Facebook, Twitter o LinkedIn así como también a empresas grandes y pequeñas, incluidas las empresas familiares.

Las tecnologías de Google[8] incluyeron plataformas de software tales como The Google File System, MapReduce y BigTable. Google inventó MapReduce e inspiró Hadoop, una plataforma de cruce masivo de datos que hoy día es uno de los proyectos de código abierto de mayor éxito del mundo. BigTable ayudó al lanzamiento de NoSQL.

Las bases de datos NoSQL crecieron a la par que las grandes empresas de Internet como Google, Amazon, Facebook o Twitter. El término NoSQL se remonta a 1998, cuando Carlo Strozzi utilizó el término para referirse a una base de datos que había diseñado. Posteriormente Eric Evans, ingeniero de Rackspace (hoy uno de los grandes proveedores de la nube) introdujo el término de nuevo.

TENDENCIAS PARA 2013 DE BASES DE DATOS NOSQL

En 2013, continuará el despliegue de las bases de datos NoSQL unido al progreso de Hadoop. Ambas tecnologías avanzarán en las infraestructuras de TI de las organizaciones, y seguirán saliendo al mercado soluciones de software abierto y propietario, por lo que será preciso que los directores de sistemas de información, CIO, perfilen estrategias para conseguir su implantación dentro de las compañías y la consecución de la máxima productividad posible. El 2013, se ha iniciado con la presentación de algunas novedades o actualización de las últimas versiones de diferentes proveedores. Veamos las presentaciones más sobresalientes.

Apache Cassandra 1.2

La base de datos NoSQL de código abierto, Cassandra, mejora sus capacidades para gestionar grandes volúmenes de datos sin comprometer el rendimiento de los sistemas, y aumenta su popularidad. La Fundación Apache anunció a primeros de enero su última versión, Cassandra 1.2[9]. Su arquitectura está diseñada precisamente para ser altamente escalable, pero también tolerante a fallos y gestionable de forma distribuida. Esta nueva actualización implementa procesos de *clustering* sobre nodos virtuales y la capacidad para comunicarse entre ellos, algo que mejora ostensiblemente su versatilidad y potencia. Ya que se mejora el soporte para *clusters* de datos de alta densidad, donde cada uno de ellos es capaz de almacenar varios terabytes, y se reduce la complejidad a la hora de modelar aplicaciones, los sistemas que utilizan NoSQL son capaces de manejar y escalar petabytes de datos. Cassandra seguirá siendo una de las bases de datos más populares, empleada por grandes compañías como IBM, Cisco, Netflix, Twitter, Adobe y el propio Gobierno de los Estados Unidos.

De forma paralela a su lanzamiento, Apache también ha publicado el lenguaje de programación Cassandra Query Language (CQL3), que facilita el modelado de aplicaciones y una representación más natural de los conjuntos de datos.

Oracle NoSQL Database 2.0

A finales de diciembre de 2012, Oracle presentó la nueva versión de la base de datos NoSQL Database 2.0 que añade más escalabilidad y menor latencia De entre las novedades destacables se encuentra la alta escalabilidad y la baja latencia para dar respuesta en tiempo real a las cargas de trabajo que se producen con los grandes volúmenes de información. Así, se mejoran las transacciones con grandes objetos no estructurados como documentos e imágenes, de tal forma que se puedan mover por los distintos recursos de almacenamiento disponibles en función de las necesidades concretas. También ofrece más integración con Oracle Database y la plataforma Hadoop. Está disponible en dos modalidades:

- **Oracle NoSQL Database 2.0 Community Edition** (con licencia gratuita Sleepycat-GPL)[10].

- **Oracle NoSQL Database 2.0 Enteprise Edition** (con licencia comercial y soporte técnico).

Intel entra en NoSQL

Intel ha decidido entrar en el capital de la compañía 10gen, empresa que desarrolla la base de datos NoSQL basada en código abierto, MongoDB.

Google BigTable continúa creciendo con NoSQL

Google BigTable sigue siendo una de las bases de datos tabulares (por columnas) de mayor influencia en la industria, pero no está disponible para uso comercial fuera de Google que la utiliza en su oferta de Plataforma como Servicio, Google App Engine. El crecimiento continuo de popularidad de Hadoop y Hbase potencia a Bigtable. HBase es una base de datos inspirada en el trabajo de Google y Hadoop ofrece la misma funcionalidad *map reduce* introducida en BigTable.

COMPUTACIÓN "EN MEMORIA"

La computación "en memoria" (*in-memory*, IMC) es una tecnología que mezcla hardware y software con el objeto de acelerar de modo espectacular la búsqueda, escritura o lectura de información en una base de datos. Es una arquitectura distinta de la tradicionalmente usada para procesar la información en una computadora, y reduce considerablemente los tiempos de proceso, sobre todo cuando se tratan grandes volúmenes de datos. La consultora Gartner ha previsto que en 2014, el 30% de las aplicaciones analíticas de inteligencia de negocios se realizarán con esta tecnología. Además, permite analizar grandes volúmenes de datos en tiempo real o en un tiempo muy reducido, facilitando la toma de decisiones negociadas.

TECNOLOGÍA "EN MEMORIA"

La tecnología "en memoria" desde un punto de vista práctico es una base de datos "en memoria". Los grandes proveedores de software están lanzando sus soluciones a lo largo del año 2012. SAP lanzó SAP HANA, integrado con soluciones de Business Object, y con sistemas hardware de IBM, HP, Fujitsu o Cisco. Oracle lanzó también en febrero el sistema de ingeniería (Engineered System) con *hardware* y *software* de Business Intelligence en memoria; su solución se denomina Oracle Exalytics In-Memory. QlickView, SAS, Software AG y Sybase son otros grandes proveedores de soluciones de inteligencia de negocios que han lanzado herramientas en memoria.

Esta tecnología es un sistema de gestión de bases de datos que utiliza la memoria principal de la computadora como almacenamiento de datos de la computadora en lugar de emplear los sistemas de almacenamiento en disco, mecanismo utilizado por las bases de datos tradicionales. Es decir, las bases de datos de tecnologías en memoria almacenan los datos en dispositivos de memoria volátil como memorias *flash* o discos de estado sólido (SSD), y la propia memoria central o principal. Su idea fundamental es su capacidad de realizar cálculos en tiempo real sin tener que efectuar las lentas operaciones de disco durante la ejecución de una consulta.

TIPOS DE TECNOLOGÍAS "EN MEMORIA"

Existen dos grande categorías de tecnologías en memoria: tecnologías puras y tecnologías *just-in-time*.

Tecnologías *in-memory* pura

En esencia, las tecnologías en memoria puras son aquellas tecnologías que cargan el modelo de datos en la memoria RAM antes de que se pueda ejecutar cualquier consulta por los usuarios. Un ejemplo de un producto que utiliza esta tecnología es Qlickview.

Tecnologías *in-memory just-in-time*

A diferencia de la anterior, esta tecnología (o JIT[11]) solo carga en la memoria RAM la parte de los datos necesaria para una consulta particular. Un ejemplo de un producto de BI que utiliza este tipo de tecnología es SiSense. *In-memory-just-in-time* consiste en un motor de almacenamiento en caché inteligente que carga los datos seleccionados en la memoria RAM, y los libera de acuerdo con los patrones de uso. Este enfoque tiene ciertas ventajas evidentes:

1. Se tiene acceso a muchos más datos que pueden caber en la RAM en un momento dado.
2. Es más fácil tener una memoria caché compartida por varios usuarios.
3. Es más fácil para crear soluciones que se distribuyen a través de varias máquinas.

La capacidad fundamental de las bases de datos en columnas para acceder solo a determinados ámbitos o partes de los campos es lo que hace que la tecnología *in-memory JIT* sea tan poderosa. De hecho, el impacto de la tecnología de base de datos en columnas en esta tecnología es tan grande que muchos las confunden.

La combinación de esta tecnología y una estructura de base de datos de columnas ofrecen el rendimiento de la tecnología *in-memory* pura con la escalabilidad de los modelos basados en disco; y por lo tanto, es una base ideal para los depósitos de datos de gran escala y/o de rápido crecimiento.

La diferencia esencial entre ambos tipos de memoria, reside en que en las tecnologías JIT solo se carga en la memoria RAM la parte de los datos necesaria para una consulta particular.

PROVEEDORES DE TECNOLOGÍA "EN-MEMORIA"

Las tecnologías "en memoria" (*in-memory*) se han desplegado en soluciones de numerosos proveedores, como ya hemos comentado anteriormente. Al igual que sucedía con los programas de gestión de bases de datos y analítica de negocios, cada proveedor ofrece soluciones diferentes y a costos diferentes, por lo que será necesario un análisis y estudio exhaustivo de las soluciones de cada proveedor.

Uno de los proveedores cuyas soluciones han tenido mayor impacto, y está teniendo gran penetración, es SAP con su herramienta HANA, y las soluciones de fabricantes de hardware como IBM, HP, Cisco o Fujitsu. Oracle con Exalytics es otro proveedor a considerar, máxime cuando es el fabricante, por excelencia, de bases de datos.

SAS como fabricante de soluciones de analítica de negocios; Sybase otro gran fabricante de bases de datos; QulickView, uno de los proveedores más reconocidos en herramientas y soluciones de inteligencia de negocios; Software AG[12], otro distribuidor de software de analítica de negocios, son algunos de los grandes proveedores de tecnologías en memoria de soluciones propietarias.

Los proveedores de software abierto (*open source*) están desarrollando aplicaciones de inteligencia de negocios basadas en tecnologías de Big Data. Tanto Jaspersoft como Pentaho, los proveedores más influyentes en software de inteligencia de negocios de código abierto, ofrecen herramientas de analítica que proporcionan soluciones de tecnologías de Big Data tales como "en memoria", "NoSQL", y lógicamente Hadoop, espina dorsal de las tecnologías Big Data en código abierto.

ANALÍTICA "EN MEMORIA"

La velocidad es la principal ventaja de la computación en memoria, ya que las empresas pueden realizar consultas y analizar la información en breves períodos, incluso en tiempo real, en lugar de los largos espacios de tiempo que se emplean en los sistemas de bases de datos tradicionales cuando se manipulan grandes volúmenes de datos. Dado que los procesadores pueden realizar las búsquedas y consultas en tiempos muy cortos, las organizaciones pueden tener mucha más flexibilidad a la hora de acceder y aprovechar la información.

Además de la velocidad, la tecnología en memoria traerá beneficios en múltiples áreas, aunque se han de destacar los ahorros en costos, el aumento de eficiencia y una mayor visibilidad inmediata a nivel de toda la empresa.

Las tecnologías en memoria facilitan la analítica de medición inteligente que permite a las empresas utilizar los datos obtenidos para realizar acciones tales como: previsión de la demanda, visualizar la rentabilidad de los segmentos del cliente e implementación de nuevos productos.

En los sistemas tradicionales de almacenamiento de información basados en disco, la información se extrae de los sistemas operacionales, y luego se estructura en sistemas independientes de almacenamiento de datos analíticos que pueden aceptar consultas. Esto implica que las aplicaciones operacionales están desconectadas de los entornos analíticos, por lo que se generan retrasos considerables en los procesos de recolección de datos, y en su disponibilidad para la toma de decisiones, sobre todo cuando los datos son grandes.

En los sistemas con tecnología en memoria, los datos operacionales se contienen en una única base de datos, capaz de manejar todas las actualizaciones y transacciones rutinarias; y al mismo tiempo, permitir el análisis de los datos en tiempo real. Esta tecnología hace posible el procesamiento de grandes volúmenes de datos transaccionales en la memoria principal del servidor, con el fin de ofrecer resultados inmediatos a partir de su análisis. Además, los tiempos requeridos para la actualización de las bases de datos disminuyen drásticamente, y el sistema permite manejar un mayor número de consultas de modo simultáneo.

Máquinas para procesamiento *In-memory*

El procesamiento *in-memory* involucra indudablemente la utilización de *hardware* de servidor especializado, configurado y certificado para el *software* de base de datos "en memoria" que veremos posteriormente, e incluso con el *software* preinstalado. Aparte de la caída en los precios de las memorias RAM de alta capacidad, las soluciones *in-memory* se han hecho tan populares, porque eliminan el acceso a los discos. El procesamiento en memoria genera tiempos de respuesta hasta 10.000 veces mayores, y se pueden procesar datos a una velocidad de 100 GB por segundo, lo que permite un rango mucho más amplio de aplicaciones. Se debe tener en cuenta que el procesamiento *in-memory* involucra la *utilización de hardware de un servidor especializado*, configurado para el software en cuestión, e incluso con el software preinstalado.

PROVEEDORES DE COMPUTACIÓN Y BASES DE DATOS "EN MEMORIA"

Oracle tiene su máquina especial en memoria: Oracle Exalytics y su propia base de datos "en memoria".

SAP HANA ofrece su base de datos en memoria que ha de correr sobre productos que implementan computación en memoria, y que la propia SAP certifica. Algunos tipos de servidores SAP HANA son:

- **Fujitsu Primery RX 600 S6**. Procesadores Intel E7-4870, 20 núcleos, 256 GB RAM para pequeñas aplicaciones SAP HANA.

- **Dell Power Edge R 910**. Procesadores Intel E7 480, 32 núcleos, 512 GB RAM, para aplicaciones medianas.
- **IBM System 3850 XS**. Procesadores para pequeñas y medianas aplicaciones de SAP HANA.
- **Cisco**, Intel E7 4870, 40 núcleos, 512 GB RAM, aplicaciones de tamaño medio.
- **HP Pro Liant DL 580 G7**, Intel E7 4870, 40 núcleos, 512 GB RAM, para aplicaciones de tamaño medio SAP HANA.

BASES DE DATOS "EN MEMORIA"

La computación o tecnología "en memoria"[13] permite el procesamiento de cantidades masivas de datos en memoria central para proporcionar resultados inmediatos en el análisis y transacciones. Los datos que se procesan idealmente son datos en tiempo real, es decir, datos que están disponibles para su procesamiento o análisis inmediatamente después que se han creado. Estas tecnologías han sido posibles gracias a los avances en el diseño y construcción de nuevas memorias centrales.

La capacidad de la memoria principal en los servidores se ha ido incrementando continuamente a lo largo de los años, mientras que los precios caían drásticamente. Hoy es posible disponer en las empresas de servidores que pueden contener varios terabytes de memoria central. Al mismo tiempo, los precios han ido disminuyendo. Estas características de aumento de la capacidad y reducción del coste ha hecho posible la viabilidad y la posibilidad de aumentar la cantidad de datos de negocios en la memoria.

En el esquema tradicional de almacenamiento en filas (esquema tradicional) se recorren todos los registros, de modo que el acceso a disco es un problema en grandes volúmenes de datos, ya que el almacenamiento en fila obliga a recuperar la información de todas las columnas. En el caso del almacenamiento en columnas se recorren todos los registros, pero solo se procesa la información necesaria (es decir, las columnas necesarias).

La actual generación de bases de datos relacionales (RDBMS) está optimizada para almacenamiento en disco duro. Las bases de datos en memoria (*in-memory*) se basan en el procesamiento de los datos en memoria principal.

USO DE LA MEMORIA CENTRAL COMO ALMACÉN DE DATOS

La razón principal para utilizar la memoria principal como almacén de datos de una base de datos se debe a que el acceso a la memoria central es mucho más rápido que cuando al disco (figura 8.9).

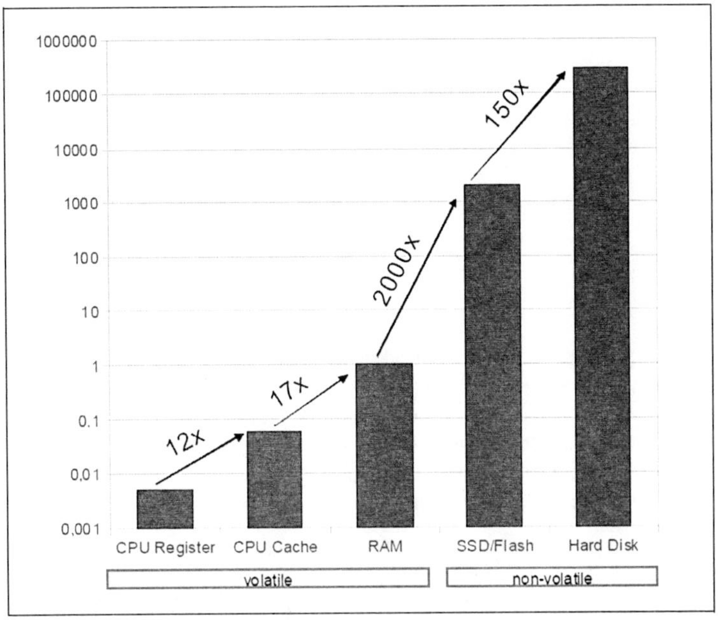

Figura 8.9. Tiempos de acceso de diferentes tipos de almacenamiento en relación a RAM. Fuente: IBM (2012): SAP in-Memory Computing on IBM eX5 Systems.

La memoria principal (RAM) es el tipo de almacenamiento más rápido que puede contener una cantidad significativa de datos. Aunque los registros de la CPU y la caché son más rápidos de acceso, su uso está limitado al procesamiento real de los datos. A los datos en memoria principal se puede acceder incluso más de 100.000 veces más rápido que a un disco duro, como se observa en el diagrama de la figura 8.9. (algunos datos típicos son; la velocidad de acceso a un disco duro ronda los 5 milisegundos, mientras que en la RAM es de 80 nanosegundos, es decir, una diferencia de cerca de 100.000 veces). Aun utilizando discos de estado sólido y memoria *flash/SSD* no-volátil, que es 100 veces más rápida que los discos duros tradicionales, estaríamos 1000 veces más lentos que usando RAM.

La razón fundamental es que la memoria principal se conecta directamente a los procesadores a través de un *bus* de muy alta velocidad, los discos duros se conectan a través de una cadena de *buses*. Comparado con el mantenimiento de los datos en disco, el mantenimiento de los datos en memoria principal no solo reduce drásticamente el rendimiento de la base de datos, sino el tiempo de acceso.

Ahora bien, las bases de datos en memoria cumplen el conjunto de requerimientos que garantizan la fiabilidad de las transacciones procesadas. Dicho de otra manera, cumplen la cuaterna clásica de requisitos de una base de datos, **ACID**: atomicidad, consistencia, aislamiento (*isolement*) y *durabilidad.* Recordemos estas propiedades.

- **Atomicidad**. Las transacciones han de ser atómicas, es decir, si falla una transacción parcial, la transacción completa fallará, y dejará el estado de la base de datos inalterable.
- **Consistencia.** La consistencia de una base de datos debe ser preservada de las transacciones que ejecuta.
- **Aislamiento.** Asegura que ninguna transacción puede interferir en otra.
- **Durabilidad.** Después que una transacción ha sido confirmada debe permanecer confirmada.

Las tres primeras propiedades las cumplen las bases de datos "en memoria", pero qué sucede con la durabilidad cuando se produce una pérdida de energía eléctrica. La memoria principal es volátil, por consiguiente se perderían los datos ante un fallo eléctrico. Para hacer los datos persistentes, se necesitará que residan en un dispositivo de almacenamiento no-volátil, tal como un disco duro, memoria SSD o *flash*. Para resolver el inconveniente anterior, las bases de datos en memoria utilizan un tipo de almacenamiento en memoria por páginas.

El mecanismo utilizado para almacenar datos en la memoria principal se divide en páginas. Cuando una transacción cambia los datos, las páginas correspondientes se marcan y se escriben en almacenamiento no-volátil a intervalos regulares. Adicionalmente, las transacciones generan una entrada (registro: *log*) que se escribe en el almacenamiento no-volátil, lo que garantiza que todas las transacciones sea permanentes. De esto modo, en el caso de un fallo se recupera la página más recientemente almacenada, y se vuelven a aplicar las transacciones, ya que una transacción no termina antes de que el *log* haya sido escrito en el almacenamiento persistente a fin de cumplir con el requisito de *durabilidad.* Después de un fallo, la base de datos se reiniciará igual que una base de datos basada en disco. En otras palabras, la base de datos puede ser restaurada en memoria exactamente en el mismo estado que antes del fallo.

ALMACENAMIENTO POR COLUMNAS

La segunda propiedad importante que caracteriza una base de datos en memoria es la reducción considerable (minimización) del movimiento de datos dentro de la base de datos y la aplicación correspondiente.

Las bases de datos relacionales organizan datos en tablas que contienen los registros de datos. La diferencia entre almacenamiento basado en filas y *columnar* (basado en columnas) es el modo en que se almacenan los datos. En el basado en filas, una tabla se almacena en filas, mientras que en un almacenamiento basado en columnas, una tabla se almacena en una secuencia de columnas.

En el esquema tradicional de almacenamiento en filas se recorren todos los registros de modo que el acceso a disco es un problema en cantidades masivas de datos, ya que el almacenamiento por filas obliga a recuperar la información de todas las columnas: mientras que en el caso de almacenamiento por columnas solo ser recorren los registros que contienen la información necesaria. Es decir, en el que funciona por columnas se permite una mejor comprensión de datos, y su almacenamiento en la memoria principal se hace más accesible y a una mayor velocidad.

PARALELISMO EN SISTEMAS MULTINÚCLEO

La técnica conocida como "divide y vencerás" (*divide et impera*), muy utilizada en programación de computadoras, es de gran aplicación en bases de datos, y consiste en que la resolución de un problema grande o complejo se realiza dividiendo el problema en un número de problemas más pequeños y fáciles de resolver. En el caso de procesamiento de grandes cantidades de datos, deviene un problema complejo, que se resuelve dividiendo esas grandes cantidades de datos en trozos "*chunks*" más pequeños que se pueden procesar en paralelo.

La idea es que la consulta de un conjunto de datos se divida en subconjuntos, tantos como núcleos o procesadores se puedan disponer, y la consulta se realiza en paralelo con un procesador multinúcleo[14]. De este modo, el tiempo necesario para la consulta total se reducirá en un factor equivalente al número de procesadores que trabajen en la consulta (por ejemplo, en un procesador de 20 núcleos, el tiempo necesario será una vigésima parte del tiempo que se necesita en el caso de un solo núcleo).

Los mismos principios se aplicarán a sistemas multiprocesadores. Un sistema con 10 procesadores de 10 núcleos se puede considerar como un sistema de 100 núcleos; por lo que, un proceso de datos se puede dividir en 100 subconjuntos procesados en paralelo.

IBM[15] considera el *particionado* de datos, y la escalada o escalabilidad que se requerirá a medida que aumenta el volumen de grandes datos. Así considera que, incluso los servidores disponibles hoy día pueden alojar terabytes de datos en memoria, y proporcionan ocho procesadores por servidor con hasta 10 núcleos por procesador, la cantidad de datos que se almacenan en una base de datos en memoria o la potencia de computación necesaria para procesar tales cantidades puede exceder la capacidad de un solo servidor. Para acomodar la memoria y los requerimientos de la potencia de cálculo dentro de los límites de un único servidor, IBM recomienda que los datos se dividan en subconjuntos y se sitúe en un *cluster* o agrupación de servidores, formando una base de datos distribuida con un enfoque de escalabilidad. Estas particiones pueden residir en servidores independientes dentro del *cluster.*

SAP HANA

SAP ha sido uno de los primeros grandes fabricantes de software en apostar por la tecnología de computación *in-memory*. Está desarrollando toda una nueva gama de soluciones y aplicaciones avanzadas caracterizadas, entre otras cosas, por disponer de una gran capacidad analítica en tiempo real sobre grandes volúmenes de datos.

De hecho, la propuesta de SAP ha sido diseñar HANA (SAP HANA)[16], que es una solución que combina, en un dispositivo, elementos de *software* y elementos de *hardware* seleccionados por cada fabricante para reunir los requisitos técnicos exigidos por SAP para su certificación. Fabricantes como Fujitsu, Cisco, HP o IBM han comenzado a comercializar sus soluciones para SAP In-Memory Appliance, incorporando servidores, sistemas operativos y sistemas de gestión o administración de archivos de elección.

En esencia, HANA es una aplicación (*appliance*) que permite acceder y analizar en tiempo real, los datos transaccionales y analíticos de una compañía, en un entorno único y sin afectar al rendimiento de dichos sistemas o aplicaciones. Estas capacidades avanzadas de análisis y *reporting* en tiempo real, con acceso directo a modelos de datos en memoria residentes en el software de SAP In-Memory Data Base Software, convierten al dispositivo en una solución analítica de inteligencia de negocio avanzada.

SAP HANA procesa y analiza de forma eficiente grandes volúmenes de datos (Big Data) gracias a la utilización combinada de las capacidades de tecnología en memoria, bases de datos en columna, compresión de datos y procesamiento en paralelo, junto con funcionalidades como servicios de replicación y modelización de datos.

Estas herramientas analíticas avanzadas, aprovechan las ventajas de las últimas innovaciones tecnológicas tales como procesadores multinúcleo (*multi-core*), la capacidad de memoria ampliada y avanzada o los discos de estado sólido (SSD, Solid-State Drive). Por ejemplo, en el caso de IBM, la aplicación incorpora servidores corporativos IBM System eX5, que proporciona un elevado nivel de rendimiento y escalabilidad.

Un caso de estudio muy reconocido por el impacto del cliente es la NBA. La Asociación Nacional de Baloncesto de Estados Unidos (NBA) ha elegido la plataforma SAP Hana y las herramientas de *Business Intelligence* de este desarrollador de software para ofrecer a los aficionados la posibilidad de consultar estadísticas en tiempo real sobre su popular competición de liga.

Con esta aplicación, los seguidores de la NBA podrán acceder más fácilmente a los datos estadísticos desde cualquier dispositivo. El proyecto tiene prevista su puesta en marcha en la temporada 2012-2013, y en principio, estará disponible para los aficionados al baloncesto de los Estados Unidos, Brasil, Canadá, China, Alemania, India y Rusia, en un principio, es decir, los países más poblados de la tierra.

SAP HANA CLOUD

La tecnología *in-memory* de SAP se extiende hacia la nube para facilitar la creación de aplicaciones Web que hagan uso de analítica avanzada y cálculos sobre grandes volúmenes de datos. La primera oferta de SAP ya está disponible en la plataforma de la nube, Amazon AWS, desde finales de octubre de 2012. La fuerte apuesta de SAP por los entornos *in-memory y cloud computing* ha dado como resultado la combinación de ambas tecnologías para proporcionar a sus clientes SAP HANA Cloud, una nueva plataforma en la nube que pretende cubrir un espacio de creciente demanda.

Inicialmente, SAP HANA Cloud ya está disponible en Amazon AWS, lo que significa que cualquier cliente de esta plataforma podrá hacer uso de la base de datos en memoria para sacar el máximo partido a la información que maneje. A este acercamiento se le ha denominado *SAP HANA One*, y se encuentra en modalidad de pago por uso. Además, también se ha presentado *SAP NetWeaver Cloud Platform*, el sistema para el desarrollo de aplicaciones con el que clientes y *partners* pueden construir sus soluciones Java optimizadas para Web y dispositivos móviles que además accedan a SAP HANA Cloud.

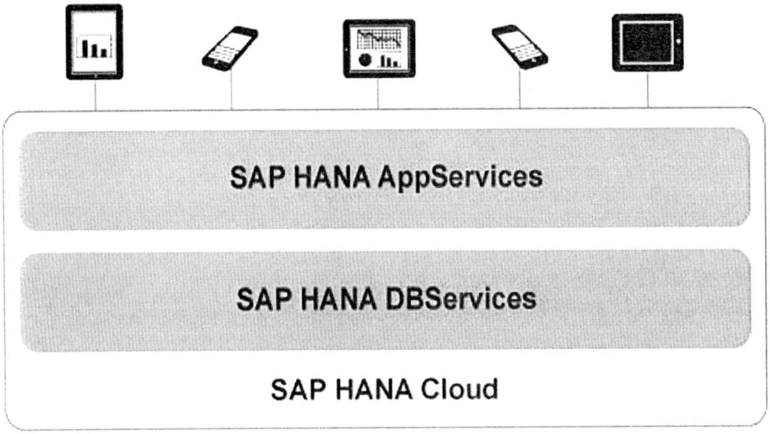

Figura 8.10. Arquitectura de SAP HANA Cloud. Fuente: SAP.

SAP HANA PARA ANÁLISIS DE SENTIMIENTOS

SAP ofrece un software para medición de tendencias de mercados y estados de ánimo de los clientes, en lo que se denomina análisis de sentimientos (capítulo 12). La información se extrae de Twitter, Facebook y otras fuentes de grandes datos con API (interfaces de programación de aplicaciones), a continuación, el software Data Services de SAP aplica análisis semántico de textos, utilizando herramientas visuales como SAP Business Objects Explorer, para examinar el estado de los sentimientos de los clientes, socios, empleados.

ORACLE

Oracle, el proveedor de referencia en bases de datos, presentó a finales de 2012, su nueva versión de base de datos, Oracle Database12c, considerada en su presentación, como la primera base de datos *multitenancy* del mundo. Entre las principales capacidades que se le han incorporado, destaca su capacidad de integrar bajo una sola base de datos múltiples memorias, procesadores, y BBDD de distintas aplicaciones con los objetivos claros de reducción de costes y simplificación de la gestión. Es, según el fabricante, cinco veces más escalable que las bases de datos tradicionales, en las que cada base de datos se gestiona de forma separada y cuenta con sus propios sistemas de memoria y procesador.

La última versión de su máquina de computación en memoria es Exadata X3 que gestiona bases de datos con tecnología *in-memory*, y que incorpora una capacidad de hasta 26 Tb de memoria DRAM en un solo rack. Exadata X3 también incorpora memoria *flash* de hasta 22 Tb, junto con los sistemas tradicionales con el propósito de mejorar la velocidad y el rendimiento a la hora de procesar información en tiempo real. Para obtener el máximo rendimiento al menor coste, implementa una jerarquía de memoria masiva que mueve automáticamente todos los datos activos a las memorias Flash y RAM, al mismo tiempo que mantiene los datos menos activos en los discos de bajo coste.

MICROSOFT

Microsoft ha anunciado también una solución de tecnologías en memoria en bases de datos SQL Server. Es el proyecto "Hekaton" (proviene del griego, que significa 'cien') que pretende conseguir multiplicar por 100 el rendimiento en determinadas transacciones. Realiza la misma funcionalidad de las bases de datos en memoria: "enviar a la memoria principal de los sistemas toda la información proveniente de una base de datos para que sea procesada mucho más rápida".

La arquitectura de esta nueva distribución se basa en diversos principios: está optimizado para el acceso de los datos a la memoria principal, las consultas a las bases de datos se aceleran gracias a una compilación directa en código máquina, aporta una mayor escalabilidad en función de los núcleos de cada sistema, y está construido en el interior de SQL Server.

El único considerando (al día de escribir estas letras) es que el producto se encuentra en fase inicial privada, y no se ha lanzado comercialmente.

RESUMEN

- Las bases de datos utilizadas en la actualidad en organizaciones y empresas se dividen en cuatro grandes categorías: relacionales, heredadas (*legacy*), *in-memory* (*en memoria*) y NoSQL. A esta clasificación clásica es preciso añadirle las bases de datos avanzadas, que son una extensión de las bases de datos relacionales tales como: *bases de datos MPP* y *bases de datos de memoria caché.*

- Las bases de datos analíticas que sirven para la gestión de los grandes volúmenes de datos (Big Data) se dividen en dos grandes categorías: Bases de datos NoSQL y Bases de datos en memoria (*in-memory*).
- Una base de datos NoSQL ("Not only SQL") es la siguiente generación de bases de datos que tiene las siguientes propiedades: *no relacional, distribuida, código abierto (open source)* y *escalable horizontalmente*: <http://nosql-database.org/>.
- Las bases de datos NoSQL se clasifican en cuatro grandes categorías: clave-valor, grafos, documentos y tablas (BigTable)/columnas.
- Existe una verdadera *pléyade* de oferta de bases de datos NoSQL, la mayoría de código abierto, aunque también algunas de código propietario. Cassandra, Hive, CouchDB, MongoDB son algunas de las numerosas bases de datos existentes. En el capítulo y en los apéndices, se hacen reseñas de las más utilizadas y acreditadas.
- Las bases de datos en memoria se basan en las tecnologías de computación "en memoria".
- La computación *in-memory* es una tecnología que permite el procesamiento de cantidades masivas de datos en memoria principal para proporcionar resultados inmediatos de las transacciones y del análisis.
- Para conseguir el rendimiento deseado, la computación en-memoria se apoya en tres conceptos fundamentales:
  - — Mantenimiento de los datos en memoria para aumentar la velocidad de acceso a los datos.
  - — Minimizar el movimiento de los datos para potenciar el concepto de almacenamiento en columna, compresión y ejecución de cálculos al nivel de base de datos.
  - — Utiliza la técnica de divide y vencerás (*divide and conquer*). Aprovecha (potenciar) la arquitectura multinúcleo de los modernos procesadores y de los servidores multiprocesador, mediante técnicas distribuidas que proporcionarán mejores resultados que un único servidor.

Los tres grandes proveedores de computación que ofrecen plataformas de bases de datos *in-memory* son: SAP con su herramienta HANA; Oracle con sus herramientas Exadata y Exalytics, Microsoft. Aunque IBM, HP, EMC ofrecen soluciones hardware-software para estas bases de datos en memoria.

RECURSOS

- **Tutorial de bases de datos y base de datos CUBRID**: <http://www.cubrid.org>. CUBRID es un sistema de gestión de bases de datos de código abierto, distribuido bajo los términos de licencia pública GNU. Es también un excelente portal de bases de datos.

- **Diccionario tecnológico:** <http://whathis.techtarget.com>.
- **Portal de bases de datos**: <http://www.dataversity.net>.
- Paul William*: 2013 Trends in NoSQL*. Disponible en:

  <http://www.dataversity.net/2013-trends-in-nosql>.
- *The NoSQL Movement. What is it?* Disponible en: <http://www.dataversity.net/the-nosql-movement-what-is-it/>.
- *The NoSQL Movement: Key-Value Databases*. Disponible en:

  <http://www.dataversity.net/the-nosql-movement-key-value-databases/>.
- *The NoSQL Movement: Document Databases*: Disponible en:

  <http://www.dataversity.net/the-nosql-movement-document-databases/>.
- *The NoSQL Movement. Graph Databases*: Disponible en:

  <http://www.dataversity.net/the-nosql-movement-graph-databases/>.
- *The NoSQL Movement. Big Table Databases*: Disponible en: <http://www.dataversity.net/the-nosql-movement-big-table-databases/>.
- Dan McCreary y William McKnight: *The CIO´s Guide to NoSQL. New Technologies for Data Management and Analysis.* Kelley-Mc Creary, junio 2012. Disponible en: <http://documents.dataversity.net/whitepapers/the-cios-guide-to-nosql.html>.
- **Portal de bases de datos NoSQL de referencia**: <http://nosql-database.org/>. Incluye una guía de más de 150 bases de datos NoSQL con sus referencias Web fundamentales, y excelente documentación.
- **Portal de recursos de las nuevas tecnologías de gestión de datos** (para Educación e Investigación): <http://www.odbms.org>. Portal con numerosa documentación de bases de datos, Big Data, analítica de datos, plataformas *cloud*; artículos, revistas, aplicaciones, organizaciones.
- **Tecnologías en memoria de IBM-SAP. eBook**: *SAP In-Memory Computing on IBM eX5 Systems*, versión diciembre 2012. Magnífica referencia bibliográfica para la formación en bases de datos *in-memory*; y en particular, las tecnologías HANA de SAP con herramientas IBM. Disponible en:

  <http://www.redbooks.ibm.com/redpieces/abstracts/sg248086.html>.

NOTAS

[1] Disponible en: <http://www.sqoop.apache.org/docs/1.4.0-incubating/SqoopUserGuide.html>. En este documento se especifica el funcionamiento para el arranque y movimiento de datos entre bases de datos y Hadoop.

[2] Op. Cit. Sunil soares, 2012, p. 244.

[3] Blog de la empresa de The 451 Group, centrada en Business, Innovation y IT, con un grupo de I+D, 451 Research: <https://451research.com/>.

[4] Las siglas MPP (*Massively Parallel Procesing*) también se suelen traducir como *procesamiento masivamente paralelo.*

[5] Tushar Mahapatra y Sanjay Mishra. Oracle Parallel Processing, agosto 2000, O'Reilley.

[6] Paul Williams. "The NoSQL MOvement-What is it? En Dataversity, octubre 2012. Disponible en: www.dataversity.net/the-nosql-movement-what-is-it

[7] Cade Metz, también en *Wired*, pero en agosto de ese mismo año, publicó un excelente artículo "If Xerox PARC Invented the PC, Google Invented the Internet", sobre la historia del nuevo movimiento de la industria del software, y señala a Jeff Dean y Sanjai Ghemawat como los ingenieros de software más apreciados de Google y de la nueva que comenzaba a señalar. Disponible en: <www.wired.com/wiredenterprise/2012/08/google-as-xerox-parc/all>.

[8] En la revista *Wired* y en su edición electrónica, se publica el 5 de diciembre de 2012, una historia del nacimiento del movimiento "NoSQL" (www.wired.com/wiredenterprise/2012/12/couchdb) desde sus orígenes, vinculados a la base de datos CouchDB, cuyo creador, Damián Katz, confiesa haberse inspirado en Lotus Note, una plataforma de colaboración desarrollada originalmente en las décadas de los setenta y ochenta.

[9] Se puede descargar libremente en: <http://cassandra.apache.org/download/>.

[10]<www.oracle.com/technetwork/products/nosqldb/downloads/index.html?ssSourceSiteId=ocomen>.

[11] El término *JIT* ha sido tomado de la compilación *Just-In-Time*, que es un método para mejorar el rendimiento de programas durante el tiempo de ejecución.

[12] Software AG adquirió, en mayo, la compañía Terracota, especializada en tecnologías *in-memory* preparadas para *cloud computing*. El resultado de esta integración permitirá a los clientes de Software AG acceder a su información en tiempo real en grandes volúmenes de datos.

[13] IBM, a través de sus diferentes sitios y publicaciones sobre Big Data, ofrece una excelente documentación para los usuarios y lectores interesados en el tema. Éste es el caso de las bases de datos en memoria. Un documento excelente y muy actualizado lo puede encontrar el lector en el libro electrónico de Greon Vey, Iliat Kruton: *SAP In-Memory Computing on IBM eX5 Systems*, que en su segunda edición, de diciembre de 2012, y descarga gratuita, ofrece una excelente documentación sobre las técnicas y tecnologías de las bases de datos en memoria y en particular del sistema SAP. Puede consultar sobre estos libros en: <http://www.ibm.com/redbooks>.

[14] Fuentes de Intel anunciaron, en noviembre de 2012, que estaban trabajando en la preparación de un procesador de 48 núcleos para teléfonos y tabletas, lo que permitiría a los dispositivos móviles inteligentes convertirse en supercomputadores portátiles o de bolsillo. Según anunciaron, se denominará "Computador Cloud de un solo chip" (*Single-chip Cloud Computer*, SCC). Evidentemente si se consigue este procesador significaría que la computación en memoria y las bases de datos en memoria se podrían implementar en dispositivos móviles tan pronto vaya aumentando el tamaño de su memoria central.

[15] Ibid, p. 14.

[16] HANA según sus creadores es el nombre; y el producto, HANA SAP. Pero en ocasiones, se suele considerar acrónimo de **H**igh Performance **AN**alytic **A**ppliance.

CAPÍTULO 9
EL ECOSISTEMA HADOOP

El análisis de la avalancha de datos que constituye en estos últimos años el fenómeno de Big Data ha requerido de presupuestos prohibitivos en las organizaciones y empresas, dado que las herramientas tradicionales de gestión de bases de datos relacionales no funcionaban bien para cantidades masivas, y menos aún cuando más del 80% de los datos eran no estructurados.

En la actualidad, y en términos de popularidad, ha sido el proyecto de código abierto (*open source*) denominado Hadoop el que ha traído herramientas para el análisis de grandes volúmenes de datos. Hadoop es un marco de trabajo (*framework*) de código abierto, con seguridad a nivel de empresa, gobierno, disponibilidad, integración con almacenes de datos existentes, herramientas que simplifican y mejoran la productividad del desarrollador, escalabilidad, herramientas (*toolkits*) analíticas, etcétera.

En este capítulo, trataremos de analizar Hadoop de modo que examinemos los conceptos fundamentales en que se apoya la tecnología, los componentes que constituyen Hadoop, y cómo desarrollar aplicaciones y obtener resultados productivos con este marco de trabajo en la manipulación de Big Data.

EL ORIGEN DE HADOOP

Veamos con un ejemplo simple, cuál es la situación clásica en el acceso y almacenamiento de información en cuanto al tiempo y velocidad de acceso a los datos almacenados en disco, pese a las sustanciales mejoras en estos indicadores. Supongamos que nuestra computadora tiene un disco duro con una velocidad de acceso de 5000 Mbps (megabits por segundo) y capacidad de almacenamiento de 1 TB (terabyte)[1]. La lectura de 1 TB (1.000.000 MB) llevaría del orden de 200 segundos (1.000.000 MB/5.000 = 200 segundos). Supongamos ahora que en lugar de un único disco duro, la información estuviera almacenada en 100 discos duros (10 GB/disco) conectados en paralelo, la lectura de 1 TB de información llevaría un tiempo de dos segundos. Es decir, hubiésemos reducido drásticamente la velocidad de acceso.

Esto significa que la solución para la reducción de velocidad es disponer de 100 discos en paralelo, y la información se ha distribuido sin importarnos su posición. Si además de esa característica, el nuevo sistema es tolerante a fallos y se impide la pérdida de información, tendremos las características fundamentales del sistema Hadoop para almacenamiento y acceso a la información de modo masivamente paralelo. En otras palabras, se ha realizado un análisis en paralelo de la información.

¿Cómo se llegó a Hadoop? Google trabajaba desde primeros del siglo XXI en nuevos métodos para el acceso a la información, y sus trabajos se dirigían al tratamiento masivo de grandes volúmenes de datos, y en sistemas paralelo, tal y como hemos citado en el ejemplo anterior. *Las tres grandes innovaciones que desarrolló Google, y que han configurado el desarrollo posterior de Hadoop* fueron publicados en los artículos que citamos a continuación:

1. "The Google File System (GFS)". Artículo publicado en octubre 2003 (revista de ACM).
2. "MapReduce: Simplified Data Processing on Large Clusters". Artículo publicado en diciembre de 2004, en OSDI'04.
3. "Big Table: A Distributed Storage System for Structured Data". Artículo publicado en noviembre de 2006, en el OSDI'06.

THE GOOGLE FILE SYSTEM[2]

El artículo explica qué se ha diseñado e implementado el Google File System, un sistema de archivos distribuidos escalables para aplicaciones intensivas de grandes datos distribuidos. Proporciona tolerancia a fallos mientras se ejecuta en un hardware convencional y económico (*commodity hardware*), y entrega un alto rendimiento agregado a un gran número de clientes.

El sistema de archivos ha cumplido con éxito las necesidades de almacenamiento, y se comenta en el artículo que Google lo ha desplegado con profusión dentro de una plataforma de almacenamiento para la generación y procesamiento de datos utilizados por su servicio así como que ha requerido grandes conjuntos de datos y esfuerzos de desarrollo e investigación. El mayor *cluster* hasta la fecha, según Google, proporciona centenares de terabytes de almacenamiento a través de miles de discos sobre un millar de máquinas y se accede concurrentemente por cientos de clientes.

MAPREDUCE[3]

Es un modelo de programación, y una implementación asociada para procesamiento y generación de grandes conjuntos de datos. Los programas escritos en el estilo funcional son *paralelizados* (en paralelo) automáticamente, y se ejecuta en un *cluster* grande de máquinas básicas (*commodity machines*). El sistema de tiempo de ejecución (*run-time*) tiene especial cuidado de los detalles de particionado de los datos de entrada, planificando la ejecución del programa a través de un conjunto de máquinas, manejando los fallos de la máquina y gestión de la comunicación requerida entre máquinas. Esta característica permite a los programadores sin experiencia en sistemas distribuidos y paralelo, utilizar fácilmente los recursos de un gran sistema distribuido. La implementación presentada de MapReduce funciona en un gran *cluster* de máquinas básicas, y es altamente escalable.

BIGTABLE[4]

Un sistema de almacenamiento distribuido para gestión (*managing*) de datos estructurados que se ha diseñado para escalar a un tamaño muy grande: petabytes de datos a través de miles de servidores estándares (*commodity*). Muchos proyectos de Google almacenan datos en BigTable, incluyendo indexación Web, Google Earth y Google Finance. BigTable ha proporcionado una solución de alto rendimiento y de éxitos para muchos productos de Google. En el artículo se describe la estructura de la plataforma.

Las bases de datos del tipo BigTable, popularizadas por Google, que creó su propio sistema de almacenamiento y gestión de datos, permiten el escalamiento de modo práctico de inmensas cantidades de información a los cientos de millones de personas que utilizan a diario sus servicios. Muchas bases de datos comerciales actualmente siguen de una u otra forma este modelo: CouchDB, MongoDB, Neo4j, SimpleDB, Db40, Cassandra, Hypertable.

¿QUÉ ES HADOOP?

Hadoop es una implementación de fuente abierta (*open source*) de MapReduce, que fue fundada originalmente en Yahoo, a primeros del año 2006 y creada por Dong Cutting[5]. A medida que el proyecto Hadoop fue madurando, se fueron incorporando componentes para mejorar su usabilidad y funcionalidad. Hadoop representa el ecosistema completo para resolver de modo eficiente y económico la escalabilidad de los datos, especialmente grandes volúmenes de datos del orden de terabytes y petabytes. A su vez Hadoop ha ido emergiendo como plataforma de desarrollo de software *casi* en paralelo con la implantación de servidores con sistema operativo Linux.

En la década actual el proyecto Hadoop está liderado por la Fundación Apache como proyecto Apache Hadoop, que soporta aplicaciones distribuidas bajo una licencia libre, que permite trabajar con miles de nodos y petabytes de datos. Hadoop Apache es un proyecto de alto nivel que está siendo construido y usado por una comunidad global de desarrolladores y distribuidores, básicamente mediante el lenguaje de programación Java, aunque se pueden utilizar otros lenguajes.

Hadoop es un marco de trabajo (*framework*) que permite procesar grandes cantidades de datos a muy bajo coste, y que incluye una colección de componentes de procesamiento de datos distribuidos para almacenamiento y proceso de datos estructurados, semiestructurados o no estructurados con una alta escalabilidad (decenas o centenas de terabytes hasta petabytes).

El análisis de las aplicaciones de medios sociales y flujos de clics, han aumentado la demanda de técnicas MapReduce, que está soportada por Hadoop (y otros entornos), y que es ideal para el procesamiento de conjuntos de Big Data.

MapReduce rompe un problema de Big Data en subproblemas, distribuye estos conjuntos en decenas, centenas o incluso millones de nodos de procesamiento y, a continuación, combina los resultados en un conjunto de datos más pequeño, y que es más fácil de analizar.

Hadoop se ejecuta en *hardware* de bajo coste y comercial, y reduce considerablemente el coste frente a otras alternativas comerciales de procesamiento y almacenamiento de datos. Es una herramienta básica de los gigantes de Internet, incluyendo Facebook, Twitter, eBay, eHarmony, Netflix, AOL, Apple, FourSquare, Hulu, LinkedIn, Tuenti. También es utilizada por grandes empresas tradicionales del mundo de las finanzas o del comercio como JPMorgan Chase o Walmart.

Los sistemas operativos más utilizados por Hadoop son Linux y Windows, aunque también puede trabajar con otros sistemas operativos como BSD y OS X. Es, desde el punto de vista tecnológico un entorno de computación construido en la parte superior de un sistema de archivos distribuidos y organizados en *clusters* (agrupamientos), diseñado específicamente para operaciones a gran escala.

Es una plataforma (marco de trabajo *framework* de software) que se inspiró inicialmente en el sistema de archivos distribuidos GFS (Google File System), de Google y el paradigma de programación MapReduce, con el objetivo principal de manejar grandes cantidades de datos complejos, estructurados y no estructurados, que no podían tratarse por el método tradicional basado en tablas.

Apache Hadoop es un marco de trabajo (*framework*) para ejecutar aplicaciones sobre grandes *clusters* construidos sobre hardware estándar (http://wiki.apache.org/hadoop). Tiene la característica de procesar grandes cantidades de datos con coste muy económico; normalmente se suponen cantidades desde 10-100 gigabytes hasta cantidades superiores como petabytes. Los almacenes de datos y las bases de datos relacionales de las empresas procesan cantidades masivas de datos estructurados. Este requerimiento de los datos restringe el tipo de dato que puede ser procesado e implica una exploración no ágil para datos heterogéneos. Esta característica significa que grandes fuentes de datos valiosas de las empresas nunca podrán ser analizadas (minadas). En estos casos es donde Hadoop ofrece una gran diferencia.

Figura 9.1. Logo de Apache Hadoop.

Hadoop se diseñó para correr en un gran número de máquinas que no comparten memoria ni discos. Eso significa que se pueden comprar un gran número de servidores, unirlos en un armario (*rack*) y ejecutar el *software* Hadoop en cada uno de ellos. Cuando se desea cargar todos los datos de su organización en Hadoop, lo que hace el software, es agrupar estos datos en piezas que se despliegan a continuación a través de sus diferentes servidores. Hadoop sigue la traza donde residen los datos, haciendo múltiples copias de los datos de modo que los datos alojados en un servidor pueden ser replicados automáticamente a partir de una copia conocida.

En un sistema centralizado de base de datos, se tiene una gran unidad de disco conectada a cuatro, ocho, dieciséis o más procesadores, y este sistema aguanta mientras se tenga potencia suficiente. En un sistema *cluster* de Hadoop, cada uno de esos servidores tiene dos, cuatro, ocho o dieciséis CPU. Puede ejecutar su trabajo de indexación, enviando su código a cada una de las docenas de servidores de su *cluster*, y cada servidor opera sobre su propia pequeña pieza de datos. Los resultados se entregan como si fuera un todo unificado.

En esencia, Hadoop es un sistema de archivos distribuido cuya tarea principal es resolver el problema de almacenar la información que supera la capacidad de una única máquina. Para solucionar este problema, un sistema de archivos distribuido gestionará y permitirá el almacenamiento de los datos en diferentes máquinas conectadas a través de una red de modo que se hace transparente al usuario la complejidad de su gestión. El núcleo de Hadoop es MapReduce. Una de las características clave de Hadoop es la redundancia construida en el entorno. No es solo que los datos se almacenan redundantemente en múltiples lugares del *cluster*, sino que el modelo de programación es tal que los fallos se esperan y son resueltos automáticamente mediante la ejecución de porciones del programa en diferentes servidores del *cluster*. Debido a esta redundancia, es posible distribuir los datos y su programación asociada a través de un *cluster* muy grande de componentes comerciales básicos (*commodity components*)

Hadoop se considera normalmente que consta de dos partes fundamentales: un sistema de archivos, el HDFS (*Hadoop Distributed File System*), y el paradigma de programación *MapReduce*. Hadoop, al contrario que los sistemas tradicionales, está diseñado para explorar a través de grandes conjuntos de datos y producir sus resultados mediante un sistema de procesamiento distribuido por lotes (*batch*).

Existen un gran número de proyectos relacionados con Hadoop. Algunos de los más notables referenciados por Zikopoulos (2012) incluyen: Apache Avro (para serialización de datos); Cassandra y HBase (bases de datos); Chukwa (sistema de monitorización específicamente diseñado pensando en grandes sistemas distribuidos); Hive (proporciona consultas similares a SQL para agregación y sumarización de datos); Mahout (biblioteca de aprendizaje de máquinas); Pig (lenguaje de programación Hadoop de alto nivel que proporciona un lenguaje de flujo de datos y un marco de trabajo de ejecución para computación en paralelo); ZooKeeper (proporciona servicios de coordinación para aplicaciones distribuidas).

Hadoop es una plataforma capaz de trabajar con miles de nodos y petabytes de datos a la vez, y que se ha convertido en la herramienta perfecta para gestionar Big Data.

HISTORIA DE HADOOP

Hadoop se inspiró en los ya citados trabajos de Google de su sistema de archivos distribuidos GFS (Google File System), y su paradigma de programación MapReduce[6], en el que existen dos tareas *Map* (*mapper*) y *Reduce* -posteriormente se profundizará en este tópico- que manipulan datos que se almacenan en un *cluster* (agrupamiento) de servidores conectados para procesamiento de paralelismo masivo.

Hadoop es un nombre bastante extraño y representa la mascota del proyecto y su nombre se lo dio su creador, Dong Cutting. Cuenta la corta historia de Hadoop que Cutting buscaba aparentemente algo que fuese fácil de pronunciar y que no representara nada especial en particular, de modo que el nombre del juguete preferido de su hijo le pareció perfecto. Cutting trabajó en Google hasta primeros de enero de 2006.

Entre 2004 y 2006, Google publica los artículos de GFS y MapReduce, y Doug Cutting, un ingeniero de software que trabajaba en Google, implementa una versión *open source* denominada Nutch que se basa en estas dos innovaciones tecnológicas. En 2006, formalmente aparece Hadoop con su nombre, y se separa del proyecto Nutch. Entonces, Cutting es contratado por Yahoo!.

En 2007, se realizó una alianza entre Google e IBM, con fines de investigación universitaria, para constituir un grupo de investigación conjunto de MapReduce y GFS con el objetivo de facilitar la resolución de problemas de Internet a gran escala. Este grupo de investigación desencadenó el origen y la creación de Hadoop. En 2008 Hadoop comienza a popularizarse y se inicia la explotación comercial y la Fundación Apache Software se responsabiliza del proyecto[7].

Yahoo! fue el primer usuario a gran escala de Hadoop; utiliza Hadoop[8] en 42.000 servidores (1200 *cabinets*) en cuatro centros de datos. Su *cluster* Hadoop más grande tiene 4.000 nodos, pero ese número aumentó a 10.000 con la presentación de Hadoop 2.0.

Cutting lideró el proyecto en Yahoo! que se concretó en el proyecto Hadoop. En julio de 2009, fue nombrado miembro del *Board* de directores de Apache Software Foundation, y en agosto de 2009, abandona Yahoo! y se marcha a Cloudera, una de las organizaciones más activas en el desarrollo e implantación de Hadoop. En la actualidad es Presidente del Consejo de la Fundación Apache, y trabaja en Cloudera como arquitecto de software cuya distribución de Hadoop lidera el mercado. También ha reclutado expertos de todo Silicon Valley, entre ellos su actual CEO, que procede de Oracle, el científico de datos de Facebook, y el CTO de Yahoo!.

Cloudera presta servicios de formación y certificación, soporte y venta de herramientas para la gestión en *cluster*. Su distribución de Hadoop y el gestor de archivos son gratuitos para *cluster* de hasta 50 máquinas.

La era actual de Hadoop se puede decir que ha comenzado en 2011. En ese año, los tres grandes proveedores de bases de datos (Oracle, IBM y Microsoft) ya adoptaron Hadoop.

La actual distribución de Hadoop, según considera Cutting, combina escalabilidad, flexibilidad y bajo coste; y eso permite que se pueda aplicar a todo tipo de datos más allá de sus orígenes.

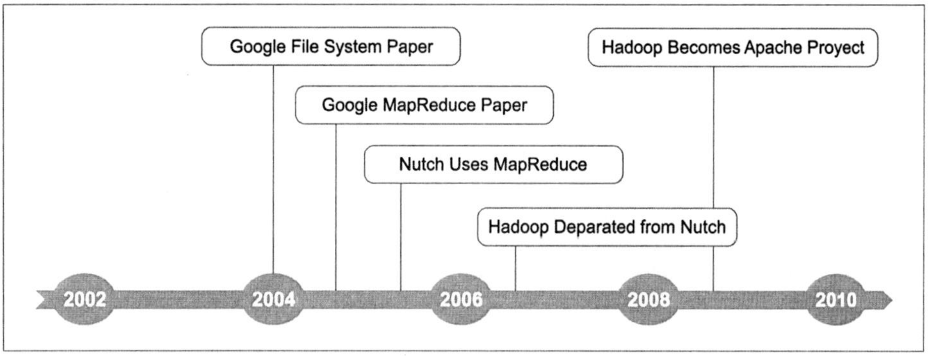

Figura 9.2. Linaje de Hadoop. Fuente: Cisco, disponible en: <http://cdn.govexec.com/media/gbc/docs/cisco_big_data_wp.pdf>.

Apache Hadoop es un *framework* que soporta aplicaciones distribuidas bajo una licencia libre. Permite trabajar con miles de nodos y volúmenes de datos del orden de petabytes, incluso exabytes. Es una multiplataforma implementada en el lenguaje Java.

Está inspirado en las tecnologías MapReduce y Google File Systems (GFS) de Google; y está implementado por Yahoo! (por Dug Cutting y Mike Cafarella).

EL ECOSISTEMA HADOOP

El estudio de la consultora IDC, "Worldwide Hadopp-MapReduce Ecosystem Software 2012-1016 Forecast", publicado a primeros de junio de 2012, en los Estados Unidos, asegura que los ingresos derivados del software relacionado con el marco de trabajo Hadoop de la Fundación Apache y MapReduce, como solución independiente aunque integrada en Hadoop, crecerán a un ritmo del 60% hasta el año 2016. Este estudio muestra que se pasarán de los 77 millones de dólares de ingresos del año fiscal 2011, a los más de 800 millones de dólares en 2016 (el estudio da la cifra exacta de 812,8 millones de dólares).

La popularidad de Hadoop se ha ido incrementando a lo largo de 2012 y 2013, a medida que las empresas necesitan manejar grandes volúmenes de datos estructurados y no estructurados, analizar sus resultados y ser capaces de tomar decisiones lo más favorable a sus negocios. IDC predice que el mercado Hadoop-MapReduce evolucione de igual modo que ya lo hizo Linux, que lo ha convertido en el sistema operativo más utilizado en los centros de datos, y que poco a poco se comienza a introducir en sistemas empresariales.

El estudio concluye que:

> Tanto Hadoop como MapReduce están originando una tormenta en el mundo del software, inspirando una amplia gama de proyectos que recogen la manipulación tanto de datos estructurados como no estructurados, y producen resultados que se pueden utilizar para responder a una sola cuestión: servir de base para otra serie de búsquedas o cargarse en un almacén de datos para consultas más sistemáticas y repetibles (Olofson, 2012)[9].

Las distribuciones Hadoop crecen día a día, y además de los tres grandes proveedores de bases de datos ya citados (Microsoft, Oracle e IBM), han ido apareciendo empresas destacadas de la industria de computación que se han centrado también en Hadoop, lo que ha ampliado la galaxia de ofertas comerciales, tales como MapR, EMC, Cisco, Yahoo!...

MapR y Hortworks (originalmente ligada a Yahoo!, de la que se separó en 2010) son dos de las grandes distribuciones comerciales que están proporcionando excelentes soluciones. Otro competidor fuerte es EMC -la gran empresa mundial de distribución de equipos de almacenamiento- que asocia su oferta de Big Data a su filial Ilison con el software de GreenPlum, empresa especializada en analítica de grandes datos que fue comprada por EMC, en el año 2011.

COMPONENTES DE HADOOP

Como ya lo habíamos comentado, Hadoop está inspirado en el proyecto de Google File System (GFS) y en el paradigma de programación MapReduce, el cual consiste en dividir el proceso de manipulación de los grandes datos en dos tareas (*mapper* y *reducer*) para manipular los datos distribuidos a nodos de un *cluster*, logrando un alto paralelismo en el procesamiento. El proyecto Hadoop comprende tres componentes básicos: **Hadoop Distributed File System** (HDFS), **Hadoop MapReduce**, y **Hadoop Common**.

Desde un punto de vista práctico y formal, la comprensión de Hadoop implica el conocimiento de la infraestructura fundamental del sistema de archivos y el modelo de programación MapReduce. El sistema de archivos permite que las aplicaciones se ejecuten en múltiples servidores y el modelo de programación es un marco de trabajo (*framework*) de programación paralelo.

El sistema de archivos HDFS está inspirado en el proyecto de Google, GFS (Google File System), y también en el proyecto de Google, el modelo o paradigma de programación MapReduce que consta de dos tareas (*mapper-reduce*) para la manipulación de los datos distribuidos a nodos de un *cluster* para lograr un alto paralelismo en el procesamiento, y Hadoop Common Components que es un conjunto de librerías que soportan varios procesos de Hadoop.

Los componentes más importantes de Hadoop son HSDFS y MapReduce.

El proyecto Apache Hadoop definido por la Fundación Apache Hadoop desarrolla un software de código abierto (*open source*) de computación distribuida, fiable y escalable. La biblioteca de software de Apache Hadoop es un marco de trabajo que permite el procesamiento distribuido de grandes conjuntos de datos a través de *clusters* de computadoras, utilizando modelos de programación sencillos. Está diseñado para escalar desde unos pocos servidores a millares de máquinas, cada una de las cuales ofrecen computación y almacenamiento local. La biblioteca está diseñada para detectar y manejar fallos en la capa de aplicaciones, de modo que entrega un servicio altamente disponible en la parte superior (*top*) de un *cluster* de computadoras, cada uno de los cuales puede estar propenso a fallos.

El sitio oficial del proyecto Apache Hadoop[10] considera que dicho proyecto incluye cuatro módulos o componentes.

1. *Hadoop Common*. Las utilidades típicas (*common*) que soportan a los restantes módulos de Hadoop.
2. *Hadoop Distributed File System (HDFS)*. Un sistema de archivos distribuidos que proporciona acceso *high-througput* a datos de aplicaciones.
3. *Hadoop YARN*. Un marco de trabajo para planificación de trabajos y gestión de recursos en *cluster*.
4. *Hadoop MapReduce*. Sistema de procesamiento masivamente paralelo de conjuntos de grandes datos.

Otros proyectos relacionados con Hadoop en Apache incluyen: Avro, Cassandra, Chukwa, HBase, Hive, Mahout, Pig y Zookeper y se describe su funcionalidad en el sitio Web oficial de Apache Hadoop[11]:

Avro™: un sistema de serialización de datos

- **Cassandra™**: un sistema de base de datos multimaestro sin ningún punto de fallos.
- **Chukwa™**: un sistema de colecciones de datos para la gestión de grandes sistemas distribuidos.
- **HBase™**: una base de datos distribuida y escalable que soporta almacenamiento de datos estructurados para grandes tablas.
- **Hive™**: una infraestructura de almacén de datos que proporciona las sumarización de datos y las consultas ad-hoc.
- **Mahout™**: una máquina escalable de aprendizaje y una biblioteca de minería de datos.
- **Pig™**: lenguaje de alto nivel de flujo de datos y marco de trabajo de ejecución para computación paralela.
- **ZooKeeper** : un servicio de coordinación de alto rendimiento para coordinación de servicios en aplicaciones distribuidas

MAPREDUCE

MapReduce facilita la capacidad de proceso de grandes volúmenes de datos. Además de en Hadoop, se encuentra en MPP, y en bases de datos NoSQL tales como Vertica o MongoDB. Su innovación importante es la capacidad para realizar una consulta en un conjunto de datos, dividirla y ejecutarla en paralelo en múltiples nodos. La computación distribuida o distribución de la computación resuelve el problema que se plantea cuando los datos son demasiado grandes para caber en una sola máquina. Combinando esta técnica con servidores ordinarios de Linux se dispone de una alternativa a la solución clásica de uso de *arrays* de computación masiva. En pocas palabras, MapReduce es un paradigma de programación pensado para el análisis de gran cantidad de datos en paralelo. Su modelo se basa en el concepto de "divide y vencerás", separando el procesado de la información en dos fases (adivinad las fases):

Es un marco de trabajo de programación paralela (http://www.mapreduce.org). Este modelo de programación fue creado originalmente por Google para simplificar el proceso de datos en grandes cantidades de datos: "No es ninguna base de datos ni un competidor de base de datos" [...]. La realidad es que MapReduce es complementario con las tecnologías existentes, y hay muchas tareas que se pueden hacer en un entorno MapReduce que también se pueden hacer en una base de datos relacional" (Franks, 2012: 110).

Los beneficios principales de MapReduce son su escalabilidad y la variedad de datos que puede procesar tales como archivos, tablas de bases de datos, sitios Web.

MapReduce es el núcleo de Hadoop. El término MapReduce en realidad se refiere a dos procesos separados que Hadoop ejecuta. El primer proceso *map*, el cual toma un conjunto de datos y lo convierte en otro conjunto, donde los elementos individuales son separados en tuplas (pares de clave/valor). El proceso *reduce* obtiene la salida de *map* como datos de entrada, y combina las tuplas en un conjunto más pequeño. Una fase intermedia es la denominada Shuffle, la cual obtiene las tuplas del proceso *map*, y determina qué nodo procesará estos datos dirigiendo la salida a una tarea reduce en específico.

Aunque los objetivos centrales de este libro no contemplan profundizar en técnicas de programación avanzada, por la importancia que puede tener para algunos lectores, hemos decidido hacer una breve reseña técnica de los fundamentos de programación de MapReduce y HDDFS, así como una extensa bibliografía, pensando en aquellos lectores que deseen conocer los fundamentos teóricos de ambos componentes de Hadoop.

EL ENFOQUE DE GESTIÓN DE MAPREDUCE

Las organizaciones están comprobando que es útil analizar y con rapidez, las enormes cantidades de datos que ellas están generando -además de los que pueden recibir externamente- y con el objetivo de tomar mejores decisiones. MapReduce es una herramienta que ayuda a esas organizaciones a manejar las fuentes no estructuradas y semiestructuradas que no son fáciles de analizar con herramientas tradicionales. La mayoría de las compañías tratan con múltiples tipos de datos además de los datos de la base de datos relacional. Estos datos incluyen texto, datos generados por máquinas como *logs* de la Web o datos de sensores, imágenes, fotografías, vídeos. Las organizaciones necesitan procesar todos esos datos rápida y eficientemente para obtener conocimientos o ideas significativas.

Con MapReduce el procesamiento computacional puede ocurrir en datos almacenados en un sistema de archivos sin necesidad de cargarlos primero en una base de datos, una idea importante. Una característica grande del entorno MapReduce es la capacidad específica para manejar datos no estructurados.

En una base de datos relacional todo está en tablas, filas y columnas. Los datos ya tienen relaciones bien definidas. Esto no sucede siempre con los flujos de datos en bruto, y aquí es donde MapReduce tiene fortaleza. La carga de las partes (*chunks*) de texto en un campo con una base de datos es posible, pero realmente no es el mejor uso de una base de datos o el mejor camino para manejar tales datos, y MapReduce ayuda en esta tarea.

MapReduce es el corazón de Hadoop. Es un paradigma de programación que permite escalabilidad masiva a través de centenares o miles de servidores en un *cluster* Hadoop. El concepto de MapReduce es muy fácil de entender para las personas familiarizadas con soluciones de procesamiento masivo de datos en paralelo o con escalamiento en *cluster*; no así, para las personas sin conocimiento de estos conceptos, por lo que trataremos de explicarlos con la mayor simplicidad posible de la que seamos capaces.

El témino MapReduce se refiere realmente a dos tareas distintas e independientes para ejecutar los programas Hadoop. La primera es la tarea *map* que toma un conjunto de datos y los convierte en otro conjunto de datos, donde los elementos individuales se rompen en *tuplas* (pares clave/valor). La tarea *reduce* toma la salida de un mapa como entrada y combina estas tuplas de datos en conjuntos de tuplas más pequeños. Como la secuencia del nombre MapReduce, implica el trabajo *reduce* se ejecuta siempre después del tabajo *map*.

HADOOP COMMON COMPONENTS

El Hadoop Common Components es un conjunto de librerías que soportan los diferentes subproyectos de Hadoop.

DESARROLLO DE APLICACIONES EN HADOOP

La plataforma Hadoop es una herramienta muy potente para manipulación de conjuntos de datos muy grandes. Sin embargo, las API del núcleo de Hadoop MapReduce se llaman principalmente desde Java, lo que requiere de programadores muy expertos.

Aunque la *pléyade* de lenguajes de programación es enorme, y la historia pasa del lenguaje ensamblador y los primeros lenguajes de programación estructurados tales como FORTRAN, COBOL, BASIC, Pascal, C a los lenguajes de programación orientados a objetos, C++, C#, Java, y a los lenguajes específicos de la Web como HTML, XML, Pyton, Ruby on Rails. Se ha pasado de la complejidad de los modelos de programación de Hadoop, y esto ha originado que hayan emergido diferentes lenguajes para el desarrollo de aplicaciones, lo que ha aumentado el número de ellos, y la vieja torre de Babel de los lenguajes de los finales de los años sesenta y setenta ha vuelto a reverdecer. Así para trabajar con Hadoop han surgido entornos de lenguajes como Pig (Pig Latin), Hive, Jaql y Zookeeper, entre otros. Pig y Hive se pueden usar con las bases de datos orientadas a columnas como HBase, que organiza miles de millones de filas de información para un proceso rápido y aleatorio.

Hadoop es un marco de trabajo (*framework*) que permite procesar grandes cantidades de datos a muy bajo coste, y que se componen de una colección de componentes de procesamiento de datos distribuido para almacenamiento y proceso de datos estructurados, semiestructurados o no estructurados con una alta escalabilidad (decenas o centenas de terabytes hasta petabytes).

El análisis de las aplicaciones de medios sociales y flujos de clics ha aumentado la demanda de técnicas MapReduce, que está soportada por Hadoop (y otros entornos), y que es ideal para el procesamiento de conjuntos de Big Data.

MapReduce rompe un problema de Big Data en subproblemas, distribuye estos conjuntos en decenas, centenas o incluso millones de nodos de procesamiento y, a continuación, combina los resultados en un conjunto de datos más pequeño y más fácil de analizar.

Hadoop se ejecuta en hardware de bajo coste y comercial, y reduce considerablemente el coste frente a otras alternativas comerciales de procesamiento y almacenamiento de datos. Hadoop es una herramienta básica de los gigantes de Internet, incluyendo Facebook, Twitter, eBay, eHarmony, Netflix, AOL, Apple, FourSquare, Hulu, LinkedIn, Tuenti. También es utilizada por grandes empresas tradicionales del mundo de las finanzas o del comercio como JPMorgan Chase o Walmart.

Los sistemas operativos más utilizados por Hadoop son Linux y Windows, aunque también puede trabajar con otros sistemas operativos como BSD y OS X.

HADOOP DISTRIBUTED FILE SYSTEM (HDFS)

No es fácil medir el volumen total de datos almacenados electrónicamente pero su constante crecimiento exponencial, ha hecho que los avances tecnológicos en áreas de almacenamiento y distribución de grandes cantidades de información estén en constante desarrollo, aunque en algunos casos, las tecnologías de almacenamiento persistente como los discos duros electromecánicos no estén alineados con esta constante, pues los discos duros presentan un rápido aumento en la capacidad de almacenamiento, pero las velocidades de acceso o transferencia de datos de los disco duros no ha crecido de la misma forma.

Este crecimiento exponencial de información digital y las limitaciones en transferencias de datos en las tecnologías de almacenamiento, ha permitido crear soluciones como Hadoop, que nos permite realizar de manera eficiente el procesamiento, la lectura y la escritura de grandes cantidades de datos en paralelo y en múltiples discos, donde los discos están ubicados en diferentes máquinas. Hadoop tiene un componente que gestiona los archivos de gran tamaño, archivos que crecen por encima de la capacidad de almacenamiento de una única máquina física, por lo cual este componerte se encarga de dividir el archivo para distribuir las diferentes divisiones entre varias máquinas, el nombre del componente es HDFS.

HDFS o Hadoop Distributed File System es un sistema de archivos distribuidos que se encarga del almacenamiento a través de una red de máquinas, el cual está diseñado para almacenar archivos de gran tamaño con una filosofía de escribir solo una vez y permitir múltiples lecturas. Esta filosofía encaja comúnmente con una aplicación MapReduce o aplicaciones tipo araña Web (*Web crawler*).

El HDFS no requiere de un hardware altamente confiable, sino de máquinas comunes del mercado, aunque este tipo de máquinas aumenta la probabilidad de fallo de nodo o máquina, debido a la posibilidad de que una pieza como el disco duro, la memoria o tarjetas de red se averíen. El sistema de archivos tiene la capacidad de realizar una replicación de datos (copias redundantes de los datos guardados en varias máquinas) con el fin de que en caso de fallo de un nodo, se utilice una copia disponible de otro nodo o máquina, evitando así la pérdida de datos, y permitiendo seguir el trabajo sin interrupción perceptible para el usuario.

Al igual que en un sistema de archivos de un solo disco, los archivos en HDFS se dividen en porciones del tamaño de un bloque, que se almacenan como unidades independientes. Esta abstracción de bloque es la que nos permite que un archivo pueda ser mayor en capacidad que cualquier unidad de disco de una sola máquina, facilitando el almacenamiento de un archivo en múltiples discos de la red de computadores al dividirlo en bloques. Además, los bloques encajan bien con la replicación, proporcionando tolerancia a fallos y alta disponibilidad. En el sistema de archivos HDFS, cada bloque se replica en un pequeño número de máquinas separadas físicamente (normalmente tres). Permitiendo que en casos de que un bloque no esté disponible sea porque está corrupto, o se dañó una máquina o una de sus partes principales, una copia de este bloque se pueda leer desde otra ubicación de una manera transparente para el cliente.

HDFS implementa la replicación utilizando el concepto de bloque de disco como se mencionó anteriormente, cantidad mínima de datos que se pueden leer o escribir en un disco. En este caso el sistema de archivos HDFS tiene un bloque por defecto de 64 MB como unidad de tamaño básico para la partición de un archivo, muy superior al de los discos. La razón de su gran tamaño es minimizar el costo de búsquedas, ya que este tamaño presenta tiempos de búsqueda de bloque en disco inferior al tiempo de transferencia de bloque desde el disco a la memoria RAM. Para mejorar la velocidad de transferencia de bloque a memoria RAM se debe realizar una disposición de los siguientes bloques del archivo en forma secuencial y no aleatoria en el disco, permitiendo por la secuencia de bloques un flujo continuo o *streaming* de datos hacia la memoria.

HDFS tiene una característica de los sistemas distribuidos contemporáneos que es la separación de los datos de los metadatos, esto es con el fin de simplificar la administración de almacenamiento, ya que en el caso de HDFS los bloques tienen un tamaño fijo y no almacenan información de los metadatos, lo que facilita el cálculo para determinar la capacidad de bloques por unidad de disco, sin tener que preocuparse por el espacio que genera la información de metadatos, como los permisos de creación, modificación y tiempos de acceso para los archivos, el árbol de directorios, entre otros, el cual se almacena en máquinas (nodos) separadas de los datos.

Los datos en el *cluster* de Hadoop son divididos en pequeñas piezas llamadas bloques y distribuidas a través del *cluster*; de esta manera, las funciones *map* y *reduce* pueden ser ejecutadas en pequeños subconjuntos, y esto provee de la escalabilidad necesaria para el procesamiento de grandes volúmenes.

CONSIDERACIONES TEÓRICO-PRÁCTICAS

Todo sistema de archivos distribuido tiene un objetivo principal: solucionar el problema de almacenar la información que supera las capacidades de una única máquina. Para superar este problema, un sistema de archivos distribuido gestionará y permitirá el almacenamiento de la información en diferentes máquinas conectadas a través de una red, haciendo transparente al usuario la complejidad interna de su gestión.

HDFS es un sistema de archivos pensado para el almacenamiento de archivos grandes (por encima de 100 MB), y en la que el acceso a esa información está orientado hacia procesamiento en *batch* o lectura de tipo *write once and read-many-times* (ideal para temas de MapReduce, pero no para necesidades de baja latencia), y cuyo diseño está pensado para ser ejecutado en máquinas "baratas".

La capacidad de MapReduce de distribuir computación en múltiples servidores requiere que cada servidor tenga acceso a los datos. Esta tarea es realizada por HDFS (Hadoop Distributed File System). HDFS es un sistema de archivo distribuido escalable y portátil escrito en Java para el marco de trabajo Hadoop. HDFS y MapReduce son dos sistemas muy robustos de modo que los servidores en un *cluster* Hadoop pueden fallar, pero el proceso de computación no se aborta. HDFS asegura que los datos son replicados con redundancia a través del *cluster*. A la terminación de un cálculo, un nodo escribirá sus resultados de nuevo en HDFS.

No existen restricciones sobre los tipos de datos que almacenan HDFS. Los datos pueden ser estructurados y no estructurados (sin esquemas), al contrario que las bases de datos relacionales que requieren que los datos sean estructurados y sus esquemas bien definidos antes del almacenamiento de dichos datos. Con HDFS la responsabilidad del formato de los datos recae en el código del desarrollador.

Desde un punto de vista técnico, la programación Hadoop a nivel de MapReduce, es un caso particular de trabajo con las API de Java, y carga manual de archivos de datos en HDFS.

HDFS tiene muchas semejanzas con los actuales sistemas de archivos distribuidos. Sin embargo, las diferencias también son significativas. HDFS es un sistema altamente tolerante a fallos y diseñado para ser desplegado en hardware de bajo coste; proporciona acceso de alto rendimiento (*throughput*) para datos de aplicaciones, y es muy adecuado para aplicaciones que soporten grandes conjuntos de datos.

HDFS es un proyecto Apache Hadoop. Una información completa del sistema se encuentra en el sitio oficial del proyecto Apache Hadoop, y en IBM[12], donde puede descargarse gratuitamente el libro base de Hadoop.

MEJORAS EN LA PROGRAMACIÓN DE HADOOP[13]

El trabajo directo con API de Java suele ser muy complicado y propenso a errores; además Hadoop restringe su uso a los programadores Java. Por estas circunstancias, Hadoop ofrece dos soluciones para facilitar la programación en Hadoop: Pig y Hive.

PIG

Inicialmente desarrollado por Yahoo! para permitir a los usuarios de Hadoop enfocarse más en analizar todos los conjuntos de datos y dedicar menos tiempo en construir los programas MapReduce. Tal como su nombre lo indica, al igual que cualquier cerdo que come cualquier cosa, el lenguaje Pig Latin fue diseñado para manejar cualquier tipo de dato, y *Pig* es el ambiente de ejecución donde estos programas son ejecutados, de manera muy similar a la relación entre la máquina virtual de Java (JVM) y una aplicación Java.

Es un lenguaje de programación que simplifica las tareas comunes de trabajar con Hadoop: carga de datos, expresión de las transformaciones sobre los datos y almacenamiento de los resultados finales. Las operaciones integradas de Pig facilitan la manipulación de datos semiestructurados como *log*, y el lenguaje es extensible utilizando Java para añadir soporte para tipos y transformaciones de datos a medida.

El proyecto Apache Pig está diseñado como un motor para ejecutar flujos de datos en paralelo en Hadoop. Usa un lenguaje llamado Pig Latin para expresar estos flujos de datos, con el cual puede describir cómo se deben leer y procesar los datos de una o más entradas, y luego almacenar en una o más salidas en paralelo. El lenguaje toma una posición media entre expresar las tareas usando un modelo de consultas declarativo de alto nivel como SQL, y programación de bajo nivel/procedimental usando MapReduce. Los flujos de datos en Pig Latin pueden ser flujos lineales simples, aunque también pueden ser flujos de trabajo complejos que incluyen puntos donde se relacionan varias entradas, y donde los datos se dividen en varios flujos para procesarlos usando diferentes operadores.

Un programa Pig Latin consta de una serie de operaciones o transformaciones aplicadas a los datos de entrada para producir salidas. Desde el punto de vista integral, las operaciones describen un flujo de datos que el entorno de ejecución Pig traduce en una representación ejecutable, y luego la ejecuta. En el trasfondo, Pig cambia las transformaciones en una serie de trabajos de MapReduce.

HIVE

Esta herramienta facilita a Hadoop operar como un almacén de datos (*data warehouse*). Superpone estructuras de datos en HDFS; y a continuación, permite consultas de los datos utilizando una sintaxis similar a SQL, el lenguaje estándar de bases de datos. Igual que sucede con Pig, las capacidades del núcleo de Hive son extensibles.

Es una infraestructura de *data warehouse* que facilita administrar grandes conjuntos de datos almacenados en un ambiente distribuido, Hive tiene definido un lenguaje similar a SQL llamado *Hive Query Language* (HQL), estas sentencias HQL son separadas por un servicio de Hive, y son enviadas a procesos MapReduce, ejecutados en el *cluster* de Hadoop.

El proyecto Apache Hive es una solución de almacenamiento de datos de código abierto construida por el equipo de infraestructura de datos de Facebook, además del entorno Hadoop. El principal objetivo de este proyecto es traer los conceptos de bases de datos relacionales familiares (por ejemplo, tablas, columnas, particiones) y un subconjunto de SQL al mundo no estructurado de Hadoop, mientras que aún se mantiene la extensibilidad y flexibilidad que Hadoop tiene. Por consiguiente, admite todos los tipos primitivos principales (por ejemplo, *integers*, *floats*, *strings*) así como también tipos complejos (por ejemplo, *maps*, *lists*, *structs*). Hive admite consultas expresadas en un lenguaje declarativo como SQL, HiveQL (Hive Query Language); y por lo tanto, cualquiera que esté familiarizado con SQL lo podrá entender. Estas consultas se compilan automáticamente en trabajos MapReduce que se ejecutan usando Hadoop. Además, HiveQL permite a los usuarios convertir *scripts* MapReduce personalizados en consultas.

HiveQL admite instrucciones *Data Definition Language* (DDL), que se pueden usar para crear, eliminar y alterar tablas de una base de datos. Permite a los usuarios cargar datos desde fuentes externas, e insertar los resultados de las consultas en tablas Hive a través de la carga e incluir instrucciones del *Data Manipulation Language* (DML), respectivamente. Sin embargo, HiveQL actualmente no admite la actualización ni borrado de filas de las tablas existentes (en particular, las instrucciones `INSERT INTO`, `UPDATE` y `DELETE`), las cuales permiten el uso de mecanismos muy simples para manejar operaciones de lecturas y escrituras simultáneas sin implementar protocolos de bloqueo complejos. El componente *metastore* es el catálogo del sistema Hive, el cual almacena metadatos sobre la tabla subyacente. Estos metadatos se especifican durante la creación de la tabla y se reutilizan cada vez que se referencia la tabla en HiveQL. Metastore distingue Hive como una solución de almacenamiento cuando se compara con sistemas de procesamiento de datos similares que están construidos en arquitecturas parecidas a MapReduce como Pig Latin.

JAQL

Fue donado por IBM a la comunidad de software libre, y es un lenguaje funcional y declarativo que permite la explotación de datos en formato JSON diseñado para procesar grandes volúmenes de información. Para explotar el paralelismo, Jaql reescribe los *queries* de alto nivel (cuando es necesario) en *queries* de "bajo nivel" para distribuirlos como procesos MapReduce.

Internamente, el motor de Jaql transforma el *query* en procesos *map* y *reduce* para reducir el tiempo de desarrollo asociado en analizar los datos en Hadoop. Jaql posee una infraestructura flexible para administrar y analizar datos semiestructurados como XML, archivos CSV, archivos.

Es un lenguaje de consultas diseñado para la *JavaScript Object Notation* (JSON), un formato de datos popular debido a su simplicidad y flexibilidad de modelado. JSON es sencillo, aunque es flexible para representar datos que oscilan entre datos planos a datos XML semiestructurados. Se usa principalmente para analizar datos semiestructurados a gran escala. Es un lenguaje de consultas funcional, declarativo que reescribe consultas de alto nivel, cuando es apropiado, en consultas de bajo nivel que constan de trabajos MapReduce, evaluados usando el proyecto Apache Hadoop. Las características principales son la extensibilidad y el paralelismo. Asimismo, consta de un lenguaje para *scripts* y un compilador así como también un componente en tiempo de ejecución. Puede procesar ya sea que sin esquemas o que tenga solamente un esquema parcial. Sin embargo, Jaql también puede explotar la información de esquemas rígidos cuando esté disponible, tanto para la comprobación de tipos como el rendimiento mejorado.

ZOOKEEPER

ZooKeeper es otro proyecto de código abierto de Apache que provee de una infraestructura centralizada, y de servicios que pueden ser utilizados por aplicaciones para asegurarse de que los procesos a través de un *cluster* sean serializados o sincronizados.

Internamente en ZooKeeper, una aplicación puede crear un archivo que persiste en memoria en los servidores ZooKeeper llamado *znode*. Este archivo *znode* puede ser actualizado por cualquier nodo en el *cluster*, y cualquier nodo puede registrar que sea informado de los cambios ocurridos en ese *znode*; es decir, un servidor puede ser configurado para "vigilar" un *znode* en particular. De este modo, las aplicaciones pueden sincronizar sus procesos a través de un *cluster* distribuido actualizando su estatus en cada *znode*, el cual informará al resto del cluster sobre el estatus correspondiente de algún nodo en específico.

Como podrá observar, más allá de Hadoop, una plataforma de Big Data consiste en un ecosistema de proyectos que en conjunto permiten simplificar, administrar, coordinar y analizar grandes volúmenes de información.

HBASE

Es una base de datos columnar (*column-oriented database*) que se ejecuta en HDFS. HBase no soporta SQL, de hecho, HBase no es una base de datos relacional. Cada tabla contiene filas y columnas como una base de datos relacional. HBase permite que muchos atributos sean agrupados llamándolos familias de columnas, de tal manera que los elementos de una familia de columnas son almacenados en un solo conjunto. Eso es distinto de las bases de datos relacionales orientadas a filas, donde todas las columnas de una fila dada son almacenadas en conjunto. Facebook utiliza HBase en su plataforma desde noviembre del 2010.

LUCENE

Es un proyecto de Apache bastante popular para realizar búsquedas sobre textos. Lucene provee de librerías para indexación y búsqueda de texto. Ha sido principalmente utilizado en la implementación de motores de búsqueda (aunque hay que considerar que no tiene funciones de *crawling* ni de análisis de documentos HTML ya incorporadas). El concepto a nivel de arquitectura de Lucene es simple, básicamente, los documentos (*documents*) son divididos en campos de texto (*fields*), y se genera un índice sobre estos campos de texto. La indexación es el componente clave de Lucene, lo que le permite realizar búsquedas rápidamente independientemente del formato del archivo, ya sean PDF, documentos HTML, etcétera.

OOZIE

Existen varios procesos que son ejecutados en distintos momentos, los cuales necesitan ser orquestados para satisfacer las necesidades de tan complejo análisis de información. Oozie es un proyecto de código abierto que simplifica los flujos de trabajo y la coordinación entre cada uno de los procesos. Permite que el usuario pueda definir acciones y las dependencias entre dichas acciones.

AVRO

Es un proyecto de Apache que provee servicios de serialización. Cuando se guardan datos en un archivo, el esquema que define ese archivo es guardado dentro de él; de este modo es más sencillo para cualquier aplicación leerlo posteriormente, puesto que el esquema está definido dentro del archivo.

CASSANDRA

Cassandra es una base de datos no relacional distribuida, y basada en un modelo de almacenamiento de <clave-valor>, desarrollada en Java. Permite grandes volúmenes de datos en forma distribuida. Twitter es una de las empresas que utiliza Cassandra dentro de su plataforma.

CHUKWA

Diseñado para la colección y análisis a gran escala de *logs*. Incluye un *toolkit* para desplegar los resultados del análisis y monitoreo.

FLUME

Tal como su nombre lo indica, su tarea principal es dirigir los datos desde una fuente hacia alguna otra localidad, en este caso, hacia el ambiente de Hadoop. Existen tres entidades principales: *sources*, *decorators* y *sinks*. Un *source* es básicamente cualquier fuente de datos, *sink* es el destino de una operación en específico, y un *decorator* es una operación dentro del flujo de datos que transforma esa información de alguna manera, como por ejemplo: comprimir o descomprimir los datos o alguna otra operación en particular sobre ellos.

En octubre de 2012 la Fundación Apache presentó la versión 2.0 de Hadoop. Se puede consultar en: <http://hadoop.apache.org/docs/current/>.

PLATAFORMAS DE HADOOP

La consultora Forrester publicó su estudio sobre soluciones Hadoop, *The Forrester Wave™: Soluciones Hadoop empresariales de 2012*[14], que consiste en una evaluación de proveedores de soluciones Hadoop empresariales basadas en 15 criterios. Las conclusiones más importantes fueron que: Amazon Web Services ostenta el liderazgo gracias a Elastic MapReduce, su servicio de suscripción probado y rico en prestaciones; IBM y EMC Greenplum ofrecen soluciones Hadoop con importantes carteras de EDW; MapR y Cloudera impresionan con las mejores soluciones de distribución a escala empresarial; y Hortonworks ofrece una impresionante cartera de servicios profesionales basados en Hadoop.

Las restantes empresas que incluye en su estudio, pero ya en un segundo nivel (las denomina aspirantes a líderes), son: Pentaho (ofrece una plataforma de código abierto Hadoop), una empresa de sólido rendimiento que proporciona una impresionante herramienta de integración de datos Hadoop. DataStax ofrece una plataforma Hadoop para despliegues transaccionales distribuidos en tiempo real; Datameer cuenta con una herramienta de modelado Hadoop/MapReduce fácil de usar; Platform Computing y Zettaset ofrecen las mejores herramientas de gestión de clusters Hadoop; y Outerthought ha optimizado su plataforma Hadoop para búsquedas e indexación de grandes volúmenes de datos. HStreaming es una apuesta arriesgada con una solución sólida en Hadoop en tiempo real.

En el informe se publican dos tablas de gran interés (tabla 9.1 y 9.2).

TABLA 9.1. PRINCIPALES SUBPRODUCTOS HADOOP POR CAPA FUNCIONAL

Capas funcionales	Subproyectos Hadoop
Modelado y desarrollo de Hadoop	MapReduce, Pig, Mahout
Almacenamiento y gestión de datos Hadoop HDFS,	HBase, Cassandra
Almacenamiento de datos, resúmenes y consultas Hadoop	Hive, Sqoop
Recopilación, agregación y análisis de datos Hadoop	Chukwa, Flume
Gestión de esquemas, tablas y metadatos Hadoop	HCatalog
Gestión de clusters, programación de trabajo y flujo de trabajo Hadoop	Zookeeper, Oozie, Ambari
Serialización de datos Hadoop	Avro

Fuente: Forrester Research, Inc. Fecha de evaluación: tercer trimestre de 2011

Y la siguiente tabla que queremos destacar es la tabla 9.2 que recoge la lista de proveedores evaluados así como la información del producto.

TABLA 9.2. PROVEEDORES EVALUADOS: INFORMACIÓN DE PRODUCTO

Proveedor	Producto evaluado
Amazon Web Services (AWS)	Amazon Elastic MapReduce
Cloudera	Cloudera Distribution for Hadoop v. 3.x
Datameer	Datameer Analytics Solution
DataStax	DataStax Brisk
EMC Greenplum	Greenplum HD Enterprise Edition, EMC Greenplum HD Community Edition, EMC Greenplum HD Module
Hortonworks	Hortonworks
HStreaming	HStreaming Enterprise
IBM	IBM InfoSphere BigInsights V1.2, Netezza Analytics
MapR	MapR M3, MapR M5
Outerthought	Lily

Pentaho	Pentaho Data Integration 4.2
Platform Computing	Platform MapReduce
Zettaset	Zettaset Data Platform

Fuente: Forrester Research, Inc. Fecha de evaluación: tercer trimestre de 2011.

Criterios de selección de proveedores

Los proveedores han de ofrecer una o varias soluciones generalmente disponibles (software, dispositivos y/o entornos de nube/SaaS) que incorporen una distribución Hadoop habilitada en MapReduce y/o una capa de integración de datos habilitada en MapReduce a partir del 2 de agosto de 2011.

Los proveedores han de ofrecer compatibilidad con MapReduce como subproyecto Hadoop obligatorio.

RESUMEN

- El origen de Hadoop se remonta a sendos artículos publicados por Google. Se describían en ellos técnicas para la indexación de información en la Web, su distribución en miles de nodos, y su presentación al usuario como un conjunto significativo. Las dos técnicas eran GFS y MapReduce.
- Las tecnologías fueron implementadas en Nutch.
- En 2006, se escindió en el proyecto Nutch y nació Hadoop. Doug Cutting, creador del proyecto Hadoop es contratado por Yahoo!
- En 2008, Yahoo! publica la distribución de Hadoop.
- En 2009, Cutting abandona su empleo en Yahoo! y se une en calidad de arquitecto de software a la empresa Cloudera.
- Hadoop se compone de MapReduce, sistema de archivos HDFS, y Hadoop Common.
- Hadoop Distributed File System (HDFS) es un sistema robusto de archivos que asegura que los datos se repliquen con redundancia a través del *cluster*, y que el proceso de cálculo no se interrumpa, incluso en el supuesto de que alguna parte del sistema pueda fallar, en la cadena de procesamiento de datos.
- Otras herramientas fundamentales para la programación de Hadoop son: Pig, Hive, Hbase, Sqoop, Flume y Zookeper.

RECURSOS

La revista *PC World* (edición México) tiene publicada una excelente página Web con recursos gratuitos de capacitación[15]. En primer lugar, la página recomienda los cursos de capacitación y programas de certificación de Hadoop disponibles en compañías como Cloudera, Hortonworks, IBM y MAPR. En el caso de que el lector o empresa deseen iniciarse de modo gratuito o probando recursos libres, entonces el artículo recomienda una serie de servicios que resumimos a continuación:

- La Big Data University ofrece todos sus cursos de forma gratuita.
- Recomendados: *Hadoop Fundalmentas I, Hadoop Fundamentals II.* Los cursos permiten que los usuarios practiquen con laboratorios prácticos en un *cluster* Hadoop a través de la nube, con una imagen proporcionada por VMware, o instaladas localmente.
- Hortonworks, un *spin-off* de Yahoo, ofrece una distribución de Hadoop y servicios de apoyo comercial, aloja un seminario (*webinar*) semanal de introducción, "Introducción a Hortonworks Data Plattform"[16].
- Una serie de seis *webinars* grabados de Cloudera[17], que ofrece una distribución de Hadoop, soporte y servicio. Otro video[18] de Cloudera sobre Introducción a Apache Map Reduce y HDFS. Para los usuarios que quieran empezar su aprendizaje con un documento en lugar de un video, *Hadoop Tutuorial*[19], de Cloudera, describe las facetas que enfrenta el usuario del marco Apache Hadoop MapReduce.
- MAPR, que ofrece una distribución gratuita M3 para Apache Hadoop[20], ofrece una serie de videos de entrenamiento a través de su grupo MAPR Academy: *Writing MapReduce*[21] *Applications,* conceptos y componentes de MapReduce; *Why Hadoop?*[22], una introducción a Hadoop examina los problemas que resuelve MapReduce.
- En la revista digital *InfoWorld* también se puede encontrar un estudio de cinco herramientas o plataformas de Hadoop más sobresalientes, y una tabla con un listado de dichas distribuciones:

Distribuciones comerciales de Hadoop	
Amazon Elastic MapReduce	Hadoop implementado en EC2
Cloudera CDH, Manager y Enterprise	CDH: Hadoop, Hive, Mahout, Oozie, Pig, ZooKeeper, Hue, y otras herramientas de código abierto; ninguna herramienta propietaria. Cloudera Manager Free Edition: Todos los CDH Manager soportan hasta 50 nodos en cluster. Cloudera Enterprise: combina CDH, una versión Manager más sofisticada que soporta un número ilimmitado de nodos de cluster y herramientas adicionales de análisis de datos.
Hortonworks Data Platform	Hadoop, Hive, Mahout, Oozie, Pig, ZooKeeper, Hue, y otras herramientas de código abierto; ninguna herramienta propietaria.
IBM InfoSphere BigInsights	Edición básica: Hadoop, Hive, Mahout, Oozie, Pig, ZooKeeper, Hue, y otras herramientas de código abierto. Edición Empresa: añade herramientas sofisticadas de gestión de trabajo, una capa de acceso a datos que se integra con las Fuentes de datos más importantes y Big Sheeets, una interfaz muy similar a una hoja de cálculo para la manipulación de datos en el cluster.
MapR M3 y M5	M3: Hadoop, Hive, Mahout, Oozie, Pig, ZooKeeper, Hue, y otras herramientas de código abierto. M5: añade propiedades avanzadas para alta disponibilidad.

Fuente: <http://www.infoworld.com/print/184330>.

- *The Forrester Wave™: Soluciones Hadoop empresariales*. Primer trimestre 2012. Disponible en:

  <http://public.dhe.ibm.com/common/ssi/ecm/en/iml14309usen/IML14309USEN.PDF>.

- *Understanding Big Data: Analytics for Enterprise Class Hadoop and Streaming Data*, IBM/McGraw-Hill, 2012. Disponible en:

  <http://www-01.ibm.com/software/data/infosphere/hadoop/hdfs/>.

NOTAS

1 Datos comerciales de diciembre 2012, en un gran almacén de Madrid. Disco de 1 TB externo y precio 75€ por unidad.

2 Sanjay Ghemawat, Howard Gobioff y Shun-Tak Leung: *19th ACM Symposium on Operating Systems Principles*, Lake George, NY, October, 2003.

3 Jeffrey Dean y Sanjay Ghemawat: *OSDI '04. Sixth Symposium on Operating System Design and Implementation*, San Francisco, CA, December, 2004. Disponible en: <http://research.google.com/archive/mapreduce.html>.

4 Fay Chang, Jeffrey Dean, Sanjay Ghemawat, Wilson C. Hsieh, Deborah A. Wallach, Mike Burrows, Tushar Chandra, Andrew Fikes, y Robert E. Gruber: *OSDI '06: Seventh Symposium on Operating System Design and Implementation*, Seattle, WA, November, 2006. Disponible en: <http://research.google.com/archive/bigtable.html>.

5 Su nombre procede del peluche favorito de su hijo, un elefante de juguete. Fue desarrollado originalmente para apoyar la distribución del proyecto de un motor de búsqueda denominado Nutch. El proyecto Hadoop, en la actualidad está apadrinado por la Apache Software Foundation.

6 Artículo de MapReduce.

7 <www.Hadoop.apache.org>.

8 <www.Developer.yahoo.com/hadoop/tutorial>.

9 Palabras de Carl Olofson, vicepresidente de investigación en IDC, y responsable del estudio, durante la presentación mundial del citado estudio.

10 En la página oficial del proyecto Apache Hadoop (http://hadoop.apache.org) podrá encontrar el lector una extensa información relativa a Hadoop, con detalles de calendario de versiones, desde la fecha del 4 de septiembre de 2007, en que comenzó a unirse al proyecto Hadoop.

11 <http://hadoop.apache.org/ >.

12 <http://www.01.ibm.com/software/data/inphospeher/hadoop/hdfs>.

13 <http://hadoop.apache.org/>.

14 Sus autores son: James G. Kobielus, Stephen Powers, Brian Hopkins, Boris Evelson y Shannon Coyne.

15 <http://www.pcworld.com.mx/Articulos/25652.htm>. Escrito por Ann Bednarz, el 9 de octubre de 2012.

16 <http://info.hortonworks.com/IntroductiontoHortonworksDataPlatform_Registration.html>.

17 <http://www.cloudera.com/content/cloudera/en/resources/library/training/cloudera-essentials-for-apache-hadoop-the-motivation-for-hadoop.html>.

18 <http://www.cloudera.com/content/cloudera/en/resources/library/training/introduction-to-apache-mapreduce-and-hdfs.html>.

19 <https://ccp.cloudera.com/display/DOC/Hadoop+Tutorial>.

20 <http://www.mapr.com/products/download/download-mapr-on-premise>.

21 <http://academy.mapr.com/viewvideo/30/developer/writing-mapreduce-applications.html>.

22 <http://academy.mapr.com/viewvideo/17/business-user/why-hadoop.html>.

CAPÍTULO 10
ANALÍTICA DE DATOS (*BIG DATA ANALYTICS*)

El crecimiento exponencial de datos en la última década ha de ser explotado de forma eficaz y eficiente por las organizaciones. Hoy en día, los datos no estructurados, que pueden llegar al 80% o más de la información de la empresa, están afectando a las infraestructuras de cómputo (computadores y servidores). El problema es que muchas veces son difíciles de analizar y, en cualquier forma, el proceso puede durar mucho tiempo si no se tiene una formación adecuada.

Se requiere, en primer lugar, adquirir los datos; a continuación, se deben organizar; y una vez realizadas estas operaciones, se deben realizar los procesos de análisis (con procesos de descubrimiento, consultas e informes, minería de datos...), y la toma de decisiones mediante la planificación y predicciones adecuadas.

La analítica de Big Data y sus herramientas deben permitir a los usuarios analizar los datos masivos con tamaños desde terabytes hasta petabytes de un modo rápido y económico. Los usuarios deben ser capaces de explorar y visualizar datos masivos mediante gráficos interactivos, cuadros de mando (*balanced scorecards*), tableros de control (*dashboards*) y visualizadores de informes de resultados en tiempo real cuando sea necesario.

El tratamiento y análisis de grandes volúmenes de datos requiere de una gran potencia analítica. El análisis de Big Data debe ayudar a tomar mejores decisiones y evaluar las medidas que se han de tomar del modo más eficiente y rentable posible. En este capítulo, y en los dos siguientes, se estudiará el análisis de datos en sentido general y el análisis de Big Data, analítica Web, analítica móvil y analítica social como pilares del proceso de análisis de Big Data, integrando todo tipo de datos, no estructurados y semiestructurados con los datos estructurados tradicionales.

UNA VISIÓN GLOBAL DE LA ANALÍTICA DE BIG DATA

El análisis de Big Data es el proceso de examinar, a una gran velocidad, grandes volúmenes de datos de una amplia variedad de tipos y de gran valor (el modelo de las 4V) para descubrir patrones ocultos, correlaciones desconocidas y otra información útil, de modo que los resultados del análisis puedan proporcionar ventajas competitivas a las organizaciones en relación con la competencia y producir beneficios para el negocio, tales como un marketing (mercadotecnia) más efectivo y eficaz, y mayores ingresos.

Los grandes volúmenes de datos procederán de bases de datos relacionales tradicionales así como otras fuentes de datos (capítulo 2) tales como registros del servidor Web, de seguimiento de clics en Internet (*clickstream*), informes de actividades sociales, medios de comunicación, datos de teléfonos móviles inteligentes, registros detallados de llamadas en las centralitas de la empresa o en sus *call centers*, la información captada por sensores. Recordemos que los grandes datos no solo se asocian a los datos no estructurados y semiestructurados, sino también a los datos estructurados procedentes de transacciones comerciales o almacenados en bases de datos relacionales. Algunas personas asocian exclusivamente grandes datos a análisis de datos no estructurados. Sin embargo, lo técnicamente correcto es asociar la analítica de Big Data a la integración de datos estructurados y no estructurados/semiestructurados.

El análisis de datos grandes se puede hacer con herramientas de software tradicionales dentro de las técnicas de analítica avanzadas tales como la minería de datos o el análisis predictivo. Sin embargo, las fuentes de datos no estructurados utilizados en el análisis de datos grandes pueden no encajar en los almacenes de datos tradicionales (las bases de datos o los almacenes de datos empresariales, EDW) y además estos almacenes pueden no ser capaces de manejar las demandas de procesamiento de grandes datos. En consecuencia, han surgido nuevas tecnologías que incluyen *bases de datos NoSQL* y *"en memoria"*, Hadoop y MapReduce. Normalmente estas tecnologías, como ya se ha visto en capítulos anteriores, forman el núcleo de un marco de software de código abierto que soporta el procesamiento de grandes volúmenes de datos a través de sistemas en *cluster*.

Los grandes retos a los que se enfrentan las organizaciones es la necesidad de integrar las nuevas infraestructuras de Big Data con las infraestructuras de datos existentes, y tal vez más complicado, la contratación de profesionales con experiencia en analítica de Big Data, como analistas y científicos de datos. También ya se ha comentado la dificultad de que los *data warehouses* convencionales puedan escalar hasta terabytes de datos o soportar analítica avanzada.

La tecnología, no obstante, sigue avanzando y comienzan a verse actualizaciones en torno a plataformas NoSQL que tienen información estructurada y no estructurada. Así en la galería de soluciones disponibles, actualmente, se encuentra la aplicación Greenplum, de EMC; Hadoop y MapReduce; la nueva plataforma Vertica, de HP; la oferta por separado de Smart Analytic System y Netezza, de IBM, basadas en DB2, y Microsoft Parallel Data Warehouse. Existen otros jugadores más pequeños, de nicho, como Infobright y Kognitio. Oracle ha entrado en el mercado, y está ofreciendo magníficas soluciones; y Teradata sigue siendo una de las soluciones líderes.

En el entorno de Big Data, las organizaciones se encuentran ante el desafío de incorporar información en crudo, sin procesar, que se actualiza en tiempo real y que presenta una enorme complejidad. Pero, la cuestión clave no tiene que ver con la capacidad para recolección y almacenamiento de los grandes datos. No basta con capturar y almacenar una gran cantidad de datos, es necesario saber organizarlos, refinarlos y convertirlos en información relevante que permita ganar posiciones en el mercado. La información en crudo tiene solo valor potencial, es su análisis y sistematización lo que permite incrementar la capacidad de innovar de las organizaciones. Así entonces, el tratamiento de los grandes volúmenes de datos requiere de las siguientes etapas:

Adquisición. Los datos procederán de fuentes de datos tradicionales (almacenes de datos de empresa EDW, bases de datos relacionales y archivos con datos transaccionales), y de una gran cantidad de fuentes de datos no estructurados que se podrán almacenar en de bases de datos NoSQL y "en memoria".

Organización de la información. Preparar y tratar la información para así obtener de ella los mejores resultados posibles, y sobre los cuales se puedan aplicar lo más eficientemente posible las técnicas de analítica avanzada.

Análisis. Analizar toda la información con acceso a todos los datos con herramientas estadísticas avanzadas como puede ser la minería social y de opinión, o aplicar técnicas desarrolladas con el lenguaje de programación R, específico para el diseño de estadística avanzada. Desde un punto de vista global, sería conveniente que el proveedor de analítica pudiera ofrecer herramientas de *quering* y *reporting*, minería de datos, visualización de datos, modelado predictivo y optimización

Decisión. Tomar decisiones en tiempo real o lo más rápido posible de modo que pueda afectar positivamente en los negocios de la empresa. Esta etapa se encuentra indisolublemente unida a la etapa de análisis, de hecho muchos vendedores ofrecen estas herramientas integradas con las de decisión (este es el caso de Oracle). La decisión se ha de realizar en tiempo real sobre la base de los resultados obtenidos en el análisis, de modo que se conviertan los datos en crudo en *conocimiento accionable* para integrarlo en los tableros de control (*dashboards*), cuadros de mando (*balanced scorecards*), y herramientas de visualización; y así, predecir el comportamiento de un producto o servicio a los consumidores.

De la visión global de la analítica de Big Data, pasaremos a la descomposición de los diferentes sistemas de análisis de datos, partiendo de una descripción general, y analizando ya en detalle, en los sucesivos apartados y capítulos 11 y 12, la analítica de Big Data, la analítica Web tradicional y móvil, la analítica social con el estudio del análisis de sentimientos, y un estudio de herramientas utilizadas en el tratamiento de los grandes volúmenes de datos, así como propuestas de infraestructuras de Big Data y su modo de integración en los procesos de tratamiento de datos de una organización.

¿QUÉ ES ANALÍTICA DE DATOS?

Existen numerosas definiciones del término *analítica de datos* (*analytics*), pero hemos decidido utilizar la definición de ISACA, organización profesional de impacto mundial en sistemas de información (gobierno, auditoría y seguridad) que publicó en agosto de 2011, un artículo (*white paper)*[1] con el mismo nombre para dar su opinión sobre un término de tanto impacto en el mundo corporativo.

La *analítica de datos* (*data analytics*) "implica los procesos y actividades diseñados para obtener y evaluar datos para extraer información útil". Los resultados de la AD (DA) se pueden utilizar para: identificar áreas clave de riesgos, fraudes, errores o mal uso; mejorar los procesos de negocios; verificar la efectividad de los procesos e influir en las decisiones del negocio. Existen muchos temas para considerar cuando arranca un nuevo programa de AD, incluyendo la maximización del retorno de inversión (ROI), cumplimiento de presupuesto de proyectos, gestión de falsos resultados, aseguramiento de la protección, y confidencialidad de las fuentes de datos y resultados.

Existe una gran variedad de herramientas de software que se utilizan en analítica de datos y métodos utilizados. Las técnicas más utilizadas son: consultas e informes (*quering* y *reporting*), visualización, minería de datos, análisis de datos predictivos, lógica difusa, optimización, *streaming* de audio, video o fotografía, etcétera.

Analítica de datos se considera también a la ciencia de examinar datos en bruto (crudos) con el propósito de obtener conclusiones acerca de la información contenida en ellos. Se utiliza en muchas industrias para permitir a organizaciones y empresas mejoras en la toma de decisiones. Este término se utiliza con gran profusión en el campo de la inteligencia de negocios (*business intelligence*), y según los fabricantes de herramientas de software puede abarcar una gran variedad de términos: OLAP, CRM, *dashboard* (tableros de control), etcétera.

En la era de los grandes volúmenes, podemos considerar cinco grandes categorías en análisis de datos:

- **Analítica de datos (*analytics*)** en organizaciones y empresas que analizan datos tradicionales: transaccionales y operacionales.
- **Analítica Web** o analítica del tráfico de datos en un sitio Web.
- **Analítica social** o análisis de datos de los medios sociales (blogs, wikis, redes sociales, RSS...).
- **Analítica móvil** en dispositivos móviles con el objeto de analizar los datos que envían, reciben o transitan dichos dispositivos.
- **Analítica de Big Data** o analítica de los grandes volúmenes de datos.

La analítica de datos hoy día está influenciada por todo tipo de dispositivos y medios sociales, como los datos procedentes de GPS, chips NFC y RFID, códigos de barra y códigos QR, sensores ZigBee, y otros dentro de Internet de las cosas, o datos procedentes de redes sociales (Facebook, Twitter o Foursquare). Todos ellos unidos al tránsito de datos en todo tipo de negocios como banca, grandes almacenes, medios de comunicación, industrias, etcétera.

La tendencia *SoLoMo* (*social, localización, movilidad*) es una de las causas principales de la explosión de los grandes volúmenes de datos: móviles, mapas, datos de GPS, satélites, redes sociales, blogs, aplicaciones Web móviles... Por otra parte, la analítica de datos, en la actualidad, tiene una influencia considerable por el asentamiento de la nube (*cloud*) y su despliegue en organizaciones y empresas de todo tipo de sectores así como en la industria.

TIPOS DE DATOS DE BIG DATA

De las tres características fundamentales de Big Data, la variedad de datos se manifiesta en un número creciente de tipos de datos que han de ser gestionados y analizados con gran rapidez. Las categorías generales de tipos de datos que conforman los Big Data son: estructurados, no estructurados y semiestructurados, aunque para especificar aún más, tomaremos la clasificación del TDWI (TDWI, 2011). Aunque ya fueron estudiados en capítulos anteriores, queremos ofrecer la visión del prestigioso instituto TDWI por el impacto que tiene en las áreas de inteligencia, de negocios y de analítica de datos.

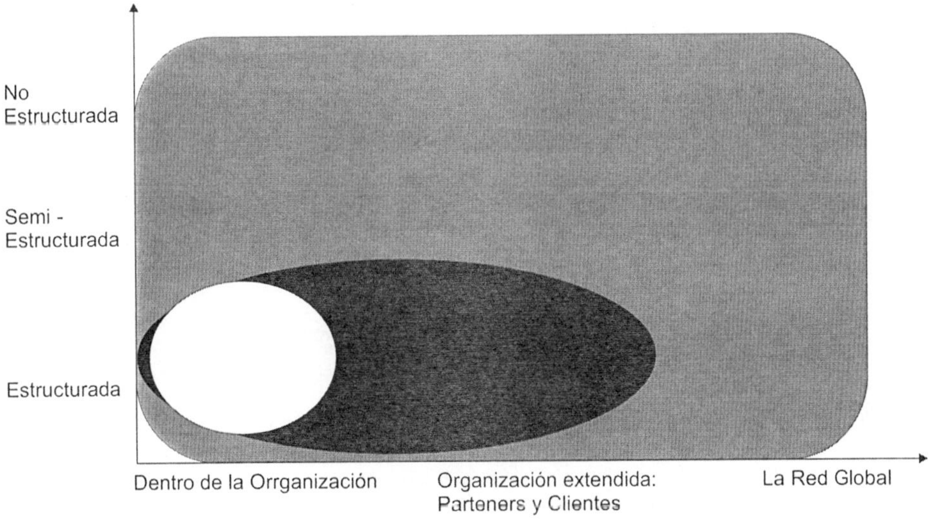

Figura 10.1. Tipos de datos. Fuente: TDWI.

DATOS ESTRUCTURADOS

Los datos estructurados siguen manteniendo la hegemonía sobre los restantes tipos, pese al rápido crecimiento de los no estructurados y semiestructurados. La mayoría de los datos manipulados, actualmente, mediante plataformas analíticas caen hoy bajo la categoría de datos estructurados. Principalmente son tablas y otras estructuras de datos de bases de datos relacionales, además de registros de muchas aplicaciones y archivos planos.

DATOS SEMIESTRUCTURADOS

Los datos semiestructurados son todos aquellos con formatos tipo XML y estándares similares. También agruparemos en esta categoría, a aquellos tipos más complejos, provenientes de fuentes jerárquicas o antiguas (heredadas, *legacy*).

DATOS NO ESTRUCTURADOS

Datos provenientes de las actividades humanas, tales como datos de texto (documentos, correos electrónicos, faxes...).

Big Data se compone de datos estructurados, a partir de las bases de datos tradicionales; información no estructurada como imágenes, videos, emails, textos y mucho más; e información semiestructurada, obtenida de los sensores y máquinas. Todos ellos constituyen factores en el desafío al que se enfrentan las organizaciones hoy en día.

DATOS EN TIEMPO REAL

Hoy día existen una enorme cantidad de datos que proceden de las tecnologías más típicas existentes, y que producen grandes volúmenes de datos tales como datos espaciales, de sistemas de información geográfica, de geolocalización, generados por máquinas (M2M o Internet de las cosas) como chips móviles (NFC, RFID...), sensores, robots, códigos QR, antenas, sistemas de medios de comunicación, datos de acontecimientos o eventos, etcétera.

Dada la enorme cantidad de volúmenes de datos y su flujo creciente (*streaming* Big Data) sobre todo en datos de texto, vídeo, fotografía, audio, el procesamiento en tiempo real, es decir, a medida que se producen, se capturan y almacenan, de este flujo continuo es crucial para encontrar datos significativos y de calidad.

La creciente marea de grandes volúmenes de datos procedentes de dispositivos de geolocalización, realidad aumentada y telefonía móvil (especialmente de teléfonos inteligentes) requiere en numerosos negocios y actividades de la vida diaria, la toma de decisiones rápida y en tiempo real o con el menor retardo.

ANALÍTICA DE BIG DATA

La *analítica de Big Data* (*Big Data analytics*) es el uso de técnicas analíticas aplicadas a conjuntos de grandes volúmenes de datos. Por consiguiente, analítica de Big Data es realmente dos cosas: analítica y Big Data. La primera ayuda a descubrir aquellos datos que han cambiado en el negocio para saber cómo reaccionar; los grandes datos deben ayudar a convertir en oportunidades los retos producidos por el crecimiento espectacular de los Big Data. La analítica es el mejor medio para descubrir nuevos segmentos de clientes, identificar a los mejores proveedores, asociar productos por afinidad, entender las ventas por la estacionalidad, etcétera.

Analítica de Big Data es el proceso de examinar grandes cantidades de datos de una variedad de tipos para descubrir patrones ocultos, correlaciones desconocidas y otra información útil. Dicha información puede proporcionar ventajas competitivas sobre organizaciones rivales y brindar beneficios en los negocios tales como un marketing más eficiente y un aumento de los ingresos.

La analítica es una manera de descubrir qué ha cambiado y cómo reaccionar ante ese cambio. La analítica avanzada es el mejor medio para descubrir nuevos segmentos de clientes, identificar los mejores proveedores, asociar productor por afinidad, comprender la estacionalidad de la ventas, etcétera. Está compuesta por una colección de técnicas relacionadas y tipos de herramientas que normalmente incluyen analítica predictiva, minería de datos, análisis estadísticos y programación compleja de SQL. Al igual que lo hace el informe de TDWI, se puede extender la lista para cubrir visualización de datos, inteligencia artificial, procesamiento de lenguaje natural y capacidad de bases de datos que incluyan soporte de analítica (tales como MapReduce, analítica *in-database*, bases de datos *in-memory*, bases de datos o almacenes de datos *columnares*).

Este tipo de analítica es conocida en las organizaciones como *analítica avanzada*. Sin embargo, está naciendo un término mejor para reflejar este tipo de analítica y es la denominada *analítica de descubrimiento* o *analítica exploratoria*. En otras palabras, con analítica de Big Data, el usuario es, normalmente, un analista de negocios que está intentando descubrir nuevos hechos que nadie en la empresa conocía antes. Para hacer eso, el analista necesita grandes volúmenes de datos con gran profusión de detalle que, normalmente, la empresa no ha aprovechado todavía para analizar.

El análisis de Big Data se realiza con herramientas de software utilizadas, normalmente, como parte de la disciplina de la analítica avanzada. Así las herramientas usuales son:

- Consultas avanzadas en SQL.
- Consultas e informes (*quering y reporting*).

- Análisis estadístico avanzado.
- Visualización de datos.
- Minería de datos, minería de textos, minería Web y minería social.
- Análisis y modelado predictivo.
- Optimización.
- Sensibilización.
- Cuadros de control y de mando (*dashboard* y *scorecards*).

Las tecnologías asociadas con los Big Data incluyen, fundamentalmente, *data warehouses, datamarts*, bases de datos NoSQL y "en memoria", marcos de trabajo Hadoop y MapReduce.

Big Data, como reconocen todos los estudios serios realizados sobre el tema por las grandes consultoras y fabricantes de herramientas, es *una oportunidad más que un problema*. La analítica de grandes datos es una necesidad ineludible, pero su adopción está supeditada y controlada por una variada gama de tecnologías, la gestión o administración de los negocios y la economía de la organización. Las infraestructuras de Big Data están soportadas por almacenamiento de datos, técnicas en memoria, aplicaciones NoSQL y el soporte de grandes anchos de banda.

TECNOLOGÍAS, HERRAMIENTAS Y TENDENCIAS EN ANALÍTICA DE BIG DATA

El informe ya referenciado de TDWI (2011: 22) destaca dos pensamientos fundamentales relativos a analítica de Big Data.

- *Noticias buenas*. Existen muchas opciones para la analítica de Big Data.
- *Noticias malas*. Es difícil conocer todas las opciones y seleccionar la mejor.

La razón de estos dos interrogantes (buenos/malos) se debe a que existen numerosas herramientas de proveedores, técnicas de los usuarios y metodologías, así como las estructuras organizacionales y de los equipos.

La lista incluye herramientas recientes (nubes, privadas, MapReduce, procesamiento de eventos complejos...), herramientas tradicionales en analítica de negocios, pero que han adquirido gran notoriedad por la presencia de los grandes datos (visualización de datos y analítica predictiva), y otras herramientas clásicas (análisis estadísticas o herramientas SQL). La lista de las opciones de analítica de grandes datos es la respuesta a las preguntas planteadas, en una encuesta realizada a CIO y directivos de TI, publicada en el artículo de *Teradata*: "¿Qué tipos de técnicas y herramientas está utilizando su empresa para analítica avanzada y Big Data, tanto hoy día como en los próximos tres años?". En la estadística publicada, se observa el uso de todo tipo de herramientas tradicionales de analítica (visualización de datos, informes en tiempo real, tableros de control (*dashboards*), analítica predictiva, minería de datos, minería de textos junto con herramientas de analítica de grandes datos: bases de datos *in-memory* ("en memoria"), nubes privadas, Hadoop, analítica *online*, bases de datos no indexadas o NoSQL, motores de almacenamiento orientados a columnas, nubes públicas, software como servicio, etcétera.

PROVEEDORES DE ANALÍTICA DE BIG DATA (DISTRIBUCIONES COMERCIALES)

Existen numerosos proveedores de software y de hardware que ofrecen herramientas, plataformas para analítica de Big Data, y la lista sigue creciendo. En esta sección, reseñamos la larga lista de vendedores que aparece en el informe del TDWI, a la cual le hemos añadido algunos proveedores no incluidos como Oracle2, Microsoft, Sybase, y los proveedores de código abierto: Pentaho y Jaspersoft.

Cloudera

Esta herramienta, una de las más demandadas; centra su línea de negocio comercializando software de fuente abierta (*open source*) basada en Apache Hadoop. El personal de TI demanda un número de características y servicios de los que Hadoop carece. Cloudera Enterprise está diseñada específicamente para mejorar la gestión de los despliegues de Hadoop Cloudera, proporcionando soporte técnico, actualizaciones (*upgrades*), herramientas administrativas, servicios profesionales, formación y certificación. Facilita la escalabilidad de Big Data y la flexibilidad a través de una amplia gama de tipos de datos.

EMC Greenplum

EMC Corporation es el proveedor líder mundial de plataformas de almacenamiento de datos y otras soluciones de infraestructuras de información. En 2010, EMC adquirió una herramienta Greenplum que era ya entonces una herramienta de analítica de Big Data. Los clientes de Greenplum son algunas de las grandes empresas del mundo, que despliegan sus herramientas para productos en la nube o en plataformas *grids* para grandes volúmenes de datos.

EMC ofrece un producto, EMC Greenplum Database, que se conoce fundamentalmente por su arquitectura MPP de procesamiento masivamente paralelo (*massively parallel processing*). Otras soluciones que ha lanzado EMC son: Greenplum HD, para distribución de Hadoop; EMC Greenplum Data Computing Alliance Product Family, para analítica de Big Data; y Greenplumn Chorus, software de colaboración en analítica.

Google BigQuery

Google lanzó a mediados del 2012, la herramienta Google BigQuery[3], que posibilita el análisis de los Big Data en la nube y la obtención de datos de negocios en tiempo real. Google BigQuery publica en su página Web que permite tomar ventajas de la potencia de cómputo masivo de Google, almacenar tantos datos como sea necesario, pagando solo aquellos que se utilizan; también Google señala, en sus páginas, que los datos del cliente están protegidos con múltiples capas de seguridad, replicados en múltiples centros de datos, y pueden ser exportados fácilmente.

Google BigQuery es una herramienta de Google que tiene como objetivo facilitar el análisis, computación y escalabilidad de Big Data, y utilizar un sistema de acceso fácil mediante una interfaz de usuario estándar o uno REST, y empleando consultas similares a SQL; es una herramienta de analítica de Big Data que utiliza una estructura de datos columnar, que implica que para una consulta de datos específica, solo se cargan los datos procesados en cada columna, y no la tabla completa.

Otra ventaja que ofrece Google en sus estrategias de marketing es su plan de precios típico de la nube: pago por los servicios utilizados. BigQuery soporta centenares de terabytes, posibilitando que se puedan exceder esos límites.

Algunos datos de precios publicados en su página Web[4], se recogen en la Tabla 10.1.

TABLA 10.1. PRECIOS DE SERVICIOS DE BIGQUERY

Recurso	Precios	Límites por defecto
Almacenamiento	0.12$ por Gb/mes	2 Tb
Consultas interactivas	0.035$ (por GB procesado)	20.000 consultas/día 20 Tb datos /día
Consultas por lotes	0.02$ (por GB procesado)	20.000 consultas totales por día

HP Vertica

Es una base de datos basada en almacenamiento por columnas (*columnar*), que entrega compresión de datos para un almacenamiento eficaz, y una rápida consulta en aplicaciones de analítica. Soporta procesamiento masivamente paralelo (capítulo 8) en hardware básico (*hardware commodity*). HP Vertica corre en procesadores de Intel x86. La escalabilidad MPP ayuda a muchas aplicaciones a ser más eficaces, tales como en comercio electrónico, mercadotecnia digital, y puede llegar hasta órdenes de petabytes. AOL, Twitter y Groupon son clientes de Vertica.

A finales de enero de 2013, HP anunció el primer programa de capacitación y certificación de soluciones para Big Data para la Plataforma HP Vertica Analytics. Está disponible a través de HP ExpertOne. El programa ayuda a las organizaciones a optimizar los Big Data, permitiendo que los ejecutivos de TI aprovechen datos estructurados, semiestructurados y no estructurados.

IBM

IBM es uno de los distribuidores con mejor oferta de productos de software y también de hardware en el campo de la analítica de negocios y optimización (BAO, *Business Analytics and Optimization*)[5]. En 2010, IBM adquirió Netezza, uno de los productos clave en aplicaciones de *data warehouse*, y que definió en su día la plataforma de bases de datos de la analítica moderna. En 2011, lanzó IBM InfoSphere BigInsights, una solución basada en Hadoop que combina la potencia de Hadoop con el código abierto de IBM para direccionar requisitos de empresas. Sus características incluyen analítica de textos, descubrimiento de datos estilo hoja de cálculo, herramientas de exploración y administrativas, y alto grado de seguridad.

Otra herramienta notable es IBM InfoSphere Stream que es una plataforma para procesamiento de analítica en tiempo real (RTAP) que proporciona gran velocidad en analítica de datos en *streaming* tanto en datos estructurados y no estructurados.

Además de estas herramientas, IBM ofrece otras herramientas para manipulación de *data warehouses* tales como IBM Netezza Data Warehouses Appliances o InfoSphere Warehouse. También, ofrece la herramienta IBM Smart Analytics System, un potente porfolio de gestión de datos, hardware y software, que entrega soluciones para una analítica en el cambiante mundo de los negocios. Asimismo, desde 2012, ofrece servidores para trabajar con la herramienta *in-memory* HANA, de SAP.

Kognitio

Kognitio es un proveedor de soluciones de Big Data que ofrece una plataforma analítica de bases de datos que se puede desplegar de tres formas distintas:

1. Como licencia únicamente de software (*software-only*).
2. Como una aplicación de *data warehouse* ejecutándose sobre un hardware estándar de la industria.
3. Como un servicio basado en la nube, económico y adaptable, con su solución de *datawarehousing* como un servicio (**DaaS**).

Kognitio ha desarrollado muchas innovaciones en el área de analítica de grandes datos "en memoria", configuración de aplicaciones de *data warehouse*, arquitecturas de procesamiento paralelo masivo (MPP), bases de datos de alta disponibilidad, software como servicio (SaaS). También es muy conocida Kognitio, por su potencia de proceso de codificación SQL aplicada a analítica de descubrimiento con Big Data.

El 2012, Kognitio ha añadido la ingeniería de análisis que es un OLAP virtual que ofrece análisis del tipo *what-if* para usuarios de negocios.

Microsoft

HDInsight es una solución de Microsoft compatible cien por ciento con Apache Hadoop, y disponible tanto en Windows Service como en el servicio Windows Azure. A primeros de enero de 2013, Microsoft presentó la solución Big Data & Analytics, definida por Microsoft como un completo ecosistema para la toma de decisiones en su organización. Permite el uso de cualquier dato, de cualquier tamaño, o el acceso y generación de todo tipo de información, donde quiera que se encuentre el usuario.

Oracle

Oracle tiene también una herramienta de analítica de Big Data de gran potencia y competitividad en el mercado actual de grandes datos. La herramienta más completa es Oracle Exalytics In-Memory Machine, herramienta de ingeniería hardware/software integrada que ofrece un software de analítica *in-memory* junto con un hardware de analítica *in-memory*, ambos integrados en una *suite* (paquete de software integrado) para soluciones de inteligencia de negocios.

Además de esta herramienta, competencia directa de otros fabricantes de analítica de grandes datos, ofrece soluciones de Big Data para la empresa[6] que combinan diferentes tecnologías como HDFS, Hadoop, bases de datos Oracle NoSQL, conectores Oracle de Big Data, aplicaciones de analítica y *data warehouse*. Todas estas soluciones se integran en la herramienta (aplicación) Oracle Big Data Appliance que viene en una configuración completa con 18 servidores Sun para una capacidad de almacenamiento total de 648 TB. En lo relativo a software, Oracle incluye en su solución una combinación de software de código (fuente) abierto y software especializado desarrollado por Oracle para el cumplimiento de requisitos empresariales de Big Data:

- Distribución completa de Cloudera incluyendo Apache Hadoop (CDH).
- Distribución de código abierto del paquete estadístico R.
- Edición de base de datos NoSQL de Oracle.
- Soporte del sistema operativo Linux y Java VM de Oracle Enterprise.

Oracle ofrece una solución integrada completa, a semejanza de lo que ofrece SAP HANA, y es un modelo de integración que permite la adquisición y organización de flujos de datos de medios sociales (Facebook, Blogger, Twitter...) como entradas al Oracle Big Data Appliance, la salida de la aplicación (*appliance*) se lleva a un *middleware*, el Oracle Big Data Connectors que analiza y visualiza el sistema de almacenamiento Oracle Exadata y Oracle Exalytics.

Oracle recomienda a las empresas utilizar Oracle Big Data Alliance y Oracle Big Data Connectors en unión con Oracle Exadata, de modo que puedan adquirir, organizar y analizar todos sus grandes datos estructurados como no estructurados para toma decisiones mejor informadas.

En la Convención "Oracle OpenWorld 2012", inaugurada a primeros de octubre de 2012, presentó sus últimas novedades: la nueva versión de Exadata, *Oracle Exadata X3 Database In-Memory Machine*, como un componente clave de Oracle Cloud. Tanto los modelos X3.2 y X3.8 pueden almacenar cientos de terabytes de datos de usuarios comprimidos en la memoria Flash y RAM.

Sybase

Sybase fue adquirida por SAP y, en la actualidad, se integra en la unidad de negocio Sybase IQ, también, se oferta de modo autónomo. Sybase fue el primer sistema de gestión de bases de datos con almacenamiento basado en columnas (*columnar*) y sus características específicas se han ido integrando en las herramientas de SAP antes comentadas, facilitando la gestión del análisis de datos con el método de bases de datos columnares.

ParAccel

ParAccel Analytic Database (PADB) es una plataforma de bases de datos analítica de procesamiento paralelo masivo (MPP) y *columnar* (por columnas) con características muy potentes para optimización y compilación de consultas, compresión e interconexión de redes. PADB es desplegable en entornos empresariales incluso en otros entornos operativos estándares como *cloud computing* y virtualización.

SAND Technology

La plataforma SAND Analytic es una plataforma analítica de bases de datos columnar que consigue escalabilidad lineal de datos a través de procesamiento masivamente paralelo (MPP). SAND soporta miles de usuarios concurrentes con cargas de trabajo mezcladas, optimización infinita de consultas, analítica "en memoria", búsqueda de texto completa. La plataforma SAND se centra fundamentalmente en tareas de analítica compleja, incluyendo tareas de marketing de clientes y analítica financiera.

SAP

SAP, uno de los primeros fabricantes mundiales de software empresarial de inteligencia de negocios/almacenes de datos *data warehouses* (BI/DW), y altamente especializado en soluciones ERP (planificación de recursos empresariales), dio un giro radical en sus líneas de negocio, manteniendo sus soluciones empresariales tradicionales. Lanzó SAP In-memory Appliance (conocido como SAP HANA, *High-Performance Analytic Appliance*).

HANA es una arquitectura de software empresarial que facilita consultas analíticas para ejecutar frente a fuentes de datos detallados (y que se ejecutan rápidamente en tiempo real), sin necesidad de transformación de los datos en modelos de datos optimizados para análisis. Para conseguir este objetivo, HANA implementó una variante de MapReduce, y ha conseguido una solución innovadora y eficiente para modelado de datos, de modo que el usuario analista puede ejecutar consultas muy rápidamente durante el proceso de decisiones sin estar limitados por modelos de datos.

Otra de las grandes ventajas de HANA es la posibilidad de analizar grandes volúmenes de datos desde cualquier dispositivo móvil, además, claro está, de los dispositivos fijos. La aplicación se lanzó inicialmente para consultas desde iPad o Blaskberry.

SAS

SAS es otro de los grandes proveedores mundiales de analítica predictiva que incluye gestión de datos, herramientas de visualización de datos y soluciones de negocio pre-empaquetadas. Ofrece numerosas herramientas de analítica de Big Data, además de sus herramientas clásicas de analítica.

SAS High Performance Analytics está diseñada específicamente para soportar iniciativas de Big Data, incluyendo bases de datos "en memoria" (*in-memory, in-database*) y soporte de computación *grid*. SAS, en el día de la presentación de su herramienta, planteó el caso de una tienda minorista de los Estados Unidos, a la que le llevaba 30 horas calcular más de 270 millones de precios de tiendas específicas cada semana, y con la solución de SAP implementada, el tiempo se acortó a dos horas.

SAS On Demand proporciona soporte para nubes públicas y privadas, incluyendo su capacidad para desplegar cualquier solución SAS en infraestructuras con alojamiento SAS (SAS-hosted). SAS Data Integration Studio proporciona soporte para Hadoop. A finales de 2011, SAS lanzó una solución de altas prestaciones en el formato de aplicaciones de Teradata y EMC.

SAS High-Performance Risk es una herramienta para agilizar los cálculos de riesgo, que ayuda a responder preguntas complejas en áreas que incluyen el riesgo de mercado, riesgo de contraparte, gestión del riesgo de liquidez, riesgo de crédito, pruebas de tensión y análisis de escenario.

Tableau Software

Tableau es una herramienta muy centrada en características de visualización que puede soportar analítica de descubrimiento y exploratorio. La empresa considera que como característica fundamental de un modo fácil y rápido que posibilita el acceso a una base de datos, identificación de estructuras de datos de interés y poder llevar los Big Data a la memoria de un servidor para tareas de análisis o de *reporting*.

Teradata

Teradata es una de las empresas pioneras especializadas en *data warehouse* empresariales (EDW) con buenas características de escalabilidad y rápidos desempeños. Teradata Database facilita el soporte concurrente de cargas de trabajo mixtos, realización de informes OLAP, analítica avanzada y análisis de flujos de datos en tiempo real.

También, ofrece soluciones de análisis de bases de datos estructurados, no estructurados y semiestructurados en un marco SQL-MapReduce. El procesamiento de MapReduce facilita el estudio de grandes volúmenes de datos de medios sociales, navegación en la Web, etcétera. Teradata es uno de los proveedores líderes en la industria de almacenamiento de datos que ofrece una gran familia de soluciones escalables y eficaces.

TECNOLOGÍAS DE CÓDIGO ABIERTO DE BIG DATA

La prestigiosa revista CIO en su edición digital del 8 de junio de 2012[7], publicó su lista de tecnologías de fuente abierta para Big Data. CIO considera que las tecnologías de fuente abierta son el núcleo de la mayoría de las iniciativas de Big Data. Estas tecnologías, algunas ya analizadas anteriormente, son:

1. Hadoop (Apache Hadoop)
2. R
3. Cascading
4. Scribe
5. ElasticSearch
6. Apache HBase
7. Cassandra
8. MongoDB
9. CouchDB

Apache Hadoop

Apache Hadoop es un marco de trabajo (*framework*) de software de fuente abierta (*open source*) para aplicaciones distribuidas de grandes datos.

R

Es un lenguaje de programación de código abierto y entorno de software diseñado para computación y visualización estadística, y que compite directamente con herramientas de analítica comercial. R fue diseñado por Ross Ihaka y Robert Gentlemean, en la Universidad de Auckland, Nueva Zelanda, al principio de 1993, y coincidió en el tiempo con el asentamiento de la Web. Se convirtió con gran rapidez en una herramienta idónea para análisis estadístico de grandes conjuntos de datos. R está comercializada por una empresa llamada Revolution Analytics que proporciona soporte y servicio inspirado en el servicio de Red Hat para Linux. Y está disponible bajo la licencia pública GNU.

Es un lenguaje más orientado a objetos que otras herramientas de analítica y esa característica le permite ser enlazado con plataformas de programación de C++ y Java, por lo que es posible embeber R dentro de aplicaciones

Figura 10.2. El lenguaje de programación R.

El software base de R corre en memoria como opuesto a la ejecución de archivos ordinarios. Eso significa que solo puede manejar conjuntos de datos del tamaño de la memoria disponible en la máquina. Una desventaja de R es su menor escalabilidad que otras herramientas, aunque se han realizado mejoras sustanciales en las últimas versiones. Tiene la gran ventaja, aparte de la relativa a la conexión con plataformas orientadas a objetos que se están desarrollando, numerosos conectores para R, incluyendo paquetes de software de analítica comercial.

Cascading

Es una capa de abstracción de software de código abierto para Hadoop.

Scribe

Scribe es un servidor desarrollado por Facebook, y lanzado en 2008. Está concebido por Facebook para agregación de flujos de datos de *logs* (registros de conexión) en tiempo real de un gran número de servidores. Scribe manipula docenas de miles de millones de mensajes por día. Está disponible bajo la licencia Apache 2.0.

Elastic search

Es un servidor de búsqueda de código fuente. Ha sido adoptado por un gran número de empresas, entre ellas Stumbleupon y Mozilla. Está disponible bajo la licencia Apache 2.0.

Apache HBase

Está escrito en Java y modelado posteriormente por BigTable de Google. Apache HBase es una base de datos distribuida *columnar* y no relacional, diseñada para ejecutarse en la parte superior (*top*) del Hadoop Distributed FileSystem (HDFS). HBase es una base de datos NoSQL. En 2010, fue adaptada por Facebook para servir a su plataforma de mensajería. Y está disponible bajo la licencia Apache 2.0.

Cassandra

Apache Cassandra es otro almacén de datos. Es un sistema de gestión de bases de datos distribuida de código abierto desarrollado por Facebook para potenciar su característica Inbox Search. Facebook abandonó Cassandra, en el año 2010, en favor de HBase, pero en la actualidad es muy utilizado por muchas compañías tales como Netflix, el servicio de video y televisión número uno de los Estados Unidos, y también introducido en algunos países de Europa y Latinoamérica.

MongoDB

Creado por el fundador de DoubeClick, MongoDB es otro popular almacén de datos NoSQL. Almacena datos estructurados en documentos similares a JSON con esquemas dinámicos llamados BSON (Binary JSON). MongoDB ha sido adoptado por un gran número de empresas tales como MTV Networkgs, Craiglist, Disney Interactive Media Group, *The New York Times*. Está disponible bajo la licencia GNU Affero General Public con controladores de lenguaje disponibles bajo la licencia Apache.

CouchDB

Apache CouchDB es otra base de datos NoSQL de código abierto. Utiliza JSON para almacenar datos, JavaScript como su lenguaje de consulta y MapReduce y HTTP para una API. CouchDB fue creada en 2005 por Damián Katz, antiguo desarrollador de IBM Lotus Notes, como un sistema de almacenamiento para bases de datos de objetos a gran escala. La BBC utiliza CouchDB para su plataforma de contenidos dinámicos, y el banco Credit Suisse lo utiliza para almacenar detalles de configuración para su marco de trabajos de datos de Python. CouchDB está disponible bajo la licencia Apache 2.0.

Jaspersoft

Jaspersoft es uno de los distribuidores de código abierto con mayor implantación en organizaciones y empresas. Proporciona herramientas de inteligencia de negocios, económicas y escalables, diseñadas para entornos en la nube, móviles y Big Data. Jaspersoft para Big Data (la versión actual es la 4.5) ofrece posibilidad de acceder a fuentes de Big Data mediante un nuevo conector certificado a MongoDB, acceso a Hadoop, Cassandra y otras fuentes de Big Data tales como bases de datos NoSQL, directamente desde JasperReport Server sin necesidad de recurrir al proceso ETL (extraer, transformar y cargar datos) para obtener informes y análisis en tiempo real.

Pentaho

Pentaho es el otro gran distribuidor de inteligencia de negocios de código abierto junto con Jaspersoft. De hecho en el cuadrante mágico de Gartner se han alternado en los dos últimos años como herramientas influyentes en las empresas.

La solución Pentaho Business Analtics para Big Data ofrece soporte para las fuentes de datos más populares incluyendo Hadoop, bases de datos NoSQL (Apache Cassandra/DataSTax, HBase, MongoDB/10gen y sistemas HPCC) y bases de datos de analítica (*analytic databases*) tales como Netezza, Greenplum, Teradata, Vertica, etcétera.

Pentaho ofrece al igual que Jaspersoft, un buen centro de recursos de analítica de Big Data en su sitio Web (www.pentaho.com/big-data).

CASOS DE ESTUDIO

SAS

SAS, una de las empresas líderes mundiales en analítica, con ocasión del evento SAS Forum España[8] 2012, presentó algunos de sus casos de éxito de Big Data. Uno de los más llamativos fue el caso del equipo de baloncesto profesional de la NBA, Orlando Magic. Este equipo de baloncesto profesional ha usado la ayuda de Big Data para mejorar su rendimiento, vender más entradas y potenciar su eficacia como empresa para triunfar. Ha utilizado herramientas de SAS, de analítica de Big Data, y eso le ha ayudado a pasar del duodécimo lugar al séptimo en la liga NBA. Otros resultados sorprendentes presentados por Anthony Pérez, vicepresidente de estrategia de negocio del equipo, ha sido la obtención de más beneficios que en la temporada anterior, a pesar de perder 11 partidos, gracias exclusivamente a Big Data, además de aumentar el rendimiento y tener mayor control sobre la información necesaria para vender más.

Otro caso presentado por SAS, en el citado evento, fue el de un banco en África que encontró, al comenzar a monitorizar las redes sociales, que sus clientes no estaban contentos; pudieron realizar nuevas ofertas a sus clientes a través de las redes sociales y monitorizar el nivel de satisfacción de los clientes.

ANALÍTICA EN TUMBLR

La red social de microblog Tumblr (a primeros de enero de 2012, tenía 120 millones de usuarios) ha incorporado, a primeros de octubre de 2012, la opción de utilizar Google Analytics con el objetivo de que los usuarios puedan hacer un completo análisis del seguimiento de sus publicaciones. Para ello, publicó en su sitio Web un tutorial de uso[9] donde explica como funcionalidades importantes, el conocimiento de:

- ¿cuántos usuarios visitan su blog?
- ¿cuál es la frecuencia con la que lo hacen?
- ¿qué término de búsqueda utilizan sus visitantes para encontrar el sitio?
- ¿cuál es su país de procedencia?

Para realizar analítica de los datos de su blog en Tumblr deberá:

1. Iniciar sesión en Google Analytics con su cuenta de Google; añadir la URL del blog en Tumblr y conseguir un código.

2. Incorporar el código anterior en la personalización del blog con el fin de que Google pueda hacer un seguimiento de los visitantes.

CARACTERÍSTICAS DE UNA PLATAFORMA DE INTEGRACIÓN DE ANALÍTICA DE BIG DATA

Una plataforma integrada de analítica de Big Data debe ser innovadora y se ha de integrar en la infraestructura de TI de la organización. Además, debe ser de última generación. Peter J. Jamack, consultor de IBM, ha publicado en la plataforma oficial de la empresa, un excelente análisis de cómo integrar la infraestructura de analítica de Big Data y la infraestructura de inteligencia de negocios de la empresa[10]. Recogemos en los siguientes párrafos las ideas más sobresalientes del artículo, así como una revisión de herramientas de Big Data recomendadas del marco de trabajo Hadoop y de otras tecnologías ya consideradas en capítulos anteriores.

Debe utilizar tecnologías NoSQL y "en memoria" o configurar un sistema para utilizar herramientas como Hadoop y Apache Cassandra como área de transferencia, recinto de seguridad, sistema de almacenamiento y ser un sistema nuevo y mejorado de ETL (extracción, transformación y carga). Debe integrar datos estructurados, no estructurados y semiestructurados. Si las operaciones de ETL no se realizan correctamente, de repente recibirá datos incorrectos y poco confiables. Los datos poco confiables se convierten en un sistema poco confiable y no utilizado.

Una solución es desarrollar un sistema completo de código abierto utilizando el marco de trabajo Hadoop (HDFS y MapReduce), y herramientas tales Zookeeper, Solr, Sqoop, Hive, HBase, Nagios y Cacti. Otra solución sería desarrollar un sistema utilizando herramientas propietarias e inyectores a Hadoop como puede ser el caso de IBM con las herramientas InfoSphere, BigInsights e IBM Netezza. Otras compañías, tal vez, quieran separar datos estructurados y sin estructura, y desarrollar una capa de interfaz gráfica de usuario (GUI) para usuarios, usuarios avanzados y aplicaciones. A veces, se puede utilizar herramientas como Sqoop, gran herramienta para ingerir datos de sistemas de gestión de base de datos relacionales. Añadir otras herramientas de código abierto como Flume o Scribe puede ayudar con los sistemas de registros.

El *almacenamiento de datos* es un factor enorme y puede requerir que use diversas tecnologías. En el sistema de Hadoop, se encuentra HBase. Pero algunas compañías utilizan Cassandra, Neo4j, Netezza, HDFS y otras tecnologías, dependiendo de lo que se necesite. HDFS es un sistema de almacenamiento de archivos. HBase es un almacén por columnas similar a Cassandra. Muchas compañías utilizan Cassandra para analíticas más cercanas al tiempo real. Pero HBase está mejorando.

El *sistema de gestión de bases de datos* puede considerar a HBase o Cassandra cuando desee utilizar un sistema de código abierto para analítica de Big Data. En lo que se refiere a plataformas de almacenes de datos, Netezza es una de las principales tecnologías en la industria de la analítica y la BI. La mejor opción para la integración de Big Data es utilizar una plataforma integrada que consista en Hadoop y Cassandra para datos sin estructura o semiestructurados y Netezza para datos estructurados.

La *interfaz gráfica de usuario* (GUI) se puede realizar con herramientas tales como SPSS Statistics de IBM, o el lenguaje R de estadísticas o herramientas de minería de datos, modelado predictivo, aprendizaje de máquina (tales como Apache Mahout) y desarrollo de algoritmos y modelos complejos, con lenguaje de consulta estructurado tal como Apache Hive.

RESUMEN

a. El análisis de datos tiene como objetivo fundamental el estudio de los datos de una organización con la finalidad de extraer conocimiento de dichos datos y tomar decisiones correctas y eficientes en beneficio de la mencionada organización.

b. La *analítica de datos* (*data analytics*), según ISACA, "implica los procesos y actividades diseñados para obtener y evaluar datos para extraer información útil". Analítica de datos se considera también a la ciencia de examinar datos en bruto (crudos) con el propósito de obtener conclusiones acerca de la información contenida en ellos.

c. La analítica de Big Data permite los usuarios analizar los datos masivos de las organizaciones con tamaños desde terabytes hasta petabytes de modo rápido y económico.

d. Existe una gran variedad de herramientas de *software* que se utilizan en analítica de datos. Las técnicas más utilizadas son: realización de consultas e informes (*quering y reporting*), visualización, minería de datos, análisis de datos predictivos, lógica difusa, optimización, *streaming* de audio, video o fotografía, etcétera.

e. Las herramientas de analítica deben permitir a los usuarios analizar los grandes datos de un modo rápido y económico. Los usuarios deben ser capaces de explorar y visualizar datos masivos mediante gráficos interactivos, cuadros de mando integral (*balanced scorecards*), tableros de control (*dashboards*), herramientas de *reporting* y *query* (informes y consultas) de resultados , así como herramientas de *visualización*, en tiempo real cuando sea necesario.

f. El análisis de datos se realiza con herramientas de software tradicionales dentro de las técnicas de analítica avanzada tales como la minería de datos, OLAP, o el análisis predictivo.

g. El tratamiento de los grandes volúmenes de datos requiere de las siguientes etapas: *adquisición, organización de la información, análisis y toma de decisiones.*

h. En la era de los grandes volúmenes, podemos considerar cuatro grandes categorías en análisis de datos:

- **Analítica de datos (*analytics*)** en organizaciones y empresas que analizan datos tradicionales: transaccionales y operacionales.
- **Analítica Web** o analítica del tráfico de datos en un sitio Web.
- **Analítica social** o análisis de datos de los medios sociales (blogs, wikis, redes sociales, RSS...).
- **Analítica móvil** en dispositivos móviles con el objeto de analizar los datos que envían, reciben o transitan en dichos dispositivos.
- **Analítica de Big Data** o analítica de los grandes volúmenes de datos.
  - Los tipos de datos que hoy día manejan las organizaciones son: estructurados, no estructurados, semiestructurados y todos ellos a su vez procesados en tiempo real siempre que sea posible.
  - Proveedores y herramientas de analítica de big data propietarias son: Oracle, HP Vertica, IBM, Microsoft, Sybase, SAP, SAS, Teradata, Tableau Software, Kognitio, EMC Greenplum, Google Big Query. Herramientas de software abierto: Hadoop, R, Apache HBase, Pentaho y Jaspersoft.
  - Es recomendable integrar la infraestructura de analítica de Big Data y la infraestructura de inteligencia de negocios de la empresa. La mejor forma de conseguir esta integración es utilizar plataformas de Big Data, fundamentalmente en torno a Hadoop, bases de datos "en memoria" y NoSQL
  - Una solución es desarrollar un sistema completo de código abierto utilizando el marco de trabajo Hadoop (HDFS y MapReduce), y herramientas tales Zookeeper, Solr, Sqoop, Hive, HBase, Nagios y Cacti. Otra solución sería desarrollar un sistema utilizando herramientas propietarias e inyectores a Hadoop como puede ser el caso de IBM con las herramientas InfoSphere, BigInsights e IBM Netezza. Además de las plataformas anteriores, proveedores como SAP con su producto HANA, Oracle con Exadata y Exalytics, entre otros proveedores que ofrecen plataformas muy completas.

NOTAS

---

1 ISACA: *Data Analytics. A Practical Approach* (*white paper*), agosto 2011. En <www.isaca.org/dataanalytics> encontrará el artículo citado y un buen número de recursos adicionales.

2 Oracle presentó en marzo de 2012 sus primeras herramientas de Big Data. Tal vez fue ésta la razón de su no inclusión, dado que el informe se publicó a primeros de 2012, y tomaba en cuenta el último trimestre de 2011.

3 <https:cloud.google.com/files/BigQuery.pdf>.

4 [Consulta: 21 de diciembre de 2012].

5 IBM: <http://www-01.ibm.com/software/data/infosphere/bigdata-analytics.html>.

6 Oracle: *Big Data for the Enterprise* (*white paper*), enero 2012. Disponible en: <http://www.oracle.com/us/products/database/big-data-for-enterprise-51913s.pdf>.

7 <http://www.cio.com/slideshow/detail(51062>. [Consulta: 1 de octubre de 2012].

8 <http://www.ticbeat.com/tecnologías/nba-big-data>.

9 <http://www.tumblr.com/docs/es/google_analytics>. Tumblr alcanzó en marzo de 2012 la cifra de 50.000 millones de *post* publicados.

10 Peter J. Jamack: "Analítica de inteligencia de negocios de Big Data". Disponible en: <http://www.ibm.com/developerworks/ssa/library/ba-big-data-bi/index.html>.

CAPÍTULO 11
ANALÍTICA WEB

Analítica Web es una rama o disciplina de la analítica de datos o analítica empresarial que se centra en el análisis de los datos que fluyen a través de sitios y páginas Web. En realidad, el análisis de datos en la Web es más bien análisis del tráfico Web. La Web ha ofrecido datos, más datos, llegando (como conoce el lector) a los grandes volúmenes de datos (Big Data). Sin embargo, se trata de encontrar los datos significativos, y esta tarea es la difícil. Avinash Kaushik, uno de los padres de la analítica Web, tal vez el más significativo, en el capítulo 1 de su libro de *Analítica Web 2.0* habla de la paradoja de los datos. Señala Kaushik que: "Para la Web, la paradoja de los datos es una lección de humildad: sí, hay una gran cantidad de datos, pero a la hora de tomar decisiones inteligentes existen obstáculos fundamentales"; en realidad, en su análisis inicial, Kaushik plantea que, tal vez, los datos no son el problema real, y que probablemente lo sea la gente; eso le lleva a considerar que los elementos nucleares del análisis del tráfico Web o análisis Web, sean las personas (los analistas Web como profesionales y los directivos que han de tomar las decisiones) y las herramientas empleadas en el análisis Web.

En el capítulo, se analizarán los temas clave en la analítica Web: conceptos fundamentales, métricas, indicadores clave de rendimiento (KPI), informes, segmentación, factores y embudos de conversión y estadísticas en tiempo real. Se detallarán las herramientas de analíticas Web más utilizadas, gratuitas y de pago (profesionales) con énfasis especial en la herramienta gratuita Google Analytics.

ANALÍTICA WEB 2.0

Aunque el término más frecuentemente utilizado es Analítica Web queremos utilizar el apellido 2.0, primero para rendir homenaje al último libro de Kaushik, *Analítica Web 2.0*; y en segundo término, porque la Web 2.0 ya es una realidad y prácticamente casi todos los sitios actuales siguen las tecnologías y conceptos fundamentales de la Web 2.0. En un futuro, hablaremos de la Web 3.0 o 4.0 como evolución a la Web Semántica o la nueva Web de los sentimientos y emociones que, naturalmente, incluirá la Web móvil.

La definición de analítica Web según Kaushik (2011: 24): "Es el análisis de datos cuantitativos y cualitativos de su sitio Web y de la competencia, para impulsar una mejora continua de la experiencia *online* que tienen tanto los clientes habituales como los potenciales y que se traduce en unos resultados esperados (*online* y *offline*)". En la definición destacan sus dos palabras básicas: el analista y las herramientas que se utilizarán. El análisis Web se soporta fundamentalmente en el *clickstream* (flujo o secuencia de clics). Este flujo de clics permitirá conocer casi todo acerca de los usuarios o consumidores así como disponer de datos suficientes para analizar lo que está sucediendo y las acciones a realizar para mejorar.

La secuencia de clics permitirá recopilar, almacenar, procesar y analizar los datos a nivel de clic de su sitio Web. Esta tarea se podrá obtener con herramientas de analítica Web como Google Analytics, Yahoo Analytics, Webtrends... y se podrá obtener la información bien en su propio sitio Web o en el servidor Web dependiendo de la herramienta de software instalada.

Una de las primeras decisiones que deberán tomarse en la empresa es si el análisis Web se realiza en la propia empresa o con un proveedor externo de software de analítica Web, que en muchas ocasiones será el propio proveedor de servicios de Internet (PSI).

Las empresas y organizaciones deben afrontar la implementación con éxito del análisis Web. Para ello se deberán plantear una evaluación de las infraestructuras en TI y verificar su solidez, de modo que parece razonable pensar que si la empresa no dispone de una infraestructura sólida sería conveniente subcontratarla. En este caso, será necesario optar por contratar consultores autorizados o expertos independientes.

Dada la importancia de la elección de una herramienta de analítica Web será preciso examinar con detenimiento las diferentes opciones, costes, tiempo de implementación, facilidad de mantenimiento, notoriedad de los resultados. Kaushik (2011: 48) clasifica una selección de herramientas en tres grandes grupos:

Grupo 1: Omniture, Coremetrics, Webtrends.

Grupo 2: Affinium NetInsights de Unica, XiTi, Nedstat, ClickTracks.

Grupo 3: Google Analytics, Yahoo! Web Analytics.

Kaushik considera que las herramientas del grupo 3 (Google Analytics y Yahoo! Web Analytics) son soluciones analíticas, robustas y eficientes, y además son gratuitas, por lo que recomienda que solo se debe pagar por la analítica Web cuando sus necesidades sean lo suficientemente complejas como para requerir una herramienta especial (Kaushik, 2011: 48-49). La herramienta más acreditada y tal vez, de las más utilizadas, es Google Analytics.

Otra decisión que será necesario tomar es si se realiza el análisis en el servidor o se realizan estadísticas en tiempo real. El análisis de la actividad del servidor permite medir adecuadamente una serie de datos importantes sobre el rendimiento de la presencia del sitio Web en Internet, mientras que las estadísticas en tiempo real aportan datos más exactos sobre el número real de visitantes únicos y de páginas vistas.

BREVE HISTORIA DE LA ANALÍTICA WEB

La analítica Web es una disciplina nueva que se ha ido desgajando de las teorías de inteligencia de negocios, de los sistemas de información, especialmente desde el auge del marketing (mercadotecnia) digital y de la gestión de relaciones con los clientes (CRM). Eran los primeros años de la primera década del siglo XXI, justo después de la explosión de las empresas "puntocom" cuando la analítica Web comenzó a ver la luz en el reino de sistemas de información de empresas con gran presencia tecnológica.

En 2004, coincidiendo con el rápido advenimiento de la mercadotecnia digital, se publicó uno de los primeros libros dedicados a la analítica Web, y que mayor impacto ha tenido en la evolución actual de la disciplina, *Web Analytics Demystified,* de Eric T. Peterson.

Sin embargo, otra fecha clave fue noviembre de 2005[1], cuando Google (que anteriormente había comprado Urchin, una de las mejores herramientas de analítica Web de aquellas fechas) presenta Google Analytics, anteriormente conocido como Urchin, un servicio que se utiliza para medir el impacto de los sitios Web y de las campañas de marketing.

La siguiente fecha de impacto en analítica Web fue el 2007, donde al igual que en 2004, el fenómeno desencadenante fue el firme asentamiento de la publicidad en línea y la publicación del primer libro de Avinash Kaushik, *Web Analytics, an Hour a Day*, que supuso el punto de partida para el nacimiento profesional de la analítica Web como disciplina y del analista Web como profesión.

En septiembre de 2009, Adobe compró Omniture, plataforma líder mundial en analítica Web profesional. En 2010, se producen otras adquisiciones importantes: Com Score, uno de los servicios de medición de audiencias en Internet más reputados, compra NedStat, el primer proveedor europeo; IBM compra otras dos empresas de analítica Web, Unica y Coremetrics.

También en 2010, Avinash Kaushik publicó su siguiente obra de impacto mundial, *Web Analytics 2.0*, aunque fue en 2011 y 2012 cuando se inició su penetración a nivel mundial.

En esta segunda década del siglo XXI, seguirán las noticias comerciales de analítica Web, pero sobre todo se han asentado las herramientas de analítica Web en los sistemas de información de las compañías, al igual que el software antivirus o la actualización de la última versión de sistema operativo

ENFOQUES DE ANALÍTICA WEB

La evolución de la disciplina Analítica Web, que hemos visto en la sección anterior ha traído consigo diferentes modelos o enfoques, según se han ido produciendo en paralelo las innovaciones tecnológicas de estos últimos años. Podemos considerar cuatro modelos o categorías de analítica de datos como ya consideramos en el capítulo 10.

Analítica Web (o analítica Web tradicional). Tecnologías y herramientas de análisis Web, utilizadas en servidores, PC, *laptops*... que han conformado los componentes de los sistemas de información tradicional, base y fundamento de la disciplina de analítica Web.

Analítica social *(social analytics)*. A medida que los medios sociales (redes sociales, blogs, wikis, RSS...) comienzan a implantarse en organizaciones y empresas como servicios al igual que cualquier otro software o servicio, aparece la necesidad de analizar y gestionar los datos procedentes de estas aplicaciones.

Surgen nuevas profesiones asociadas a los medios sociales como especialistas en SMO (*Social Media Optimization*) al estilo del SEO, y en Gestión de Comunidades (*Community Management*), más conocido popularmente como *Community Manager.*

Analítica móvil (*Mobyle Analytics*). El despliegue imparable, primero de teléfonos inteligentes (*smartphones*) y posteriormente de las tabletas (*tablets*), especialmente el lanzamiento de la tableta iPad de Apple en 2010, ha creado la necesidad de analizar los datos producidos por estos dispositivos móviles, dado que se están convirtiendo en los puntos de acceso a Internet más utilizados en organizaciones y empresas, y también, particulares.

Analítica de Big Data. La gran tendencia que se está produciendo en estos dos y tres, últimos años es la explosión de los Big Data. Esta creciente tendencia ha traído de modo irreversible la necesidad de realizar estudios de analítica Web sobre el inmenso tráfico de grandes datos que se están produciendo día a día.

Evidentemente, surgirá una quinta tendencia en analítica Web, y es la *analítica de la nube*. A medida que organizaciones y empresas utilicen más la nube como servicio, se irán viendo obligadas a monitorizar y analizar los datos subidos y descargados de la nube.

MÉTRICAS

El análisis del flujo secuencial de clics se apoya en dos componentes fundamentales: las métricas y los **KPI** (indicadores clave de rendimiento). En este apartado nos centraremos en el concepto de métrica.

Una *métrica* es una valoración cuantitativa de estadísticas que describen tanto los eventos como las tendencias de un determinado sitio Web (Kaushik, 2011). Una métrica, en realidad, es una medida cuantitativa que permite conocer el estado de un sitio Web[2], de una página Web o un proceso que se realiza en un sitio Web, para un atributo o parámetro determinado.

Existen numerosas métricas que aportan abundante información. Vamos a describir las métricas más utilizadas, aquellas que Kaushik denomina "las ocho métricas cruciales", y alguna otra más de gran impacto en el análisis Web de un sitio o página Web, aunque es preciso constatar que puede existir algún matiz diferenciador en el contexto de la herramienta Web utilizada, y en la de una determinada métrica, que puede variar de una herramienta a otra, por lo que será conveniente una vez decidida la herramienta de análisis, conocer fielmente el concepto de cada métrica en su herramienta. Esta confusión de términos de métricas es especialmente acertada en las métricas: *visitante* y *visitante único*, aunque cada proveedor tratará de medir el proceso de personas reales que de verdad han visitado el sitio Web, y normalmente, no tendrá problemas en la identificación numérica de estos conceptos.

VISITAS

Una visita es el número de veces que una persona entra en un sitio Web durante un cierto tiempo, navegando por él antes de abandonarlo. Las visitas indican el número de veces que los usuarios han estado en un sitio Web en un período de tiempo determinado. Técnicamente, a este proceso se denomina *sesión (session*).

En la mayoría de las herramientas de analítica Web, una sesión o una visita se define como aquello que ocurre entre una primera petición y la última. Es decir, si un usuario accede a un sitio Web y permanece inactivo un determinado tiempo (30 minutos, en el caso de Google Analytics) o más, la sesión se da por finalizada y cualquier actividad que lleve a cabo a continuación en el mismo sitio, se contabilizará como otra visita. De igual forma, si un usuario abandona un sitio Web antes de 30 minutos (por ejemplo, 5 minutos), y vuelve a visitarlo dentro de esos 30 minutos (por ejemplo, al minuto 27), no se contabilizará como una segunda visita.

Será preciso verificar en su herramienta de análisis o que se lo aclare su proveedor, el concepto de sesión o visita, y como veremos en el párrafo siguiente, *visitante* y *visitante único.*

También se debe tener claro que una visita conlleva entrar en una o varias páginas dentro de un sitio Web, de forma que si un visitante ha visto cuatro páginas del sitio Web, a efectos estadísticos, es una única visita, aunque es posible también conocer el número de visitas de una página concreta; este caso es de mucho interés para el Webmaster y los responsables de marketing, porque les permitirá conocer la importancia de las diferentes páginas Web del sitio y evaluar si está bien diseñado y construido.

VISITANTE

Este término, como tal, suele dar lugar a confusión, y, además, no es una métrica importante. Si un visitante (*visitor*) entra cinco veces en un sitio Web, se contabilizará como un único visitante.

VISITANTE ÚNICO

Esta métrica es una de las más importantes y significativas en el análisis de un sitio Web. Un visitante único (*unique visitor*) es el número de personas diferentes que han visitado (accedido) a un sitio Web. Es decir, si un visitante entra cinco veces a un sitio se contabiliza como un único visitante, y lo mismo se refiere a períodos de tiempo; si un mismo visitante o persona entró en un sitio Web cincuenta veces en un mes, se considera que es el mismo visitante. Como señalamos antes, es una de las más empleadas y de mayor éxito, sobre todo en el posicionamiento en buscadores y en el éxito de las campañas de marketing de las empresas, ya que si éstas triunfan, entrañarán, con toda probabilidad, un aumento del número de visitantes únicos.

Sin embargo, el indicador de visitantes únicos no es una medida exacta, sino aproximada, al menos por ahora. Es probable, aunque no siempre sea cierto, que cada visitante único sea una única persona. Por consiguiente, como señala Kaushick, hay que entender que, aunque el indicador de visitantes únicos sea un representante válido del número de personas únicas que visitan su sitio Web, no es una mediada perfecta. Veamos algunos casos que ilustrarán el concepto aproximado de visitante único.

- Mi amigo Luis Mackoy accede a un sitio Web por la mañana, en la computadora del trabajo, por la tarde accede desde su iPad (a través de 3G o Wi-Fi), y por la noche, desde la computadora personal de su casa. En la mayoría de las herramientas, se contabilizarán las visitas como tres visitantes únicos cuando en realidad es una única persona.
- Mi amigo Luis Mackoy, está con su alumno de doctorado visitando el sitio de la revista *BusinessWeek,* con su computador portátil (*laptop*). Cuando termina, y sin cerrar el sitio, le presta a su alumno su computadora para que continúe visitando el sitio Web porque le ha solicitado ver la sección "Technology". Es una única visita y, por el contrario, son dos personas diferentes.
- El navegador utilizado en cada caso puede influir también, dependiendo de que el navegador no admita *cookies* o rechace las de terceros, aunque cada vez más, las herramientas de analítica modernas utilizan *cookies* de primer nivel que no suelen rechazar. Así se pueden dar numerosos casos.
- Acceso a un sitio Web desde una computadora con el navegador Explorer, y posteriormente, en la misma computadora con el navegador Firefox. Normalmente, se contabilizará como dos visitantes únicos. Éste es el caso de Google Analytics, que interpreta que cada navegador es un visitante único y lo señala mediante una *cookie* para reconocerlo en visitas posteriores.

Pese a estos inconvenientes que los proveedores de soluciones de analítica trabajan para corregir, la métrica de visitante único sigue siendo un indicador excelente para determinar el número de personas físicas que visitan un sitio Web. Algunas herramientas (Omniture) denominan a la métrica: visitante único y absoluto (*absolute unique visitor*).

TIEMPO EN LA PÁGINA Y EN EL SITIO

El promedio de tiempo en una página Web (*average time on page*) y el promedio de tiempo en un sitio (*average time on site*) es la duración del tiempo que pasan de media los usuarios en cada página o sitio Web, durante una determinada visita o sesión.

Al igual que en el caso de las métricas anteriores, los tiempos efectivos de la visita dependerán de la herramienta de analítica utilizada, y es un valor muy difícil de estimar con exactitud. El registro del tiempo es difícil, porque se conoce bien el momento de la entrada en el sitio, pero no tanto el momento de salida, y no es lo mismo estar seis segundos en un sitio o en una página Web que estar diez minutos, ya que en el primer caso no da tiempo a realizar ninguna lectura apreciable, y sí en el caso de diez minutos. Lógicamente no es lo mismo visitar una página de un sitio Web que cinco páginas. En resumen, es necesario conocer el sistema para medir la permanencia en la página y en el sitio, o al menos un tiempo aproximado que permita utilizar la métrica para obtener un beneficio importante para la empresa.

TASA DE REBOTE

La tasa de rebote (*bounce rate*) es el porcentaje de visitas a un sitio Web o página Web cuando se ha visto una única página y se la ha abandonado rápidamente sin hacer un solo clic. Los porcentajes de abandono alto, normalmente, presuponen que las visitas que han llegado no eran cualificadas o no estaban interesadas en los contenidos de la página Web. Google Analytics considera un abandono o tasa de rebote cuando un usuario accede a una página o sitio Web, por cualquier procedimiento, y abandona la página en uno o dos minutos, sin hacer más clics o visitar más páginas.

Kaushick considera que la tasa de rebote es la más atractiva de las métricas Web por varias razones que explica en su libro. Si un sitio o página Web tiene una tasa de rebote del 90% en un determinado período de tiempo, posiblemente, el sitio o página Web no tiene ningún interés para el visitante; por el contrario, si la tasa de rebote es del 10% probablemente el visitante ha sentido interés por el contenido del sitio.

TASA DE SALIDA

La tasa de salida (*exit rate*) es el porcentaje de visitas que abandona un sitio Web desde cierta página, denominada *página de salida*. Es una tasa técnicamente parecida a la tasa de rebote, pero existe una gran diferencia. La tasa de salida debe tener presente el modo de acceso al sitio Web y cuál es la página de salida, que no siempre será un hecho significativo. Por ejemplo, en los sistemas de comercio electrónico, la tasa de salida es muy relevante, ya que dependerá de si el usuario desea visitar el sitio, ver su contenido, navegar por opciones; o, por el contrario, va a realizar una compra para lo cual hará clic en el producto seleccionado o lista de la compra, y saldrá directamente.

El porcentaje de salidas de las diferentes páginas dependerá del contenido de esas páginas o las acciones que proponen en ellas. Para el director de marketing será muy importante conocer los informes del porcentaje de salidas de las diferentes páginas del sitio Web.

"La tasa de salida indica el porcentaje de gente que ha entrado por cualquier punto del sitio Web, pero ha salido de él a través de una página concreta; mientras que la tasa de rebote indica el porcentaje de gente que ha entrado en el sitio a través de una página determinada, no ha hecho nada y ha salido del sitio desde la misma página" (Kaushik, 2012: 79).

TASA DE CONVERSIÓN

La tasa de conversión (*conversión rate*) es el porcentaje de resultados u objetivos conseguidos por el número de visitantes (o visitas) únicas. Es una métrica de alto interés en la gestión empresarial, ya que suele mostrar el interés por el sitio Web, las compras realizadas por visita, el rellenado de un formulario, la reserva de un viaje o una consulta, etcétera

La tasa de conversión se suele medir como un porcentaje, normalmente, en tantos por ciento (número de resultados obtenidos en la visita por cada 100 visitas). Por ejemplo, en el caso de un comercio electrónico *x*, una tasa de conversión aceptable puede ser el 2% o el 3%, que significa que por cada 100 visitas se efectuarán dos o tres ventas para el comercio *x*, y puede no ser aceptable para el comercio *y*. Otro ejemplo puede ser el caso de la entrada a un sitio Web donde se muestra un artículo determinado cuyo objetivo es que pueda ser leído por el mayor número posible de usuarios. Si en un mes entraron 100.000 visitas, y 29.967 leyeron un artículo determinado (es decir, alcanzaron el objetivo previsto), la tasa de conversión será de 29.967/100.000, es decir, 29,967 (prácticamente, 30%).

COMPROMISO

El compromiso (*engagement*) es una métrica difícil de medir, pero de gran importancia para la gestión empresarial si se puede llegar a cuantificar. Kaushik plantea que la métrica compromiso busca conseguir los motivos emocionales o de sentimientos por los cuales un usuario decide navegar por un determinado sitio Web y no otro. En esta métrica aparecen conceptos tales como simpatía, confianza, orgullo, etcétera.

Se puede considerar que el número de veces que un usuario visita un sitio Web así como la frecuencia, permiten deducir el nivel de compromiso. Por ejemplo, suelo visitar casi a diario (mañana y noche), e incluso a lo largo del día, determinados periódicos españoles y latinoamericanos, y algunas revistas de tecnología y negocios de los Estados Unidos e Inglaterra, y siempre desde tres dispositivos distintos: la computadora de mi oficina, mi teléfono inteligente, y la computadora de mi casa; estas acciones implican un cierto compromiso con estos medios de comunicación. Cuantas más páginas vea un visitante, más alto será su nivel de compromiso; por ejemplo, tengo un alto nivel de compromiso con la página inicial de cada uno de los medios que leo con detenimiento, y otro alto nivel de compromiso con la sección (pestaña) de tecnología donde leo las noticias que publican el día de la visita.

Existen otras métricas que pueden reflejar el nivel de compromiso: el tiempo en el sitio Web, el registro o identificación en un sitio Web, la suscripción a un servicio RSS o un boletín, la publicación de un comentario, la descarga de contenidos (suelo visitar con mucha frecuencia el excelente sitio *Slideshare*, donde hay numerosa y excelente documentación de negocios, tecnología, innovación, de forma que, como estoy identificado y lo visito con frecuencia, cuando deseo entrar o realizar una descarga desde la PC de mi oficina u hogar, no necesito identificarme en cada entrada, pues Slideshare me reconoce con el solo hecho de estar conectado).

En resumen, el compromiso es una métrica difícil de medir, porque existen muchos conceptos que es preciso analizar, pero una vez que se consiguen estos valores, los sitios Web se ven muy favorecidos, y de igual modo los usuarios del sitio.

OTRAS MÉTRICAS

Las métricas anteriores son consideradas por Kaushik como las métricas fundamentales, pero existen otras métricas de gran importancia en analítica Web, y que describimos a continuación.

Visitas provenientes de buscadores o directas

Algunos sistemas de estadísticas permiten desglosar el origen de las visitas: *indirectas* (el usuario escribe la dirección URL), *directas* (el usuario tiene seleccionado el sitio en su marcador de favoritos del navegador y solo hace clic sobre la dirección correspondiente), de otras fuentes Web (llegan redireccionados de otros sitios Web), de buscadores. Es muy importante conocer el lugar de procedencia de las visitas. Por ejemplo, si un sitio Web está bien posicionado en buscadores (Google, Firefox, Bing...) registrará habitualmente un porcentaje alto proveniente de buscadores, ésta es una de las tareas importantes de los especialistas SEO y analistas Web.

Una información muy interesante es la distribución de las visitas naturales por motor de búsqueda; otra información vital son las visitas provenientes de enlaces patrocinados. Por ejemplo, Google Analytics separa las visitas provenientes de resultados naturales o visitas de campañas de marketing de enlaces patrocinados en Google.

Ranking de páginas más vistas/páginas por visita

Un sitio Web está compuesto de varias páginas, las cuales difieren entre sí por el número de veces que son visitadas por los usuarios. Muchas herramientas de analítica publican *ranking* de las páginas Web más visitadas de un sitio. Esta métrica es muy valiosa para conocer los contenidos más atractivos para un usuario. Las campañas de posicionamiento en buscadores de éxito permitirán deducir cuáles son las páginas más atractivas para los usuarios y viceversa.

Las páginas por visita (*pages/visit*) es la media de páginas visualizadas por visita al sitio Web. Un valor de cuatro páginas por visita significa que cada visita consulta una media de cuatro páginas. Otra métrica interesante que proporciona Google Analytics es el porcentaje de visitantes nuevos (*new visitors*), y visitantes que regresan al sitio o a la página (*returning visitors*).

Procedencia de las visitas

Esta métrica puede ser independiente o asociada a la métrica de visitas, dependiendo de la herramienta de analítica. Se trata de conocer la procedencia de las visitas que llega al sitio Web, y que se calcula por la dirección del protocolo IP (Internet Protocol) de la conexión. Esta métrica es muy importante para las organizaciones y empresas, aunque la dificultad para detectar la zona geográfica, el país, la ciudad, dependerá del medio de comunicación al que se accede a Internet, línea fija (por cable), líneas ADSL, líneas de fibra óptica, redes móviles, redes inalámbricas, satélite, etcétera.

INDICADORES CLAVE DE RENDIMIENTO (KPI)

Los resultados del negocio deben permitir definir los objetivos del sitio Web. Según el tipo de negocio y los propósitos, se han de elegir las métricas adecuadas para obtener los resultados para los que se ha diseñado el sitio Web.

Un indicador clave de rendimiento o desempeño, KPI (*Key Performance Indicators*) es una métrica que ayuda del modo más racional a conseguir los objetivos previstos del sitio Web. *En consecuencia, todos los KPI son métricas, pero no todas las métricas son KPI.* Dependiendo de los objetivos estratégicos de la organización o empresa, se diseñan los objetivos del sitio Web, y se deberán deducir, dependiendo del modelo de negocio, cuáles son las métricas idóneas que deberán convertirse en KPI; es decir, se deben seleccionar y determinar cuáles son las métricas que ayudan a conseguir los objetivos del negocio. Los KPI son muy variados y dependerán de las métricas que pueden obtenerse del análisis del tráfico de la Web.

Un caso típico para ver los KPI, adecuado a un modelo de negocio, es el caso de una tienda tradicional o supermercado. Indicadores clave de rendimiento típicos son: valores totales de venta por hora, valores promedio de ventas por cliente (o importe de la factura media), artículos por venta, ventas por vendedor y ventas por metro cuadrado.

En el caso de una tienda de comercio electrónico, indicadores KPI importantes pueden ser: tasa de abandono (número de visitantes que entran en la página del sitio Web y lo abandonan sin navegar por el sitio); tasa de conversión (porcentaje de visitas que entran en el sitio Web, toman el carrito de la compra y realizan una compra efectiva); tiempo de permanencia en el sitio y páginas visitadas de las categorías de artículos ofertados; horario y día de la semana preferente de las visitas; lugar geográfico de acceso al sitio.

Todos los KPI son métricas, pero no todas las métricas son suficientemente relevantes para ser consideradas KPI.

Los mejores KPI, en general, son los propios de un negocio. Los expertos de marketing suelen considerar que de las métricas tradicionales (visitas, páginas vistas, tiempo en página, objetivos cumplidos, etcétera.) utilizadas como KPI, son aquellas que cuando cambian, implican una variación en la cuenta de resultados.

CASOS PRÁCTICOS

Ya hemos comentado que los mejores KPI suelen ser las mejores métricas del negocio; así pues, algunos KPI de interés son:

- **Comercio electrónico.** La tasa de conversión.
- **Página corporativa de la empresa.** Número de formularios enviados, índice de incidencias atendidas, índice de descargas de videos, fotografías o documentación.
- **Medio de comunicación (periódico, radio, televisión).** Número de páginas vistas con inserción de anuncios, visitas y procedencia, indicadores de fidelidad al medio o a determinadas secciones del medio
- **Blog.** Número de comentarios, número de *shares* (porcentajes), número de *retuits* si es alto, el blog funciona bien; si es bajo, puede suponer que el funcionamiento no es adecuado).
- **Reservas de viajes.** Tasa de conversión, tasa de rebote, tiempo de permanencia en el sitio o en la página. Una tasa de rebote elevada y un tiempo de permanencia bajo pueden poner de relieve aquellas páginas que necesitan ser mejoradas para favorecer las reservas. Una tasa de rebote baja y un elevado tiempo de permanencia pueden indicar cuáles son los viajes o plazas de hoteles más demandados o con mejores ofertas.

INFORMES (GOOGLE ANALYTICS)

Una vez que se han definido las métricas y los indicadores clave de desempeño (KPI), es preciso considerar dos conceptos importantes en el análisis de un sitio Web: los informes y la segmentación.

Los *informes* como su propio nombre señala son los datos que proporciona la herramienta de analítica y que permitirá a los *Web Master, Community Manager* y directivos y empleados de la empresa, el análisis significativo de dichos datos con el objetivo de poder tomar decisiones del modo más eficiente.

Consideremos el caso de Google Analytics (www.google.com/intl/es/analytics). Ofrece tres tipos de informes: *informes estándar, informes personalizados* en pestañas con idéntico nombre y luego una tercera opción en la pantalla de inicio, de *informes sociales*.

Google proporciona una vasta información al usuario con informes de todo tipo y muy extensos donde es posible disponer de datos fiables de casi todos los indicadores fundamentales en el análisis del tráfico del sitio Web.

INFORMES ESTÁNDAR

Seleccionando la pestaña "Informes estándar", aparece un menú de opciones en la pantalla donde se muestran los temas sobre los que la herramienta proporciona información:

- **Público**. Datos sobre los visitantes.
- **Publicidad**. Datos sobre las campañas en la aplicación de publicidad Google Adwords.
- **Fuentes de tráfico**. Datos sobre el origen o fuente de las visitas.
- **Conversiones.** Datos sobre las conversiones (conseguir los objetivos del sitio Web).

Cada una de estas opciones presenta, a su vez, un determinado número de informaciones entre las que se pueden destacar, dependiendo de la opción seleccionada:

- Visitantes.
- Ubicación (país, ciudad o continente de donde procede la visita).
- Idioma (datos en función del idioma del navegador).
- Frecuencia y visitas recientes.
- Visitantes nuevos contra recurrentes.
- Tráfico.
- Visión general del contenido
- Páginas, páginas de destino y páginas de salida.
- Otros informes

INFORMES PERSONALIZADOS

Los *informes personalizados* son informes específicos creados expresamente por el usuario. En Google Analytics cuando se selecciona la pestaña del mismo nombre, aparece una ventana de "Informes personalizados" que, a su vez, tiene las siguientes opciones: "Visión general", "Contenidos consumidos" y "Conversiones". La creación de un nuevo informe se realiza pulsando la opción "Nuevo informe personalizado"; y a continuación, se configura el nuevo informe deseado.

De esta forma, las empresas o los usuarios propietarios de un sitio Web pueden configurar informes a medida con el objetivo de rentabilizar los datos obtenidos por la herramienta analítica.

INFORMES SOCIALES

La mayoría de las herramientas de analítica actuales disponen de la posibilidad de proporcionar informes sociales, procedentes de medios sociales. Google tiene una opción de esta categoría. Los informes sociales le ayudan a medir el impacto de las redes sociales en los objetivos de la empresa y en las conversiones realizadas. De igual modo, los datos sociales y Web integrados aportan una visión integral de su contenido y comunidad.

Google Analytics facilita medir el impacto de las redes sociales con las métricas que puedan interesar a la propia empresa; por ejemplo, el informe de conversiones permite cuantificar el valor que aportan las redes sociales. Otro indicador importante es el descubrimiento de fuentes sociales que remiten a los visitantes más implicados. Es importante también descubrir cuáles son los contenidos que comparten sus visitantes y donde.

Estos informes sociales forman parte de la analítica social que veremos en el próximo capítulo. Google Analytics ofrece a sus clientes diversas soluciones de analítica que potencian la eficacia de la analítica. Así las soluciones ofertadas, en el momento de la escritura de este apartado, eran:

- Analítica de contenido.
- Analítica de móviles.
- Analítica de conversiones.
- Analítica social.
- Analítica de anuncios.

SEGMENTACIÓN

Los datos obtenidos de cada métrica por un período determinado de tiempo pueden ser segmentados. La segmentación consiste en la aplicación de filtros para conseguir analizar una parte específica de los datos. Así aparecen en términos generales diversos tipos de segmentación: del mercado, de clientes, demográfica, geográfica, etcétera.

Desde el punto de vista de analítica, la segmentación de visitas y visitantes es una de las técnicas más utilizadas en el análisis Web de la empresa. La segmentación permite conocer mejor el comportamiento de cierto tipo de usuarios o el tráfico, y la segmentación avanzada, introducida por Google Analytics, ha sido uno de los grandes avances en el campo de la analítica. Así, por ejemplo, podemos crear diferentes segmentos:

- Un segmento que nos indique cuántas visitas han llegado a nuestro sitio Web desde Twitter, y nos permita saber si han visitado varias páginas y han permanecido en la página varios minutos.
- Otro segmento puede estar formado por visitantes recurrentes procedentes de Facebook y que han visitado el sitio Web más de 50 veces.

Uno de los objetivos buscados en la segmentación es conocer mejor el comportamiento de determinado tipo de usuarios o el tráfico Web. Se trata de dar un tratamiento específico a cada segmento creado por los usuarios. Google Analytics, al igual que sucede con los informes, permite utilizar segmentos predefinidos o predeterminados y segmentos personalizados a medida por el usuario.

Así algunos segmentos predefinidos en Google Analytics son:

- Usuarios nuevos.
- Visitantes recurrentes.
- Visitas con conversiones.
- Visitas que realizaran transacciones.
- Tráfico de móviles.
- Tráfico de búsqueda gratuito.
- Tráfico de búsqueda de pago.
- Otros.

HERRAMIENTAS DE ANALÍTICA WEB

En el mercado existen un gran número de proveedores de analítica Web gratis y de pago. Hemos recurrido al sitio Web, *Top Ten Review*[3], especializado en la realización de *rankings* de diferentes categorías y productos tales como software, electrónica, móviles, servicios Web, aplicaciones (*appliances*), negocios, y en el caso de herramientas de analítica Web, ha realizado un estudio exhaustivo de numerosos indicadores que muestra las calificaciones conseguidas por cada herramienta según los tests realizados en los diferentes indicadores. En el *ranking* 2012, las 10 herramientas seleccionadas fueron:

1. Coremetrics
2. Omniture
3. WebTrends
4. Unice
5. HitsLink
6. VisiStat
7. OneStat
8. Clicky
9. GoStats
10. NextStat

El prestigioso portal tecnológico *Mashable*, publicaba un artículo de Andrew Eduards, el 30 de julio de 2012, en lo que seleccionaba 5 herramientas de analítica Web con un coste reducido. En el estudio se descartaba expresamente Google:

1. Crazy Egg (9 dólares mes).
2. Piwik (software *open-source*).
3. FireStat (software *open-source*).
4. Woopra (gratuita y de uso no comercial).
5. AWStats (gratuita).

Una clasificación muy acertada la proporciona el blog VR de marketing, muy reputado en ambientes de mercadotecnia. Su clasificación de junio de 2012, de herramientas de analítica Web gratuitas es:

1. Google Analytics
2. AWStats
3. ClickTale
4. StatCounter
5. Woopra
6. Clicky
7. Piwik

Una de las herramientas profesionales más reconocidas es Omniture; el propio Kaushik la recomienda en su libro, *Analítica Web 2.0*, recientemente, fue adquirida por Adobe y ahora se llama Adobe Site Catalyst[4] . Otra herramienta que ha conseguido gran notoriedad es Unica. Esta empresa fue comprada por IBM, en agosto de 2010.

Por último, y con el objeto de que el lector profesional, autodidacta o simplemente aficionado pueda tener una visión lo más amplia posible a la hora de la selección de su herramienta de analítica Web, citamos una clasificación, y publicada por una revista muy reconocida en el mundo del marketing *Visibility Magazine*, que en septiembre de 2012, publicó su *ranking*: *Best Top 10 Web Analtytics Software*[5]. Este *ranking* tiene la fortaleza de venir avalado por indicadores tales como año de fundación (la más antigua, Unica Corporation, creada en 1992), ingresos, empleados a tiempo completo, clientes activos, tasa de retención de clientes, clientes más destacados y características notables de la herramienta. El *ranking* es el siguiente:

1. Coremetrics
2. Unica
3. Omniture
4. Mondosoft
5. WebTrends
6. Fireclick
7. Lyris Technologies
8. ClickTale
9. VisiStat
10. OneStat

Si el lector busca en la Web "*Ranking* de herramientas Web" (*Web analytics tools*), encontrará probablemente decenas o centenas de listas de publicaciones o sitios Web de referencia mundial, aunque casi todas ellas suelen tener algunas herramientas en común que hemos seleccionado.

TABLA 11.1. HERRAMIENTAS DE ANALÍTICA WEB

Gratuitas	Pago
Google Analytics Yahoo! Web Analytics Woopra Clicky Piwik StatCounter FireStat Site Meter AWStats	Coremetrics WebTrends Adobe Marketing cloud (Omniture) Unica VisiStat OneStat ComScore Digital Analytics

ANALÍTICA WEB MÓVIL (MOBILE ANALYTICS)

Analítica Web para móviles o *analítica móvil* (*mobile analytics*) nace de la creciente necesidad de las empresas de conocer el retorno de la inversión de su canal móvil. A medida que aumenta la adopción de la telefonía móvil (celular) para el acceso a Internet, las empresas necesitan estar presentes en el canal móvil a través de su sitio Web (*Web app*) o aplicaciones nativas. La *analítica móvil* se refiere al campo específico de la analítica Web, en el canal móvil de la organización, y comprende el conjunto de prácticas y tecnologías para coleccionar y analizar los datos de la presencia en Internet desde móviles (*smartphones*) y tabletas, con el objetivo de tomar decisiones de negocio. Una de las primeras decisiones que ha de tomar la empresa, antes de proceder a la fase de analítica de datos, es seleccionar una aplicación Web o nativa. El objetivo es conocer cuál es el modo en que el usuario interactúa con la aplicación o con la página Web desde el móvil.

La analítica móvil debe poder responder a preguntas tales como:

- ¿Quién está utilizando las aplicaciones móviles de mi empresa o del profesional individual?
- ¿Cuál es la mejor aplicación: aplicación Web o aplicación nativa?
- ¿Qué productos y servicios demandan los usuarios de teléfonos móviles o tabletas?
- ¿Cómo funciona mi sitio Web desde mi dispositivo iPhone, Android, Blackberry o Windows Phone?

El servicio de analítica Web móvil[6] debe incluir al menos:

- Recolección de datos.
- Análisis (exploración y recomendaciones de negocio).
- Entrega y gestión de informes *(reporting)*.

En la recolección de datos existen dos tipos de dimensiones: tipos de dispositivos a medir y plataformas sobre las que se medirán. En la etapa de análisis será preciso contemplar cuáles son los KPI (indicadores clave de rendimiento) para medir los objetivos de atención al cliente, ventas, contenidos de las páginas, etcétera. Y en la etapa de *reporting,* entrega y gestión de informes, deberá estudiarse la integración de los datos con todos los canales de la empresa.

INFORMACIÓN DE LAS HERRAMIENTAS DE ANALÍTICA MÓVIL

Las herramientas de analítica Web móvil al igual que las herramientas de escritorio deberán proporcionar información que pueda ser de utilidad para la empresa o el profesional. Algunas de las informaciones de interés a proporcionar por la herramienta de analítica móvil son:

Relativas a la actividad de los usuarios

Usuarios activos.
Duración de la sesión.
Participación del usuario (duración media de sesión, *screens*/sesión...).
Visitantes nuevos y recurrentes.
Fidelización de los usuarios.
Datos demográficos (idioma, país/territorio, ciudad).
Flujo de interacción.

Relativas al dispositivo y a la aplicación

Nombre y versión de la app.
Número de instalaciones, bloqueos y excepciones.
Ingresos de la app.
Proveedor de servicios.
Marca del dispositivo móvil.
Resolución de pantalla.
Versión del SO (sistema operativo).

HERRAMIENTAS DE ANALÍTICA MÓVIL

El sistema normal de medición de estadísticas en los sitios Web de escritorio no se puede aplicar en su totalidad a las páginas de móviles, y es necesario tener en cuenta otras consideraciones. En primer lugar, el acceso a Internet en el caso de dispositivos móviles no suele ser tan seguro como es el caso de aplicaciones de escritorio. El acceso a las aplicaciones no está garantizado bien por falta de cobertura 3G o 4G, inexistencia de red Wi-Fi, bajas velocidades de acceso, ausencia de sincronización, etcétera.

Existen numerosas herramientas de analítica Web móvil, tanto gratuitas como de pago, así como con la modalidad *freemium.* Una selección de las herramientas más utilizadas en analítica Web móvil, y con los tres tipos de versiones, propietarias, códigos abiertos o gratuitos, es la siguiente:

- *Google Mobile Analytics.* Funcionalidades específicas para aplicaciones Web (apps) y marcación (HTML 5).
- *Flurry Analytics.* Aplicación específica para analítica móvil.
- *Adobe Omniture /Adobe Site Catalyst.* Permite trabajar con librerías para apps y marcación de HTML 5.
- *Countly.* Es una aplicación de analítica en tiempo real para la medición de aplicaciones móviles. Es una aplicación de código abierto (*open source*).
- *Localytics.* Plataforma para medición de apps.
- *Piwik Mobile.* Similar a Piwik de escritorio.
- *Apsalar.*
- *Woopra Mobile* (igual que Woopra de escritorio).

CASO DE ESTUDIO: GOOGLE ANALYTICS

Google Analytics anunció, a primeros de julio de 2012, mejoras a su servicio de analítica mediante una serie de reportes denominados *Mobile App Analytics*, diseñados para ayudar a los desarrolladores y distribuidores a medir indicadores y métricas de cómo emplean los clientes sus aplicaciones móviles. Al igual que sucede en el caso de aplicaciones de escritorio, Google ofrece una de las mejores herramientas de analítica Web móvil[7]. Las cuatro funcionalidades más utilizadas son:

- Informe de dispositivos móviles:
  - ¿Cuáles plataformas funcionan mejor?
  - ¿Qué dispositivos usan los visitantes para encontrar el sitio Web de la empresa? Google Analytics muestra cuáles son los sistemas operativos móviles específicos, y qué dispositivos móviles específicos envían visitantes a su sitio, aplicación para móviles o páginas de redes sociales. También se señala la diferencia entre visitantes únicos absolutos y visitantes nuevos y recurrentes.

- Consultar la procedencia del tráfico de móviles:
- La visualización de estadísticas por ubicación permite conocer el origen actual del tráfico desde móviles, así como realizar predicciones acerca de dónde aumentará el tráfico.
- Medir el rendimiento de las aplicaciones para móviles. Se mide el uso de la aplicación como si se tratara de un sitio Web. Los SDK de Google Analytics ofrecen una forma sencilla de medir el éxito de sus aplicaciones para móviles (especialmente en dispositivos iOS de Apple y Android).

Google anunció en su lanzamiento que debido a la dificultad para recopilar datos de usuarios móviles, pensaba ofrecer *métricas de adquisición de usuarios* (número de descargas y nuevos usuarios), *métricas de participación* (retención de usuarios, conversión de usuarios y bloqueos de aplicaciones), y *métricas comerciales* (ventas de aplicaciones y compras en aplicaciones). De igual forma, pensaba colocar también a disposición de sus clientes, métricas adicionales desde su tienda en línea Google Play.

RESUMEN

Analítica Web, según Avinash Kaushic es: "El análisis de datos cuantitativos y cualitativos de su sitio Web y de la competencia, para impulsar una mejora continua de la experiencia *online* que tienen tanto los clientes habituales como los potenciales y que se traduce en unos resultados esperados (*online* y *offline*)".

- Se pueden considerar cuatro modelos en analítica Web: analítica Web tradicional, analítica social (capítulo 12), analítica móvil y analítica de Big Data (capítulo 10).
- Una *métrica* es una valoración cuantitativa de estadísticas que describen tanto los eventos como las tendencias de un determinado sitio Web; en realidad, es una medida cuantitativa que permite conocer el estado de un sitio Web, de una página Web o un proceso que se realiza en un sitio para un atributo o parámetro determinado.
- Métricas cruciales de Kaushic: visitas, visitantes, visitantes únicos, tiempo en la página y en el sitio, tasa de rebote, tasa de salida, tasa de conversión, compromiso.
- Otras métricas a considerar y muy importantes: visitas provenientes de buscadores o directas, *ranking* de páginas más vistas/páginas por visita, procedencias de las visitas.
- Un indicador clave de rendimiento (KPI) es una métrica que ayuda del modo más eficiente posible a conseguir los objetivos previstos del sitio Web.
- Todas las KPI son métricas, pero no todas las métricas son KPI.

- Los informes que emiten las herramientas de analítica Web son variados. En el caso de Google Analytics, destacan: informes estándar, personalizados y sociales.
- Segmentación. Los datos obtenidos de cada métrica en un determinado período de tiempo se pueden segmentar.
- Herramientas de analítica Web. Existen una gran cantidad de herramientas de analítica Web de pago y también gratuitas. Una breve selección puede ser: Coremetrics, Omniture, Piwik, Woopra, Google Analytics, WebTrends, Unica, etcétera.
- Analítica Web para móviles se refiere al campo específico de la analítica Web en el canal móvil de la organización, y comprende el conjunto de prácticas y tecnologías para coleccionar y analizar los datos de presencia en Internet desde móviles y tabletas con el objetivo de tomar decisiones de negocio.
- La información de las herramientas de analítica Web debe proporcionar resultados similares a las métricas ordinarias, y además, información relativa a la actividad de los usuarios, al dispositivo y a la aplicación.

RECURSOS

- Digital Analytics Association (**DAA**). Una de las organizaciones internacionales más reconocidas profesionalmente (www.digitalanalyticsassociation.org).
- Blog de Avinash Kaushik (www.kaushik.net/avinash).
- Sitios oficiales de Google relativos a Analytics (www.google.com/analytics); (www.google.com/intl/es/anlytics).
- Blog de Google (analytics.blogpost.com).
- Sitio de YouTube (www.youtube.com/user/googleanalytics).
- Eric T. Peterson: *The Big Book of Key Performance Indicators*. Disponible en: <http://bit.ly/desmystified-books>. El autor permite la descarga gratuita, y es una de las grandes referencias, obligatoria para el estudio de analítica Web.
- Blogs profesionales en español muy reconocidos:
  - Blog de Divisadero (www.analiticaweb.es).
  - Blog de Gemma Muñoz (www.sorprendida.es).

NOTAS

1 Según consta en la historia de Google. Disponible en: <www.google.com/inti/es/about/company/history>.

2 Recordemos que un sitio Web es el componente Web de un dominio, y un sitio Web se compone o tiene varias páginas Web. El sitio Web tiene la dirección URL de la organización y cada página tiene su propia dirección URL que se deriva de la página del sitio.

3 <http://web-analytics-review.toptenreviews.com>.

4 <http://www.omniture.com/en/products/analytics/sitecatalyst>.

5 <http://www.visibilitymagazine.com/buyersguide/best-Web-analytics-software>.

6 El portal Analítica Web (www.analiticaweb.es) ha publicado diferentes artículos sobre *Mobile Analytics* de Juan Manuel Elices, donde se analizan estrategias de analítica móvil, algunas de las cuales recogemos en esta sección.

7 <http://www.google.es/intl/es/analytics/features/mobile.html>.

CAPÍTULO 12
ANALÍTICA SOCIAL

La explosión de los grandes volúmenes de datos, que llevamos considerando en capítulos anteriores, proceden de numerosas fuentes de datos, pero, sin lugar a dudas, los medios sociales (*social media*) son responsables de grandes porcentajes en un sentido amplio. Si analizamos las estadísticas de acceso a Internet por dispositivos móviles (Internet móvil), y sobre todo las tendencias y cifras previstas para los próximos años, el aluvión de datos debido a los *social media* crecerá con cifras espectaculares hasta el punto que los petabytes y exabytes serán las cifras a considerar.

En el caso de los medios sociales, los datos que se están acumulando proceden de multitud de fuentes (Twitter, Facebook, Google+, Amazón, eBay, Picasa, Foursquare, Tuenti, Pinterest...) y cientos de miles de blogs, wikis, chats, foros, etcétera. Esta situación lleva a una sobrecarga de datos, y a la necesidad de descubrir los realmente significativos para organizaciones y empresas; es decir, se necesita conocer y ponderar la relación señal/ruido. Por esta razón, el análisis de datos sociales es hoy día una necesidad vital para organizaciones y empresas, pero también para el usuario individual, llámese empleado, estudiante, ingeniero, profesor, directivo o científico.

Es la parte de la analítica que permite integrar y analizar los datos no estructurados que se encuentran en el correo electrónico, la mensajería instantánea, los portales Web, los blogs y otros medios sociales, usando las herramientas de obtención de datos existentes, los informes de inteligencia de negocios o empresariales, y otras herramientas como los cuadros de mando integral. El análisis de la información generada en los medios sociales y dispositivos móviles permite obtener información en tiempo real sobre las tendencias de consumo. En este capítulo, se define el análisis social y se describen los componentes necesarios para utilizar esta disciplina como herramienta de gestión eficiente.

La *analítica social* o *analítica de medios sociales* (*social analytics* o *social media analytics*) está comenzando a ser una disciplina muy necesaria en organizaciones y empresas, y un área de las más impactantes dentro de la analítica de datos. Para referirse al análisis de datos en medios sociales, también se la conoce, simplemente, como análisis social (*social analysis*). Dada la fuerza que está adquiriendo comienza también a considerarse una disciplina autónoma dentro de la inteligencia de negocios.

EL EXCESO DE INFORMACIÓN: UN PROBLEMA GLOBAL

A primeros de septiembre de 2012, Intel, el fabricante número uno de chips del mundo, publicó una encuesta realizada en varios países (Australia, Brasil, China, Francia, Indonesia, Japón, Estados Unidos) en la que se resaltaba que el 60% de los adultos de esos países considera que se divulga demasiada información en las redes sociales, incluyendo fotografías inapropiadas, opiniones no solicitadas, blasfemias y detalles insustanciales de la vida cotidiana. Jessica Hansen, portavoz de Intel que encargó la encuesta durante su presentación, dijo: "Nos encanta nuestra tecnología, porque nos conecta y nos ofrece una salida para expresarnos; pero, al mismo tiempo, también sentimos que hay *una sobrecarga de información*"[1]. Cerca de la mitad de los 7087 adultos y 1787 adolescentes preguntados en la encuesta *online* dicen que se sienten sobresaturados por tanta información. Esta encuesta no viene a corroborar más que el hecho de la existencia de una *sobrecarga de datos;* y, en consecuencia, *sobrecarga de información,* tanto si se trabaja con Big Data, en particular, como con cualquier otra fuente de información, y además que es bastante fácil sobrecargarse con datos.

Estudios sobre el exceso de información se publican con frecuencia, y casi todos ellos coinciden (capítulo 3). La recopilación de datos por parte de los usuarios requiere saber lo que se está buscando y examinar los conjuntos de datos que están a su disposición. En mucha mayor medida las organizaciones y empresas requieren de un análisis de datos preciso, fiable y oportuno ante el aluvión de los grandes datos; en resumen, se necesita un enfoque metódico para evitar dicha sobrecarga.

Lovett (2012: 69-72), uno de los grandes especialistas mundiales en analítica social y socio de Web Analytics Demystified, consultora muy respetada en analítica de datos, recomienda los siguientes pasos para evitar la sobrecarga:

1. Establecer expectativas sobre lo que espera aprender de los datos.
2. Clasificar sus iniciativas de análisis de *social media* específicas. Averiguar métricas de éxito en *social media*.
3. Poner en práctica el código de requerimiento sabiamente.
4. Activar la recopilación de datos en piezas pequeñas.

5. Analizar los datos para separar la señal del ruido
6. Mejorar sus expectativas, métodos de recopilación y análisis.
7. Informar de sus descubrimientos a los accionistas clave de la organización.
8. Evaluación constante de los planes de *social media*.

La sobrecarga de información desde un punto de vista tecnológico y en el mundo conectado en que vivimos es inevitable; sin embargo, una buena gestión de *social media* con programas adecuados, y un análisis de los datos conseguirá su uso racional y una relación señal/ruido aceptable en la mayoría de los casos.

Sin embargo, a veces, puede resultar que pese a la buena gestión de los medios sociales, éstos son tan abiertos y libres que pueden producir la sobrecarga de los datos, simplemente, con el incremento de comunicaciones a través de dispositivos móviles como tabletas, teléfonos inteligentes, computadoras portátiles, *netbooks*, *ebooks*, etcétera. Un caso de estudio reciente se produjo con ocasión de los pasados Juegos Olímpicos, celebrados en Londres (julio y agosto de 2012), donde los aficionados que asistían a la inauguración fueron advertidos de que evitaran mandar mensajes de texto y publicar *tuits* (*tweets)* que no fueran urgentes durante la celebración de las pruebas, porque podían provocar una sobrecarga de datos en las redes de comunicación, que afectaría a la cobertura televisiva.

Efectivamente, así sucedió en varios eventos, los comentaristas de la prueba de ciclismo en ruta fueron incapaces de relatar en qué punto se encontraba el cabeza de carrera, por problemas en la red de datos que impedían su geolocalización a partir del sistema de navegación por satélite, GPS, que llevaban los ciclistas. El problema según un portavoz del Comité Olímpico Internacional se produjo por los mensajes que fueran enviados por los cientos de miles de *fans* que salieron a la calle para animar a su equipo británico.

LA PROLIFERACIÓN DE DATOS SOCIALES

A medida que aumentan los Big Data, y en particular, los procedentes de los medios sociales, el análisis de datos se hace más completo y se requerirá conocer las fuentes de datos o los canales de comunicación por donde se envían o reciben esos grandes volúmenes.

La proliferación de los datos sociales supone un gran reto para las organizaciones y empresas, y en particular para los directores de marketing (**CMO**), de tecnologías de la información (**CIO**)[2], *community manager* (administrador de comunidades), analistas de la Web, especialistas SEO, etcétera. Es decir, una *pléyade* de profesionales, además de los directores y estrategas de la compañía.

IBM ha publicado a primeros de septiembre de 2012, un informe[3] sobre las principales preocupaciones de los directores de marketing. El informe presenta los resultados de un estudio mundial sobre los principales desafíos y preocupaciones de los CMO. Gran parte de los ejecutivos consultados señaló la explosión de datos, las redes sociales, la proliferación de canales y dispositivos, y los cambios demográficos de los consumidores como los cuatro factores que afectarán a su negocio en los próximos años. El estudio fue realizado entre más de 1700 directores de marketing de 64 países y 17 industrias.

En relación con la explosión de datos, el 71 por ciento de los CMO afirmó que es uno de los temas que más le preocupan porque deben ser capaces de *obtener información de valor* entre los miles de millones de datos, estructurados y no estructurados, existentes en la actualidad. El volumen de información digital, como ya conoce el lector, es abrumador, 8 zettabytes se esperan para 2015 (recordemos que 1 zettabyte de información equivale a 1000 millones de discos duros de 1 terabyte o 75 mil millones de iPads de 16 gigabytes).

El estudio revela que el 90% de la información que se crea en tiempo real representa datos no estructurados, y un porcentaje muy alto procede de redes sociales y otros medios como blogs, wikis, *chats* o mensajes de texto y video. Evidentemente, este inmenso arsenal de conocimiento si es aprovechado por los CMO conseguirá un valor añadido y un alto posicionamiento en relación con la competencia. Y el tercer factor por considerar, el incremento y proliferación de canales y dispositivos vinculados al ya, tantas veces repetido, uso creciente de tabletas y teléfonos móviles.

El estudio concluye con una recomendación al CMO: hay que ser capaz de pensar analíticamente y aprovechar la información disponible para averiguar los deseos del cliente antes que la competencia.

¿QUÉ ES ANALÍTICA SOCIAL?

A medida que las empresas aumentan su presencia en la Web y, especialmente, en las redes sociales, es imprescindible conocer las posibilidades que brinda la analítica social. La analítica social es una rama de la analítica empresarial o de negocios o simplemente analítica (*analytics*).

¿Qué es *analítica social*? Analítica, de acuerdo con, el diccionario de la Real Academia Española (www.rae.es) es aquello "perteneciente o relativo al análisis" o "que procede descomponiendo, o que pasa del todo a las partes". En esta definición, no existe ninguna acepción de la categoría *informática* o *computación ni social*, lo que sí sucede en la definición del término *análisis*: "estudio mediante técnicas informáticas, de los limites, características y posibles soluciones de un problema al que se aplica un tratamiento por ordenador (computadora)".

Análisis social se puede considerar la disciplina que ayuda a las empresas a analizar, calcular y explicar el rendimiento de las iniciativas de *social media* en el contexto de objetivos empresariales específicos (Lovett, 2012: 164).

Analítica social se podría considerar al proceso de medir, analizar e interpretar los datos sociales que se presentan a través de los diferentes canales, medios de comunicación y dispositivos. También ha nacido un nuevo término asociado y acotado a las redes sociales como parte muy importante de los medios sociales, es el término análisis de redes sociales (SNA, *Social Network Analysis*). El término ARS o SNA es un término ligado a las ciencias sociales y a la teoría general de redes en el campo de las comunicaciones.

Analítica social es una disciplina que ayuda a las organizaciones y empresas a analizar, medir y explicar el rendimiento de las iniciativas y proyectos sociales (de los *social media*) dentro del contexto de sus metas y objetivos.

El análisis social se basa en la teoría de redes sociales, en técnicas estadísticas y en la buena gestión de los medios sociales de la empresa. El análisis de datos sociales debe proveer la capacidad de vincular la información a otras métricas de la gestión empresarial y a indicadores clave de rendimiento KPI.

El análisis social permite analizar métricas cuantitativas para calcular éxitos, fracasos y situaciones críticas de los negocios; asimismo le permitirá examinar interacciones con los clientes, y el modo de recepción de los mensajes enviados por los departamentos de marketing a sus clientes, ayudándoles a entender cómo los usuarios perciben su marca y responden al lanzamiento de productos corporativos, servicios y las diferentes campañas de marketing. El análisis social proporciona los datos necesarios para una acertada toma de decisiones, permitiendo el uso de los datos para efectuar recomendaciones a la empresa sobre cómo están funcionando los diferentes modelos de negocio y cómo se pueden mejorar. El análisis social, en la práctica, recopila, organiza y actualiza la información tornándola disponible para las personas o grupos de interés (*stakeholders*) de la organización de modo que ayude en la toma de decisiones.

La analítica social debe proporcionar una apertura al aumento de consumidores, empleados o negocios, así como a la capacidad de visualizar mejor patrones, tendencias y oportunidades. Las tecnologías y herramientas sociales deben facilitar el análisis social, que se ayuda, a su vez, de las personas y de los procesos de negocios.

Teniendo presente las partes esenciales del análisis de datos sociales, las tecnologías, las personas y los procesos, podemos considerar las siguientes etapas fundamentales del análisis de datos: *captura de datos* (punto de partida para iniciar el análisis), *realización del análisis*, *información de resultados* (visualización), y *ejercicios de acciones impulsoras* que permitan beneficiar a la empresa, sus clientes, socios y mercado.

MÉTRICAS SOCIALES

La mayoría de las empresas utilizan las métricas y los indicadores clave de rendimiento o desempeño (KPI) para cuantificar, medir y informar sobre la actividad de los medios sociales.

Una *métrica* es una medida cuantitativa que permite conocer el estado de un sitio Web (medio social), componente de un sitio Web (medio social) o proceso que se realiza en un sitio Web para un atributo o parámetro determinado (Acera, 2012). Las métricas han de tener significado, ya que sin significado (contexto), son simplemente números. Todas las métricas para medios sociales deben tener significado en el contexto de lo que representan y de lo que sirve para su organización.

Las redes sociales obligan a la creación de nuevas métricas distintas de las tradicionales, precisamente por la importancia que han ido adquiriendo, ya que se han convertido en un elemento equivalente y complementario a los medios tradicionales de comunicación. Las métricas tradicionales siguen siendo muy importantes en las organizaciones y empresas, y entregan datos relevantes para la toma de decisiones, pero es vital que se realicen estrategias de convergencia de medios para aprovechar las sinergias entre ambas. Por estas razones, recordaremos, en primer lugar, las métricas tradicionales empleadas en analítica Web, y que constituyen una base para la creación de nuevas métricas sociales, que luego analizaremos.

MÉTRICAS DE SITIOS WEB

Las métricas más frecuentes empleadas para realizar el análisis de sitios y páginas Web son las siguientes:

- Visitas.
- Visitantes únicos.
- Promedio de tiempo en una página.
- Promedio de tiempo en un sitio Web.
- Páginas vistas.
- Páginas por visita.
- Porcentajes de visitas nuevas.
- Tasa de rebote.
- Tasa de conversión.
- Tasa de salida.
- Fuentes de tráfico.

MÉTRICAS DE *SOCIAL MEDIA*

La necesidad de crear nuevas métricas tiene como objetivo principal obtener los siguientes indicadores:

1. Conocer el número de conversaciones generada por los usuarios sobre la marca en relación con la competencia y los negocios e industria.
2. Obtener sentimientos de las conversaciones generadas por los usuarios sobre la empresa.
3. Evaluar el potencial alcance en las distintas redes sociales.
4. Medir, por ejemplo, nuevos seguidores (*followers) y fans* en Twitter y Facebook, respectivamente, y sus niveles de compromiso obtenidos a través de una activación o una campaña de marketing.
5. Medir la circulación por correo electrónico realizada por los mismos usuarios vinculados a las campañas.
6. Medir la circulación por mensajería de texto en aplicaciones tales como WhatsApp, Line, Joyn, Viber, WeChat o Sportbros.
7. Medir la circulación de videos más vistos, blogs visitados, etcétera.
8. Otros.

Estas características conducen a nuevas métricas de tipo general[4]

- Seguidores (*followers*).
- *Fans* (nuevos *fans*, principalmente)
- Publicaciones (en Facebook, Twitter)
- Circulación de correo electrónico.
- Videos más vistos (Youtube, Vimeo o propios).
- Audiencia potencial.
- Interacción y compromiso (*engagement*).
- Blogs (número de visitas, tiempo de permanencia...).
- Alcance potencial.
- Número de sentimientos.
- Porcentaje de voz (*share of voice*).
- *Topic Trends* (temas del momento).
- Influenciadores.
- Sentimientos.

Una vez que se definen las métricas más interesantes para un medio social, se debe medir el retorno de los medios digitales, y la siguiente pregunta será ¿qué debo medir para obtener un buen retorno de inversión (**ROI**)? La respuesta a esta pregunta pasa por definir con gran cuidado y atención los KPI o indicadores clave de rendimiento.

INDICADORES CLAVE DE RENDIMIENTO (KPI)

De todas las métricas existentes es preciso seleccionar aquellas que sirven para planear los objetivos empresariales específicos, permiten obtener mayor productividad y conseguir el cumplimiento de los objetivos del sitio Web o del medio social correspondiente. Las métricas que permiten medir el progreso del sitio Web (portal o medio social) en relación a sus objetivos se denominan *indicadores clave de rendimiento (KPI).*

Los KPI (*Key Performance Indicators*) son indicadores clave de rendimiento (también se les conoce en algunas zonas de Latinoamérica como *indicadores clave de desempeño*), métricas utilizadas para cuantificar objetivos que reflejan el rendimiento y la progresión para conseguir los objetivos. Los KPI deben ayudar a definir y medir el progreso hacia los objetivos de la empresa y tienen que mostrar si la empresa está consiguiendo sus propósitos de negocio.

Todos los KPI son métricas, pero no todas las métricas son KPI

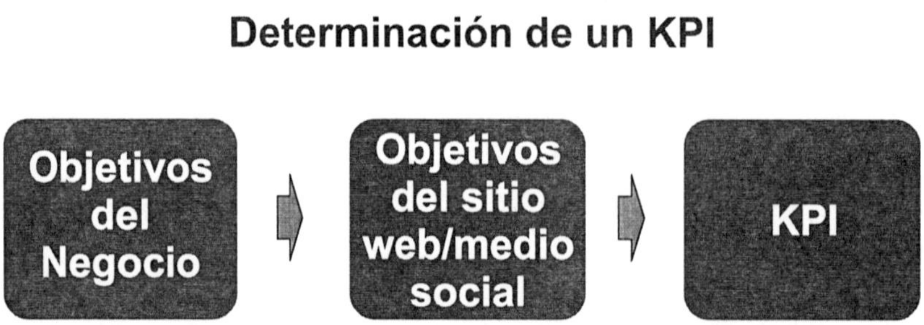

Figura 12.1. Determinación de un KPI. Fuente: (Acera, 2012: 59).

No todas las métricas se revisan cada día; sin embargo, aquellas que dan una visión global de la empresa son candidatas a KPI y, en consecuencia, los KPI deberían ser la primera métrica por comprobar cuando se inicia una sesión diaria, y deberían supervisarse constantemente para determinar el estado de sus programas.

Lovett (2012) hace una analogía muy interesante entre métricas y KPI: las métricas son el flujo de datos que actúa como parte vital de sus operaciones de *social media*, y los KPI son los signos vitales. Los KPI son como si fueran la temperatura, el pulso, la respiración y la presión sanguínea de sus actividades de *social media.* Sin los KPI, insiste Lovett, es difícil decir si sus programas están vivos, y mucho menos si funcionan adecuadamente. De esta forma, los KPI que funcionan correctamente dan una idea muy ajustada de una buena planificación de los *social media*, y si un KPI falla puede ser indicio de que algo va mal en sus programas o medios sociales, y deberá realizar inmediatamente un diagnostico para descubrir las razones y evitar un fracaso total. Un KPI debe cumplir las siguientes características, según Mortensen[5]:

1. Deberá mostrar el objetivo de la organización.
2. Ser definido por la dirección de la empresa.
3. Proporcionar contexto (todos los KPI han de tener contexto, ya que sin él, los KPI solo son números que no significan nada para los no iniciados).
4. Tener significados en distintos niveles (significado y contexto están estrechamente enlazados, como se estudió anteriormente en la definición).
5. Estar basados en datos reales.
6. Ser fácilmente entendibles (establecer expectativas).
7. Conducir la acción (autorizar acciones).

DIFERENCIAS ENTRE MÉTRICAS Y KPI

Como ya se ha señalado anteriormente, todos los KPI son métricas, pero no todas las métricas son KPI, o mejor dicho, no son lo suficientemente importantes para ser consideradas KPI. En la práctica, una métrica es una medida o estadística de un evento, y un KPI es una métrica que permite cuantificar cómo se está haciendo respecto de los objetivos del sitio Web o medio social.

EJEMPLO PRÁCTICO SIMPLE DE MÉTRICA VERSUS KPI

Supongamos un colegio público o privado de estudiantes de bachiller. Algunas métricas y KPI pueden ser:

- *Métricas*: número de alumnos, número de profesores, horas de clase, horas de descanso....
- *KPI*: porcentaje de aprobados, tasa de ingreso en la universidad, premios nacionales de bachiller conseguidos...

Eric T. Peterson, autor del libro *The Big Book of Key Performance Indicators*[6], es una de las mejores referencias para la comprensión y uso eficiente de las KPI en el análisis de la empresa. En *Web Analytics Desmistified,* John Lovett (2011: 198) ha publicado un cuadro donde señala las diferencias entre métricas y KPI, que consideramos de muy alto interés para conocer de un modo practico y muy acertado, las diferencias entre ambos términos. Un ejemplo práctico de buenos KPI en un blog pueden ser los siguientes:

- Número de comentarios.
- Numero de porcentajes (*shares,* RT)

- Numero de *retuits* (un término bajo, posiblemente, representa un mal funcionamiento del blog).

Avinash Kaushik, cuando considera los principios clave por los que se debe regular un proyecto de analítica Web, destaca de modo importante la definición de los KPI y cuida mucho no confundir la diferencia entre métrica y KPI.

TABLA 12.1. CONDICIONANTES DE UN PROYECTO DE ANALÍTICA WEB

- Conocer cuál es la razón por lo cual existe el negocio/organización/empresa.
- Fijar unos objetivos concretos.
- Definir los KPI más adecuados sin confundir la diferencia entre métrica y KPI.
- Establecer objetivos cuantitativos por cada KPI (*target*).
- Generar los segmentos adecuados.

Fuente: Avinash Kaushik (www.kaushik.net/avinash/digital-marketing-and-measurement-model).

HERRAMIENTAS DE ANALÍTICA SOCIAL

La analítica social utiliza un número muy variado de herramientas software que se agrupan en diferentes categorías globales: estadísticas, analítica propiamente dicha, investigación, monitorización, análisis de influencia, y reputación. Otra categoría de herramientas específicas, y ya centradas en el análisis de la actividad de medios sociales concretos, es el caso de

- *Redes sociales*: Facebook,Twitter, Youtube...
- *Blogs*.
- *Sitios Web*. Mencionar herramientas de gestión de contenidos y herramientas de productividad, que si bien no son herramientas especificas de analítica de datos sociales, un buen uso de ellas en las organizaciones y empresas redundará en el aumento de la productividad de los medios sociales, y su buena utilización por los *stakeholders* ayudará a las herramientas de analítica de datos en la toma de decisiones.
- Herramientas de estadísticas.

- Herramientas de investigación y monitorización.
- Herramientas de analítica.
- Herramientas de análisis de influencia (relevancia).
- Herramientas de reputación.
- Herramientas de análisis de la actividad en:
  - Twitter
  - Facebook
  - Youtube
  - Blogs

ESTADÍSTICA SOCIAL

Los medios sociales (redes sociales, plataformas de blogs, *wikis*, etc.) tienen sus propias herramientas estadísticas que permiten el acceso y análisis de los datos.

Facebook (Facebook Insights): www.facebook.com/insights

Facebook dispone de un panel de estadísticas que proporciona datos sobre el rendimiento de la página, tendencias de uso, datos demográficos de los usuarios y datos de consumo y creación de contenidos. Algunos de los datos concretos que arrojan las estadísticas son:

- Perfil de los visitantes o usuarios a los que se llega: sexo, edad, ciudad, país, idioma.
- Procedencia de las visitas.
- Frecuencia de las visitas.
- Visitantes únicos.
- Alcance o usuarios a los que se llega.
- Número de interacciones de los usuarios.
- Número total de *fans*.
- Número de publicaciones.

Twitter

Twitter había anunciado en su Web oficial (blog.twitter.com), el lanzamiento de una herramienta de estadística propia (Twitter Web Analytics), al estilo de Facebook Insights, que permitiera obtener estadísticas de la cuenta del usuario, organización o empresa. A finales de 2012, Twitter había comenzado a lanzar la herramienta, pero lo había reducido, en esos momentos, a desarrolladores seleccionados, es de esperar que se lance definitivamente a todos los usuarios de Twitter a lo largo de 2013. Mientras aparece la deseada herramienta propia de estadísticas, Twitter ofrece escasa información: personas que nos siguen e interacciones que se tienen con el resto de usuarios (menciones y *retuits*).

Sin embargo, existen numerosas aplicaciones de terceras partes que ofrecen datos sociales muy completos: SocialToo, TweetReach, SocialBro, TweetStats, Twittercounter, Trendistic, Socialtoo, Twitalyzer, Crowdbooster, TweetGrader, Retweetrank, Relweetist, Tweetdeck, Seesmic, Hootsuite...

Una herramienta muy completa es TwitSproub con una opción gratuita que permite incluir hasta tres cuentas de Twitter, y presenta gráficos y análisis muy significativos. La versión de pago incluye análisis de la competencia, por ejemplo, comparativa con Facebook, Linkedin, etc.

TwentyFeet es otra buena herramienta estadística y gratuita para una cuenta en Twitter y otra en Facebook. Visibly es otra herramienta de estadística que funciona para las dos redes: Twitter e Facebook. Twitter Counter es también una buena herramienta estadística que tiene una característica especial: posibilidad de hacer predicciones.

Google

Google ofrece dentro de Google Analytics, la herramienta Social Media Analytics[7]. Google[8], en el documento, *Social Interactions Web Tracking*, describe cómo utilizar Google Analytics para obtener métricas de interacción en redes que no son de Google, como Facebook y Twitter. También ofrece Google una herramienta de estadísticas en redes sociales, Google Social Hub[9].

YouTube (YoutubeInsights)

La red social de video, por excelencia, tiene una opción de estadísticas: YoutubeInsights, que muestra información sobre los visitantes (edad, sexo, país), recuperación de nuestros videos (número total de visionados, tiempo...).

> Las estadísticas de los propios servicios de medias sociales son de gran utilidad, pero si se desea profesionalizar los datos desde un punto de vista más de negocio, deberá recurrirse a herramientas o aplicaciones de terceros, como las señaladas anteriormente, o algunas de las que se verán a continuación, algunas de ellas suelen ser multifuncionales.

HERRAMIENTAS DE INVESTIGACIÓN. MONITORIZACIÓN

La monitorización es la acción y efecto de monitorizar (definición del diccionario de la RAE). Aplicado al caso de los medios sociales es una de las labores más complejas, y el proceso de monitorización lleva consigo un importante seguimiento y control. Escuchar, monitorizar y obtener datos sobre las actitudes de los usuarios constituye la base del proceso de monitorización.

La investigación, monitorización y su posterior análisis son los pilares sobre los que se debe sustentar todo proyecto de *social media*. El seguimiento y la monitorización requieren de tecnologías y herramientas adecuadas para las plataformas de medios sociales.

La importancia de la monitorización reside en el análisis de los datos obtenidos, y solo a través de este análisis se podrá crear conocimiento y tomar decisiones estratégicas. La monitorización del contenido de los medios sociales entraña obtener informes, cruzar datos, analizar estadísticas. Todas ellas son tareas difíciles, sobre todo por la gran variedad en la naturaleza de los datos.

Existen numerosas herramientas de monitorización de carácter global y específico para redes sociales concretas, que resultan adecuadas para administrar y obtener diferentes tipos de métricas de monitorización (internas, externas, de reputación, análisis de influencia, de alcance, de administración...) para las diferentes plataformas de medios sociales.

HERRAMIENTAS GLOBALES MUY RECONOCIDAS

- Socialmention (socialmention.com).
- Google Insights (google.com/insights).
- HowSociable (howsociable.com).
- Google Alerts (google.com/alerts).
- Kgbpeople (kgbpeople.com).
- Workstreamer (workstreamer.com).
- Social Report (socialreport.com).
- Radian6 (radian6.com) (comprada por Salesford.com).
- Twitter Search (search.twitter.com).
- BlogPulse (blogpulse.com).
- Google Analytics (google.com/analytics).
- Hootsuite (hootsuite.com).
- Sproutsocial (sproutsocial.com).
- ViralHeat (viralheat.com).
- UberVu (ubervu.com).
- ObjectiveMarketer (objectivemarketer.com).
- TweetDeck (tweetdeck.com).
- Sysomos (sysomos,com).

- Alterian (alterian.com).
- BrandMetrics (brandmetrics.com).
- BlogScope (blogscope.com).
- SocialPointer (socialpointer.com).
- Socialseek (socialseek.com).
- Seesmic (seesmic.com).

HERRAMIENTAS DE ANALÍTICA WEB SOCIAL

Existen numerosas herramientas de analítica Web utilizadas también en analítica de medios sociales.

Google Analytics (google.com/analytics)

Es sin duda la herramienta de análisis por excelencia. Ofrece todo tipo de datos de tráfico de un sitio Web.

Google Social Analytics (www.google.com/analytics/features/social.html)

Herramienta de Google Analytics centrada en plataformas sociales, y que permite publicar informes sociales.

Piwick (piwick.com)

Es una aplicación gratuita de software libre con licencia GPL. Su uso requiere la instalación en un servidor Web. Permite el estudio de datos en tiempo real y proporciona informes detallados sobre visitantes, idioma, popularidad de la página, etcétera.

OmnitureSiteCatalyst (omniture.com)

Es una herramienta de las más completas de analítica Web.

Statcounter (statcounter.com)

Es un instrumento de mucha utilidad para cualquier sitio Web, ya que ofrece datos globales de Internet.

WoopraAnalytics (woopra.com)

Es una aplicación con dos componentes fundamentales:

1. Utilidad de escritorio para el análisis y la exploración de datos.
2. Servicio de supervisión de estadísticas del sitio Web. Dispone de una interfaz de usuario muy correcta. Es una herramienta profesional, pero de pago.

JAWStats (jawstats.com)

Es una herramienta de análisis estadístico de código abierto y gratuito.

MochiBot (mochibot.com)

Herramienta gratuita específica para sitios Web desarrollados en Adobe Flash.

HERRAMIENTAS DE REPUTACIÓN E INFLUENCIA SOCIAL

Es muy importante tener información sobre aquello que dice la gente sobre la empresa, marca, producto o servicio, para conocer la influencia social de la compañía así como su reputación digital.

HERRAMIENTAS DE MEDIDA DE INFLUENCIA

Klout (klout.com)

Es una de las aplicaciones más reconocidas para analizar la influencia del usuario en los medios sociales, y con el tiempo se ha convertido casi en una métrica estándar (Klout Score, índice de influencia Klout). Es una herramienta muy completa que muestra infinidad de resultados como influenciadores, influenciados, evolución de parámetros de medida, clasificación del usuario según su actividad y comportamiento.

Nació como una herramienta de Twitter, pero al día de hoy, Klout soporta numerosas herramientas de medios sociales: Twitter, Facebook, LinkedIn, Google+, YouTube, FourSquare, Blogger, WordPress, TumbLr, Instagram, Flickr y Last.fm. La puntuación (*score*) que Klout asigna a los perfiles monitorizados se calcula a partir de más de 25 variables, y calcula un valor en una escala de 1 a 100 (índice Klout). Los valores altos del índice indican que el perfil es muy influyente en las redes analizadas. Los factores que componen el índice son: alcance real, amplificación e impacto en la Red.

PeerIndex (peerindex.com)

Es una aplicación similar, y competencia de Klout. Funciona de modo parecido, calculando un índice de influencia de 0 a 100, donde a mayor índice, mayor influencia. Se integra en Twitter, Facebook, LinkedIn, Quora, Blogger y Wordpress. Su índice de influencia se basa en autoridad, audiencia y actividad.

Kred (kred.com)

Es una herramienta que permite valorar la influencia que ejerce sobre los seguidores el contenido que se publica en los medios sociales. La fortaleza de Kred reside en la transparencia del algoritmo.

Twitalyzer

Esta herramienta proporciona un índice de influencia, número entre 0 y 10, al igual que Klout, para medir el impacto general que se tiene en Twitter durante los últimos treinta días. Twitalyzer ofrece, además, los resultados de las puntuaciones que se tienen en Klout y Peerindex. De este modo, se pueden comparar los resultados entre las tres herramientas, y obtener una visión más completa de la influencia social de una marca o de un usuario individual.

HERRAMIENTAS DE REPUTACIÓN CORPORATIVA

Las herramientas de influencia social examinadas anteriormente actúan también como herramientas de reputación digital, aunque existen otras muy específicas para monitorizar la reputación *online*. Las herramientas de reputación en línea deben responder a las siguientes preguntas:

1. ¿qué monitorizar?
2. ¿dónde monitorizar?
3. ¿cómo monitorizar?
4. ¿para qué monitorizar?

La monitorización de la reputación digital es un seguimiento digital que tiene como objetivo analizar, de forma puntual y regular en el tiempo, el clima de opinión alrededor de una marca, producto o compañía. Herramientas complementarias de reputación digital reconocidas en el mercado son:

Trendrr (www.trendrr.com)

Es una herramienta de pago que permite a sus suscriptores crear proyectos en los que se podrán monitorizar las conversaciones y solicitar un informe consecutivo numerosas veces. Ha desarrollado conectores con diversos medios sociales: blogs, microblogs, agregadores de noticias, Facebook, Twitter, MySpace, Foursquare, Amazon y Klout.

Radian6 (www.radian6.com)

Radian 6 se describe como una herramienta de monitoreo, pero su multifuncionalidad la convierte también en una aplicación de reputación *online*. Ha sido comprada por Salesforce.com, una empresa significativa en *cloud computing*, distribuidora de soluciones de software como servicio, especialmente aplicaciones de CRM, donde goza de una gran reputación y tiene numerosos clientes tanto en grandes como en pequeñas empresas.

Asomo (www.asomo.net)

Es un servicio español de monitorización de la reputación en línea que combina técnicas avanzadas de análisis semántico con técnicas y herramientas de crowdsourcing (externalización de multitudes) para la validación de aspectos metodológicos. Asomo incluye también conectores con las principales herramientas de estadísticas Web tales como Google Analytics, Omniture o WebTrends.

Sysomos (sysomos.com)

Herramienta muy reconocida para realizar inteligencia de negocios en medios sociales

Socialmention (socialmention.com)

Es una aplicación gratuita que permite calcular el grado de exposición que tienen las marcas en las redes sociales.

ReputaciónXL (rxl.com)

Monitoriza sitios Web en las fuentes deseadas para luego enviar alertas.

Swotti (swotti.com)

Valora índices en numerosas fuentes tales como wikis, blogs, fórums, etcétera.

BlogPulse (blogpulse.com)

Es una herramienta de medición de Nielsen que monitoriza contenidos de blogs activos en el mundo. Tiene indexados más de 200 millones, en 2012.

Google Alerts (google.com/alerts)

Servicio de alertas de Google muy reconocido y popular.

HERRAMIENTAS DE ANÁLISIS DE ACTIVIDAD EN REDES

En esta sección consideraremos las herramientas específicas de monitorización y análisis de las redes sociales Facebook y Twitter.

FACEBOOK

Conversocial (profiler.conversocial.com)

Permite realizar comparativas de los seguidores y la actividad de una página Facebook. También ofrece un índice de seguimiento y datos sobre funcionalidades importantes de Facebook.

Facebook Grader (facebook.grader.com)

Mide la influencia de un perfil de Facebook. Considera los amigos del perfil, los grupos a los que pertenece, fotografías y comentarios de su muro. Ofrece acceso a listado de perfiles, grupos y personas influyentes, y permite monitorizar el nivel de compromiso con el sitio Web por parte del usuario.

Facebook Lexicon (facebook.com/lexicon)

Herramienta de seguimiento de tendencias de lo que se publica en perfiles, grupos y muros de Facebook.

It's Trending (itstrending.com)

Servicio que permite conocer los detalles del contenido más compartido en Facebook. Se pueden monitorizar últimas noticias, videos compartidos y cualquier otro contenido.

Social Page Evaluator (evaluator.vitrue.com)

Aplicación que efectúa una estimación del ROI (retorno de la inversión) generado por una página Web. Es muy interesante para obtener un análisis de previsiones o proyecciones en un proyecto donde intervenga una página Facebook.

Open Facebook Search (openfacebooksearch.com)

Ideal para realizar búsquedas fuera de la red Facebook.

TWITTER

Las herramientas de Twitter son tan numerosas que es difícil realizar una selección.

Twitter Analyzer (twytteranalyzer.com)

Aplicación que proporciona gran cuantidad de datos y estadísticas de cualquier cuenta Twitter (informe de *tuits*, diarios, *hashtags* más utilizados, seguidores: sus datos y el perfil profesional).

Twitalyzer

Aplicación para la medición de influencia en Twitter.

Trendsmap (trendsmap.com)

Herramienta de monitorización que ofrece la posibilidad de analizar temas y tendencias mediante la localización visual sobre un mapa mundial: publicación de los *trendictopics* en listados por países.

Twitter Search (search.twitter.com)

Buscador de palabras, usuarios, comentarios... por áreas geográficas y en un período de tiempo.

Locafollow (locafollow.com)

Buscador de personas, por su nombre, ubicación, biografía, contenido de los *tuits*.

TweetReach (tweetreach.com)

Aplicación que estima el alcance y repercusión de un *tuit*. Es un servicio gratuito cuyas métricas básicas son: alcance, exposición, actividad, contribuyentes (personas que hacen retuits de los mensajes), *tuits* con mayor difusión...

Twitter Counter (twittercounter.com)

Servicio para contabilizar la presencia de una página en Twitter. Permite obtener gráficos con seguidores, así como la posibilidad de realizar predicciones.

TubeMogul (tubemogul.com)

Es una buena aplicación para medir el alcance social de una página: número de personas al que ha llegado su actividad. Proporciona un conjunto completo de medidas de análisis para saber quién vio los videos, la geografía de su audiencia, sitios que hacen referencia a sus videos, etcétera.

Twitter Grader (twittergrader.com)

Es una aplicación de medición del nivel de influencia de un usuario en Twitter según tres parámetros fundamentales: fuerza, alcance y autoridad.

TweetStats (tweetstats.com)

Herramienta básica de estadísticas de tuits por periodo de tiempos.

HERRAMIENTAS DE GESTIÓN MULTIPLATAFORMA Y MULTIPERFILES

En la actualidad, las organizaciones y empresas así como los usuarios individuales, tienen varios perfiles (Twitter, Facebook, LinkedIn, Foursquare...) y distintas plataformas (PC, *laptops*, teléfonos inteligentes, tabletas...). Existen herramientas muy útiles para manejar diferentes perfiles en redes sociales y en distintas plataformas que sean capaces de gestionar perfiles, cuentas, datos, actualizaciones, seguidores, estadísticas... Estas herramientas se conocen como gestores multiplataforma y multiperfil, permiten administrar varios perfiles en distintas plataformas e interconexión entre ellas.

Hootsuite (hootsuite.com)

Es una de las herramientas más utilizadas como gestor multiplataforma y multiperfil. Permite administrar múltiples cuentas de todo tipo de plataformas sociales. Tiene más de dos millones de usuarios y servicio gratuito (*freemiun*). Mejora la productividad gestionando todas las redes sociales del usuario desde la misma interfaz.

Gestiona las redes sociales siguientes: Twitter, Facebook, LinkedIn, Google+, Foursquare, MySpace, WordPress, Mixi (red social japonesa), App Directory (es un directorio de aplicaciones que permite añadir, incluso, más redes sociales y herramientas de cuadros o tableros de control *dashboards*, tales como Tumblr, YouTube, Flickr, así como herramientas de marketing como MailChimp, SocialFlow...). Dispone de aplicaciones para las plataformas iOS de Apple (iPhone, iPad), Android y Blackberry. Algunas marcas que utilizan Hootsuite son: Mac Donald's, Pepsico, Virgin y Sony Music.

Seesmic (seesmic.com)

Es otra de gran aplicación que permite la gestión multiplataforma y multiperfil. Es junto con Hootsuite la herramienta más completa para la gestión de *social media*. La noticia del 6 de septiembre de 2012 fue que Seesmic había sido adquirida por Hootsuite, y así aparecía en el momento de nuestra última conexión a Seesmic, que nos presentaba dicho anuncio de compra. En esta presentación, se alude a que ambas plataformas convivirán en un principio, pero en un futuro próximo se creará una única gran plataforma. Soporta la mayoría de las redes sociales importantes y también la mayoría de las plataformas móviles.

TweetDeck (tweetdeck.com)

TweetDeck es otro gestor que puede administrar múltiples perfiles sociales y está considerada como un navegador personal en tiempo real. Fue comprado por Twitter por lo que hoy se rige dentro de su ecosistema. A primeros de septiembre de 2012, tenía 1,8 millones de seguidores. En la actualidad, TweetDeck es un programa cliente de Twitter para escritorio, Web y dispositivos móviles, y está integrada en Facebook.

CoTweet (cotweet.com)

Es una aplicación de gestión para Twitter en la versión gratuita, aunque tiene una versión de empresa que permite la posibilidad de administrar también cuentas de Facebook. La versión profesional o de empresa tiene una gran cantidad de funcionalidades.

ANÁLISIS DE SENTIMIENTOS

Análisis de sentimiento o *sentimientos* (*sentimental analysis*), concepto ya descrito inicialmente en el capítulo 2 desde otra óptica, también conocido en algunos ambientes como *minería de opinión*, se está refiriendo en la era actual al análisis automático del sentimiento que trata de traducir a indicadores más o menos medibles las emociones humanas inmersas en los datos sociales, tanto en fuentes externas y autónomas (redes sociales, blogs, microblogs, foros, medios de comunicación, *wikis*...) como internas o propias de la empresa (interacciones almacenadas en el CRM, transcripciones de conversaciones registradas en el sistema de soporte de incidencias, encuestas realizadas a clientes y empleados...). Desde la perspectiva de una organización o empresa, el análisis de sentimientos permite analizar de modo rápido y eficiente qué se dice sobre una marca o producto, seguir las opiniones o conversaciones de determinados usuarios influentes, detectar tendencias en Internet...

Se realiza mediante la monitorización y el análisis de datos sociales y de otro tipo, tanto procedentes de fuentes internas como externas a la empresa. El análisis de sentimientos tiene una aplicación muy importante en la monitorización de las redes sociales, y de su análisis se puede obtener el grado de empatía de los internautas hacia una organización, así como permite a las empresas conocer de forma certera el grado de simpatía o rechazo que tienen ante la marca y/o producto.

El análisis de sentimientos tiene diferentes indicadores, aquellos de mayor impacto son; *positivo/negativo/neutro*, o dicho de otro modo, *buenos, malos* o *neutro*.

En esencia, el análisis de sentimiento ha pasado a primer plano y existen numerosas herramientas de tendencias en redes sociales que obtienen los datos de millones de sitios y redes sociales para un mejor entendimiento de lo que se está comentando sobre las empresas, marcas u otros tópicos, que, a su vez, permite identificar oportunidades de inversión.

HERRAMIENTAS DE ANÁLISIS DE SENTIMIENTOS

Existen muchas herramientas para medir el análisis de sentimiento, pero sin duda, las ya citadas en apartados anteriores: Klout, la herramienta más popular y reputada, y PeerIndex, tal vez la otra herramienta más influyente con Klout. Otras herramientas de análisis de sentimiento son:

- Twitalyzer
- How Sociable
- Viralheat
- mBlastmPACT
- Kred.ly
- TraacKr
- Twitrratr
- Moniter
- TrendiStic
- Socialmention
- Twitter Sentiment

Herramientas de análisis de sentimiento, pero más centradas en minería de opinión para tratar de encontrar opiniones sobre productos son:

- **Ciao**. Buscador de opiniones sobre productos; ordena resultados por popularidad, precio, valoración y fecha.
- **Swotti**. Buscador de opiniones sobre productos y proporciona *ranking* de resultados.

El análisis de sentimientos es un método más de intento de traducción de las emociones humanas en datos, pero con el uso de las herramientas modernas se puede conseguir que la espontaneidad e inmediatez de la opinión en medios sociales haga que dichos sentimientos sean más auténticos y preserven su contenido emocional. El análisis de sentimiento relativo a contenidos no estructurados se puede medir con tres características fundamentales: *polaridad* (¿la opinión sobre un tema, la expresión emitida es positiva o negativa, incluso neutra?); *intensidad* (¿cuál es el grado de emoción que se expresa?); *subjetividad* (¿la fuente que emite la expresión o comentario es objetiva, es parcial o imparcial?).

A medida que el concepto de análisis de sentimiento se va asentando, especialmente en medios sociales y en aplicaciones de software empresarial como CRM social, el número y uso de aplicaciones va creciendo, y en numerosos sectores de los negocios y de la sociedad en general. Algunas aplicaciones son:

- *Medida de la satisfacción de los empleados y del clima laboral*
- *Medida de la satisfacción del cliente*
- *Prevenir abandono de clientes* detectando situaciones de riesgo de pérdida de un cliente mediante la detección de opiniones negativas que se interpreten como posible abandono del cliente. Esta aplicación es muy utilizada en operadoras de telefonía para tratar de evitar las ofertas de los competidores.
- *Comparación con la competencia* mediante la evaluación de la opinión sobre la competencia de (marca, empresa, productos...) y compararla con la nuestra.
- *Detección de fortalezas y debilidades* en diferentes áreas de nuestra empresa, mediante la detección de opiniones positivas o negativas de impacto.
- *Medida del impacto en la reputación corporativa.*
- *Predicción de la evolución de determinadas acciones, lanzamiento de productos...*
- *Análisis de la opinión del electorado en el caso de votaciones políticas* (presidenciales, regionales, municipales...). En el caso de las últimas votaciones presidenciales en México y Venezuela, se publicaron numerosos análisis de sentimiento con diferentes herramientas y aplicaciones.

El análisis de sentimientos se encuadra dentro del procesamiento de lenguaje natural (PLN), la inteligencia artificial y de la minería de textos (entre otras técnicas), ya que fundamentalmente busca extraer información subjetiva de un texto (un *tuit*, un *post* en un blog...). El analista de sentimientos se está convirtiendo en una profesión emergente dentro del área de analistas de datos y analistas Web, que requiere de una formación multidisciplinar como lingüística, ingeniería de sistemas (informática), psicología, e incluso matemáticas o física.

CASOS DE ESTUDIO DE ANALÍTICA SOCIAL

BBVA

El banco español BBVA con presencia en Europa y en gran número de países de Latinoamérica lanzó, en septiembre de 2012, una página Web para analizar la opinión en Twitter relativa a los valores del IBEX (índice de referencia de la Bolsa española).

La herramienta denominada Stockbuzz.es valora las opiniones de los usuarios y las compara con la evolución de las acciones en la Bolsa.

Stockbuzz.es, según comentó la nota de prensa de la entidad en su día, capta las opiniones que los usuarios de Twitter emiten sobre el IBEX 35 -índice de la Bolsa española- y los valores que forman el índice con el objetivo de conocer las expectativas sobre el mercado a raíz de la información que se publica en la red social. Se realiza un seguimiento diario de los tuits que mencionan al IBEX 35 y sus valores a lo largo de las últimas 24 horas. Mediante algoritmos automáticos se les asigna un valor en función de su relevancia (por la importancia del *tuitero*, número de seguidores, número de *retuits*, etcétera), y después se agrupan según sean *positivos, negativos* o *neutros.* Los resultados se recogen en la Web Stockbuzz.es.

UNIVERSIDAD DE ALICANTE

El Grupo de Investigación de Procesamiento del Lenguaje Natural y Sistemas de Información (GPLSI) de la Universidad de Alicante, en España, ha presentado la herramienta TwitsObserver, y algunos de sus experimentos más relevantes se realizaron con ocasión de las últimas elecciones presidenciales, en España, y fueron recogidos por diferentes medios de comunicación del país. La herramienta denominada técnicamente GPLSI TwitsObserver permite valorar las opiniones de los usuarios de Twitter sobre un tema determinado de forma automática.

SOCIAL RELATIONSHIP MANAGEMENT DE ORACLE

El congreso "Open World 2012", celebrado en San Francisco (EE. UU.), en la primera semana de octubre de 2012, con asistencia de más de 50.000 desarrolladores (y 1.000.000 de asistentes *online*) y proveedores de Oracle presentó entre otras grandes novedades de impacto una herramienta de análisis social (*suite*), *Social Relationship Management* [10]que promete ser una revolución en tecnologías de analítica social si se cumplen las expectativas.

SRM de Oracle según se anunció en la presentación: "Permite a las empresas escuchar, atraer clientes, crear, comercializar y analizar las interacciones a través de múltiples plataformas sociales en tiempo real". La gran aportación según Oracle es que "permite a las organizaciones utilizar las redes sociales para transformar sus procesos de negocios y sistemas corporativos, dado que se integrará con las otras aplicaciones empresariales de la compañía".

El paquete integrado (*suite*) incluye varias herramientas: Oracle Social Network, para creación de redes sociales dentro de la organización y fuera de ella; Oracle Social Marketing, para creación y administración de campañas sociales y plataformas; Oracle Social Engagement & Monitoring Cloud Service, para el análisis de interacciones en medios sociales. Además la *suite* contiene Oracle Social Sites, una herramienta de edición y Oracle Data and Insights, un servicio que proporciona información externa.

OTRAS HERRAMIENTAS

Algunas otras herramientas de análisis de sentimiento en español son comercializadas por empresas españolas y latinoamericanas tales como: EptisaTI e Inbenta, de España; y Ondore, de México.

RESUMEN

Analítica social es la parte de la analítica que realiza el análisis de los datos sociales procedentes, a su vez, de medios sociales. Existe una abundancia de datos sociales que exige un tratamiento específico y unas herramientas especiales para este tratamiento.

- *Analítica social* se puede considerar la disciplina que ayuda a las empresas a analizar, calcular y explicar el rendimiento de las iniciativas de medios sociales.
- *Analítica social* se puede pensar también como el proceso de medir, analizar e interpretar los datos sociales que se presentan a través de los diferentes canales, medios de comunicación y dispositivos.
- El término *análisis de redes sociales* (Social Network Analysis, SNA) está ligado a las ciencias sociales y a la teoría general de redes en el campo de las comunicaciones.
- Las métricas sociales son medidas cuantitativas que permiten conocer el estado de un sitio Web (medio social), componente de un sitio Web (medio social) o proceso que se realiza en un sitio Web para un atributo o parámetro determinado (Acera, 2012). Las métricas han de tener significado, ya que sin significados (contexto) son simplemente números. Todas las métricas para medios sociales deben tener significado en el contexto de lo que representan y sirve para su organización.

- Las redes sociales obligan a la creación de nuevas métricas distintas de las tradicionales. Los KPI sociales miden los resultados más importantes y de impacto en los medios sociales.
- Existen numerosas herramientas de analítica social cuyas funcionalidades son muy diversas: estadísticas, de reputación digital, de influencia social...
- *Análisis de sentimiento o de sentimientos*, también conocido en algunos ambientes como *minería de opinión*, se refiere al análisis automático del sentimiento que trata de traducir a indicadores más o menos medibles las emociones humanos inmersas en los datos sociales, tanto en fuentes externas y autónomas (redes sociales, blogs, microblogs, foros, medios de comunicación, wikis...) como internas o propias de la empresa (interacciones almacenadas en el CRM, transcripciones de conversaciones registradas en el sistema de soporte de incidencias, encuestas realizadas a clientes y empleados...).
- Desde la perspectiva de una organización o empresa, el análisis de sentimientos permite analizar de modo rápido y eficiente qué se dice sobre la marca o producto, seguir las opiniones o conversaciones de determinados usuarios influyentes, detectar tendencias en Internet...

NOTAS

1 *El Pais*, sección de "Tecnología". Disponible en: <http://tecnologia.elpais.com/tecnologia/2012/09/06/actualidad/1346922715_001373.html>. [Consulta: 6 de septiembre de 2012].

2 CIO: Chief Information Officer. CMO: Chief Marketing Officer.

3 The IBM Global Chief Marketing Officer Study (The IBM 2011 Global CMO Study):"Del reto al éxito. La transformación de marketing en la era digital". Disponible en: <http://www-05.ibm.com/services/es/c-suite/cmo/cmo-study-registration-2011.html>. [Consulta: 8 de septiembre de 2012].

4 Adaptado de Kaushik, Lovett y Acera.

5 Dennis Mortensen, en su blog (http://visualrevenue.com/blog), donde cita *The Big Book of KPIs* de Eric Peterson (www.webanalyticsdesmitified.com).

6 Eric Peterson: *The Big Book of KPI*. Disponible en: <http://bit.ly/desmystified-books>. El autor permite la descarga gratuita, una de las grandes referencias, obligatoria para el estudio de analítica Web.

7 Disponible en: <http://www.google.com/analytics/apps/results?category=Social%20Media%20Analytics>.

8 <http://www.developers.google.com/analytics/devguides/collection/gajs/gaTrackingSocial>.

9 <http://www.google.com/analytics/developers/socialhub.html>.

[10] Ticbeat, portal tecnológico de gran reputación, 5 de octubre de 2012, comentando "Open World 2012". Disponible en: <http://www.ticbeat.com/tecnologias/oracle-lanza-suite-social-relationship-management>.

CAPÍTULO 13
LAS NUEVAS TENDENCIAS TECNOLÓGICAS Y SOCIALES QUE TRAEN LA NUBE Y LOS BIG DATA

Las tendencias fundamentales que se observan en el horizonte de los próximos años, se agrupan en cuatro grandes pilares: la nube (*cloud*), lo social (*social media* y *social business*), la movilidad (tecnologías, dispositivos y redes) y Big Data (información en forma de grandes volúmenes de datos).

La consultora Gartner denomina *nexo de la fuerza* (*The Nexus of Force*) a la convergencia e interdependencia de las citadas cuatro tendencias fundamentales. La interdependencia entre estas fuerzas está transformando el comportamiento de los usuarios y creando nuevos modelos de negocio. Estas tendencias aglutinadoras de la nueva sociedad están conformando otras tendencias sociales que vienen, sobre todo, propiciadas por los Big Data, dado que se generan y almacenan en cantidades masivas, y con el requerimiento del obligado análisis de datos para la toma de decisiones.

El cambio social, nunca mejor empleado el término *social*, está configurando una nueva forma de comportamiento de las empresas, y también la manera en que las empresas se relacionan con los clientes. Asimismo, los consumidores se relacionan entre sí formando comunidades sociales que están influyendo en la cultura organizacional y en la dirección de las compañías.

BYOD, *consumerización, gamificación, crowdsourcing* y *crodwfunding*, son también nuevas tendencias tecnológicas, sociales, económicas y de consumo, que señalarán la vida diaria de los ciudadanos y de las empresas en los años futuros. Según la citada consultora Gartner, la *consumerización* será la tendencia más significativa que afectará las TI durante esta década.

EL NEXO DE LA FUERZA

La consultora Gartner, tantas veces citada en esta obra, en su estudio sobre las diez tendencias tecnológicas para 2013, sintetizado en el informe *The Nexus of Force* (*El nexo de la fuerza)* enumera y describe las diez tecnologías (ver *Recursos* de este mismo capítulo) que consideran serán de impacto a lo largo del próximo año. Sin embargo, existen varias tecnologías específicas que entrañarán más cambios en los próximos cinco años que los producidos en los veinte años anteriores. ¿Cuáles son esas tecnologías que, a su vez, constituyen el nexo de unión de nuestro último libro sobre la nube (Joyanes, 2012), y éste que lee ahora relativo a Big Data.

Coincidimos con Gartner en que las cuatro grandes tecnologías de futuro son: *cloud computing, social media, movilidad* y *Big Data;* estas cuatro tecnologías convergen en un nexo de unión, la *consumerización.*

Figura 13.1. El nexo de la fuerza. Fuente: Consultora Gartner. Tendencias tecnológicas para 2013.

La aceleración en la adopción de la nube está permitiendo a las organizaciones acceder a servicios y funcionalidades impensables de otra forma y circunstancias. Asimismo, la nube trae oportunidades en agilidad, costes, reducción de la complejidad, flexibilidad, cualidades que redundan en un valor añadido a las empresas.

La *movilidad* define cada día más, no solo las relaciones sociales, sino el entorno del cliente en las empresas donde la experiencia del usuario se vuelve vital. La tendencia BYOD, soporte de la *consumerización* universal de las TI, que facilita el uso de dispositivos móviles propios de los empleados -adquiridos personalmente o con la ayuda o financiación de la empresa-

estará aumentando la potencialidad de la empresa, además de contribuir a mejoras de rendimientos patronales, reducciones de costes y aumento de la productividad.

Los medios sociales y sus diferentes variantes, *social media, social business y social computing,* están configurando una nueva Web interactiva donde la colaboración entre usuarios se ha convertido en el elemento central de los sitios Web, y las redes sociales, blogs, wikis son el instrumento idóneo para los usuarios y organizaciones en los aspectos sociales y en torno a esta nueva realidad social.

Big Data se refiere a la información y su análisis, procedente de fuentes diversas internas y externas de la organización y tipos de datos estructurados, no estructurados y semiestructurados. El tratamiento de grandes volúmenes de datos está llevando a las empresas a realizar muchos cambios en sus métodos tradicionales. Es necesario reconsiderar el concepto de *data warehouse* empresarial (EDW, *Enterprise Data Warehouse*). Los grandes volúmenes de datos contienen toda la información necesaria para la toma de decisiones, y se recomienda moverse hacia sistemas múltiples de información que incluyen la gestión de contenidos, *data warehouses, data marts* y sistemas especializados de archivos, unidos a los servicios de datos y metadatos, que se convertirán en la "lógica" de la empresa de almacenamiento de datos.

El nexo de fuerzas describe la convergencia y mutuo reforzamiento de las cuatro tendencias fundamentales e interdependientes ya citadas. Las fuerzas se combinan e interactúan entre sí para proporcionar una tecnología ubicua que "llega al usuario" con una *consumerización* de TI. Aunque estas fuerzas convergentes son de por sí innovadoras y disruptivas, juntas están revolucionando los negocios y la sociedad, alterando los viejos modelos de negocio y la creación de nuevos líderes. Como tal, el *nexo de fuerzas es la base de la plataforma de la tecnología del futuro.*

En la tecnología acuñada del *nexo de fuerzas*, Gartner determina las prioridades del gasto en TI, que consiste en la convergencia e integración de las cuatro tendencias, nube, movilidad, social y Big Data, amalgamadas con la *consumerización,* que creará una nueva capa de información en nuestra economía capaz de generar nuevos empleos y nuevos ingresos, que también requerirán nuevas capacidades laborales.

BYOD

Las grandes consultoras han bautizado **BYOD** (*Bring Your Own Device*) o "trae tu propio dispositivo" como la tendencia que determina la facultad de permitir que los empleados utilicen sus propios dispositivos en el trabajo o que se conecten a los sistemas y aplicaciones corporativos desde cualquier ubicación ajena a la red interna. Se trata de que los empleados utilicen para el trabajo los terminales que emplean cotidianamente y a los que, por tanto, están acostumbrados, derivando de ello una mayor productividad. Bajo el modelo BYOD, los empleados conectan sus teléfonos inteligentes (*smartphones*), computadores portátiles (*laptops)* y tabletas personales a la red corporativa para trabajar, pero también para realizar otras acciones que no necesariamente tienen que ver con su vida profesional.

¿QUÉ ES EL MOVIMIENTO BYOD?

La primera señal de que una empresa está aceptando la consumerización de las TI es la aplicación de programas BYOD, que permiten el uso de dispositivos propios de los empleados[1]. Los programas BYOD revelan que las empresas no solo toleran el uso de dispositivos de responsabilidad y propiedad del usuario, sino que también lo incentivan y promueven.

Además de la posibilidad de que el empleado utilice sus dispositivos personales, existe otra corriente, y es que las empresas puedan ofrecer a los empleados que elijan sus propios dispositivos su apoyo económico para adquirirlos, en cuyo caso ambas partes ganan. Los empleados reciben dispositivos que pueden utilizar con fines privados, y el equipo de TI de la empresa deriva parte o la totalidad del coste del hardware y del plan de datos al empleado. Además, los empleados están contentos, porque pueden utilizar sus dispositivos preferidos para trabajar de una forma flexible en cualquier lugar mientras, que el empleador está a gusto por el aumento de la productividad y la satisfacción del empleado derivado de la consumerización.

El movimiento BYOD está respaldado por tendencias como la mayor venta de teléfonos inteligentes (frente a las PC), tabletas y computadores portátiles, y la expectativa del trabajador de la generación X (o nativos digitales) que requiere y espera acceso a la información en cualquier momento y lugar, además del elevado número de particulares que desean utilizar su teléfono inteligente personal para trabajar.

¿CÓMO PUEDE EL DEPARTAMENTO INFORMÁTICO GESTIONAR Y PROTEGER LOS DISPOSITIVOS MÓVILES DE LOS EMPLEADOS?

Los departamentos de TI de los entornos consumerizados se enfrentan a una serie de desafíos relacionados básicamente con el aumento de la visibilidad y el nivel de control que debe existir sobre la infinidad de dispositivos de los que los usuarios son responsables:

- *Gestión de los dispositivos que son responsabilidad de los usuarios.*

  En este caso, la gestión tiene un doble propósito. El primero consiste en facilitar y optimizar la experiencia del usuario a fin de maximizar su motivación y productividad. El segundo pretende conseguir un cierto control de los dispositivos que son responsabilidad de los usuarios para reducir al mínimo la exposición a los riesgos de seguridad. En la mayoría de los casos, un dispositivo bien gestionado es un dispositivo más seguro.

- *Exposición de los datos corporativos confidenciales almacenados en dispositivos.*

  Existen varias maneras de que los datos corporativos confidenciales queden expuestos a terceros sin autorización. Cada año se roban millones de móviles y portátiles. Los datos confidenciales almacenados en el dispositivo deben considerarse en peligro y, en función de la naturaleza de dichos datos, es necesario informar a las autoridades de la pérdida, lo que puede costar hasta

50.000 dólares por dispositivo expuesto, además del deterioro de la reputación empresarial.

- *Filtración de datos corporativos confidenciales a través de aplicaciones para particulares.*

  Dado que los usuarios utilizan el mismo dispositivo para las tareas personales y las relacionadas con el trabajo, los datos confidenciales pueden ser fácilmente transferidos (con intención maliciosa por parte del usuario o sin ella) fuera del dispositivo, ya sea mediante correo Web, mensajería instantánea u otro canal de comunicación no corporativo.

- *Introducción de datos o software malicioso.*

  El *malware* puede entrar en la red corporativa de múltiples modos. Los dispositivos que son responsabilidad de los usuarios pueden infectarse simplemente si se navega por la Web sin protección o si se utilizan en un entorno no seguro.

VENTAJAS Y RIESGOS

El *cloud computing* hace posible que el acceso a la información y la realización de tareas se puedan llevar a cabo desde cualquier sitio con conexión a Internet. Al mismo tiempo, los dispositivos móviles se están expandiendo y sus capacidades aumentando, pudiendo ser utilizados para procesos complejos. El BYOD pretende aprovechar estas oportunidades para mejorar el rendimiento de los trabajadores y, como consecuencia, la eficacia de los procesos empresariales.

LOS HÁBITOS DE TRABAJO

El creciente uso de dispositivos inteligentes, propios del empleado o adquiridos por la empresa como acuerdo laboral, está cambiando los hábitos de trabajo de los empleados. La tecnología actual está estrechando las fronteras entre el campo profesional y el personal del empleado. Un ejemplo podría ser éste: en una tableta iPad o Android, una persona puede mostrar las fotos del cumpleaños de su hija, ver un partido de futbol, modificar una presentación para el consejo de administración y realizar transacciones bancarias. La tecnología hace que se desvanezcan las fronteras entre lo personal y lo profesional.

Ventajas

Algunas de las ventajas son las siguientes:

- La empresa puede reducir sus inversiones en nuevos dispositivos si son los usuarios quienes traen sus propios dispositivos o incluso si la empresa les ayuda en la financiación.

- Mayor flexibilidad en el trabajo, ya que el BYOD está muy ligado al teletrabajo y además la movilidad permitirá trabajar fuera de la oficina y fuera del horario laboral.
- Mayor productividad sobre la base de que cada trabajador utiliza la herramienta tecnológica que mejor se adapta a sus necesidades y gustos.

La seguridad como gran inconveniente

La seguridad, posiblemente, sea el mayor inconveniente y riesgo que trae consigo BYOD, ya que abre las redes corporativas a nuevos dispositivos no previstos en el plan de seguridad de la compañía. Los usuarios pueden exigir que la apertura de los sistemas sea completa. Estadísticas de consultoras destacan que el 81% de los usuarios estaría frustrado si tuviera que escribir su *password* cada vez que se conectase a Facebook, y casi la mitad estaría molesta si tuviera que desinstalar Spotify de su dispositivo para acceder a información corporativa.

El futuro

El BYOD pretende mejorar el rendimiento de los trabajadores y, como consecuencia, la eficacia de los procesos empresariales. La seguridad de cultura laboral, e incluso de naturaleza legal, es un tema prioritario. El modelo BYOD ayuda a las empresas a ahorrar en equipos de TI, y puede extender las horas de disponibilidad de los empleados: las empresas pueden ahorrar en recursos humanos y tecnológicos. Sin embargo, se deben considerar los costes adicionales que se han de invertir en sistemas de seguridad.

La adopción de un sistema BYOD tiene que ver también con la cultura corporativa y con los niveles de dependencia tecnológica de los empleados, ya que no solo se tratará como una tecnología, sino como un fenómeno asociado a la *consumerización*, que para el director de sistemas de información implica la adaptación de las aplicaciones e infraestructuras de las TIC corporativas.

Por otra parte, el uso creciente de la nube, y el aumento de los grandes volúmenes de datos debido a esta presencia más significativa de dispositivos móviles puede convertir los procesos de la compañía en más complejos de lo ordinario; y la necesidad de implantar tecnologías de Big Data antes de lo previsto si la compañía tiene gran número de empleados.

EL IMPULSO DEBE VENIR DE LAS COMPAÑÍAS

La implantación del BYOD no puede dejarse a la espontaneidad, sino que debe ser planificada en las estrategias de las empresas. La adopción de BYOD ha crecido y seguirá creciendo de modo espectacular en las empresas, y si bien ha disminuido costos en la compra de dispositivos móviles, también ha provocado un aumento considerable en el consumo de ancho de banda, ya que los empleados pueden ocupar la red para asuntos personales como puede ser la descarga de aplicaciones, juegos o la lectura de la prensa diaria (tareas que por otra parte siempre se han hecho, pero desde los dispositivos empresariales). Algunas actividades frecuentes que consumen ancho de banda:

- **Actualizaciones y mejoras del sistema operativo:** las compañías requieren que los dispositivos estén conectados a una computadora o red Wi-Fi para descargas del sistema operativo (OS) que llegan a pesar cientos de megabytes.
- **Descarga de aplicaciones:** más de un millón de aplicaciones están listas para acceder desde iTunes de Apple, Google Play, Blackberry Store. Una estadística fiable considera que el típico propietario de BYOD descarga más 40 aplicaciones. Las aplicaciones pueden variar en tamaño desde unos pocos megabytes a cientos de megabytes, y las actualizaciones de las aplicaciones son archivos de imagen, por lo que el impacto en el ancho de banda es esencialmente el mismo que descargar la aplicación por primera vez con cada nueva actualización.
- **Descarga de fotos y video:** las cámaras incorporadas a teléfonos inteligentes pueden sacar fotos, la mayoría en alta resolución. Cualquiera puede capturar una foto (1-3 MB) o video (25 MB-230 MB para un minuto), y subirlos rápidamente a un sitio de almacenamiento como Dropbox, iCloud, Flickr o Skydrive, compartirlos con amigos, familiares y compañeros de trabajo. De igual forma estas fotos, videos o canciones pueden ser descargadas fácilmente por compañeros de trabajo, creando un doble efecto en el ancho de banda.
- **Copias de seguridad para el almacenamiento en la nube:** los sitios de almacenamiento de información (como los citados) u otros como Amazon, Google, SkyDrive, Box.com, proporcionan cantidades elevadas de almacenamiento gratuito en la nube, y los muy "enganchados" tienen cuentas de 20, 50 o 100 GB, y pronto se hablará de discos en la nube de terabytes.

CONSUMERIZACIÓN DE TI

¿En qué consiste la *consumerización*? El neologismo *consumerización*[2] se refiere a la tendencia actual por la cual los empleados de una empresa utilizan sus dispositivos y aplicaciones de particulares para realizar su trabajo. Entre estos dispositivos se incluyen teléfonos inteligentes (*smartphones*), *laptops* y tabletas con sus propios planes de datos externos. La *consumerización* tiene un enorme impacto en el modo en que los departamentos de TI de las empresas protegen los puestos de trabajo y los datos corporativos. Es una de las consecuencias de la implantación y expansión de la tendencia BYOD junto con otros hábitos que iremos desglosando a continuación. La *consumerización* de TI (Tecnologías de la Información) es una tendencia tecnológica, más que una tecnología en sí.

Cuando los empleados traen sus propios dispositivos al trabajo (BYOD) y los utilizan para compartir archivos y datos, dentro y fuera de la oficina, a las TI le resulta difícil mantener la visibilidad y el control. Esto ha creado una tendencia nueva, denominada "*consumerización* de las tecnologías de la información (TI)", que incluye el BYOD, el uso de servicios externos basados en la nube y aplicaciones como el almacenamiento en la nube y los medios sociales. Esta tendencia se basa en una tecnología sencilla, accesible y omnipresente que permite a los usuarios trabajar en cualquier momento y lugar. Según Gartner, la consumerización de las TI será la tendencia más significativa durante los próximos diez años. Además, incluye características como gestión de dispositivos móviles, gestión de aplicaciones, protección de datos y seguridad de las TI, entre muchas otras.

Actualmente, la consumerización se reconoce en todo el sector como el inevitable movimiento en ascenso por el que los empleados de las empresas optan por utilizar los dispositivos y las aplicaciones para particulares que ellos mismos eligen para realizar el trabajo empresarial. Estos hábitos incluyen además de los dispositivos, los planes de datos externos, y su utilización masiva está provocando un enorme impacto en el modo en el que los servicios de TI de las empresas protegen los puestos de trabajo y los datos.

Esta tendencia, claramente generalizada, está transformando rápidamente el modo en el que funcionan y funcionarán en el futuro los entornos de TI corporativos. Si bien aún existen directores de TI empresariales que no se refieren a los elementos que cumplen estos criterios con el término *consumerización*, la mayoría los ha experimentado y se ha planteado las implicaciones que puede conllevar el uso masivo de dispositivos personales en el lugar de trabajo:

La mayoría de los usuarios actuales tienen acceso a sistemas informáticos potentes y a Internet de alta velocidad en el hogar. Aplicaciones de redes sociales como Facebook, Twitter y FourSquare forman parte de sus vidas cotidianas. Por este motivo, a medida que la tecnología desempeña una función cada vez más importante en la vida personal de todo el mundo, los usuarios se acostumbran a la potencia y la comodidad de las aplicaciones Web 2.0 para particulares, a la flexibilidad del intercambio de datos con almacenamiento basado en la nube, al correo Web y a la conectividad a Internet disponible en cualquier ubicación, en cualquier momento y con cualquiera de los dispositivos particulares.

Este movimiento está transformando a toda velocidad el modo de trabajar de empleados y empresas. Aunque no todos los directores de TI empresariales se refieren a esta tendencia al alza como *consumerización*, la mayoría de ellos ya se han enfrentado a los retos que presenta. Las implicaciones del extendido uso de dispositivos personales en el lugar de trabajo están forzando cambios en las filosofías y prácticas de los profesionales de TI. La consumerización ha transformado muchas oficinas en entornos donde los empleados pueden llevar sus propios dispositivos.

A causa del meteórico ascenso de los dispositivos móviles personales de gran capacidad se está produciendo un cambio significativo en el panorama de los dispositivos informáticos de clientes y en el acceso a los datos corporativos. El portátil clásico (Windows o Mac) suministrado por la empresa ya no es la única opción para los empleados. Ahora, los miembros de la plantilla consultan el correo electrónico (tanto el personal como el del trabajo) mediante teléfonos inteligentes y dispositivos móviles que también permiten acceder a las aplicaciones CRM para tabletas, además de almacenar datos corporativos en sus portátiles y miniportátiles.

La consumerización es la tendencia TIC que se refiere al uso de dispositivos personales para acceder a sistemas de la empresa.

EL METEÓRICO ASCENSO DE LOS DISPOSITIVOS MÓVILES PERSONALES

Se está produciendo un cambio significativamente innovador en el panorama de los dispositivos informáticos de clientes que acceden a las aplicaciones de TI. El equipo portátil empresarial que suministraba la empresa hasta ahora ya no es el estándar a seguir. Ahora, los usuarios consultan el correo electrónico (tanto el personal como el del trabajo) mediante teléfonos inteligentes (*smartphones*) y dispositivos móviles que también permiten acceder a las aplicaciones CRM para tabletas, además de almacenar datos corporativos en sus portátiles y miniportátiles. Estos dispositivos diseñados y comercializados principalmente para particulares presentan un ciclo de vida mucho más breve, lo que deriva en un nivel de rotación de dispositivos significativamente superior.

A las compañías se les plantea una nueva problemática: antes tenían control total sobre los equipos -preferentemente, computadoras- que accedían a información sensible al negocio; no se trata solo de traer el dispositivo a la empresa, sino también de que los usuarios llevan sus preferencias como a todo: la nube, los accesos, servicios, aplicaciones, etcétera. Se ha expandido la oficina. Podemos trabajar en forma virtual, no estamos físicamente en un lugar. El escritorio virtual se está convirtiendo en la tendencia más sobresaliente. A eso se suma la movilidad. Con el trabajo remoto, además, se pierde la comunicación visual. El video pasa a ser un elemento que reconstituye esa comunicación que es muy importante para la comunicación humana.

Los cuatro pilares que soportan el paradigma de la consumerización son: *BYOD, la movilidad, los medios sociales y la computación en la nube*, todos ellos integrados en la tendencia *Big Data*.

¿CÓMO PUEDE BENEFICIARSE SU EMPRESA DE LA CONSUMERIZACIÓN?

Los beneficios empresariales[3] derivados de poner los datos y las aplicaciones empresariales a disposición de los trabajadores móviles resultan evidentes:

- La consumerización mejora la productividad de los empleados que trabajan a distancia.
- Se consigue una mayor satisfacción del cliente.
- Se obtienen mayores tasas de retención de empleados con talento.
- Se reducen los costes de TI en operaciones y licencias de hardware y software.

Las empresas pueden beneficiarse del BYOD y la consumerización si aplican una estrategia que reduzca los riesgos de seguridad, la exposición financiera y la complejidad de la gestión. Esta estrategia ayudará al equipo de TI a contrarrestar los riesgos de esta tendencia con las ventajas de la consumerización a través de una infraestructura de soluciones y un programa BYOD que permitirá al equipo de TI:

- Recuperar la visibilidad y el control mediante la gestión de los datos de la empresa y la limitación de la responsabilidad sobre los dispositivos personales.
- Compartir datos corporativos de forma confidencial con acceso seguro, copia de seguridad y uso compartido de archivos.
- Proteger los datos independientemente de su ubicación con una seguridad capaz de identificar el contexto.

EL INFORME DE ENISA SOBRE LA CONSUMERIZACIÓN EN LAS EMPRESAS

La Agencia Europea de Seguridad de las Redes y la Información (European Network and Information Secury Agency, ENISA) ha publicado, a primeros de enero de 2013, un informe sobre la consumerización[4] en las empresas y los problemas y ventajas que están afrontando algunas organizaciones por el uso de dispositivos privados dentro del seno de la empresa. El informe trata de señalar estrategias para mitigar riesgos ante la proliferación de dispositivos y aplicaciones de usuarios en las organizaciones.

Esta tendencia da lugar a la necesidad por parte de las organizaciones de facilitar que cualquier empleado pueda conectar su teléfono inteligente o tableta a la red corporativa, con el sistema BYOD. La elección por parte de los empleados de una organización de su propio dispositivo móvil, a su vez configurado con sus propias aplicaciones, y utilizado en su entorno de trabajo diario, puede suponer en ocasiones un riesgo para garantizar la seguridad corporativa. Por ello, ENISA ha elaborado este informe que recoge las diferentes políticas de seguridad que se pueden implementar en las organizaciones, y en orden a minimizar los riesgos derivados de esta proliferación de dispositivos personalizados.

La elección por parte de los empleados de su propio dispositivo, configurado con sus propias aplicaciones y utilizado en el entorno laboral puede dar lugar a problemas de seguridad que la empresa debe saber cómo manejar. En este informe se tratan las distintas políticas que se deben imponer para no correr riesgos. Los principales problemas de seguridad identificados por la Agencia son el posible ataque a una mayor diversidad de tipos de dispositivos utilizados y no administrados en el entorno de la empresa, la pérdida de datos como resultado de la difusión de información no autorizada a través de estos dispositivos o la no administración de forma adecuada de dichos dispositivos.

Bastará con tener las debidas precauciones en el manejo de la información, sobre todo los archivos de datos personales para asegurarnos el cumplimiento de la LOPD (Ley Orgánica de Protección de Datos de España, o equivalente en los restantes países). Por lo demás, si tenemos un portátil bastará con que tengamos un usuario y una sesión para el trabajo de empresa para facilitar la separación del ámbito personal y profesional. Lo mismo ocurre con el caso de tabletas o teléfonos móviles. En este caso, ni siquiera se discute. Si somos más productivos con nuestros propios equipos, se trabaja con ellos sin mayores problemas. Es una ventaja competitiva respecto a las grandes empresas, con estructuras más rígidas que las PYMES, y que éstas no pueden desaprovechar. Además facilita el trabajo con sistemas heterogéneos. Es indistinto que usemos Mac, Windows o Linux, pero también iOS o Android, lo importante es que nos sintamos cómodos con la herramienta y que nos permita sacar adelante nuestro trabajo lo más rápido posible. Si además trabajamos con aplicaciones en la nube, la cuestión carece todavía más de importancia.

CROWDSOURCING

El *crowdsourcing* (externacionalización por multitudes o también externalización pública) es un nuevo modelo de negocios que muchas organizaciones y empresas están utilizando en los últimos años como una alternativa a la externalización típica que ofrecen las empresas para realizar proyectos que no pueden llevar a cabo con sus propios recursos físicos o humanos. Propone problemas y recompensas a quienes solucionen el problema en cuestión.

La externalización pública intenta sustituir los contratos selectivos y la formación específica de fuerzas de trabajo mediante la participación masiva de voluntarios y la aplicación de principios de auto organización. El *crowdsourcing* es la acción de externalizar tareas o actividades tradicionalmente realizadas por empleados, ingenieros, científicos de la misma empresa u organización hacia comunidades externas mediante convocatorias públicas, normalmente por la Red. En la externalización ordinaria se envían los trabajos a empresas para abaratar costes en mercados más económicos, como los países asiáticos o de la Europa Oriental; en la externalización pública se proponen problemas a resolver y recompensas a las soluciones, y en la que pueden participar especialistas, grupos de investigación, grupos de profesionales, de forma colectiva o individual aprovechando las herramientas 2.0

El término *crowdsourcing* viene del inglés *crowd* (multitud) y *outsourcing* (externalización), que se podría traducir al español como colaboración abierta distribuida o por multitudes, consistente en externalizar tareas que tradicionalmente realizaba un empleado o contratista a un grupo numeroso de personas o una comunidad, a través de una convocatoria abierta. El término fue acuñado por Jeff Howe, en junio de 2006, en un artículo de la revista *Wired*, "The Rise of Crowdsourcing" ("El ascenso del *crowdsourcing*"). Howe explica que, debido a los avances tecnológicos que han permitido el consumo de electrónica a bajo coste, la diferencia entre profesionales y aficionados ha disminuido. En consecuencia, las empresas pueden aprovechar el talento de la gente, por eso Howe afirma que: "no es la externalización (*outsourcing*), es el *crowdsourcing*".

El *crowdsourcing* es un modelo distribuido de producción y resolución de problemas. Normalmente la resolución de los problemas se proponen a un grupo desconocido y colectivo de especialistas o expertos en forma de convocatoria pública abierta que lleva aparejada la obtención de premios o recompensas una vez resuelto favorablemente el problema de modo individual o colectivo. Este concepto depende esencialmente del hecho de que, debido a que es una convocatoria abierta a un grupo indeterminado de personas, reúne a los más aptos para ejercer las tareas, para responder ante problemas complejos y contribuir aportando las ideas más frescas y relevantes.

CASOS DE ESTUDIO

Existen numerosas empresas que han recurrido y seguirán recurriendo a proyectos de *crowdsourcing*, tales como Boeing, Dupond, Netflix, que han buscado soluciones a sus problemas de forma masiva a través de iniciativas como InnoCentive (Procter and Gamble), iStockphoto (más de 30.000 fotógrafos aficionados), Portucuenta.com (programadores). Otras empresas que utilizan este método: Sony, Vodafone, Toys R Us, Seur, Telepizza y decenas de PYMES y *startups*. Sin embargo, vamos a comentar algunos casos de estudio que han tenido resonancia internacional[5]:

InnoCentive

Es una compañía fundada por la empresa farmacéutica Lilly, una compañía de "innovación abierta" que acepta propuestas para la resolución de problemas de I+D en un amplio abanico de campos como la ingeniería, las TI, matemáticas, física, químicas, etcétera. Esta compañía se ha convertido en una plataforma de *crowdsourcing* para la resolución de proyectos. Algunos clientes de Innocentive son: Boeing, Procter & Gamble, Nestlé.

iStockphoto

Es una plataforma de *crowdsourcing* que se ha especializado en el sector del entretenimiento de la fotografía. Es un sitio Web que permite a fotógrafos profesionales y aficionados, ilustradores, cámaras de vídeo, subir sus trabajos cuando son comprados o descargados. Tiene disponibles el sitio más de 1,5 millones de fotografías. También pueden realizar trabajos colectivos por encargo o mediante convocatoria pública.

Netflix

Esta compañía, número uno en los Estados Unidos, en la comercialización *online* y en *streaming*, de vídeos, películas, series de televisión, y con presencia en Latinoamérica y algunos países de Europa, es responsable de uno de los casos de estudio más innovadores y espectaculares de *crowdsourcing*. En octubre de 2006, convocó un concurso público con el objeto de conseguir un algoritmo cuya implementación en el sitio Web, permitiera mejorar la oferta de sus productos, y que esa solución le supusiera un aumento de la productividad, y requería un aumento de al menos un 10% en capacidad de recomendación a los clientes.

Este caso tuvo gran resonancia porque la prestigiosa revista *Forbes* del mundo de los negocios, recogió el resultado del concurso público de multitudes. La razón fundamental, además de la innovación tecnológica que suponía el proyecto, era que se ofrecía un premio de 1.000.000 de dólares a la persona, grupo profesional, de investigación que realizara el citado algoritmo.

CROWDFUNDING

Según la enciclopedia Wikipedia, el término *crowdfunding* se refiere a la financiación en masa o la microfinanciación colectiva, incluso también se suele denominar *micromecenazgo*; es decir, la cooperación colectiva llevada a cabo por personas que crean una red para conseguir dinero u otros recursos. En estos proyectos se suele utilizar Internet para financiar esfuerzos e iniciativas de otras personas u organizaciones, y el concepto es muy sencillo: una persona o grupo que busca inversores establece un perfil en sitios de *crowdfunding* como Kickstarter, Indiegogo o AngelList, y a continuación describe en detalle el proyecto por el que está o están solicitando fondos. Tras hacerlo, cualquier persona o institución con acceso a la Red se puede convertir en un posible socio, inversor o simplemente donante.

El proceso de invertir pequeñas cantidades en empresas que están naciendo no es nuevo, el *crowdfunding* difiere de los modelos de financiación tradicionales en su componte social, ya que utiliza preferentemente los medios sociales como espina dorsal del proyecto. Aparecen nuevos modelos de financiación de empresas innovadoras y de apoyo a emprendedores para revertir la situación actual sobre todo en la época de crisis económica en que vivimos.

Aunque el proceso de invertir pequeñas cantidades en empresas que están naciendo no es nuevo, el *crowdfunding* difiere de los modelos de financiación tradicionales porque tiene un fuerte componente de red social que es la cooperación colectiva, llevada a cabo por personas que realizan una red para conseguir dinero u otros recursos, se suele utilizar Internet para financiar esfuerzos e iniciativas de otras personas u organizaciones. Este método puede ser usado para muchos propósitos, desde artistas buscando apoyo de sus seguidores, campañas políticas, financiación del nacimiento de compañías o pequeños negocios.

El *crowdfunding* está ayudando al nacimiento de nuevas empresas, muchas de ellas relacionadas con el sector de TI. Según *Forbes*[6], en 2011, movió un total de 1.500 millones de dólares, pero es una cifra que se esperaba doblar el año 2012; también, a lo largo del año 2013 como un medio de financiación de proyectos innovadores. Su objetivo es financiar la puesta en marcha o la expansión de una actividad mediante la aportación colectiva de fondos recaudados a través de la Web.

Se diferencia de otros mecanismos tradicionales de financiación en que en los proyectos de financiación ordinarios, el retorno para el inversor es puramente económico, mientras que en los inversores de *crowdfunding* el retorno se mide de diferentes formas: contraprestaciones físicas, entrega de productos, acciones, y en algunos casos, las inversiones se suelen hacer a fondo perdido, si no hay beneficios para el proyecto. Los incentivos para los inversores son muy variados y van desde productos materiales o capitalización hasta entrega de los productos o resultados obtenidos (libros, canciones, fotografías, artículos diversos, ropa, etcétera).

Las plataformas de *crowdfunding* están facilitando la creación de nuevas empresas innovadoras a lo largo y ancho del mundo gracias a la creación de nuevos modelos de financiación que está produciendo grandes emprendedores en entornos tecnológicos especialmente, pero también en ambiente culturales, deportivos, industriales. *Kickstarter* es seguramente la plataforma más conocida en el mundo y creadora de numerosos proyectos a nivel nacional e internacional.

CARACTERÍSTICAS DEL *CROWDFUNDING*

Existen varios tipos de *crowdfunding:*

- **Donación:** los inversores hacen una donación financiera sin recibir un retorno tangible a cambio.
- **Recompensa:** los inversores hacen una donación que tiene un retorno o recompensa.
- **Pre-compra:** la contribución financiera es básicamente una compra por adelantado del producto o servicio.
- **Equidad:** los inversores reciben un interés relacionado con las ganancias del negocio que están ayudando a financiar.

Los beneficios del *crowdfunding* son claros: herramienta de emprendimiento con medios de inversión, de financiación y el uso de las redes sociales como soporte para la puesta en marcha del proyecto. Los riesgos también son elevados, principalmente, la posible estafa a los inversores, para los cuales los especialistas recomiendan que si bien ninguna inversión está libre de riesgo, es preciso que cualquier proyecto de *crowdfunding*[7] al igual que sucede con cualquier proyecto empresarial tenga un plan de negocio y unas condiciones claras de inversión.

Sin embargo, también hay un riesgo importante en el *crowdfunding*, y es que los inversores sean estafados. Aunque ninguna inversión está libre de riesgo, detrás de cualquier empresa, o proyecto de nuevo cuño debe haber un plan de negocio, y hay que establecer claramente las condiciones de inversión. Teniendo esto claro, las partes no se sentirán engañadas.

La peculiaridad de los proyectos de *crodwfunding* está haciendo que las legislaciones de algunos países tengan que ser modificada para adaptar los proyectos de financiación colectiva a los proyectos ordinarios tradicionales.

El *crowdfunding* está ayudando al nacimiento de nuevas empresas, muchas de ellas relacionadas con el sector de TI; Como ya se ha comentado, *Forbes*, en 2011, anunció que el sector movió un total de 1.500 millones de dólares, cantidad que en 2012 ha sido doblada, y se espera crezca, como mínimo, en estos porcentajes en los años siguientes.

CASOS DE ESTUDIO DE *CROWDFUNDING*

Goteo.org

Goteo es una red social de financiación colectiva (aportaciones monetarias) y colaboración distribuida (servicios, infraestructuras, microtareas y otros recursos) desde la que impulsar el desarrollo autónomo de iniciativas creativas, proyectos culturales o de impacto social, que contribuyan al desarrollo del conocimiento libre y/o el código abierto. Es una iniciativa gestionada por la Fundación Fuentes Abiertas, entidad sin ánimo de lucro, creada por Platoniq, organización internacional de productores culturales y desarrolladores de software, centrada en la producción y distribución de la cultura *copyleft*.

Verkami

Plataforma de *crowdfunding* dirigida a creadores independientes que buscan financiación para materializar sus ideas.

Kickstarter

En la actualidad, es la plataforma de *crowdfunding* más grande, popular y conocida a nivel internacional. Con sede en los Estados Unidos, esta iniciativa se puso en funcionamiento en el año 2009, y su crecimiento ha sido exponencial. En la actualidad tienen una media de 2.200 proyectos activos por mes, y desde su inauguración ya han acogido más de 71.500 proyectos, recaudando en torno a los 363 millones de dólares. Su ratio de éxito supera el 44%, por lo que en menos de cuatro años han conseguido unos 306 millones de dólares para proyectos de carácter cultural o creativo. Sus donantes suelen aportar una media de 25 dólares por proyecto, pero en algunos de ellos la cifra media se ha situado en torno a los 70 dólares, puesto que existe bastante disparidad entre las necesidades recaudatorias de los diferentes proyectos que albergan.

Lánzanos (www.lanzanos.org)

Lánzanos es una plataforma de *crowdfunding* que empezó a operar a finales del año 2010, y que desde su puesta en marcha se ha convertido en un referente en España, habiendo promovido más de 1500 proyectos desde que iniciaron sus actividades. Los proyectos que albergan son siempre de carácter cultural y tecnológico, entre los que destacan los videojuegos y programas informáticos. A su vez acogen proyectos de carácter solidario.

En diciembre, Lánzanos firmó su primer acuerdo de *cobranded* con Universia (una red de universidades españolas y latinoamericanas (más de 700) patrocinada por el banco Santander), implementando en su Web una sección de *crowdfunding* propia, bajo la insignia *by powered Lánzano,* que ofrece a universitarios, docentes e investigadores la posibilidad de usar Lánzanos para financiar sus proyectos.

Riot Cinema

Es una pequeña productora audiovisual independiente nacida en Madrid en el año 2008. Uno de los proyectos más conocidos que han lanzado, y sin duda también uno de los más ambiciosos, es la película *El Cosmonauta*[8] (http://www.elcosmonauta.es). Puesta en marcha en el año 2009, es pionera en España, al ser la primera película de largo metraje que se pretende financiar (sino total, parcialmente) vía *crowdfuding*. El presupuesto total al que se aspira es de 860.000 euros, para ello desde Riot Cinema diseñaron una plataforma propia de microfinanciación que complementaron con una campaña en Lánzanos.

RESEÑA HISTÓRICA[9] DE *CROWFUNDING*

El criterio de *crowdfunding* tiene como precedentes las_donaciones. Wikipedia considera que uno de los pioneros de *crowdfunding* fue el grupo británico de rock *Marillion*, cuya gira por los Estados Unidos en 1997, fue financiada gracias a sus donaciones y a raíz de una campaña del grupo en Internet. La corriente de financiaciones para proyectos culturales, educativos, artísticos continuó en los años sucesivos, pero en 2009, con el nacimiento de la plataforma Web Kickstarter, en los Estados Unidos, cuando se puede considerar el nacimiento del moderno movimiento.

En España, en diciembre de 2010 nacieron las plataformas Lánzanos y Verkami que adaptaron el modelo de Kickstarter para creadores del país. En noviembre de 2011, surgió otra plataforma llamada Goteo, con el objetivo de conseguir recursos a cambio de donaciones, creación de bienes comunes, etcétera.

En Latinoamérica, la enciclopedia Wikipedia se decanta por el documental *La Educación Prohibida* como el primer proyecto audiovisual terminado y estrenado que usó este sistema de financiamiento. Fue financiada en su totalidad con un modelo donde los aportantes se convirtieron en coproductores, recibieron un certificado oficial y aparecen en los créditos finales de la película.

GAMIFICACIÓN/LUDIFICACIÓN

La *gamificación* (*gamification*) o *ludificación*[10] se refiere a la aplicación de dinámicas y mecánicas de juego a ambientes no lúdicos con el fin de lograr un determinado objetivo. La *gamificación* supone llevar la teoría y el diseño de los juegos a las aplicaciones para hacerlas más atractivas y adictivas. La teoría de juegos es un área de las matemáticas que estudia diferentes modelos en el comportamiento estratégico de jugadores.

Los primeros investigadores de la teoría de juegos fueron John Von Neumann y Oscar Morgenster, aunque la primera referencia al término gamification[11] data de 1980. Fue utilizado por Richard Barlow durante el desarrollo del primer Multi User Dungeon -juego de rol *online*-, aunque es a partir de 2010, cuando comenzó a ganar popularidad. Aunque pueda parecer una moda pasajera, pero creemos que es una tendencia consolidada. Los datos siguientes confirman la tendencia.

La *gamificación* puede incrementar las ventas, la colaboración y el intercambio de información entre empleados y socios (*partners*) así como para aumentar la satisfacción de los clientes. La *gamificación* impulsará las ventas y el servicio al cliente. Un estudio de la consultora Gartner considera que en el año 2015, un 70% de las empresas del ranking *Global 200* de *Forbes* habrán incorporado un proceso de *ludificación* en alguno de sus departamentos, y tendrán al menos una aplicación basada en la nube que emplee la teoría de los juegos para influir en el comportamiento del empleado o del cliente.

Estas técnicas consisten en la aplicación del diseño de juegos digitales a ambientes no lúdicos tales como los negocios y los desafíos de impactos sociales. Los videojuegos son la forma dominante de entretenimiento de nuestro tiempo, y ya son herramientas poderosas para motivación del comportamiento. Los juegos eficientes potencian tanto la psicología como la tecnología, en formas que pueden ser aplicados externamente a entornos inversivos de los propios juegos.

Es también una práctica de negocios que ha explotado en los últimos dos años. Las organizaciones están aplicando estas técnicas en áreas tales como el marketing, recursos humanos, mejora de la productividad, sostenibilidad, formación, salud y bienestar, innovación y compromiso con el cliente. La aplicación de los conceptos y técnicas de diseños de juegos están estrechamente relacionadas con las técnicas de motivación y diseño eficiente entre los cientos de millones que los utilizan.

¿DÓNDE UTILIZAR LA LUDIFICACIÓN?

La *gamificación* puede aplicarse en cualquier ambiente, desde el sector público hasta el sector privado. Ofrece a las organizaciones una vía para mejorar su modelo de negocio. La clave para lograrlo está en que se aplique bien. Organizaciones y empresas la utilizan para todo tipo de proyectos centrados en empleados, consumidores o las propias compañías. En el caso de los empleados, se puede usar dentro del seno de la propia empresa para motivarlos o para lograr una mayor implicación corporativa, o un aumento de la productividad en su horario laboral. También se puede utilizar *gamificación* con fines sociales para lograr que los ciudadanos se sensibilicen con temas a los que no prestan demasiada atención.

VENTAJAS DE LA GAMIFICACIÓN

Ángel Cano[12], CEO de una empresa española centrada en el desarrollo de proyectos de *gamificación*, considera que sus ventajas son:

Aumenta la visibilidad y el reconocimiento de marca: con la *gamificación* se ofrece al usuario un proyecto nuevo, que además le entretiene. Por otra parte, al participar, el usuario consigue puntos y supera a sus contrincantes, lo que les motiva a seguir y compartir sus logros. Esta suma de factores se traduce en viralidad para el proyecto y la empresa porque a los usuarios les gusta compartir lo que les divierte y les gusta aún más regodearse de sus logros o de alcanzar un puesto digno dentro de un ranking.

Mejora el posicionamiento de la organización: al usar la técnica de la *gamificación*, la corporación se posicionará como empresa innovadora dentro de su sector. Es una técnica nueva que todavía no es utilizada por demasiadas empresas y, por ello, utilizarla antes de que se popularice, ayuda a posicionar a la compañía como líder, en lo que a innovación se refiere, dentro de su ámbito de negocio. Aprovechará para captar y enganchar/retener a los usuarios adelantándose su competencia.

RESUMEN

- Las cuatro tendencias tecnológicas de mayor impacto en 2013 son: la nube (*cloud*), movilidad, medios sociales (*social media, social business*) y Big Data.
- La consultora Gartner acuña el término "nexo de las fuerzas" para mostrar la convergencia de las cuatro tecnologías anteriores y su integración en la consumerización de TI.
- **BYOD** (*Bring your own device*, Trae tu dispositivo) es la nueva tendencia existente en las empresas por la cual los empleados utilizan sus dispositivos móviles personales en los sistemas de la empresa.
- BYOD está dando origen al nacimiento de la tendencia de *consumerización* de las TI.
- BYOD y la *consumerización* ofrecen grandes beneficios para las empresas y sus trabajadores, aunque también ofrecen riesgos, especialmente de seguridad.
- ENISA, la agencia europea de seguridad ha publicado en enero de 2013, un informe sobre *consumerización.*
- El *crodwsourcing*, externalización pública o de multitudes, es un modelo de negocio que constituye una alternativa a la externalización típica que ofrecen las empresas a la realización de proyectos que no pueden llevar a cabo con sus recursos físicos o humanos; y por lo tanto, son realizados por colectivos externos a la empresa a través de la Web, normalmente.
- El *crowdfunding* es una variante del *crowdsourcing*, y consigue financiación o microfinanciación colectiva para la realización de proyectos. Existen diferentes tipos de modelos: donación, recompensa, precompra y equidad.
- La *gamificación* o *ludificación* es la aplicación de dinámicas y mecánicas de juegos a ambientes no lúdicos con el fin de lograr un determinado objetivo.

RECURSOS

- *Estudio sobre Comercio Electrónico B2C 2012*, elaborado por el Observatorio Nacional de las Telecomunicaciones y de la Sociedad de la Información (ONTSI), de España. En el informe se realiza un estudio sobre la difusión de *crowdsourcing* (financiación colectiva). Disponible en: <bit.ly/RMutfB>.
- Estudios de BYOD realizados por las empresas CISCO, Dell, Trend Micro, Forrester.
- NUBISON (Chile). *Estudio de movilidad en las empresas en Latinoamérica*. Disponible en: <http://www.nubison.cl/movilidad_empresa_estudio_eme.php>.
- *Consumerización de TI. Gestión y protección del entorno de TI empresarial consumerizado. Trend Micro, 2011.* Disponible en:

<http://la.trendmicro.com/media/wp/consumerization-of-it-whitepaper-es.pdf>.

- Universidad de Pensilvania: "Curso gratuito de Gamification en la plataforma virtual Coursera". Disponible en <http://www.coursera.org/course/gamification (VIP)>.
- Taller "Gamificación: dinámicas de juego para la empresa creativa". Disponible en: <http://pinterest.com/CulturaVisual/taller-gamificacion-dinamicas-de-juego-para-la-emp/>.
- Compañías líderes de *gamificación* son Badgeville, BunchBall, Crowdfactory, Gamify.it, Hoopla, Kudos, ObjectiveLogistics y Rypple (propiedad de www.salesforce.com). En español dos sitios Web muy recomendables son:
- **Game Marketing:** es el primer sitio en español especializado en *gamification*, repositorio de casos de éxito, mecánicas de juego y facilitador para su adopción por profesionales del marketing y emprendedores.
- **Gamificacion.com:** es un sitio Web impulsado por Canales Corporativos, una consultora de *social media* y comunicación experta en *gamificación* y *gaming*.
- **The News of Forces:** Social, Mobile, Cloud and Information. Consultora Gartner (febrero 2013): Disponible en: www.gartner.com/technology/research/news-of-forces.
- En el portal www.crowdacy.com, se puede encontrar una guía completa de plataformas Crowdfunding en España.

NOTAS

---

1 "Seguridad empresarial. La consumerización de los servicios de TI", en *Trend Micro*, julio 2011. Disponible en: <http://www.trendmicro.es/media/wp/wp-consumerizaton-of-ent-mobility-es.pdf>.

2 Ibid, p. 2.

3 Ibid, p. 4.

4 "Consumerization of IT: Risk Mitigation Strategies and Good Practices". El informe está disponible para su descarga completa en el siguiente enlace: <http://www.enisa.europa.eu/activities/risk-management/evolving-threat-environment/COITMitigationStategiesPublishedVersion.pdf>.

5 Rubén Lozano: "Inteligencia Colectiva". Asignatura de Gestión del Conocimiento, de Ingeniería de Organización Industrial de la Universidad Pontificia de Salamanca, enero 2013.

6 El 8 de mayo de 2013, Forbes ha publicado su lista de "Top 10 crowdfunding".

7 *Guía del crowdfunding* (en español). Disponible en: <http://bit.ly/xxRvhG>.

---

[8] El 18 de mayo de 2013 se ha estrenado la película "El Cosmonauta", la primera película española financiada por *crowdfunding* mediante aportaciones de 4.600 personas.

[9] Pau Arlandis Martínez, en 2011, estudiante de la Universidad Politécnica de Madrid, publicó un excelente video: *Crowdfunding. Una historia sobre el futuro*. Disponible en: <http://www.slideshare.net/RealGensin/crowdfunding-una-historia-sobre-el-futuro>. Notas de la presentación disponibles en: <http://bit.ly/oA9bm5>.

[10] La Fundación Fundéu BBVA que tiene el apoyo de la RAE (Real Academia Española) opta por el término "ludificación" para traducir el término *gamification* en lugar de "gamificación", y justifica su propuesta en: <http://www.fundeu.es/recomendaciones-L-ludificacion-mejor-que-gamificacion-como-traduccion-de-gamification-1390.html>. Las razones se basan en que los derivados de *juego* se forman a partir de la raíz latina ludus (lúdico, ludoteca, ludópata).

[11] En España, en septiembre de 2012, se realizó en Valencia el "Primer Congreso de Gamification". Disponible en: <http://www.gamificationworldcongress.com/>.

[12] José Ángel Cano (www.wonnova.com). Disponible en: <http:// www.webpositer.com/gamificacion-atraer-y-retener-al-usuario-como-un-juego.html>.

CAPÍTULO 14

BIG DATA EN 2020

El 2013 y los siguientes años se espera que sean aquellos del asentamiento definitivo de las tecnologías, infraestructuras y tendencias de Big Data. El término *Big Data* se popularizará primero en sectores tecnológicos, y poco a poco irá llegando a organizaciones y empresas de toda índole, y a continuación a los usuarios, como ya ha sucedido con la nube (*cloud computing*).

Unido a esta expansión, existe coincidencia casi unánime de las grandes consultoras y de los proveedores de computación e informática, sobre las cuatro grandes tendencias tecnológicas que dominarán estos próximos años y que giran todas ellas en torno a los cuatro grandes pilares: *cloud computing*, *social* (*social media*, *social business*), *movilidad* y *Big Data*. A estas tendencias se sumarán las corrientes tecnológicas ya comentadas en el capítulo anterior: BYOD, *consumerización, gamificación y crowdsourcing/crowdfunding*, reflejo de las cuatro tendencias anteriores, y en particular la expansión de los grandes volúmenes de datos.

En lo relativo a Big Data, en concreto pese a su carácter aglutinador, aparecen dos grandes ideas (*insights*). En primer lugar, la captura, almacenamiento y mantenimiento de los grandes volúmenes de datos que se generan por los usuarios y que se toman de forma selectiva de sitios Web, aplicaciones móviles, sitios de *social media*, sensores. En segundo lugar, el análisis de estos grandes datos.

Las organizaciones y empresas se comienzan a dar cuenta del valor y del poder que ofrecen los datos, pero también se enfrentan a la realidad de las limitaciones presupuestarias. Por esos han de buscar un equilibrio que les permita introducirse en estas nuevas tecnologías haciendo uso de las numerosas infraestructuras, de software propietario y de software abierto que el mercado ofrece, y que hemos glosado a lo largo del libro, y con más detalle técnico en los apéndices.

El futuro de Big Data viene marcado por las innumerables fuentes de datos que crecen de modo exponencial, a destacar de manera especial, la situación que se está produciendo en las comunicaciones de datos entre máquinas (M2M) e Internet de las cosas. Ello está dando lugar a una nueva área dentro de la analítica de datos, ya conocida como *analítica M2M*, que unido a la *analítica de Big Data*, está generando grandes oportunidades de negocio y se está convirtiendo en una herramienta muy potente para impulsar la actividad económica, y por consiguiente, los resultados económicos.

El año 2020 vendrá marcado por los 40 zettabytes que el informe "El Universo Digital", de diciembre de 2012, y centrado en Big Data, avanza serán los datos generados en la Tierra en ese año. A buen seguro, serán superadas esas expectativas.

En este capítulo final, presentaremos las tendencias de las TI de la actualidad, y de modo especial, lógicamente, Big Data como valor seguro a las estrategias empresariales.

LOS RETOS DEL FUTURO

En 2020, habrá *40 zettabytes (ZB) de información digital*, según las previsiones de IDC. Para hacernos una idea, existirán 5.247 GB por cada habitante del planeta. Esta cantidad espectacular es 50 veces mayor que la existente en el año 2010. En la actualidad, existen 2,8 ZB y el volumen de datos contenido en el universo digital no para de crecer. Las tecnologías de Big Data son las idóneas para obtener rendimiento y ponerlo en valor del gran volumen de información. Sin embargo, como revela el estudio ya citado de "The Digital Universe 2012", "Big Data, Bigger Digital Shadows and Biggest Growth in the Far East"[1] ("Big Data, sombras digitales más grandes y mayor crecimiento en el lejano Este"), patrocinado por EMC, "únicamente está siendo analizado un 0,5% del total disponible". La adopción de estos sistemas todavía es reducida, aunque crece a gran velocidad, pero el estudio identifica además tres grandes tendencias que conforman lo que IDC denomina *Big Data gap*, una brecha en Big Data.

LOS DOMINIOS DE BIG DATA SIN EXPLOTAR

IDC ha comprobado cómo la inmensa mayoría de la información con capacidad para ser analizada no se aprovecha. Hay una gran cantidad de datos, entre los que ya existen, y los que se están generando continuamente, sin clasificar ni estructurar y, por tanto, sin valor para Big Data. Los cálculos de la investigación fijan en 643 exabytes (EB), aproximadamente 0,643 ZB, la cantidad de información que habría sido aprovechable con técnicas de Big Data en 2012, siempre que hubiera sido clasificada y estructurada. Esto quiere decir que un 23% de los datos existentes hoy en día podrían utilizarse para apoyar estrategias comerciales, decidir proyectos públicos u optimizar programas globales.

Otro dato elocuente es que solo el 3% de los datos que podrían ser de utilidad está estructurado y clasificado, y mucho menor es aún la cantidad que está siendo analizada. A medida que el volumen y la complejidad del aluvión de datos corporativos aumenta desde todos los ángulos, los departamentos de TI tienen que elegir: o bien sucumben a una parálisis originada por el exceso de información o dan los pasos necesarios para sacar el máximo partido del tremendo potencial que tienen "estos torrentes de información", así se explicaba Jeremy Burton, vicepresidente ejecutivo de operaciones de producto y marketing, en EMC el día de diciembre de 2012 en que presentó el estudio.

NECESIDAD INCUMPLIDA DE PROTEGER LOS DATOS

En el año 2012, el 35% de la información necesitaba ser protegida. En cambio, solo un 20% está asegurado, aunque las medidas tomadas para cumplir esta función varían dependiendo del factor regional y la situación económica. Los países emergentes tienen los niveles de protección más bajos. IDC destaca algunas amenazas para la información que debería estar protegida y no lo está. La carencia de perfiles de seguridad se une a las malas prácticas de usuarios y organizaciones que fallan en adoptar comportamientos que tengan presente la seguridad.

Se requiere el cumplimiento de las leyes de protección de datos de los estados, y la actualización y puesta al día de las políticas de privacidad para proteger los derechos de los usuarios y de las empresas. La Unión Europea con sus continuas actualizaciones de sus directivas de Protección de Datos y Privacidad constituye un modelo a seguir no solo por sus países miembros, sino del resto de países del globo por su carácter avanzado y de protección de los derechos de los ciudadanos.

EL PROTAGONISMO DE LOS PAÍSES EMERGENTES

En estos momentos, la mayoría de la información procede de los países occidentales. IDC señala que un 51% de los datos generados actualmente tienen como origen los Estados Unidos (32%) y Europa Occidental (19%). Sin embargo, China representa ya un 13% del total, mientras que India suma un 4%. En el 2010, los países emergentes solo representaban un 23% del universo digital por aquel entonces existente. Dos años después, en 2012, este colectivo ya supone un 36%, y está previsto que para el 2020, la cuota sea del 62%. El más activo de estos estados será China, que para la fecha generará ella sola un 22% del volumen de datos a escala mundial.

LA TERCERA PLATAFORMA

En 2012, los analistas de IDC pusieron el acento en lo que denominan la *tercera plataforma*, que combina computación en la nube, dispositivos móviles con *acceso ubicuo* a la información, capacidad de almacenamiento y análisis de grandes cantidades de información, y su integración a través de las redes sociales. "La industria de las telecomunicaciones y las tecnologías de la información está en la mitad de una transformación que sucede cada veinte o veinticinco años". Se trata de un "cambio en la plataforma tecnológica que genera crecimiento e innovación en todos los niveles y a la que han llamado la "Tercera Plataforma". Dicha plataforma está construida sobre distintos elementos:

- • Dispositivos y aplicaciones móviles.
- • Servicios en la nube.
- • Redes de banda ancha.
- • Análisis de grandes cantidades de información (Big Data).
- • Tecnologías de plataformas sociales en la Web.

La primera plataforma estaba relacionada con el *mainframe*, y la segunda giraba en torno a la llegada de la PC y la arquitectura cliente/servidor. IDC augura que se está lanzando una tercera plataforma que conducirá, una vez madura, a la construcción de millones de aplicaciones inteligentes que transformarán a las distintas industrias verticales. Todo hacía pensar, afirmaba IDC, que durante 2012, los componentes de esta Tercera Plataforma (que ya existen desde hace años), irán fraguando sinérgicamente, de modo que la visión pueda cristalizar en los años subsiguientes.

A primeros de 2013, IDC vuelve a presentar sus predicciones para 2013[2] y las enmarca en los pilares: social *(social business)*, móvil, *cloud* y Big Data. El sector tecnológico estará dominado por la tercera plataforma", fundamentada en servicios en la nube, computación móvil y Big Data, y empujada por lo que conocemos como *social media*. La adopción de esta plataforma no es algo nuevo, porque ya fue anunciada en 2012, IDC no solo predice que el 2013 profundizará y acelerará su adopción, sino que advierte que las compañías que no enfoquen sus recursos en su adopción se verán en riesgo. Esta tercera plataforma se sustentará en:

- La computación móvil (movilidad), que seguirá siendo el motor de crecimiento.
- La nube se consolidará.
- El poder de los *social media* no estará solo enfocado en el mercado de consumo y el consumidor final. La importancia de crear una plataforma de conversación con clientes, proveedores y empleados sigue siendo uno de los temas principales en las discusiones del sector.
- IDC espera que el foco de crecimiento de este mercado esté fundamentado en la adopción de soluciones analíticas en la parte superior del segmento. Soluciones que le permitan a los clientes visualizar los datos que tienen y que seguirán

capturando (cada vez en mayor proporción), de una manera que haga sentido para la toma de decisiones.

ANALÍTICA M2M: ¿EL PRÓXIMO RETO PARA EL BIG DATA?

Ya desde la proliferación de sensores, chips de radiofrecuencia sin contacto, el aluvión de datos crece de un modo exponencial. Esta situación ha ido definiendo un nuevo tipo de analítica que está pasando de los laboratorios de investigación a los centros de desarrollo, la analítica de datos de máquina a máquina (analítica M2M), y que va a suponer un gran reto para las organizaciones.

Internet de las cosas hará que miles de millones de dispositivos estén conectados a Internet generando y consumiendo información (se estima que en 2020 habrá 30.000 millones de dispositivos conectados a la red permanentemente y 200.000 millones de forma ocasional). Se requieren nuevos modelos de almacenamiento y procesamiento de la información (Big Data) y mayores capacidades de procesamiento analítico de la información. Las tecnologías están ya disponibles, y las empresas capaces de implementarlas para sus clientes tendrán ventajas competitivas.

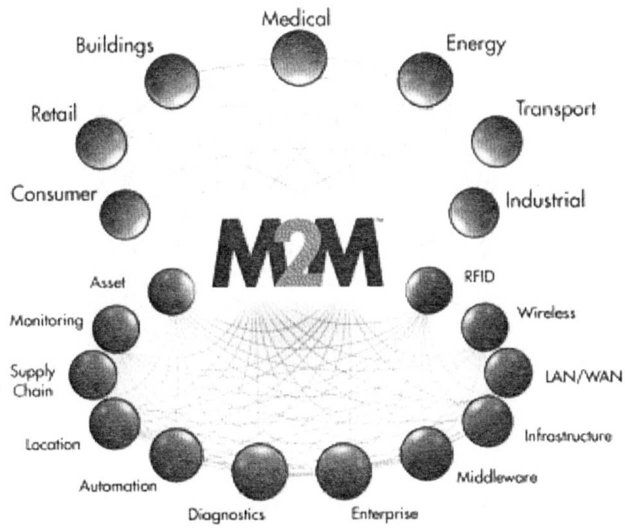

Figura 14.1. Nube M2M. Fuente: <http://www.informationweek.com.mx/networking/analitica-m2m-el-proximo-reto-para-el-big-data>.

Un reto aún mayor es la explosión de los datos máquina a máquina (M2M) que se vislumbra. Por ejemplo, los sensores inalámbricos se están volviendo elementos comunes en diferentes dispositivos industriales y para el consumidor, como máquinas expendedoras, productos para atención médica, sistemas de seguridad para hogares y parquímetros. También están cada vez más omnipresentes en la industria del transporte: por ejemplo, los trenes de alta velocidad de Japón tienen sensores que verifican la actividad sísmica, que monitorean continuamente las vías para tratar de detectar actividad sísmica inusual, y en caso de detectar actividad anormal los sensores envían un mensaje para desactivar los trenes.

Las aplicaciones M2M desempeñarán un papel importante en el futuro del Big Data, pues serán "máquinas que se comunican con otras máquinas", compartiendo información, correlacionando cosas que suceden en una zona comparada con otra, y sacando nuevas conclusiones y presentándolas a seres humanos para que tomen acciones. Evidentemente, se trata de acceder a aquello que se necesita de modo ubicuo, desde cualquier lugar del mundo, en cualquier momento y con cualquier dispositivo.

M2M: OPORTUNIDAD DE BIG DATA PARA OPERADORES MÓVILES

Con este título la revista estadounidense *Information Week*[3] publicó un artículo relativo a las oportunidades que abría el intercambio de datos M2M entre máquinas a las operadoras de telefonía. Animaba su autor a las operadoras de telefonía a aprovecharse de los beneficios que la explosión de los grandes datos les traería a sus negocios y que debían de expandir su menú o porfolio de servicios para realizar otras prestaciones además de las conocidas de transporte de datos. La conectividad se estaba convirtiendo en una comodidad (*commodity*), y suponía un valor añadido para otros servicios.

La asociación GSMA de telefonía móvil estima en 12.000 millones de dispositivos móviles conectados para 2020. Considera que además de los dispositivos electrónicos de consumo, tales como teléfonos celulares, se han de incluir una gran variedad de sensores máquina a máquina (M2M), incluyendo dispositivos para automóviles, educación, salud, administración pública, industrias. La GSMA está llevando a cabo una serie de ensayos con sensores de monitoreo de la salud. Uno de ellos ha sido realizado en pacientes cardíacos, y tenía previsto su lanzamiento en noviembre de 2013 en Barcelona[4], España. El paciente fuera del hospital recibirá un sistema de mando a distancia para controlar su situación cardíaca. Los sensores monitorean la presión arterial y otros signos vitales, y transmitirán la información de forma inalámbrica a los profesionales sanitarios. Dispositivos M2M pueden beneficiar a los pacientes también; en lugar de pasar horas en un centro médico para las pruebas de diagnóstico, pueden utilizar sensores de monitoreo dentro de sus actividades diarias. La GSMA también está realizando otros ensayos de salud en otros países, por ejemplo, centrados en pacientes con diabetes.

Las tecnologías móviles de cuarta generación LTE jugarán un papel vital en el futuro de las comunicaciones M2M también. Cada transacción M2M normalmente implica una cantidad muy pequeña de datos, pero la tecnología 4G también es esencial para gestionar el gran número de dispositivos M2M que se está conectando. El despliegue de redes LTE ya ha comenzado en numerosos países, y en los próximos años está previsto su lanzamiento comercial masivo. Ello beneficiará de modo considerable no solo a las comunicaciones personales, sino también, y de manera sobresaliente, a las comunicaciones entre máquinas.

INTERNET DE LAS COSAS (*THE INTERNET OF THE THINGS*)

Internet de las cosas es un concepto que describe cómo Internet se ampliará con elementos físicos, y cómo los dispositivos de consumo y los bienes físicos están conectados a Internet. Los elementos clave de esta idea, que se están incorporando a una gran variedad de dispositivos móviles, incluyen sensores, las tecnologías de reconocimiento de imagen y de pago NFC. Como resultado, el concepto móvil ya no se refiere solo al uso de teléfonos celulares o tabletas. La tecnología móvil está siendo incorporada en muchos nuevos tipos de dispositivos, incluyendo los envases farmacéuticos y automóviles. Los *smartphones* y otros dispositivos inteligentes no solo tienen que utilizar la red celular, se comunican a través de NFC, Bluetooth, y conexión Wi-Fi a una amplia gama de dispositivos y periféricos, tales como pantallas de reloj, sensores de salud, carteles inteligentes y sistemas de entretenimiento para el hogar. Esto permitirá una amplia gama de nuevas aplicaciones y servicios, mientras que surgirán nuevos retos.

ANALÍTICA PREDICTIVA

La analítica predictiva se encuentra en un momento candente, y gozará todavía dc más protagonismo en 2013. Existe una amplia variedad de funciones empresariales que se beneficiarían de esta tecnología, como ventas y marketing. La popularidad de las tendencias de Big Data está intensificando la importancia de nuevos canales de marketing y de negocios. Las estrategias de marketing multicanal están generando ingentes volúmenes de datos (tanto estructurados como no estructurados) que, cuando se analizan adecuadamente, se pueden emplear para dirigirse de manera más eficaz a los clientes existentes, alcanzar nuevos mercados y coordinar esfuerzos. Las compañías que exploten las posibilidades de análisis predictivo serán más competitivas y podrán predecir mejor los productos y servicios que desean sus clientes, cuáles deben ser sus acciones *online* y *offline*, y qué han de hacer para mantenerlos fieles.

ANÁLISIS DE SENTIMIENTOS

En un mundo socialmente tan conectado como el actual, cada vez es más habitual que los consumidores conozcan un nuevo producto o servicio -y comiencen a formarse una opinión sobre él- a través de una Web social o un blog. De hecho, un estudio reciente realizado por la *Harvard Business Review* reveló que más del 60% de las decisiones de compra ahora tienen lugar antes de que el comprador interactúe con el proveedor. Por ello, es tremendamente importante que las empresas sean capaces de averiguar lo que la gente opina de sus productos, servicios, iniciativas de marketing y cualquier otra área que haga referencia a su marca, de tal forma que puedan responder a estas conversaciones en tiempo real. Muchos fabricantes de *Business Intelligence* (BI) han incorporado funcionalidades de análisis de sentimientos a sus plataformas, facilitando a las compañías su capacidad para extraer información como parte de actividades las de análisis existentes. Se producirá una adopción progresiva de esta tecnología durante 2013.

¿CÓMO VA A CAMBIAR LA VIDA POR BIG DATA EN EL AÑO 2013?

Big Data se refiere a los métodos y tecnologías que ayuda a los negocios e individuos a tomar mejores decisiones, analizando los grandes volúmenes de datos, y a predecir los resultados probables. *Forbes*[5] considera que 2013 puede ser el año en que Big Data se mueva desde el campo técnico al práctico, de modo que los consumidores y ciudadanos comenzarán a ver su impacto. Algunos de los usos y costumbres de nuestra vida que se verán afectados por Big Data son:

¿Cómo gastamos?

Los grandes almacenes y comercios ofrecen grandes descuentos en ciertos días de ventas, tal como en los Estados Unidos, el *Black Friday*. Las nuevas tecnologías ayudan a las empresas a proporcionar ofertas en tiempo real a clientes basados en la fecha, hora del día y la posición de sus tiendas. A medida que las empresas utilizan Big Data para almacenar, y analizar más y más información sobre clientes y competidores, las ventas *(shopping)* se volverán más personalizadas, y la comercialización se hará más específica

¿Cómo votamos?

En las elecciones presidenciales 2012 de los Estados Unidos[6], Big Data tuvo un enorme impacto. La idea básica con la que trabajó el equipo electoral fue la de analizar las preferencias de cada votante individual en lugar de confiar en los métodos tradicionales de realizar encuestas con muestras pequeñas y extrapolando resultados.

Numerosos estudios han destacado que una de las causas más importantes en la victoria del Presidente Obama fueron las tecnologías de Big Data aplicadas para gestionar los grandes volúmenes de datos procedentes de medios sociales, fundamentalmente.

¿Cómo estudiamos?

Numerosas instituciones académicas[7] están empleando Big Data para enfrentarse a los nuevos retos educativos. La idea es asegurar que los estudiantes seleccionen los temas más adecuados para ellos en la preparación de sus clases, trabajos académicos y exámenes. El material puede ser personalizado para el estudiante basado en su interés, cursos anteriores y el medio que encuentren más fácil para aprender (video, texto, etcétera). Esto se consigue analizando las enormes cantidades de datos de los estudiantes como notas, datos en tiempo real, test. La aplicación de modelos estadísticos a cada perfil de estudiante y la comparación de resultados pueden predecir cuáles serán los más probables, y así ofrecer recomendaciones constructivas.

¿Cómo nos mantenemos sanos y saludables?

La salud ha sido un dominio especialmente difícil para la analítica debido a las innumerables restricciones regulatorias y de privacidad que impiden el uso de datos para fines de investigación. Sin embargo, la proliferación de teléfonos inteligentes y otros dispositivos de seguimiento (GPS, sensores) está cambiando rápidamente el paisaje. Ahora es posible recoger datos de las personas monitorizando su información vital 24 horas al día, creando grupos de control que se pueden segmentar por datos demográficos tales como la edad, sexo y raza. El análisis de grandes volúmenes de datos históricos y en tiempo real puede ayudar a medidas preventivas, predecir comportamiento y proporcionar analítica personal en las actividades diarias y cómo impactará todo esto en su salud.

¿Cómo mantenemos (o perdemos) la privacidad?

Las enormes cantidades de datos -especialmente de la Web y dispositivos móviles- se pueden capturar sin conocimiento o consentimiento del usuario. Sin duda es uno de los grandes problemas de los Big Data. Es preciso que se cumplan las directrices y normativas de protección de datos y de privacidad nacional e internacional. Los gobiernos nacionales y de la Red deben preocuparse de que derechos tan vitales como la protección de datos y privacidad se cumplan los más fielmente posible en todos los sitios de la Web tanto de escritorio como de móviles.

Big Data se está convirtiendo en una mina de oro enorme para las empresas, gobiernos, e incluso las agencias gubernamentales, pero también atrae a los hackers y ladrones de identidad. Issenberg[8] concluye su excelente artículo sobre Obama asegurando que en 2013 veremos cada vez mayores impactos de Big Data en otros aspectos de nuestra vida diaria tales como ir al banco, ver la televisión, o incluso vivir seguros. Los consumidores deberán ponderar el coste y beneficios antes de permitir el acceso a sus datos.

¿CÓMO BIG DATA Y *CLOUD COMPUTING* VAN A CAMBIAR EL ENTRETENIMIENTO EN EL AÑO 2013?

Einstein (David)[9] plantea en un artículo también reciente de *Forbes*, cómo desde Amazon a Walmart, las empresas están repartiéndose el mercado de rápido crecimiento del negocio de la entrega directa digital de películas en la sala de estar del hogar. El *streaming* de video en la nube y el manejo de los grandes datos están sustituyendo el negocio de los DVD y Blu-Ray.

El *streaming* de video, los nuevos dispositivos de televisión como Apple TV, los aparatos de televisión Smart TV con conexión a Internet están cambiando el modelo del mundo del cine, de la televisión y de la música.

Por estas razones, muchos de los servicios de *streaming* están invirtiendo en analítica de Big Data para ayudar a dar sugerencias y recomendaciones a los consumidores sobre las películas que podrían desear ver. Amazon suele tener una frase estándar: "Personas que compraron X también compraron Y". Iguales herramientas están utilizando los grandes estudios de Hollywood.

¿CÓMO VA A CAMBIAR LA SALUD POR BIG DATA?

La conferencia "Digital Health Summit", celebrada en Las Vegas, en la feria tecnológica CES, propone reducir costes con robots, aplicaciones móviles y el uso de Big Data. En ese sentido, Reed V. Tuckson[9], una de las grandes autoridades norteamericanas en salud pública, ha venido a decir: "La sanidad pública está al borde de la bancarrota. Es la primera preocupación de cualquier responsable político, del signo que sea. La mayoría de nosotros somos enfermos crónicos durante la mayor parte de nuestra vida. No hay sanidad pública que pueda sostener una situación así, que empeora cada día". Tuckson y otros especialistas han coincidido que parte de la solución se encuentra en la tecnología. "No solo en la médica, sino también en otras, como las aplicaciones para móviles relacionadas con el *fitness* o la nutrición". El pasado año se descargaron 44 millones de aplicaciones relacionadas con la salud, mientras que se prevé que las inversiones en el sector crezcan en un 45%.

Javier Martín[10], en un amplio y excelente artículo, señala una gran cantidad de aplicaciones y también de soluciones para controles más físicos. Cellscope es una herramienta para el diagnóstico desde casa. Con la ayuda de un *smartphone,* se pueden procesar imágenes de la piel o examinar otitis. Eyenetra diagnostica con el móvil si tus ojos necesitan anteojos, y de qué tipo. Adamant ha presentado un chip que identifica olores y colores para el iPhone; su siguiente peldaño es identificar gases en los pulmones, lo que facilitaría la detección precoz de un cáncer. Todas estas aplicaciones son más baratas que los sistemas hospitalarios actuales y más efectivas, pues cuanto antes se detecta un mal, mejor para el paciente y para la factura médica. El móvil puede llegar a ser un instrumento fundamental de predicción, pero también una herramienta básica para el apoyo de enfermos crónicos.

Martín resume las conclusiones de Koshla, Tuckson, y la mayoría de los médicos que participan en la cumbre "Digital Health Summit" concluyen que la solución es: "O se aprovechan las tecnologías ya existentes, desde las aplicaciones para móviles a los Big Data, o sino la sanidad pública quebrará en todos los países occidentales".

¿CÓMO PUEDEN AFECTAR LOS BIG DATA A LA ACTIVIDAD FÍSICA Y EL DEPORTE?

En la citada Feria CES de Las Vegas se han presentado innumerables aplicaciones para velar por el estado físico de las personas. Se pueden contar desde los pasos que da una persona, el ritmo cardíaco o las calorías de una chocolatina o un caramelo. Cada día existirán más y más dispositivos que se podrán adherir o pegar a la ropa que se lleva puesta.

El cuerpo se convierte en una central de datos, siempre lo ha sido, pero el controlador es el mismo dueño del cuerpo, no un médico o un entrenador. Martín, en otro artículo sobre las innovaciones de la feria CES, detalla el caso de la Fundación Rock Health que se dedica al estudio de la salud, el deporte y la tecnología; mediante sensores y aplicaciones están cambiando la forma de entrenar del atleta y su rendimiento. Detalla Martín que el mercado de las aplicaciones deportivas se va a triplicar de 120 millones de dólares en 2010 a 400 en 2016. El 16% de las aplicaciones deportivo-sanitarias se refieren a cardiología (medición de pulsaciones, carreras), 14% son dietéticas, 11% sobre estrés y relajación, un 7% de entrenamiento de élite.

En el CES 2012, se han presentado infinidad de aparatos, dispositivos y sensores que generan grandes volúmenes de datos; de igual forma se han presentado pegatinas invisibles que adheridas al cuerpo valen tanto para detectar que a un bebé le ha subido la temperatura como para advertir a un deportista que se está deshidratando. Un mensaje al móvil (a través de SMS, mensaje de WhatsApp, Viber, Line) advertirá al practicante que beba agua antes de que pueda desfallecer.

La infinidad de datos que se transmitirán cuando se usan las aplicaciones o bien a través de los sensores, o pegatinas harán que el enorme volumen de datos bien analizados puedan ayudar al simple aficionado y practicante de deportes, y también al deportista profesional. El buen uso de las herramientas de analítica de grandes datos facilitará la realización de actividad física a cualquier edad y en cualquier momento.

LA CARA HUMANA DE BIG DATA

El proyecto "The Human Face of Big Data" (http://www.humanfaceofbigdata.com) permite observar a la humanidad en tiempo real. Se trata de una iniciativa de Rick Smolan (creador de la serie *Day in the Life*). Está basado en que la visualización de los datos globales recopilados en tiempo real (mediante satélite, sensores, etiquetas RFID, *smartphones* y cámaras) permite comprender a la humanidad de una forma única, revolucionaria y como nunca antes. El proyecto está patrocinado por EMC que, como conoce el lector, también es el patrocinador del estudio Universo Digital.

Todo empezó en setiembre de 2012, con el proyecto de una semana llamado "Measure Our World" (Medir el Mundo). Personas de todo el mundo compararon y compartieron sus vidas cotidianas en tiempo real gracias a una aplicación para sus teléfonos inteligentes. "The Human Face of Big Data" arranca el 25 de septiembre de 2012 con el proyecto "Measure Our World", que dura ocho días, y en el que se invita a personas de todo el mundo a compartir y comparar sus vidas en tiempo real a través de una innovadora aplicación para *smartphones*. El proyecto incluye también: la celebración del evento "Mission Control" en Nueva York, Singapur y Londres; "Data Detectives", una iniciativa mundial dirigida a estudiantes, y realizada en colaboración con la organización TED; un libro de gran formato con más de 200 imágenes, ensayos de destacados autores e infografías; una aplicación para iPad; y un documental previsto para el año 2013. Expertos han asegurado que el Big Data tendrá un impacto tan importante en nuestra especie como el arte y el lenguaje.

El 20 de noviembre de 2012, se presentó el libro con algunas de las conclusiones del proyecto "The Human Face of Big Data", y será entregado a unas 10.000 personas influyentes en todo el planeta. Entre ellas, se cuentan líderes políticos, ejecutivos del *Fortune 500*, y premios Nobel.

Figura 14.2. Portada del libro *The human face of Big Data.* Fuente: www.humanfaceofbigdata.com

Numerosas historias se cuentan en la serie: desde elefantes marinos equipados con antenas en la cabeza para establecer el mapa de los océanos; satélites utilizados para detectar mosquitos; un sistema de SMS que evita la venta de medicinas falsificadas en Ghana; *smartphones* que pueden predecir si vas a sufrir una depresión; tarjetas de crédito que saben con dos años de antelación que tu matrimonio está abocado al divorcio; pastillas que transmiten información directamente desde tu cuerpo hasta tu médico. Se basa en la premisa de que la visualización en tiempo real de datos recopilados por satélites, millones de sensores, etiquetas RFID, y *smartphones* y cámaras con GPS en todo el mundo, permite a la humanidad percibir, calcular, comprender e influir en aspectos de nuestra existencia como nunca hubiéramos imaginado.

Figura 14.3. Fotografías extraídas del libro *The Human Face of Big Data*[11]. Disponibles en: <http://humanfaceofbigdata.com/>.

Smolan ha comentado que su objetivo es "provocar un diálogo global sobre los Big Data, su potencial si se utilizan de manera inteligente y los riesgos que implica si no tenemos cuidado. Los Big Data representan una extraordinaria revolución del conocimiento que se está introduciendo, casi de manera invisible, en los negocios, enseñanza, gobiernos, atención sanitaria y vida cotidiana. Y como ocurre con todas las herramientas nuevas, tiene un potencial de consecuencias imprevistas. Pero si tenemos cuidado y somos inteligentes, en un futuro no muy lejano este nuevo conjunto de tecnologías puede tener un impacto tan importante como el lenguaje y el arte en la humanidad".

BIG DATA Y LAS TENDENCIAS TECNOLÓGICAS EN 2013 (GARTNER)

En los últimos meses de cada año y primeras semanas del nuevo año, las consultoras, las empresas tecnológicas punteras a nivel mundial y también los medios de comunicación publican sus predicciones tecnológicas. Hemos seleccionado las predicciones tecnológicas publicadas por la consultora Gartner[12], que suelen ser muy fiables y ajustadas a las previsiones del mercado. Casi todas las tendencias están relacionadas con Big Data y *cloud computing,* además de movilidad y medios sociales, ya comentadas con anterioridad. Las diez principales tendencias tecnológicas estratégicas para 2013 incluyen:

- Batalla entre móviles.
- Aplicaciones móviles y utilización del lenguaje HTML5 para el desarrollo *cloud* (la nube).
- Tiendas de aplicaciones para empresas.
- *The Internet of Things* (Internet de las cosas).
- Híbridos: TI y *cloud computing*.
- Estrategias Big Data.
- *Actionable Analytics in Memory Computing*.
- Ecosistemas integrados.

Gartner en un nuevo estudio a primeros de 2013 define el ya citado estudio *The Nexus of Forces* como la convergencia e interdependencia de cuatro tendencias fundamentales: *cloud, social*, movilidad y Big Data (grandes cantidades de datos transformados en información útil). La dependencia entre estas fuerzas está transformando el comportamiento de los usuarios y creando nuevos modelos de negocio. Sin lugar a dudas, estas cuatro tendencias en que confluyen prácticamente casi todas las grandes consultoras augura el desarrollo de las infraestructuras de Big Data en las empresas, apoyadas por las ya casi implantadas: movilidad, medios sociales y la nube.

Gartner concluye en su informe que el *concepto de Big Data (información) alterará para siempre la forma en que tradicionalmente la tecnología ha tratado los datos, cualquiera que sea su origen*: la metodología de análisis y presentación de datos provenientes de múltiples orígenes, federados y a la vez de forma estructurada y no estructurada, será completamente nueva. El volumen de información a procesar crecerá exponencialmente en los próximos años, siendo, además, los tipos de información a manejar cada vez más diversos y heterogéneos (datos, audio, video, información no estructurada, etcétera).

EL MERCADO FUTURO DE BIG DATA

Las consultoras y analistas de mercado han realizado numerosas estimaciones del dinero que moverá el mercado de Big Data en los próximos años. Según la consultora IDC en un estudio presentado a primeros de enero de 2012[13], el mercado de tecnologías y servicios de Big Data tendrá un crecimiento anual del 31,7%. En cifras absolutas, el mercado alcanzará unos ingresos de 23.800 millones de dólares en 2016 (algo más de 18.000 millones de euros). Las estimaciones también presagian una fuerte tasa de crecimiento del mercado de Big Data. Aunque todos los segmentos de mercado van a crecer, algunos lo harán más que otros; así IDC estima que el mercado de servicios de Big Data lo hará en un 21,1%, mientras que el de almacenamiento (también ligado a la nube) subirá un 53,4%.

Aunque es un mercado novedoso, en el que todo está todavía prácticamente por hacer, las consultoras y los analistas de mercado ya tienen estimaciones de cuánto dinero moverá el mercado del Big Data, una de las grandes tendencias a futuro del mundo de las nuevas tecnologías.

El mercado de tecnologías y servicios de Big Data va a marcar un crecimiento anual del 31,7%, según ha publicado la consultora IDC. Las cifras absolutas a futuro son también muy optimistas. Este mercado alcanzará unos ingresos de 23.800 millones de dólares en 2016, algo más de 18.000 millones de euros. Según IDC, entre el año 2011 y 2016, el mercado del Big Data mostrará una fuerte tasa de crecimiento. Aunque todos los segmentos del mercado van a crecer, algunos lo harán más que otros. Así, IDC estima que el mercado de servicios de Big Data lo hará en un 21,1%, mientras que el de almacenamiento subirá un 53,4%.

LAS CINCO GRANDES PREDICCIONES "MUY PROFESIONALES" DE BIG DATA PARA 2013

Tim O'Reilly, creador del concepto Web 2.0, y CEO de la editorial técnica O'Reilly, y en los últimos años "evangelista de los datos", ha creado la conferencia "Strata"[14], que además de la organización de eventos de todo sobre Big Data y ciencia de datos, también realiza labores de formación e información. "Strata" en un par de años se ha convertido en la referencia mundial de Big Data. Uno de sus analistas, Edd Dumbill, ha publicado las predicciones de "Strata" para Big Data que serán analizadas a lo largo de todas las conferencias previstas para 2013, y por su trascendencia queremos terminar el capítulo de conclusiones con este adelanto[15].

Estas son los temas clave o predicciones que "Strata" y su autor consideran se van a producir a lo largo de 2013, aunque las predicciones de Dumbill, hemos de reconocer que son bastante técnicas, y que reduciremos al final en unas predicciones más de gestión.

EMERGENCIA DE UNA ARQUITECTURA DE BIG DATA

Las arquitecturas de Big Data identificarán:

- Mejores herramientas para diferentes propósitos, por ejemplo, Storm para la adquisición de *streaming* de datos
- Roles apropiados para bases de datos relaciones, Hadoop, bases de datos (almacenes) NoSQL y bases de datos *in-memory*.
- Métodos para combinar *data warehouses* existentes y bases de datos con Hadoop.

HADOOP NO SERÁ LA ÚNICA OFERTA PROFESIONAL

Hadoop no es el único medio para procesar grandes datos. Están emergiendo competidores creíbles para las aplicaciones de Big Data concernidas. Por ejemplo, la distribución Berkeley Data Analytics Stack ofrece una plataforma alternativa que se ejecuta mucho más rápida que Hadoop MapReduce en aplicaciones centradas en minería de datos y aprendizaje de máquinas (*machine learning*).

Por otra parte, se espera que se lance Hadoop 2.0[16] que promete potenciar las herramientas MapReduce orientadas por lotes, y que permitirá se ejecuten otros tipos de sobrecargas para los grandes volúmenes de datos. La herramienta YARN parece será la que puede producir esta nueva revolución. También se espera que exista soporte total para acceso a datos en modo similar a SQL.

PLATAFORMAS DE BIG DATA "LLAVE EN MANO"

Se espera que a los proveedores más acreditados Cloudera y Hortonworks se unan a otras plataformas que faciliten y reduzcan los tiempos de proceso en los *cluster* de Haoop. En una época donde los servicios son la espina dorsal de las organizaciones, es previsible que aparezcan soluciones de este tipo como es el caso del servicio Elastic Map Reduce de Amazon. Menciona distribuciones como InfoChimps y Qubole.

EL CENTRO DE ATENCIÓN SERÁ EL GOBIERNO DE DATOS

A medida que crece la incorporación de los Big Data en la empresa, se necesitará integrarlos con el resto de la empresa. Muchos de los temas del gobierno de datos que vimos en el capítulo 6 se volverán cruciales, como es el caso de:

- Seguridad de los datos.
- Consistencia de los datos.

- Duplicación de la reducción de datos.
- Cumplimiento (*compliance*) regulatorio.

La seguridad de los datos será un tema "caliente" en 2013, incluyendo enfoques de seguridad para Hadoop y bases de datos con propiedades granulares. Apache Accumulo será una herramienta a observar.

EMERGENCIA DE SOLUCIONES DE ANALÍTICA "EXTREMO A EXTREMO" (*END-TO-END*)

Muchas personas están interesadas más en las capacidades de la analítica que en los propios recursos de TI. En muchas aplicaciones de Big Data, los grandes volúmenes de datos proceden de fuentes externas como Twitter, o datos GIS, y se trata de que puedan ser gestionados razonablemente como datos de ventas o datos de clientes. Se espera que el año 2013 crezcan las plataformas analíticas entregadas en la nube y pagos mediante tarjetas de crédito. Google espera lanzar en 2013 su oferta de analítica para ofrecer la *analítica universal*, servicio actualmente en test beta cerrado. El resumen de estas predicciones desde un punto de vista gerencial podría ser:

- Emergencia de una arquitectura de Big Data que facilite la integración de bases de datos NoSQL y "en memoria" con el marco de trabajo Hadoop.
- Hadoop no será el único marco de trabajo para manipular Big Data.
- Aparición de plataformas de Big Data "llave en mano" para funcionar en el menor tiempo posible.
- Atención al gobierno de los datos.
- Emergencia de soluciones analíticas de fácil uso. Se espera el lanzamiento de la solución *analítica universal* de Google.

EL FUTURO SEGUIRÁ SIN SER LO QUE ERA

Big Data unido a la computación en la nube, la movilidad y los medios sociales (*social media* y *social business*) marcarán la vida social y de las organizaciones y empresas de los próximos años. Por estas circunstancias, se requiere que las compañías piensen en la adopción de Big Data de un modo gradual, y en paralelo, también, en estrategias de migración a la nube, en la medida en que cada organización convenga. De la misma forma, se necesita optimizar las políticas de movilidad y planificar un plan de medios y negocios sociales.

La adopción de infraestructuras de Big Data con la selección de herramientas *software*, y en su caso, *hardware*, se convierte en una necesidad ineludible sea cual sea el tamaño de la empresa, con el objetivo de rentabilizar el valor añadido que supone en las estrategias empresariales. Es preciso establecer políticas de implantación de herramientas de integración de datos estructurados y no estructurados con plataformas Hadoop, bases de datos NoSQL y "en memoria" (*in-memory*); además será preciso considerar la incorporación de herramientas de analítica de grandes volúmenes de datos (*analyitics*). Para ayudar a la dirección de la empresa, y en su defecto a los directores de Sistemas de Información (CIO) hemos incluido en las apéndices una selección de herramientas de Big Data prestigiosas, y con diferentes presupuestos, con el propósito de que directores, ejecutivos, ingenieros, profesionales y todos aquellos grupos de interés implicados en la toma de decisiones, puedan emplearlas con los mayores beneficios posibles.

"El futuro ya no es lo que era", la famosa frase del gran humorista y genial actor, Groucho Marx, hoy día tiene más vigencia que nunca, solo pienso que habría que añadirle el término *seguir*, y entonces sería: "El futuro ya no es lo que era, y sigue sin ser lo que era".

NOTAS

1 <http://www.emc.com/about/news/press/2012/20121211-01.htm>.

2 <http://www.idc.com/getdoc.jsp?containerId=238044>.

3 Jeff Bertolucci: *Information Week*. Disponible en: <www.informationweek.com/big-data/news/software-platforms/m2m-big-data-opportunity-for-mobile-operators/240007095>. [Consulta: 11 de septiembre de 2012].

4 Barcelona está considerada la capital mundial del móvil. Desde hacer varios años se celebra en febrero, el "Congreso mundial de móviles" (WMC 2013, el último congreso realizado en febrero de 2013).

5 Siddharth Taparia: "5 Ways Big Data Will Change Lives In 2013", en *Forbes*, 9 de enero, 2013. Disponible en: <http://www.forbes.com/sites/sap/2013/01/09/5-ways-big-data-will-change-lives-in-2013/>.

6 Sasha Issenberg: "How President Obama's campaign used big data to rally individual voters", en *Technology Review*, December 19, 2012. Disponible en: <http://www.technologyreview.com/featuredstory/509026/how-obamas-team-used-big-data-to-rally-voters/>.

7 MARC PARRY: "Big Data on Campus", *The New York Times*, July 18, 2012. Disponible en: <http://www.nytimes.com/2012/07/22/education/edlife/colleges-awakening-to-the-opportunities-of-data-mining.html>.

8 Op. Cit.

9 Dave Einstein: "How the Cloud and Big Data Are Changing Entertainment", *Forbes*, 2 de enero, 2013. Disponible en <http://www.forbes.com/sites/netapp/2013/01/02/cloud-big-data-entertainment/>.

10 Javier Martín, *El País*, 11 de enero 2013, p. 56. Disponible en: <http://tecnologia.elpais.com/tecnologia/2013/01/10/actualidad/1357836316_456424.html>.

[11] El libro publicado en la página Web del proyecto es una excelente obra abierta totalmente, con colores magníficos que puede disfrutarse al estilo de un libro electrónico clásico donde pueden pasarse las páginas como en los libros impresos en papel.

[12] *Gartner: Identifies the Top 10 Strategic Technology Trends for 2013*, 23 de octubre de 2012. Disponible en: <http:www.gartner.com/it/page.jsp?id=2209615>.

[13] <http://www.idc.com/getdoc.jsp?containerId=prUS23900013#.UO_8FndQw-q>. El estudio se conoce como: "Worldwide Big Data Technology and Services 2012-2016 Forecast". Disponible en: <http://www.idc.com/getdoc.jsp?containerId=238746#.UO_8SXdQw-o>. [Consulta: 10 de enero, 2013].

[14] Los lemas de las conferencias "Strata" son: *Making Data Work* y *Join the Data Revolution*. Este año organiza cuatro conferencias en Santa Clara (febrero), Boston (septiembre), Nueva York (octubre) dedicada al mundo Hadoop, Londres (noviembre). <http://strataconf.com/>.

[15] Edd Dumbill: *Five big data predictions for 2013*, 16 de diciembre de 2013. Disponible en: <http://strata.oreilly.com/2013/01/five-big-data-predictions-for-2013.html>.

[16] Información, documentación y software de la nueva solución de Hadoop 2.0 se encuentra ya disponible en la página oficial de la Fundación Apache: <http://hadoop.apache.org/docs/current/>.

APÉNDICE A
EL PANORAMA DE BIG DATA (*THE BIG DATA LANDSCAPE*)

Dave Feinleib, una analista de Big Data, ha creado a mediados de 2012 una infografía de tecnología, proveedores, productos y soluciones de Big Data con mayor presencia en esas fechas, y que ha denominado *Big Data Landscape*[1] (El panorama o paisaje de los Big Data). Esta infografía pretende ser actualizada en la medida en que el mercado así lo requiera.

La virtud de esta infografía es que ha sido reconocida por la prestigiosa revista de negocios *Forbes*, que la ha publicado en su edición electrónica.

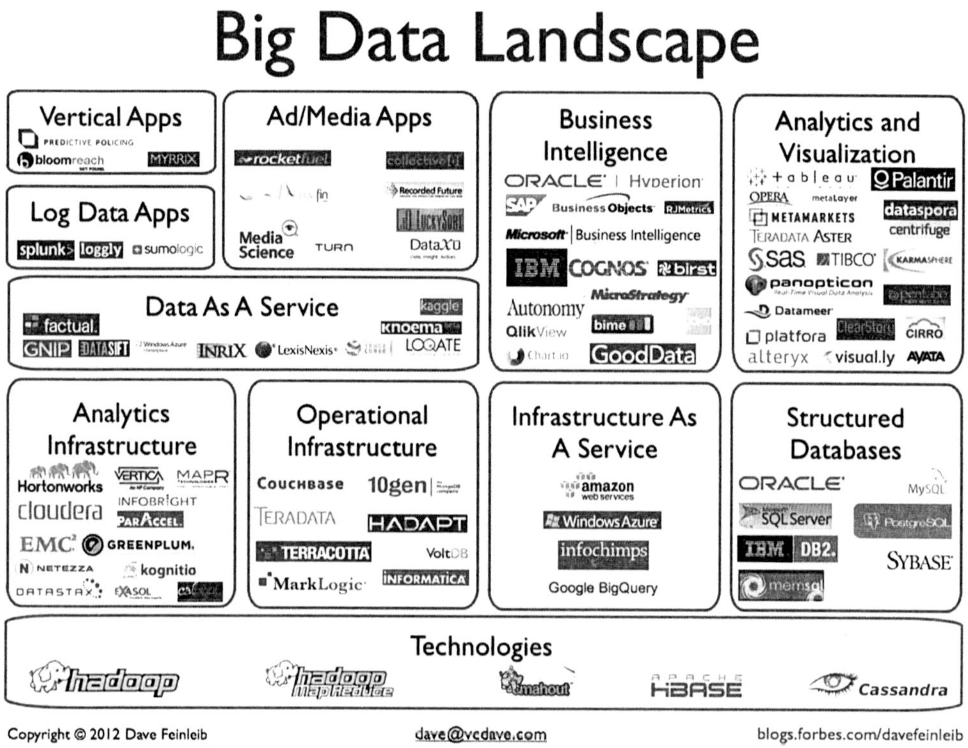

Las empresas, productos y tecnologías incluidas en el Big Data Landscape son:

Apps *Log* de datos

- Splunk, Loggly, Sumo Logic.

Apps verticales

- Predictive Policing, Bloom Reach, Atigeo, Myrrix.

Apps Ad/Media

- Media Science, Bluefin Labs, CollectiveI, Recorded Future, LuckySort, DataXu, RocketFuel, Turn.

Datos como servicio

- Gnip, Datasift, Space Curve, Factual, **Windows Azure Marketplace**, Lexis Nexis, Loqate, Kaggle, Knoema, Inrix.

Integración de negocios

- **Oracle Hyperion, SAP Business Objects, Microsoft Business Intelligence, IBM Cognos, SAS, MicroStrategy, Good Data, Autonomy, QlikView,** Chart.io, Domo, Bime, RJMetrics.

Analítica y visualización

- **Tableau Software**, Palantir, MetaMarkets, Teradata Aster, Alteryx, Visual.ly, Karma Sphere, **EMC Greenplum**, Platfora, ClearStory Data, Dataspora, Centrifuge, Cirro, Ayata, Alteryx, **Datameer**, Panopticon, **SAS, Tibco**, Opera, Metalayer, **Pentaho.**

Infraestructura de analítica

- **Horton Works, Cloudera, MapR, Vertica, MapR, ParAccel, InfoBright, Kognitio,** Calpont, Exasol, Datastax, **Greenplum de EMC.**

Infraestructura operacional

- **Couchbase, Teradata, 10gen**, Hadapt, Terracotta, MarkLogic, VoltDB, Informatica.

Infraestructura como servicio

- **Amazon Web Services Elastic MapReduce, Infochimps, Microsoft Windows Azure, Google BigQuery.**

Bases de datos estructuradas (relacionales)

- **Oracle, Microsoft SQL Server, MySQL, PostgreSQL,** memsql, **Sybase, IBM DB2.**

Tecnologías

- **Hadoop, MapReduce, Hbase, Cassandra, Mahout.**

Una versión actualizada del propio autor se muestra en la siguiente infografía:

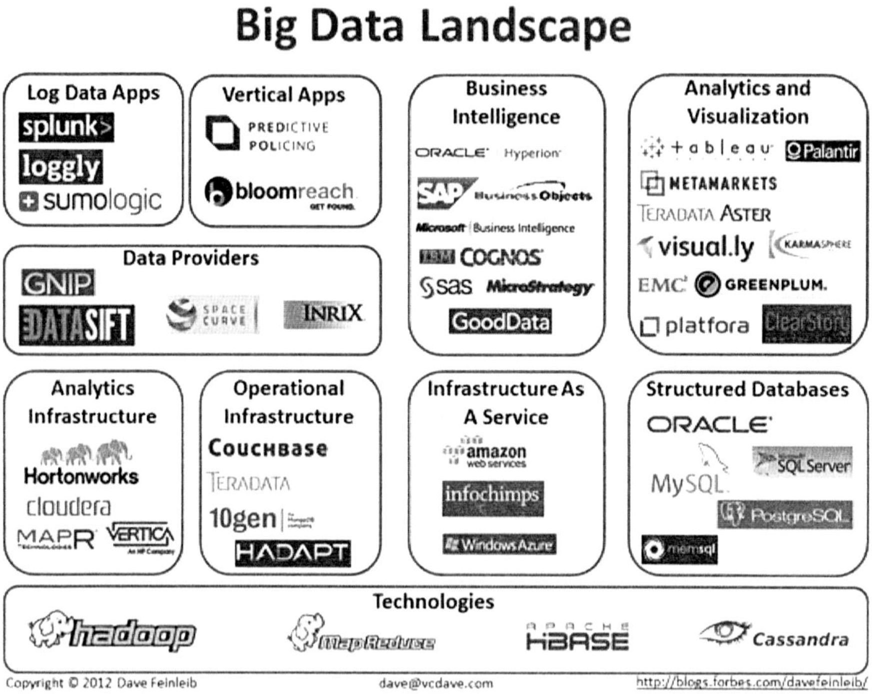

El gráfico o infografía tiene cierto parecido con otro estudio muy reconocido, en este caso, sobre *social media*, y que se publica por el analista Fred Cavazza (www.fredcavazza.net), y que también recoge la revista *Forbes* tanto en papel como en sus páginas electrónicas.

NOTAS

[1] Dave Feinleib. "The Big Data Landscape" en Forbes (19 de junio de 2012). Disponible en: www.forbes.com/sites/davefeinleib/2012/06/19/the-big-data-landscape.

APÉNDICE B

PLATAFORMAS DE BIG DATA

(DOUG HENSCHEN)

Doug Henschen[1], analista y periodista de IT, y columnista habitual de la prestigiosa revista *Information Week*, ha publicado en diciembre de 2012, una lista sobre los 13 proveedores innovadores dignos de observarse a lo largo del 2013, en materia de Big Data: "13 Big Data Vendors to watch in 2013"; y con la que coincidimos en la mayoría de las empresas seleccionadas. Henschen ha seleccionado proveedores que ofrecen soluciones profesionales en tres grandes categorías que también concuerdan con la taxonomía que hemos seguido en el libro, en las partes II y III: "Distribuidores de Hadoop, bases de datos NoSQL y analítica de Big Data".

LOS PIONEROS DE BIG DATA

Henschen agrupa las plataformas y proveedores de Big Data en tres grandes categorías: la plataforma Hadoop, que ya considera madura en el mercado; las plataformas innovadoras en torno a las bases de datos NoSQL; y las herramientas de descubrimiento o de analítica. De la multitud de herramientas en torno a Hadoop, destaca fundamentalmente Cloudera (tal vez la plataforma líder en el movimiento Hadoop, donde trabaja Cutting, considerado creador de Hadoop y presidente de la Fundación Apache Hadoop), HortonWorks y MapR, cada una de las cuales está llevando la plataforma de Big Data a una amplia base de usuarios, prestando especial atención a la fiabilidad, gestión y desempeño. Cloudera y Hortonworks están mejorando el acceso a datos con sus iniciativas Impala y HCatalog respectivamente, mientras que MapR está mejorando el rendimiento de HBase.

El grupo de bases de datos NoSQL está liderado por 10Gen, CouchBase, DataStax y Neo Technologies. Estos son los proveedores y desarrolladores que soportan soluciones tan acreditadas como MongoDB, DynamoDB, CouchBase, Cassandra y Neo4J, que a su vez son líderes en los tipos de bases de datos NoSQL orientadas a documentos, la nube, valor-clave y grafos.

Por último, la tercera gran categoría dirigida a herramientas de análisis se encuentra en una fase preliminar, aunque ya con herramientas muy competidoras como Datameer, Hadapt, Karmasphere, Platfora y Splunk. Las cuatro primeras centradas en el análisis de datos en Hadoop, y Splunk, especializada en análisis de datos de máquinas (M2M).

Henschen considera también, y lo advierte previamente, que dado el gran movimiento existente en el campo de Big Data, excepto los grandes líderes como Cloudera y Amazon, pueden aparecer nuevos actores que jugarían diversos roles, así como los actuales se terminarán asentando y podrán diversificar los productos que ahora ofrecen. Además de estas reflexiones, Henschen hace una crítica constructiva y objetiva de los productos seleccionados. Recogemos algunos de sus comentarios más sobresalientes.

MONGODB

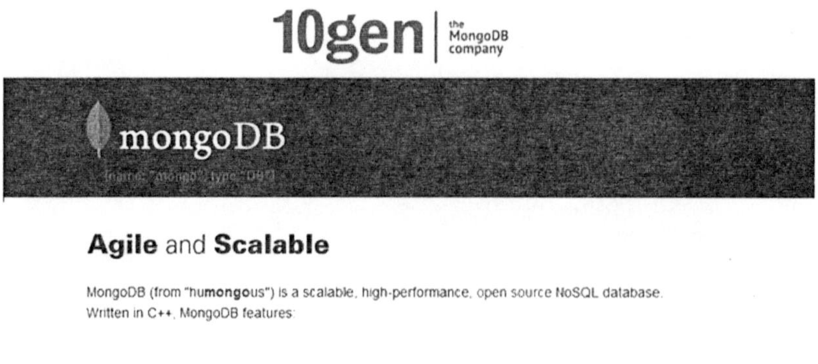

La empresa 10Gen es el desarrollador y proveedor de MongoDB, la base de datos líder en la categoría orientada a documentos. Puede manejar información semiestructurada codificada en JSON (Java Script Object Notation), XML y otros formatos de documentos. Sus grandes atractivos son la flexibilidad, velocidad y facilidad de uso, que puede abarcar con rapidez nuevos datos sin los esquemas rígidos requeridos en las bases de datos relacionales. En 2012, se presentó MongoDB 2.2 que añade un marco de trabajo para agregación en tiempo real, centros de multidatos y despliegues para bases de datos concurrentes.

AMAZON GLOBAL

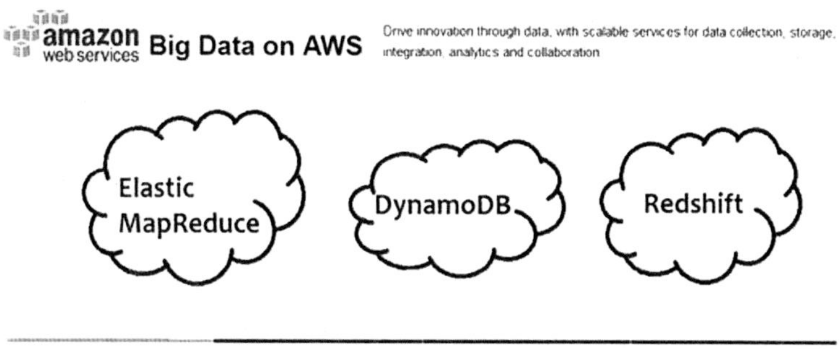

Amazon cubre casi todos los servicios necesarios para manipulación de bases de datos, y está considerado como uno de los líderes del mercado de Big Data. Introdujo hace varios años, ElasticMapReduce (EMR), basado en Hadoop. A lo largo de 2012, presentó dos nuevos servicios: Amazon DynamoDB, un servicio de base de datos NoSQL; y Amazon Redshift, un servicio de data warehousing escalable.

DynamoDB es un servicio basado en Dynamo, la base de datos NoSQL que Amazon desarrolló y desplegó en 2007. Amazon ofrece Redshift con rendimientos hasta diez veces más rápidos que las bases de datos convencionales y a un coste muy inferior, incluso a los data warehouses (1.000$ por terabyte). Además de estos servicios, Amazon ofrece sus servicios de infraestructura como el servicio en la nube, con los servicios S3 de almacenamiento escalable; y EC2, con capacidad de cómputo elevada. Amazon sigue siendo una solución muy recomendada para cualquier organización y empresa que requiera un servicio de calidad en Big Data, y con precios muy ajustados y económicos.

CLOUDERA

Cloudera es, sin duda, el proveedor número uno de software Hadoop tanto como herramienta de servicio como formación (con certificaciones muy acreditadas) y soporte comercial. Cloudera es una óptima solución para ganar valor de los grandes volúmenes de datos gestionados por las organizaciones y empresas. Otra gran ventaja adicional de Cloudera es la figura de su arquitecto de software Doug Cutter, el creador del movimiento Hadoop y actual presidente de la Fundación Apache Hadoop.

COUCHBASE

CouchDB es otro de los grandes líderes del movimiento NoSQL. Es una base de datos orientada al almacén clave-valor de excelentes características de escalabilidad, fiabilidad y alto rendimiento. Es utilizada por grandes empresas de Internet como Zinga (la compañía de juegos), Orbiz y Starbucks. Es el desarrollador de la base de datos del mismo nombre. Su última versión 2.0 ofrece una solución muy buena para la conexión entre las bases de datos orientadas a clave-valor y las orientadas a documentos. Algunos grandes clientes de CouchDB son: Orbiz, Zynga y Starbucks.

DATAMEER

Es una plataforma para analítica en Hadoop. Proporciona módulos para integración (con bases de datos relacionales, *mainframe*, fuentes de redes sociales, etcétera) y buenas herramientas de cuadros de control (*dashboard*) y de mando (*scorecards*) y de visualización.

DATASTAX

DATASTAX es un proveedor de software y soporte comercial de Cassandra, una base de datos NoSQL orientada a columnas, que combinada con Hadoop en el mismo *cluster* ofrece grandes ventajas. Tiene un lenguaje CQL (Cassandra Query Language) y un controlador JDBC para CQL, que brinda acceso a bases de datos con acceso SQL y ODBC. Henschen (2012) considera que los dos grandes rivales de Cassandra son HBase (utilizada en la actualidad por Facebook), y DynamoDB de Amazon.

HADAPT

Hadapt es una gran herramienta de analítica de Big Data en Hadoop. Permite análisis de datos en Hadoop, y en la conexión con bases de datos relacionales merced a una herramienta de analítica basada en SQL: Hadapt Interactive Query.

HORTONWORKS

Hortonworks es una joven empresa de un año escaso de vida, pero con la ventaja de que ha estado vinculada a Yahoo (una empresa *spin off*). Es un distribuidor de código abierto de distribución de Apache Hadoop, una compañía muy innovadora y que ha desarrollado una herramienta HCatalog de gestión de tablas que ayuda a la analítica. Teradata, el fabricante puntero en datawarehouse, ha adoptado HCatalog, y es un socio importante. También Microsoft se ha convertido en socio de Hortonworks.

KARMASPHERE

Karmasphere cuenta con una plataforma para proporcionar informes, análisis y visualización de datos para Hadoop. Ayuda al análisis de datos de la Web, móviles, sensores y medios sociales. El software está también disponible como un servicio en Amazon Web Services para utilizar en unión con ElatiscMap Reduce. Utiliza Hive como elemento *de data warehouse*, y está integrando su trabajo con Cloudera Impala, lo que garantiza compatibilidad con Hadoop y con el propio software de Cloudera.

MAPR

MapR es una de las compañías líderes en distribución de software Hadoop. Su integración con HBase, Amazon Web Services y Google Compute Engine, convierte esta herramienta en idónea como plataforma integral de Hadoop.

NEO4J

Neo4J, la base de datos NoSQL orientada a grafos, es el gran producto de la neotecnología. Neo4j es una base de datos de grafos de propósito general, que puede manejar procesamiento de transacciones o analítica, y es compatible con plataformas de desarrollo que incluyen Java, Ruby, Phytho, Groovy y otros. Es una herramienta que puede gestionar miles de millones de relaciones sociales.

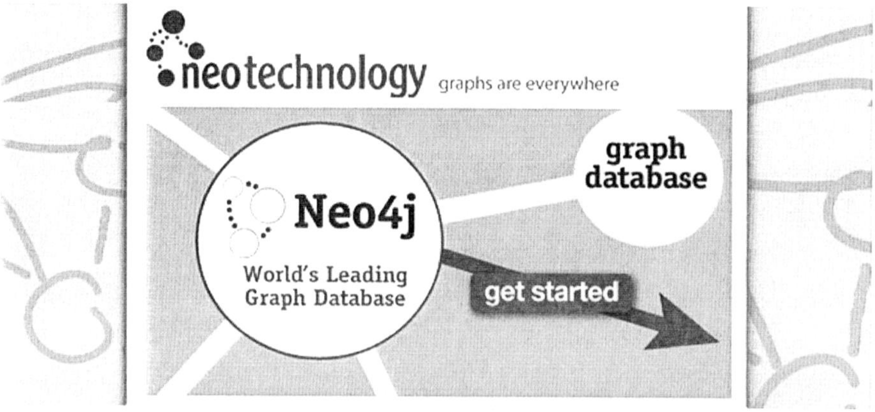

PLATFORA

Platfora es una empresa joven (*star-up*) que ofrece una plataforma analítica construida para ser ejecutada en la parte superior de Hadoop. El software crea un catálogo de datos que enumera los conjuntos de datos disponibles en el HDFS de Hadoop.

SPLUNK

Es una plataforma muy eficiente en manipulación de grandes volúmenes de datos, diseñada para el análisis de datos de máquina procedentes de cualquier fuente. Spluk Storm indexa y almacena datos de máquinas en tiempo real de, virtualmente, cualquier fuente, formato, plataforma o proveedor de la nube sin necesidad de analizadores o conectores a medida. Los datos de máquina incluyen *logs* de aplicaciones, dispositivos de redes, *logs* de servidores

Web o *logs* de bases de datos, etc. Puede trabajar con aplicaciones escritas en Ruby, Java, Python, PHP, .NET, o cualquier otro lenguaje o marco de trabajo (*framework*).
Otra característica importante de Splunk es su capacidad de integración bidireccional entre Splunk y Hadoop. Permite monitorización y análisis en tiempo real.

NOTAS

[1] Henschen, Doug: "13 Big Data Vendors to watch in 2013", 11/12/2012. Disponible en: <http://www.informationweek.com/software/information-management/13-big-data-vendors-to-watch-in-2013/240144124>.

APÉNDICE C
PLATAFORMAS DE HADOOP
(DE DOUG HENSCHEN)

Doug Henschen[1], –ya citado en el anexo B– analista y periodista de IT, y columnista habitual de la prestigiosa revista *Information Week*, publicó en 2012, una lista con las 12 plataformas integradoras de Hadoop: "12 Hadoop Vendors to watch in 2012", que consideraba tendrían impacto en la industria de Big Data.

HADOOP

Hadoop está considerado como la siguiente generación de plataformas de procesamiento de datos por sus dos grandes características: escalabilidad y bajo coste. A lo largo de 2012 se ha convertido en una plataforma madura, y es de esperar que a lo largo de 2013, se consolide como una solución a adoptar por todas aquellas empresas y organizaciones que deseen aprovechar las oportunidades y beneficios que traerá consigo la buena utilización de los Big Data. Henschen plantea en su estudio las 12 grandes distribuciones que impactarían en la industria del software y, por ende, en los negocios y en las empresas.

Hadoop es un marco de trabajo basado en Java, y compuesto de una colección de software y subproyectos de procesamiento distribuido en grandes volúmenes de datos. El componente fundamental de Hadoop es MapReduce que permite la manipulación de centenares de terabytes, y hasta petabytes, procedentes de todo tipo de fuentes de datos no estructurados. Hadoop ha crecido espectacularmente desde que en 2008 se convirtiera en un proyecto de código abierto de la Fundación Apache. Muchos analistas consideran que desde el punto de vista tecnológico puede convertirse en una revolución en el manejo de datos como ya lo constituyó hace más de 30 años la aparición del lenguaje estructurado de consultas SQL.

Henschen examina los líderes en distribución de Hadoop, destacando de modo claro las dos distribuciones de Cloudera y Amazon Web Services. **Cloudera** fue la primera que salió al mercado, y ahora es el software más utilizado con su distribución CHD, y el soporte y certificaciones que ofrecen de Hadoop. Amazon también es otra gran distribución que se ofrece mediante la nube pública de Amazon con su servicio Amazon ElasticMapReduce.

Otros líderes de distribuciones de Hadoop que Henschen recomienda son **MapR** y **Hortonworks** (una empresa **spin off** de Yahoo). Los cinco grandes proveedores de soluciones de gestión de datos y bases de datos como EMC, IBM, Informática, Microsoft y Oracle se habían lanzado al mercado de Hadoop.

En resumen, las plataformas seleccionadas por Henschen para Information Week están enumeradas a continuación.

AMAZON ENTREGA MAPREDUCE COMO UN SERVICIO

Amazon ofrece en la modalidad de software como servicio, Amazon ElasticMap Reduce. Es un servicio muy escalable y rápido que corre sobre los servicios de Amazon Elastic Compute Cloud (Amazon EC2) y Amazon Simple Storage Service (Amazon S3). Amazon ofrece provisión instantánea de tanta capacidad como sea necesaria para tareas intensivas de manejo de datos como indexación Web, minería de datos, análisis de archivos *log*, aprendizaje de máquinas, análisis financiero, simulación científica e investigación bioinformática, tal como informa en su sitio Web oficial. Asimismo, Amazon ofrece servicios de herramientas como Karmasphere Analyst o la posibilidad de extraer archivos con bases de datos o herramientas tales como Microsoft Excel o Tableau, uno de los grandes proveedores de analítica.

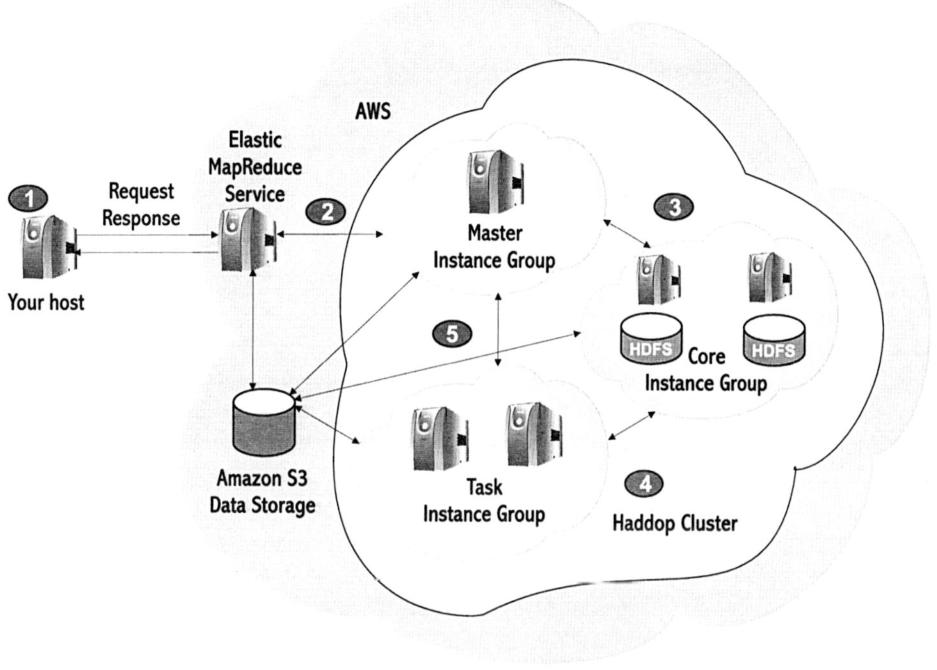

Figura C.1. Servicios Hadoop de Amazon.

CLOUDERA HACE HADOOP SEGURO PARA LAS EMPRESAS

El proveedor más antiguo y más grande de software de servicios Hadoop es Cloudera, una plataforma muy fiable para negocios que se utiliza desde 2008. Además ha llegado a acuerdo con socios tales como Oracle, el líder en la industria de bases de datos. La característica más notable de Cloudera es su capacidad de soporte así como los servicios disponibles de formación y consultoría. Sin lugar a dudas, es una de las distribuciones más seguras para Apache Hadoop en la empresa.

Figura C.2. Pantalla inicial de Cloudera.

DATAMEER APLICA INTELIGENCIA DE NEGOCIO A BIG DATA

Datameer ofrece su producto de software de inteligencia de negocios Datameer Analytics Solution (DAS) con una plataforma para Hadoop, y la gran ventaja de que pueda conectar Hadoop con cualquier fuente de datos a través de JDBC, Hive, HTTP u otros estándares. Incluye una plataforma de integración que permite planificar cargas de trabajo para conjuntos de datos estructurados, semiestructurados o no estructurados. Otra gran ventaja es que puede correr sobre nubes públicas o privadas de DAS.

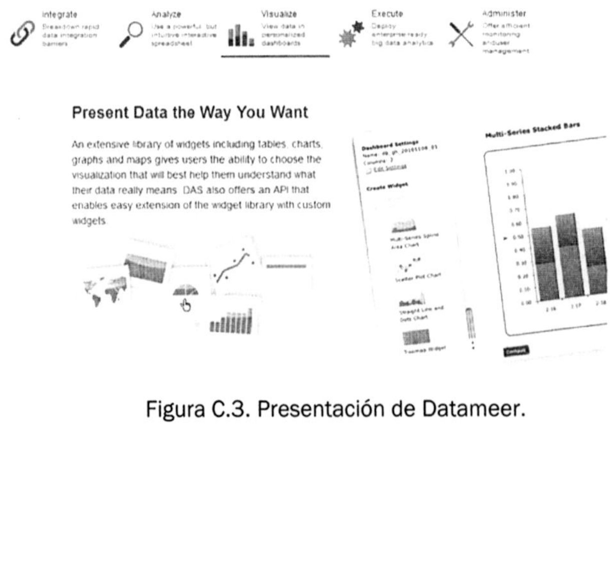

Figura C.3. Presentación de Datameer.

EMC ENTREGA UNA PLATAFORMA ÚNICA PARA ANALÍTICA DE BIG DATA

EMC proporciona EMC Greenplum Unified Analytics Platform (UAP) como una plataforma de software en la cual se puede compartir información sin ningún problema de depósitos de información de todo tipo de análisis de datos. Incluye la base de datos relacional ECM Greenplum, la distribución *EMC Greenplum HD Hadoop*, y la *herramienta EMC Greenplum Chorus*, una interfaz colaborativa al estilo de aquellas de redes sociales para análisis de datos, y de gran aplicación para analistas de inteligencia de negocios y científicos de datos. El *hardware* que se necesita lo ofrece EMC a través de su distribución modular EMC Data Computing Appliance (DCA), que es capaz de ejecutar y escalar tanto en la base de dato relacional Greenplum como en los nodos de Greenplum HD dentro de una única caja.

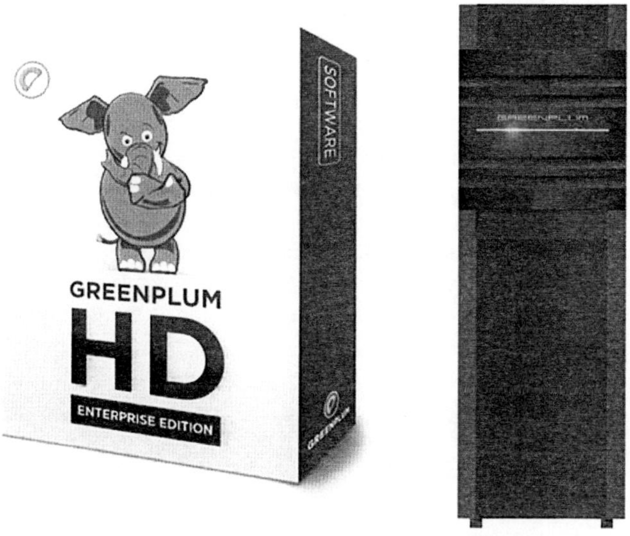

Figura C.4. Greenplum HD Enterprise Edition

HADAPT INTEGRA AMBIENTES RELACIONALES Y HADOOP

Hadapt proporciona un entorno *all-in-one* de analítica, diseñado para realizar análisis de datos en Hadoop así como datos estructurados en entornos convencionales SQL. La plataforma de Hadapt está confeccionada para correr en entornos de nube pública o privada, y proporciona acceso a todos los datos de un entorno de modo que las herramientas de bases de datos SQL se pueden utilizar con procesos de MapReduce y analítica de Big Data.

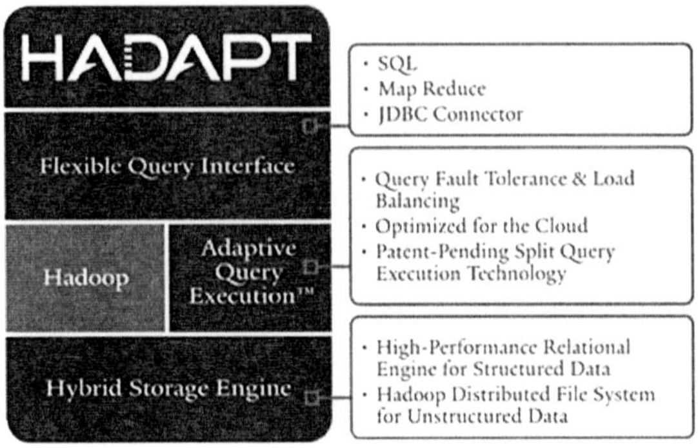

Figura C.5. Hadapt.

HORTONWORKS

Hortonworks, creado como una empresa *spin off* de Yahoo, se separó de su matriz y se constituyó en empresa independiente centrada totalmente en el desarrollo de una plataforma de código abierto para Big Data. Una de las grandes potencialidades de Hortonworks es su soporte, formación y consultoría en su distribución de Apache Hadood, por lo que se ha convertido en un gran competidor de Cloudera y MapR. Utiliza muy eficientemente todos los componentes importantes y complementarios de Hadoop, como se muestra en la figura C.6. , estandarte de la empresa.

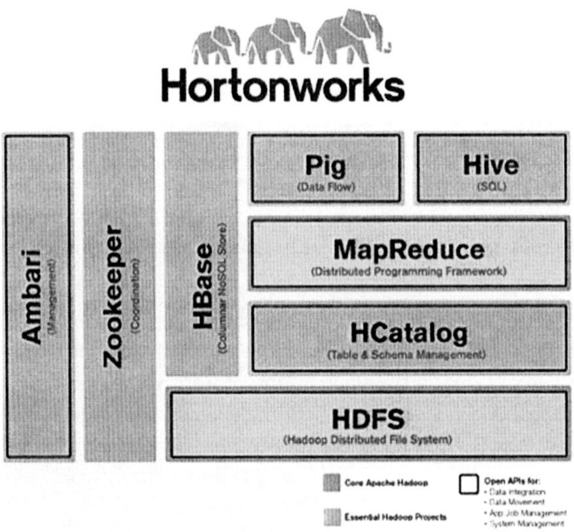

Figura C.6. Oferta de servicios de Hortonworks.

IBM

IBM ha sido uno de las grandes empresas de informática que abrazó Hadoop en sus laboratorios en la mitad de la primera década del siglo XXI. Es significativo que dos de los libros más completos sobre Hadoop hayan sido publicados en la editorial McGraw-Hill con el apoyo y patrocinio de IBM[2]. IBM ofrece desde mayo de 2011 el software InfoSphereBigInsights. El paquete de software incluye una distribución de Apache Hadoop, el lenguaje de programación Pig para MapReduce, conectores a la base de datos DB2 de IBM e IBM Big Sheets, a una interfaz tipo hoja de cálculo, basado en un navegador para exploración de datos en Hadoop. IBM ha continuado en 2012 y 2013 presentando todo tipo de soluciones para Hadoop que además ha complementado con las soluciones de su iniciativa *Smart Planet*.

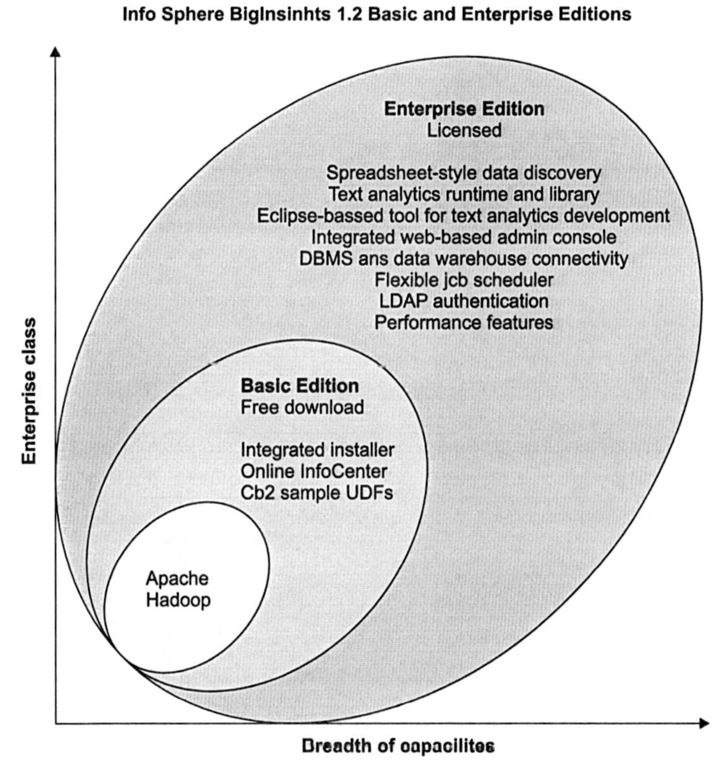

Figura C.7. Plataforma InfoSphere de IBM.

INFORMATICA

Empresa líder en soluciones de procesamiento, Informática, introdujo como primera distribución, HParser, un entorno de transformación de datos optimizado para Hadoop. El software soporta procesamiento de cualquier formato de archivos dentro de Hadoop con alta escalabilidad y eficiencia. La gran aportación de Informática es que ofrece una distribución Hadoop que aprovecha toda su potencia de procesamiento.

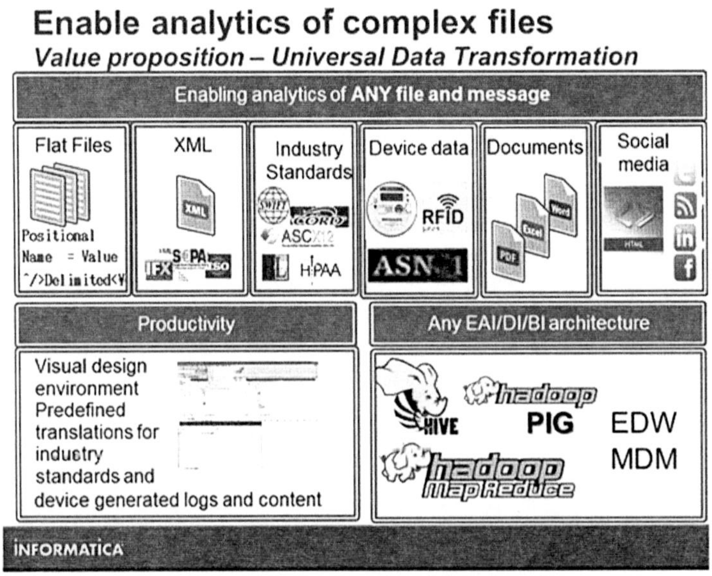

Figura C.8. Ofertas Hadoop de Informática.

KARMASPHERE UNA GRAN HERRAMIENTA DE ANÁLISIS DE HADOOP

Karmasphere es una empresa especializada en ofrecer herramientas de análisis y minería de datos a profesionales, en datos de análisis Web, movilidad, sensores y *social media*. Ofrece acceso directo a datos estructurados y no estructurados en Hadoop, y puede aplicar SQL y otros lenguajes de consulta y análisis avanzado. Proporciona un entorno gráfico muy adecuado para el desarrollo de algoritmos a medida y la creación de conjuntos de datos útiles en procesos de producción de aplicaciones analíticas.

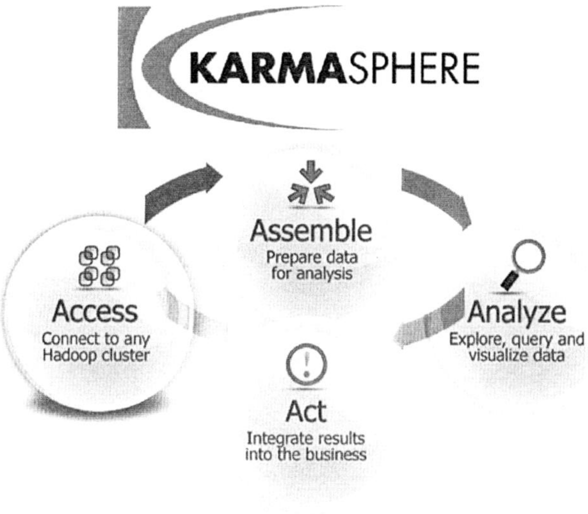

Figura C.9. Funcionalidad de Karmasphere.

MAPR TECHNOLOGIES UNA DISTRIBUCIÓN EXCELENTE DE HADOOP

MapR es una empresa muy acreditada como distribución única de Hadoop, que cuenta con soporte, formación y consultoría. Tiene una distribución M3 gratis y cien por ciento compatible con Apache Hadoop, y una distribución M5 con soporte profesional. Está asociado con EMC, que ha adoptado M5 como espina dorsal de su plataforma EMC Greenplum HD Enterprise.

Figura C. 10. Presentación de MapR.

MICROSOFT

Microsoft ha introducido un servicio de Hadoop en la plataforma Azure de la nube como una versión de Windows compatible con una solución de Big Data, basada en Hadoop como parte de su versión Microsoft SQL Server 2012.

Figura C.11. Logo de Microsoft Hadoop.

ORACLE[3]

Oracle lanzó en enero de 2011 una plataforma de computación, Oracle Big Data Appliance, comercializada por Oracle-Sun, con una distribución de Cloudera de Apache Hadoop, una consola de gestión y administración Cloudera Manager, una distribución de código abierto del software de analítica R, y la base de datos NoSQL de Oracle. Oracle también incluye conectores que facilitan el paso de datos entre la Big Data Appliance y Oracle Exadata, su herramienta potente de bases de datos.

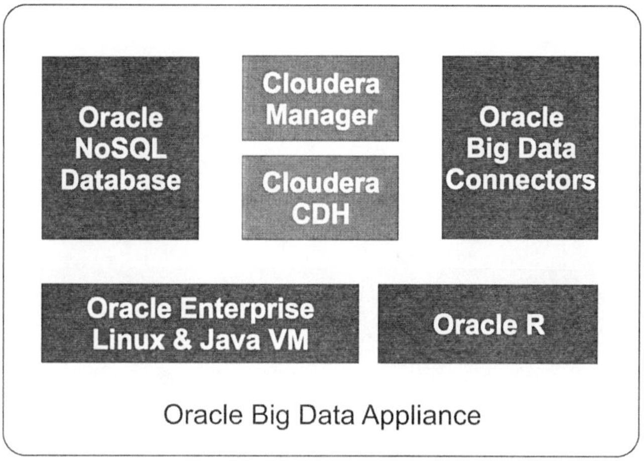

High-level overwiew of software in Big Data Appliance

NOTAS

[1] Henschen, Doug: "12 Big Hadoop Vendors to watch in 2012", 11/12/2012. Disponible en: <http://www.informationweek.com/software/enterprise-applications/12-hadoop-vendors-to-watch-in-2012/232500290]>.

[2] En la sección de "bibliografía y recursos Web", el lector puede encontrar las referencias de estos dos libros y otras muchas más fuentes de IBM así como las direcciones Web correspondientes para la descarga gratuita de dichos libros, patrocinada por la propia IBM.

[3] En la sección "bibliografía y recursos Web", el lector podrá encontrar documentación básica y avanzada relativa a las diferentes soluciones de software de Oracle.

APÉNDICE D
GLOSARIO

ACID (atomicity, consistency, isolation, durability).

Propiedades fundamentales de una base de datos tradicional quc no siempre se cumplen en las bases de datos NoSQL.

Algoritmos genéticos

Esta técnica es utilizada para la optimización que se inspira en el proceso de la evolución natural y en los estudios de genética. Su aplicación al análisis de datos no estructurados es sin duda el gran reto de estos avanzados algoritmos.

Analítica accionable

Término acuñado por la consultora Gartner que lo considera una de las tendencias tecnológicas del año 2013. Gartner considera que el abaratamiento del procesamiento está haciendo posible realizar analítica y simulaciones por cada acción que se lleve a cabo con el negocio. En la actualidad, la mayor parte de la analítica se concentra en realizar análisis histórico, el siguiente paso será predecir lo que pueda ocurrir. Gartner considera que a partir de 2013 se podrán hacer simulaciones usando datos analíticos aplicados a prácticamente cualquier decisión de negocios, e incluso los usuarios podrán acceder a esta información desde sus teléfonos móviles (celulares) lo que permitirá acelerar el proceso.

Analítica avanzada

Agrupamiento de técnicas de analítica utilizadas para predecir resultados futuros. Puede incluir simulación, optimización y modelado que permiten crear modelos más precisos del mundo alrededor de una organización o empresa.

Analítica de Big Data

Es el proceso de examinar grandes volúmenes de datos de una gran variedad de tipos (*big data*) para describir patrones ocultos, correlaciones desconocidas y otras informaciones útiles. El objetivo principal es ayudar a las compañías a tomar decisiones.

Analítica de descubrimiento/descubrimiento de datos

El descubrimiento de datos es una técnica que se ha venido desarrollado en las bases de datos KDD (*Data Discovery Knowledge*) utilizadas en inteligencia artificial. Diferentes fabricantes de *software* están construyendo herramientas de descubrimiento de datos basadas en búsquedas y en visualización. Estas herramientas facilitan a los usuarios desarrollar y refinar vistas y análisis de datos estructurados y no estructurados utilizando elementos de búsqueda o de visualización. Analítica de descubrimiento se apoya en las herramientas de descubrimiento de datos para tratar de realizar el análisis de los datos descubiertos. Empresas como IBM y EMC se han especializado en técnicas de descubrimiento de datos.

Analítica predictiva

Es la parte de la analítica que trata de predecir el comportamiento de los usuarios. Es una rama de la minería de datos centrada en la predicción de las probabilidades y tendencias futuras. La analítica predictiva pretende la mejora de decisiones y respuestas rápidas al cambio y comprende técnicas de minería de datos, estadística y modelado; trata de analizar hechos actuales o históricos con el propósito de hacer predicciones sobre sucesos futuros. Desde un punto de vista de una organización trata de predecir el comportamiento de sus diferentes categorías de usuarios, especialmente los clientes.

Análisis de redes

Un conjunto de técnicas utilizadas para caracterizar las relaciones entre nodos discretos de un grafo o de una red. En el análisis de las redes sociales, se pueden analizar las conexiones entre personas de una comunidad o una organización. Recordemos que la famosa teoría de los seis grados de separación -base de las redes sociales actuales- entre dos personas cualesquiera del mundo sigue hoy en vigor y eso facilita el análisis de los datos existentes entre redes sociales.

Análisis de sentimientos

Es una aplicación del procesamiento del lenguaje natural y otras técnicas de analítica que permite extraer información subjetiva de fuentes de texto, documentos, etc. El análisis de sentimientos es hoy día muy utilizado y eficiente para analizar medios sociales tales como blogs, microblogs, wikis, redes sociales, etc. y poder deducir de ese análisis, comportamiento de clientes, hábitos de compra, sistemas de recomendación, etc. Este tipo de analítica se asienta en la llamada minería de opinión que implica la construcción de un sistema para recolectar y examinar las opiniones relativas a un producto, hechas en entradas (*post*) de blogs, comentarios, revisiones o *tuits (tweets).* La minería de opinión automatizada utiliza técnicas de *machine learning* (aprendizaje de máquina o aprendizaje automático), uno de los componentes clave de la inteligencia artificial.

Analítica de textos

Deducción de información de alta calidad en un texto. Normalmente requiere la elaboración de patrones y tendencias a través de medios tales como el aprendizaje de patrones estadísticos. Es un proceso utilizado bien en sistemas de computación propios de las empresas o también para la búsqueda de texto en la Web, en procesos similares a los realizados por los buscadores de la Web.

Analítica Web

Recogida y análisis de los datos que se registran cuando un usuario visita un sitio web y sirve para medir el comportamiento de los usuarios en Internet. Existen numerosas herramientas de analítica de datos: Google Analytics, Woopra, Yahoo Web Analytics, Omniture...

Apache Drill

Es un sistema distribuido para el análisis interactivo de grandes volúmenes de datos. Está diseñado para procesar eficientemente los datos anidados y con el objetivo de escalar desde 10.000 o más servidores y para ser capaz de procesar petabytes de datos y billones de registros en segundos.

Avro

Es un proyecto de la fundación Apache (www.apache.org) que proporciona servicios de serialización de datos. Sistema de *serialización* de datos optimizado para Hadoop/MapReduce. Tiene la ventaja de ser compacto, flexible y admitir varios lenguajes de programación, lo cual le posiciona como una alternativa muy buena a los SequenceFiles (de Hadoop) o ProtoBuf (de Google).

Bases de datos relacionales (SQL)

Bases de datos tradicionales constituidas por conjuntos de tablas (entidades y relaciones). Los datos se almacenan en filas y columnas. Las bases de datos tradicionales más frecuentes son las bases de datos relacionales que manejan datos estructurados mediante el lenguaje de programación SQL.

Bases de datos no relacionales (NoSQL)

Son bases de datos aptas para el manejo de grandes volúmenes de datos y, especialmente, datos no estructurados. Su acrónimo significa *"Not only SQL"*.

Big Data

Existen numerosas definiciones de Big Data. Wikipedia define Big Data como*"Una colección de conjuntos de datos demasiado grande y compleja que se vuelven difíciles de procesar utilizando los sistemas de gestión de bases de datos o aplicaciones de procesamiento de datos tradicionales"*. La consultora IDC (2012) lo define como: *"Big Data es una nueva generación de tecnologías y arquitecturas diseñadas para extraer el valor económico de grandes volúmenes de una amplia variedad de datos, al permitir a alta velocidad, la captura, descubrimiento y/o análisis"* Con anterioridad, en 2011 IDC definió también *Big data* como *"activos de información de alto volumen, alta velocidad y gran variedad que demanda un coste eficiente, formas innovadoras de procesamiento de la información para un control mejorado y toma de decisiones"*. Por último el Insituto TDWI de gran predicamento en Data Warehouse y Analítica de datos, define por extensión la analítica de Big Data como: *"Big Data Analysis es la aplicación de técnicas avanzadas de análisis para conjuntos de grandes volúmenes de datos"* (The Data Warehousing Institute, 2011).

Big Data, es un término general utilizado para describir los grandes volúmenes de datos estructurados, no estructurados y semiestructurados que crea una compañía y aunque no se refiere a una cantidad específica, el término se suele referir a petabytes y exabytes.

BigTable

Sistema de base de datos distribuido propietario y construido bajo el proyecto Google File System y que es el fundamento de **HBase**.

Bigtop

Es un esfuerzo para crear un proceso más formal o marco de referencia para las pruebas de *paquetización* e interoperabilidad de sub-proyectos Hadoop y sus componentes relacionados, con el objetivo de mejorar la plataforma Hadoop en su conjunto

***Big Data Governance* (Gobierno de Big Data)**

Formulación de políticas para optmizar, proteger y aprovechar o potenciar la información. Con la proliferación de los grandes volúmenes de datos es necesario tener presente, el volumen, la variedad y velocidad de los big data. Sunil Soares, director de Information Governance de IBM, es uno de los grandes expertos mundiales.

Biometrics (Biometría)

La Real Academia de la Lengua Española define la biometría como: *"Estudio mensurativo o estadístico de los fenómenos o procesos biológicos"*. La autenticación o identificación biométrica se refiere al reconocimiento e identificación de las personas por las características de comportamiento (firma, paso, tecleado...), rasgos físicos o de conducta, tales como huellas dactilares, la retina, el iris, los patrones faciales, venas de la mano, geometría de la palma de la mano, etc.

BSON

Abreviatura de Binary JSON. Es un formato de datos de computadora utilizado principalmente como formato de almacenamiento de datos y transferencia en la red, en la base de datos MongoDB (www.bsonspec.org)

Business Intelligence (BI)

Inteligencia de negocios (*Business Intelligence*) es una estrategia empresarial que persigue incrementar el rendimiento, la eficiencia y la competitividad del negocio mediante la correcta organización y análisis de sus datos históricos y en la actualidad también en tiempo real. Las herramientas de inteligencia de negocios se utilizan en la toma de decisiones mediante la lectura de datos en almacenes de datos tales como *datawarehouse* (almacenes de datos corporativos) y *datamart* (almacenes de datos departamentales o especiales), que son, a su vez, grandes depósitos de datos. Otras herramientas de inteligencia de negocios son OLAP, que son herramientas de procesamiento analítico en línea y que ayudan también a la toma de decisiones.

Cascading

Interfaz funcional de procesamiento de datos escrita en Clojure. Es un marco de trabajo (*framework*) de aplicaciones Java que permite a los desarrolladores, el desarrollo rápido y fácil de aplicaciones para el análisis de gestión de datos y que se pueden desplegar y gestionar a través de una variedad de entornos de computación. Cascading funciona perfectamente en Apache Hadoop y distribuciones compatibles.

Cascalog

Lenguaje de consulta basado en Clojure para Hadoop. Inspirado en Datalog. El uso principal de Cascalog es en el procesamiento de big data.

Cassandra

Base de datos distribuida desarrollada inicialmente por Facebook. Diseñada para manejar grandes cantidades de datos distribuidos a través de servidores ordinarios. Es una base de datos de almacén clave-valor escrita en Java. Permite la manipulación de grandes volúmenes de datos en formato distribuido. Twitter utiliza Cassandra dentro de su plataforma. Está escrita en ANSI C y el desarrollo está patrocinado por VMware.

Chukwa

Subproyecto dedicado a la carga masiva de varios archivos de texto dentro de un Cluster Hadoop (ETL). Chukwa se construye bajo el sistema de archivos distribuido (HDFS) y el marco MapReduce y hereda la escalabilidad y robustez de Hadoop. Chukwa también incluye un conjunto de herramientas flexible y potente para la visualización y análisis de los resultados.

CouchDB

Base de datos NoSQL de código abierto, orientada a documentos. Emplea JSON para almacenar datos y JavaScript como lenguaje de consulta para MapReduce y HTTP como API. Fue creada en 2005 por Damian Kutz como un sistema de almacenamiento para una base de datos de gran escala.

Cloudera

Plataforma de software de código abierto. Proporciona software basado en Apache Hadoop, soporte y servicios, así como formación para empresas y usuarios finales, con la expedición de una certificación muy acreditada en las diversas tecnologías de Big Data. Es el proveedor líder de soluciones de Apache Hadoop.

***Cloud Computing* (Computación en la nube)**

Un nuevo paradigma tecnológico que incluyen en su concepto un gran número de tecnologías principalmente de almacenamiento, virtualización y centros de datos, todos ellos aglutinados con los *big data*.

Data mart

Versión especial de almacén de datos (*data warehouse*) creada para soluciones departamentales. Son subconjuntos de datos que tienen el propósito de ayudar a que un área específica de negocio pueda tomar mejores decisiones. Son pequeños *data warehouses* centrados en un tema o en un área de negocio específico dentro de una organización

***Data Quality Management System* (Sistema de gestión de la calidad de los datos)**

Un sistema de gestión de la calidad de los datos (DQMS) es un conjunto de procesos y mejores prácticas que garantiza que datos buenos y fiables se crean y mantiene a través de su flujo en la cadena de suministro. La implementación de un DQMS es también una herramienta muy útil para la identificación de oportunidades internas en los procesos.

***Data Science* (Ciencia de datos)**

Es la nueva disciplina emergente relativa al tratamiento y análisis de los grandes volúmenes de datos. La ciencia de los datos incluye soluciones SQL y NoSQL para gestiones masivas de datos, así como las tecnologías "en memoria", fundamentalmente para el tratamiento masivo de datos no estructurados y su integración con datos estructurados. Requiere conocimientos de ingeniería de datos, matemáticas, estadística, minería de datos, reconocimiento de patrones, visualización... e incluso conocimientos de biología, inteligencia competitiva, analítica de negocios, etc.

Data Scientist **(Científico de datos)**

Es el practicante de ciencia de los datos. Es una de las profesiones más demandas en la actualidad y en el futuro. Su formación será uno de los retos a que se enfrenten las organizaciones y empresas, así como las universidades, dada la alta necesidad de puestos de trabajos que serán demandados en esta especialidad. Es la evolución de los actuales analistas de datos o analistas de negocios con formación avanzada en Big Data y en proyectos avanzados de computación en la nube.

Data Warehouse

Sistemas de almacenamiento o depósitos de información para grandes cantidades de datos estructurados. Las nuevas versiones 2.0 de *datawarehouse* están pensadas para la manipulación de datos no estructurados.

Datos estructurados

Datos con formato o esquema fijo que poseen campos fijos. Son los datos de las bases de datos relacionales, las hojas de cálculo y los archivos, fundamentalmente. Se utilizan en las transacciones u operaciones diarias de las organizaciones.

Datos no estructurados

Datos que no tienen campos fijos. ejemplos típicos son: audio, video, fotografías, o formatos de texto libre como correos electrónicos, mensajes instantáneos SMS, artículos, libros, mensajes de mensajería instantánea tipo WhatsApp, Viber, Line, WeChat, Spotbros, etcétera.

Datos semiestructurados

Datos que no tienen formatos fijos paro contienen etiquetas y otros marcadores que permiten separar los elementos dados. Ejemplos típicos son el texto de etiquetas de XML y HTML.

DynamoDB

Sistema de almacenamiento de datos distribuido desarrollado por Amazon.

EDW (Enterprise Data Warehouse)

Almacen de datos de una empresa en la que se utilizan herramientas de informes (*reporting*), consultas (*quering*), visualización y analítica. Es un depósito de datos central que se crea integrando datos de una o más fuentes distintas y dispares.

Elastic Search

Servidor de búsqueda de código abierto, distribuido y basado en REST (www.elasticsearch.org). Ha sido adoptado por empresa como Stumbleupon y Mozilla. Está disponible bajo la licencia Apache 2.0.

ELT (*Extract, Load, Transform*)

Proceso de manipulación de los datos: se extraen, se cargan en la base de datos (o en el almacén de datos) y se transforman en el lugar donde se depositan, antes de su utilización. Es un enfoque diferente al ETL que suele ser el más extendido.

ETL (*Extract, Transform, Load*): Extraer, Transformar, Cargar

Herramientas de software utilizadas para extraer datos de fuentes externas, transformarlos y filtrarlos para sus necesidades operacionales y cargarlos en sistemas de bases de datos o almacenes de datos (*datawarehouse*).

Exabyte (EB)

Unidad de medida de datos equivalente a 10^3 (1.024) petabytes o 10^{18} bytes.

Exalytics

Máquina (*appliance*) de analítica y base de datos "en memoria" de Oracle. Competencia directa de HANA de SAP.

Flume

Es un marco para aportar datos a Hadoop. Los agentes están poblados de todas las infraestructuras de TI - dentro de los servidores web, servidores de aplicaciones y dispositivos móviles- para recoger esos datos e integrarlos en Hadoop

Fusión de datos e integración de datos

Conjunto de técnicas que integran y analizar datos de múltiples fuentes con el fin de desarrollar conocimiento o una visión que sea más eficiente y potencialmente más precisa que si fueran desarrolladas para el análisis de una única fuente de datos.

Gestión del ciclo de vida de la información

ILM (*Information Lifecycle Management*) es una estrategia para la administración de los sistemas de almacenamiento en los dispositivos de cómputo. ILM, es la aplicación de políticas y buenas prácticas a una gestión eficiente de la información.

Gigabyte (GB)

Unidad de medida equivalente a 10^3 (1.024) Megabytes o a 10^9 bytes.

GNU

Sistema operativo similar a UNIX y abierto, basado totalmente en software libre. (GNU is Not Unix).

GlusterFS

Sistema de archivos de código abierto distribuido que es capaz de escalar a varios petabytes y mejorar miles de clientes. Está bajo licencia GNU General Public License.

Global Positioning System (GPS)

Sistema de posicionamiento global. Sistema global de navegación por satélite que permite determinar la posición geográfica de cualquier objeto, persona o vehículo, en el mundo, con gran precisión (de centímetros a metros).

GPFS

Desarrollado por IBM Research en la década de los 90 y pensado para aplicaciones de High-Performance Computing (HPC). Su primera versión se lanzó en 1998, GPFS se ha utilizado en muchos de los grandes supercomputadores más rápidos del mundo, incluyendo Blue Gene.

Greenplum

Compañía con una excelente herramienta de analítica de *big data* muy popular. Ha sido comprada por EMC y es en la actualidad una división de esta empresa.

Hadoop

Proyecto Apache de alto nivel de la Fundación de software Apache escrito en Java y se ejecuta dentro de la máquina virtual de Java, JVM. Es un marco de trabajo (*framework*) que permite el tratamiento distribuido de grandes volúmenes de datos (del orden de petabytes). Hadoop está inspirado en el trabajo de Google: Google File System (GFS) y en el paradigma de programación MapReduce. El proyecto Hadoop consta de tres componentes fundamentales: Hadoop Distributed File System (HDFS), Hadoop Map Reduce y Hadoop Common.

Hadoop Common

Hadoop Common incluye un conjunto común de utilidades que soportan los subproyectos en Hadoop.

Hama

Plataforma de computación distribuida basada en técnicas de computación paralela masiva para cálculos científicos, matrices, gráficos, algoritmos de redes, etc.

HANA

Implementación de tecnologías en memoria y propiedad de la empresa SAP. HANA (High-Performance Analytics Appliance, www.saphana.com) una plataforma integrada de *hardware+software* que combina innovadoras tecnologías de bases de datos con la modalidad de procesamiento en memoria. Es la solución de SAP a la computación *"In-Memory"*.

HDFS (Hadoop Distributed File System).

Capa de almacenamiento de Hadoop, es un sistema de archivos distribuido escrito en Java, escalable, tolerante a fallos. Aunque Hadoop pueda funcionar con varios sistemas de archivos (sistema de archivos locales de Linux, GlusterFS, S3 de Amazon...), HDFS se desmarca de ellos por ser totalmente compatible con MapReduce y ofrecer la optimización de "localidad de los datos", lo cual lo convierte en la solución "natural" de Hadoop. Existen otros sistemas de archivos en uso para Big Data: IBM General Parallel File System (GPFS), GlusterFS y Cassandra File System (CassandraFS).

HCatalog

Sistema de gestión de metadatos y tablas que simplifica el intercambio de datos en Apache Hadoop y otros sistemas de datos empresariales. Ofrece una capa de abstracción de acceso a los datos. Permite a los usuarios de Hive, Pig o MapReduce acceder fácilmente a cualquier archivo (fichero) en HDFS sin preocuparse del formato que puede tener este archivo (sea CSV, SequenceFile, JSON etcétera). Se trata de un proyecto inicialmente desarrollado por Hortonworks.

HBase

Base de datos NoSQL de baja latencia y orientada a columnas y que se sitúa en la parte superior de Hadoop. Se trata de la versión Java *opensource* de Hadoop de la famosa base de datos NoSQL de Google, BigTable. Como principales características podemos destacar: datos almacenados en columnas, sistema de versionado de los datos, consistencia de las escrituras y lecturas, recuperación automática en caso de fallos. HBase es la base de datos necesaria para tener acceso aleatorio de lectura/escritura en tiempo real a un gran conjunto de datos. Hbase no es una base de datos relacional y no soporta SQL.

Hive

Hive es un sistema de almacenamiento de datos sobre Hadoop al que añade metadatos para facilitar su manejo, creando lo que se llama un almacén; fue desarrollado originalmente por Facebook. Hive proporciona una interfaz similar a SQL denominado HiveSQL para consultar grandes volúmenes de datos y permite a los usuarios escribir consultas SQL en el lenguaje HiveQL, que luego se convierte en MapReduce. Esto permite a los programadores de SQL sin experiencia en MapReduce consultar los datos guardados en el almacén, y hace que sea más fácil de integrar con la parte de BI y las herramientas de visualización tales como

Microstrategy, Tableau, Analytics Revolutions, etc. Es una infraestructura de *data warehousing* que se situa en la parte superior de Hadoop.

Hortonworks

Una de las compañías que distribuye una de las mejores soluciones de Hadoop totalmente en código abierto.

Hue

Hadoop User Experience es proyecto de código abierto que crea un interfaz web, el cual facilita el uso de Apache Hadoop. Cuenta con un explorador de archivos para HDFS; una aplicación para la creación de flujos de trabajo en Oozie; un diseñador de trabajo para MapReduce; una interfaz de usuario Impala; una colección de Hadoop API; y mucho más.

Hypertable

Sistema gestor de bases de datos de código abierto desarrollado en C++ por la compañía Zuents y basado en el modelo Big Table de Google. Soporta además otros lenguajes de programación como Java, PHP. Python, Perl y Ruby. Entre sus clientes están eBay, Tiscali y Reddiff.com.

Impala

Nuevo motor de consultas (*query*) desarrollado por Cloudera y basado en SQL. Inspirado del software Dremel de Google, permite realizar consultas SQL muy parecidas a la sintaxis HQL de Hive, pero sin pasar por ningún proceso MapReduce. Esto le permite en muchas ocasiones ser hasta 50 veces más rápido que Hive y lo transforma en la herramienta ideal para acceder a los datos en tiempo real. Cloudera Impala proporciona consultas SQL interactivas, rápidas directamente en datos almacenados en HDFS o HBase de Hadoop. Es una herramienta adicional a las herramientas disponibles para consultas de big data.

Inteligencia de negocios (*Business Intelligence*). Véase *Business Intelligence*.

Internet de las cosas (*Internet of Things*)

Red de cosas u objetos que se conectan entre sí para enviarse datos mutuamente a través de protocolos de Internet IP. Los objetos se comunican entre sí debido a que a cada objeto se le puede asociar una dirección de internet IP.

IP

Dirección IP es una etiqueta numérica que se asigna a cada dispositivo de una red de computadoras que utiliza la red Internet (*p.e.* una impresora, una computadora, un teléfono o un objeto). Los protocolos de IP existentes en la actualidad son: IPv4, una dirección de un número de 32 bits (existen 2^{32} direcciones); IPv6, una dirección de un número de 128 bits por dirección (existen 2^{128} direcciones).

Jaql

Es, fundamentalmente, un lenguaje de consulta para JavaScript Object Notation (JSON) pero soporta otros sistemas. Permite procesar tanto datos estructurados como datos no estructurados y fue donado por IBM a la comunidad de código abierto. Jaql esetá inspirado en muchos lenguajes de programación de consultas, incluyendo Lisp, SQL, XQuery y Pig. Es un lenguaje funcional y declarativo que permite la explotación de datos en formato JSON diseñado para procesar grandes volúmenes de información.

Jaspersoft

Jaspersoft para Big Data es un paquete integrado (*suite*) de Business Intelligence para Big Data. Es compatible con múltiples soluciones de Big Data como Hadoop,. Mongo DB y bases de datos NoSQL y de analítica.

JSON

Estándar abierto basado en texto diseñado para intercambio de datos legibles por personas. Se deriva de JavaScript, aunque son lenguajes independientes (www.json.org).

***Log File* (Archivo de registro)**

Archivo de una computadora donde se anotan los registros de sus actividades. Normalmente se aplica a servidores web en donde se registran toda la actividad y rendimiento del servidor así como cualquier problema que haya podido ocurrir durante su operación.

Lucene

Proyecto Apache de software abierto para búsquedas sobre texto y se incluye en muchos proyectos de código abierto. Lucene proporciona una librería para indexación y búsqueda de texto. Es una API de código abierto para la recuperación de la información originalmente implementada en Java por Dong Cutting. Lucene tiene versiones para otros lenguajes incluyendo Delphi, Perl, C#, C++, Python, Ruby y PHP. Se ha utilizado principalmente en la implementación de motores de búsqueda; de hecho, es un estándar de facto de las librerías de búsqueda de big data.

Machine Learning (Aprendizaje máquina)

Herramientas que ejecutan automáticamente análisis de datos, basadas en los resultados de un análisis tipo *one-off.*

Machine-to-Machine (M2M, Máquina a Máquina)

Tecnologías que permiten a sistemas cableados y no cableados comunicarse con otros dispositivos de las mismas características. Establecen comunicación inteligente entre dos cosas (máquinas). Es la base de la Internet de las cosas.

Mahout

Proyecto que permite construir bibliotecas escalables de aprendizaje automático. Está construido sobre el paradigma MapReduce de Hadoop. Permite resolver problemas tales como *clustering,* filtrado colaborativo y clasificación de terabytes de datos sobre miles de computadores. Librería de algoritmos de *machine learning*. En ella están los algoritmos de minería de datos más populares para llevar a cabo la agrupación, pruebas de regresión y modelos estadísticos implementados usando MapReduce para que puedan ejecutarse sobre Hadoop.

MapR

Empresa con sede en California que desarrolla y distribuye soluciones de software para Apache Hadoop. Contribuye a proyectos de Hadoop tales como HBase, Hive y Zookeeper.

MapReduce

Marco de trabajo de software que sirve como núcleo o capa informática de Hadoop. Fue diseñado por Google para dar soporte a la computación en paralelo sobre grandes colecciones de datos en grupos de computadoras y con sistemas de computación ordinarios. El algoritmo MapReduce se basa en el clásico paradigma computacional de *divide y vencerás*. Los trabajos MapReduce se dividen en dos procesos independientes que ejecuta Hadoop: La función "*Map*" divide una consulta en múltiples partes y procesa los datos a nivel de nodo. "*Reduce*", como su nombre indica, reduce los agregados función de los resultados de la función "*Map*" para determinar la "respuesta" a la consulta.

Mashup

Una aplicación que utiliza y combina presentación de datos procedentes de diferentes fuentes para la creación de una nueva aplicación o servicio. Estas aplicaciones están disponibles normalmente en la Web y se utilizan a través de interfaces de programación de aplicaciones o desde diferentes fuentes de datos. Los *mashup* se utilizan con mucha frecuencia con sistemas de geolocalización o geoposicionamiento, sistemas GPS, etc.

Master Data Management (MDM)

Gestión de datos maestros es el conjunto de procesos, gobierno, políticas, estándares y herramientas que definen de modo consistente la gestión de los datos maestros de una organización (los datos maestros de una organización son los datos clave en la operación de un negocio; la información clave del negocio puede incluir datos sobre clientes, empleados, productos, materiales, proveedores, etc.)

Metadatos

Un metadato es un dato acerca de datos de cualquier tipo y soporte. Son datos que describen otros datos. El metadato puede ser texto, voz o imagen. El metadato ayuda a clasificar y encontrar datos. Por ejemplo, el metadato puede documentar atributos (nombre, tamaño, tipo de dato, etc.), las estructuras de datos (donde está localizado, cómo está apoyado, etc.). Un ejemplo de un metadato es todo aquello que se guarda en los registros de un sistema de archivos.

Minería de datos

Sin lugar a dudas, una de las técnicas más utilizadas en el análisis de datos y que se está adaptando al análisis de grandes datos. Estas técnicas incluyen *clasificación, regresión, reglas de asociación, análisis de cluster*... La minería de datos tiene dos grandes categorías que afectan a la web y al mundo de la documentación y la biblioteconomía: *Minería web* y *Minería de textos*. Estas técnicas permiten el análisis eficiente de grandes volúmenes de datos. El gran reto actual es el análisis de los datos en las redes sociales, blogs, *wikis*, etc. y su estudio ha dado origen a una nueva categoría de minería de datos conocida como minería social y minería de opinión. Así mismo hoy se considera también una nueva categoría propiciada por el intercambio de datos entre objetos, principalmente sensores, conocida como analítica M2M (máquina a máquina).

MongoDB

Procede del inglés "*humongous*" (enorme) y es un sistema de base de datos NoSQL orientado a documentos, es un proyecto de código abierto. Al ser de tipo documentos, las estructuras de datos se guardan en documentos con un esquema dinámico pero siguiendo la notación de JSON, estas estructuras dinámicas que son denominadas por MongoDB como BSON, lo que implica que no exista un esquema predefinido, pudiendo un documento no tener todos los campos definidos para ese documento lo que lo hace que la integración de los datos en ciertas aplicaciones sea más fácil y rápida. Ha sido desarrollada por la empresa 10gen.

MrJob

Marco de trabajo que permite escribir el código para el procesamiento de datos y se ejecuta a continuación de modo transparente, bien en modo local, en Elastic MapREduce o en su propio cluster de Hadoop.

Neo4J

Base de datos NoSQL orientada a gráficos, de código abierto y soportada por Neo Technology. Es una de las bases de datos NoSQL más populares del mundo. Entre sus usuarios se encuentran empresas tales como Lufthansa, Mozilla, Accenture, Cisco, Adobe o Infojobs.

NoSQL

Categoría de bases de datos que no utilizan SQL como lenguaje principal de consulta. Existe un gran número de soluciones: Cassandra, Couchbase, Apache CouchDB, Riak, Amazon DynamoDB, MongoDB, etc.

Oozie

Sistema de gestión de *Workflows* (flujos de trabajo) que permite a los usuarios definir una serie de trabajos escritos en varios lenguajes, como MapReduce, Pig y Hive, creando entre ellos un flujo de procesos (*jobs*) con lógica. Oozie es un proyecto de código abierto que simplifica los flujos de trabajo y la coordinación entre cada uno de los procesos (trabajos); permite que el usuario pueda definir acciones y las dependencias entre dichas acciones. Oozie permite a los usuarios especificar, por ejemplo, que una determinada consulta sólo debe iniciarse después de determinados trabajos previos en los que se basa para recoger datos que se han completado.

Pentaho

Pentaho Big Data (www.pentahobigdata.com/overview) ofrece una solución completa de análisis de Big Data que soporta todo el proceso de análisis de datos desde ETL e integración de datos al análisis en tiempo real y visualización de Big Data. Los componentes de Big Data son *open source* (código abierto) como otras soluciones de software de Pentaho. Plataforma de BI "orientada a la solución" y "centrada en procesos" que incluye todos los principales componentes requeridos para implementar soluciones basados en procesos. Incluye herramientas integradas para generar informes, minería de datos, ETL, etc.

Petabyte (PB)

Unidad de medida de información digital equivalente a 10^3 terabytes o 10^{15} bytes

Pig

Pig es una plataforma para analizar grandes conjuntos de datos no estructurados y semiestructurados en Hadoop. Utiliza un lenguaje procedimiental que aisla a los usuarios del aprendizaje de programación MapReduce en Java. Pig se desarrolló inicialmente en Yahoo¡ para permitir a los desarrolladores utilizar Hadoop centrándose más en los grandes conjuntos de datos. Hive y Pig evolucionaron como proyectos independientes de Apache para el análisis de grandes volúmenes de datos. Pig está formado por dos componentes principales: el primero es el lenguaje en sí mismo que se llama PigLatin y el segundo es un entorno de ejecución donde se ejecutan los programas PigLatin. Hive está mejor adaptado para usuarios que estén familiarizados con SQL y Pig es ideal para los usuarios que estén familiarizados con lenguajes procedimentales como Visual Basic y Python.

Pig Latin

Pig Latín es un lenguaje de programación de alto nivel desarrollado por Yahoo para facilitar la programación de MapReduce sobre Hadoop. Es relativamente fácil de aprender (pues es muy expresivo y legible) y es eficiente frente a grandes flujos de datos de cualquier tipo.

Procesamiento de flujos

Tecnologías diseñadas para procesar flujos de datos en tiempo real. Existen modalidades de *streaming* de video, audio, fotografías y libros. Los sistemas de procesamiento de flujos se utilizan en numerosas aplicaciones tales como servicios de movilidad con chips RFID y NFC, detección de fraudes, monitorización de procesos, servicios basados en localización (GPS) en comunicaciones, etc.

Procesamiento de señales

Técnicas muy utilizadas para implementar la fusión de tipos de datos. Son técnicas muy empleadas en telecomunicaciones y que ahora se están comenzando a analizar en el estudio de sensores para la *Internet de las cosas* y en sectores muy industriales como el eléctrico o las refinerías de petróleo. Un área muy especial del procesado de señales es el *procesamiento del lenguaje natural* (PLN) que permite combinar datos de diferentes fuentes tales como compras y ventas en tiempo real que pueden afectar muy positivamente en campañas de marketing o de negocios digitales.

Procesamiento de Lenguaje Natural (PLN)

(NLP, *Natural language processing*)

Conjunto de técnicas muy utilizadas en inteligencia artificial y lingüística que utilizan algoritmos de computación para analizar el lenguaje humano. Métodos para extracción de información de textos creados por personas. Una aplicación cada día más utilizada del PLN es el *análisis de sentencias* en los medios sociales, que permitirán analizar el comportamiento de los usuarios para su uso en campañas de marketing, recursos humanos, publicidad, etc.

R

Lenguaje de programación de código abierto (*software* libre) con un entorno de programación apto para cálculos estadísticos y gráficos. Lenguaje que se ha hecho muy popular a lo largo de 2012 para manipulación de algoritmos con datos no estructurados. Es un lenguaje y un entorno para computación y gráficos estadísticos y un proyecto GNU, que es similar al lenguaje S. R ofrece una gran variedad de estadísticas (modelos lineales y no lineales, tests estadísticos clásicos, análisis de series de tiempo, clasificación, *clustering*, ...) y las técnicas gráficas. Además es altamente extensible.

RapidMiner

Antes YALW (Yet Another Learning Environment). Programa de computación de código abierto para el análisis y minería de datos. Permite el desarrollo de procesos de análisis de datos mediante el encadenamiento de operadores a través de un entorno gráfico. //rapid-i-com/content/view/181/190.

Redes neuronales

Modelos de computación inspiradas en las redes neuronales biológicas que permiten encontrar patrones de datos, y especialmente adecuadas para encontrar patrones no lineales, muy útiles para la manipulación de datos no estructurados y muy empleadas en el reconocimiento y optimización de patrones.

Redis

Motor de bases de datos en memoria, basado en el almacenamiento en tablas (clave-valor). Está escrito en ANSI C. (redis.io, www.r-prject.org)

Reconocimiento de patrones

Es el diseño de un patrón de hábitos, conductas, modelos, objetos, etc. que mediante un algoritmo específico se puede asignar algún tipo de valor de salida (*etiqueta*) a un valor de entrada dado (*instancia*). Es sin duda, una técnica muy utilizada en computación, ingeniería electrónica... que se ha adaptado al uso del análisis de datos.

RFID (*Radio Frecuency Identification*)

Identificación por radiofrecuencia. Es un sistema de almacenamiento y recuperación de datos remoto que usa dispositivos denominados etiquetas (*tags*) RFID. Las etiquetas RFID son unos dispositivos pequeños, similares a una pegatina o a los chips de las tarjetas electrónicas que pueden ser adheridas o incorporadas a un producto, animal o persona. Contienen antenas para recibir y transmitir datos por radiofrecuencia desde un dispositivo emisor-receptor.

Riak

Base de datos distribuida NoSQL de código abierto, inspirada en Dinamo. (basho.com/riak, //dosc.basho.com). Sus propiedades fundamentales son disponibilidad, tolerancia a fallos, simplicidad operacional y escalabilidad.

Sensor

Convertidor electrónico (detector) que mide una cantidad física y la convierte en una señal que se puede leer por un observador o por un instrumento (normalmente electrónico). Los sensores son uno de los soportes de la Internet de las cosas y causantes en gran medida de los grandes volúmenes de datos existentes en la actualidad y en el futuro.

Serialización

Métodos para convertir estructuras de datos o el estado de los diversos objetos en un formato almacenable.

Sistemas distribuidos

Computadores, sistemas operativos, redes de comunicaciones, sistemas de archivos (ficheros) que facilitan la distribución de datos en diferentes sistemas.

Solr

Motor de búsqueda de código abierto basado en la biblioteca Java del proyecto Lucene, con APIs en XML/HTTP y JSON.

Sqoop

Herramienta de conectividad para mover datos entre Hadoop y bases de datos relacionales y almacenes de datos. Se puede utilizar Sqoop para importar datos de un sistema de gestión de bases de datos relacionales (SGBDR, RDBMS) tal como MySQL u Oracle al sistema HDFS y transformar los datos Hadoop MapReduce y, a continuación, exportar los datos de nuevo a un SGBDR. Permite a los usuarios especificar la ubicación de destino dentro de Hadoop e instruir a Sqoop para mover datos de Oracle, Teradata u otras bases de datos relacionales para cumplir el objetivo marcado.

Storage (Almacenamiento)

Tecnologías para almacenamiento de datos de un modo distribuido.

Storm

Sistema de computación distribuida en tiempo real, libre y de código abierto, nacido en el seno de Twitter. Storm hace fácil procesar de manera fiable flujos no estructurados de datos, haciendo en el ámbito del procesamiento en tiempo real, lo que hizo Hadoop para el procesamiento por lotes.

Talend Open Studio for Big Data

Es un producto de Big Data de código abierto potente y versátil que facilita el trabajo con las tecnologías de Big Data y ayuda a impulsar y mejorar el rendimiento del negocio. Simplifica el desarrollo de grandes volúmenes de datos y facilita la organización e instrumentación requerida por estos proyectos.

Técnicas estadísticas

En este segmento caben a su vez numerosas técnicas tales como regresiones, *testing*, simulación, análisis de series de tiempo, etc.

Terabyte (TB)

Unidad de medida de datos equivalente a 10^3 Gigabytes o 10^{12} bytes.

Visualización

Técnicas utilizadas para la creación de imágenes, dibujos, diagramas, animaciones, figuras, etc. para comunicar, entender y mejorar los resultados del análisis de datos no estructurados (*big data*). Tecnologías utilizadas para la creación de imágenes, figuras, diagramas, animaciones en comunicación de mensajes, fotografías, audio, video, etc. Además de estas tecnologías se consideran otras que afectan directamente a los datos y sus formatos, así como herramientas de bases de datos.

Voldemort

Sistema de almacenamiento distribuido basado en clave-valor (*key-value*). Es una base de datos distribuida perteneciente al proyecto Voldemort (www.project-voldemort.com/voldemort). Se utiliza en LinkedIn para resolver ciertos problemas de almacenamiento de alta escalabilidad donde la partición funcional simple no es suficiente.

XeraByte (XB)

Unidad de medida equivalente a 10^3 Yottabytes o el equivalente a 10^{27} bytes. Si el Yottabyte es una unidad difícil de medir y cuantificar en la actualidad, con mucho mayor razón el XeraByte, pero ya comienza a utilizarse en los cuadrantes de unidades de medida de almacenamiento de datos.

Yottabyte (YB)

Unidad de medida equivalente a 10^3 Zettabytes o 10^{24} bytes. Unidad difícil de cuantificar y de medir en la actualidad.

Zettabyte (ZB)

Unidad de medida equivalente a 10^3 Exabytes o el equivalente a 10^{21} bytes. IDC en su informe "El Universo Digital de 2012" prevé que en el año 2020 existirán en la Tierra datos digitales por valor de 40 Zettabytes.

ZooKeeper

Proyecto de software de la Apache Software Foundation, que provee un servicio de configuración centralizada y registro de nombres de código abierto para grandes sistemas distribuidos. ZooKeeper es un subproyecto de Hadoop.

APÉNDICE E
BIBLIOGRAFÍA Y RECURSOS WEB

BIBLIOGRAFÍA

ACERA, Miguel Ángel: *Social Media. Métricas y análisis*, Madrid: Anaya, 2012.

BADGER, Lee et al.: *Cloud Computing Sypnosis and Recommendations*, (*white paper*) NIST, 2012.

BARTON, Dominic, y David COURT: "Making Advanced Analytics Work for You", en *Harvard Business Review*. October 2012, pp. 79-83.

BRYNJOLFSSON y McAFEE (MIT), "Big Data: The Management Revolution", en *Harvard Business Review*. October 2012.

CHEE, Brian J. S, y Curtis Jr. FRANKLIN: *Cloud Computing. Technologics and Strategies of the Ubiquitous Data Center*, Boca Raton: CRC Press, 2010.

CHORAFAS, Dimitris N.: *Cloud Computing Strategies*, Boca Raton: CRC Press, 2011.

DAVENPORT, Thomas H., y D. J. PATIL: "Data Scientist: The Sexiest Job of the 21st Century", en *Harvard Business Review*. October 2012, p. 73

FRANKS, Bill: *Taming the Big Data Tidal Wave. Finding Opportunities in Huge Data Streams with Advanced Analytics*, New Jersery: Wiley, 2012.

HURWITZ, et al.: *Big Data for Dummies*, New Jersey: Wiley, 2013.

HURWITZ, et al.: *Cloud Computing for Dummies*, New Jersey: Wiley, 2012.

JOYANES, Luis: *Computación en la nube. Estrategias de cloud computing en las empresas*, México: Alfaomega, 2012.

JOYANES, Luis (coordinador): *Ciberseguridad. Retos sociales y amenazas a la seguridad nacional en el ciberespacio*, Madrid: IEEE, 2011.

JOYANES, Luis.: *Seminario Empresa 2.0: Integración de la Web 2.0 y Cloud Computing en la empresa*, Madrid: Corenetworks, 2009*b*. Disponible en línea: <http://www.corenetworks.es>.

JOYANES, Luis: "La Computación en Nube *(Cloud Computing)*: El nuevo paradigma tecnológico para empresas y organizaciones en la Sociedad del Conocimiento", en *ICADE,* n. 77, enero-marzo 2009, Madrid: Universidad Pontificia Comillas, 2009*a*.

KAUSHICK, Avinash: *Analítica Web 2.0*, Barcelona: Gestión 2000, 2011.

KRUTZ, Ronald L., y Ruseell DEAN VINES: *Cloud Security. A Comprehensive Guide to Secure Cloud Computing*, Indianapolis: Wiley, 2010.

LOVETT, John: *Social Media. Métricas y análisis*, Madrid: Anaya, 2011.

MAGAZ, Francisco/UOC: *OpenNebula y Hadoop: Cloud Computing con herramientas Open Source*, Memoria de Máster presentada en la Universidad Oberta de Cataluña, 2012.

MAHAPATRA, Tushar, y Sanjay MISHRA: *Oracle Parallel Processing*, USA: O'Reilly, 2000.

MARZ, Nathan, y Javier WARREN: *Big Data: Principles and best practices of scalable realtime data systems*, New York: Manning Publications, 2013.

MAYER-SCHONBERGER, Viktor, y Kenneth CURIER: *Big Data: A Revolution That Will Transform How We Live, Work and Think*, New York: Houghton Mifflin Harcout, 2013.

NAHARI, Hadi, y Ronald L. KRUTZ: *Web Commerce Security. Design and Development*, Indianapolis: Wiley, 2011.

RUSSON: *Big Data Analytics*, Fourth quarter 2011, TDWI Research, 2011. Copatrocinado por IBM. Disponible en: <http://www.tdwi.org>.

SCHNEIDER, Robert D.: *Hadoop for dummies*, New York: Wiley, 2012.

SOARES, Sunil: *Big Data Governance. An Emerging Imperative*, Boise: MC Press Online, LLC, 2012.

SOSINSKY, Barrie: *Cloud Computing Bible*, New York: Wiley, 2011.

TORRES i Viñals, Jordi: *Empresas en la nube. Ventajas y retos del Cloud Computing*, Barcelona: Libros de Cabecera, 2011.

WARDEN, Peter: *Big Data Glossary*, Sebastopol (USA): O'Reilly, 2011.

WHITE, Tom: *Hadoop: The Definitive Guide*, Sebastopol (USA): O'Reilly, 2012.

ZIKOPOULOS, Paul et al.: *Harness the Power of Big Data. The IBM Big Data Platform*, New York: McGraw-Hill, 2013.

ZIKOPOULOS, Paul et al.: *Understanding Big Data Analytics for Enterprise Class Hadoop and Streaming Data*, New York: McGraw-Hill, 2012.

MOOC (*MASSIVE OPEN ONLINE COURSES*)

Portales Web de universidades y empresas que ofrecen cursos gratuitos de materias educativas diversas.

En lo relativo a Big Data, el lugar más recomendado es *Big Data University,* portal educativo creado e impulsado por IBM (www.bigdatauniversity.com).

Otros portales Web de cursos en línea y gratuitos apoyados por prestigiosas universidades:

Udacity (https://www.udacity.com)

Coursera (https://www.coursera.org)

EdX (https://www.edx.org)

OpenCourseWare de MIT (http://ocw.mit.edu)

Courseware (http://www.opencourseware.edu)

RECURSOS WEB

THE APACHE SOFTWARE FOUNDATION

Toda la documentación relativa a Hadoop y sus componentes:

www.apache.org
www.apache.org/dyn/closer.cgi
www.hadoop.apache.org
www.mahout.apache.org

EMC

EMC Big Data (www.spain.emc.com/big-data/index.html)

"The Human Face of the Big Data" (www.humanfaceofbigdata.com)

CONSULTORA GARTNER

IT Glossary: www.gartner.com/it-glossary/big-data/

Informe: "13 Big Data Vendors to Watch in 2013". Disponible en: <http//www.informationweek.com/software/information-management/13-big-data-vendors-to-watch-in-2013/240144124?pgno=1>.

IBM

RedBooks de IBM. Libros, documentos, artículos... en línea, con un gran un gran número de ellos descargables gratuitamente (www.ibm.com/redbooks).

ZIKOPOULOS, Paul et al.: *Harness the Power of Big Data. The IBM Big Data Platform*, New York: McGraw-Hill, 2013. Disponible previo registro *online* en: <http://www-01.ibm.com/software/data/bigdata>.

ZIKOPOULOS, Paul et al.: *Understanding Big Data Analytics for Enterprise Class Hadoop and Streaming Data,* New York: McGraw-Hill, 2012. Disponible, previo registro *online*, en: <http://www-01.ibm.com/software/data/bigdata/enterprise.html>.

IBM Global Business Service: *Analytics: The real-world use of big data,* University of Oxford/IBM Institute for Business Value, 2012.

GEREON, Vey, Thomas KROJZL, Ilya KRUTOV: *In-Memory Computing with SAP HANA on IBM eX5 Systems.* IBM Redbooks, 2012.

Certificaciones de IBM (www.ibm.com/certify/mastery_test)

Formación de IBM (www.ibm.com/software/data/education)

Information Management Bookstore (www.ibm.com/software/data/education/bookstore)

CONSULTORA IDC

Informe anual "The Digital Universe", diciembre de 2012, patrocinado por EMC.

Informe "Bringing Big Data to the Enterprise". Disponible en: <www-01.ibm.com/software/data/bigdata/industry.html>.

"The Digital Universe in 2020: Big Data, Bigger Digital Shadows, and Biggest Growth in the Far East" (incluye informes: "Big Data in 2020" y "Cloud Computing in 2020"). Disponibles en: <http://www.emc.com/leadership/digital-universe/iview/index.htm>.

Informe "Big Data: Global Overview". Disponible en: <http://www.idc.com/getdoc.jsp?containerId=IDC_P23177#.USi5FIfKTJs>.

CONSULTORA MCKINSEY

Big data: the next frontier for innovation, competition, and productivity, junio de 2011. Informe completo, resumen ejecutivo y versiones para eBook y Kindle. Disponible en: <http:www.mckinsey.com/insights/mgi/research/technology_and_innovation/big_data_the_next_frontier_for_innovation>.

Portal de Big Data (http://www.mckinsey.com/features/big_data).

ORACLE

"Big Data y su impacto en el negocio. Una aproximación al valor que el análisis extremos de datos aporta a las organizaciones". Disponible en: <http:www.oracle.com/bigdata>.

Portal recursos Oracle y Big Data: Big Data for the enterprise (www.oracle.com/us/technologies/big-data/index.html).

"Oracle Big Data Appliance. An Integrated Platform for Big Data". Disponible en: <http://www.oracle.com/us/products/database/big-data-appliance/overview/index.html>.

"Big Data for the Enterprise" (*white paper*). Disponible en: <http://www.oracle.com/us/products/database/big-data-for-enterprise-519135.pdf>.

"Oracle Big Data Connectors: Integrating Oracle Database and Apache Hadoop". Disponible en: <http:www.oracle.com/us/products/database/big-data-connectors/overview/index.html>.

O'REILLY MEDIA

O'Reilly Media es un sitio Web especializado (portal tecnológico) de la editorial O'Reilly, donde se pueden encontrar, además de su oferta editorial innovadora y moderna, una amplia variedad de informes y documentos descargables gratuitamente sobre *Big Data y cloud computing.*

SLOMM, Mac. *Big Data now: 2012*. Disponible en línea en: <http://www.oreilly.com/data/radarreports/big-data-now-2012/thanksyou.csp>.

LOUKIDES, Mike: *What is Data Science?* O'Reilly Media, 2010. Disponible en Strata de O'Reilly, (www.oreilly.com).

CONSULTORA FORRESTER

KOBIELUS, James G.: *The Forrester Wave: Soluciones Hadoop empresariales*, Primer trimestre de 2012, (www.forrester.com).

PORTAL TECNOLÓGICO TICBEAT / *READWRITEWEB*

TICbeat (www.ticbeat.com). Portal tecnológico con noticias y secciones específicas de *Big Data* y *cloud computing*.

TICbeat (www.ticbeat.com). Informe patrocinado por Informática: "Big Data. Cómo la avalancha de datos se ha convertido en un importante beneficio".

EDITORIAL WILEY. COLECCIÓN: "... FOR DUMMIES"

La editorial Wiley publica ediciones especiales de obras escogidas de su colección "... for Dummies" patrocinadas por empresas del sector y que están disponibles gratuitamente por dicho patrocinio. Entre ellas destacamos:

HURWITZ, et al.: *Big Data for Dummies*, New Jersey: Wiley, 2013.

HURWITZ, et al.: *Cloud Computing for Dummies*, New Jersey: Wiley, 2012.

SCHNEIDER, Robert D.: *Hadoop for dummies*, New York: Wiley, 2012.

SECCIONES Y BLOGS DE *TECHNOLOGY* DE REVISTAS ECONÓMICAS

The Economist (www.economist.com)
Financial Times (www.ft.com)
Business Week (www.businessweek.com)
Fortune (www.fortune.com)
Forbes (www.forbes.com)
Wall Street Journal (www.wsj.com)

REVISTAS DE TIC

Computerworld (www.idg.es/computerworld; www.idg.es/pcworld)
Big Data Topic Center (www.computerworld.com/s/topic/221/Big+Data)
Computing (www.computing.es)
CIO (www.cio.com)
InformationWeek (www.informationweek.com)
eWeek (www.eweek.com)
Wired (www.wired.com)
ZDNet (www.zdnet.com)
TechWeek (www.techweek.es)

BLOGS TECNOLÓGICOS

Mashable (www.mashable.com)
TechCrunch (www.techcrunch.com)
Gizmodo (www.gizmodo.com)
Boing Boing (www.boingboing.com)
Engadget (www.engadget.com)
The Official Google Blog (googleblog.blospot.com)
O'Reilly (www.oreillynet.com)
Slahdot (www.slahdot.com)
Gizmodo.com (us.gizmodo.com; es.gizmodo.com)
Gigaom.com (http://gigaom.com/)
TICbeat.com (www.readwriteweb.es; www.ticbeat.com)
ReadWriteWeb.com (RRW) (www.readwriteweb.com)
The Guardian / Technology Blog (www.guardian.co.uk/technology/blog)
Microsiervos (www.microsiervos.com)
Xataca (www.xataca.com)
CNET Blog (http://news.cnet.com/tech-blogs/)
Buscador de blogs (www.Technorati.com)
Financial Times (www.blogs.ft.com)
VenturaBeat (www.venturabeat.com)

CONSULTORAS DE TECNOLOGÍAS DE LA INFORMACIÓN CON IMPACTO EN BIG DATA

Accenture (www.accenture.com)
Atos (www.atos.com)
CapGemini (www.capgemini.com)
Deloitte (www.deloitte.com)
Forrester (www.forrester.com)
Gartner (www.gartner.com)
IDC (www.idc.com)
Indra (www.indra.es, www.indracompany.com)
KPMG (www.kpmg.com)
MacKinsey (www.mackinsey.com)
Ovum (www.ovum.com)
Penteo (www.penteo.com)
Price Waterhouse Cooper (www.pwc.com)